David Attenborough

Das Leben auf unserer Erde

David Attenborough

Das Leben auf unserer Erde

Vom Einzeller zum Menschen
Wunder der Evolution

Aus dem Englischen übertragen von
Dr. Irmgard Jung und Margaret Carroux

Mit 124 farbigen Abbildungen

Verlag Paul Parey · Hamburg und Berlin

Die Originalausgabe wurde erstmalig 1979 unter dem Titel *Life on Earth* vom Verlag William Collins Sons & Co. Ltd., London, und der BBC Publications Ltd., London, veröffentlicht.
© 1979 David Attenborough Productions Ltd.

CIP-Kurztitelaufnahme der Deutschen Bibliothek

Attenborough, David:

Das Leben auf unserer Erde: vom Einzeller zum Menschen/David Attenborough. Aus d. Engl. übertr. von Irmgard Jung u. Margaret Carroux. – Hamburg, Berlin: Parey, 1979.
    Einheitssacht.: Life on earth ‹dt.›
    ISBN 3-490-00618-6

ISBN 3-490-00618-6

Zum Geleit

Es ist eine höchst erfreuliche Tatsache, daß die sogenannten Massenmedien sich ihrer Pflicht zur Erziehung und Belehrung mehr und mehr bewußt werden und bei ihren Emissionen der wissenschaftlichen Wahrheit und Genauigkeit ihr Recht zuteil werden lassen. Ein Mann, der dies in ganz besonderer Weise tut, ist David Attenborough.

Ich habe seine Fernsehsendung nicht gesehen, sondern nur sein Buch *Das Leben auf unserer Erde* gelesen und war zutiefst davon beeindruckt. Attenborough verfügt über das Auge des Künstlers, die Ausdrucksfähigkeit des Dichters und über das Wissen eines Gelehrten. Ich wüßte tatsächlich niemand anderen, in dem sich diese drei Eigenschaften in gleich vollkommener Weise vereinigen, wie bei ihm. Dazu kommt noch die Gewissenhaftigkeit, mit der er sich der Pflicht unterzieht, menschheitswichtiges Wissen einem breitesten Publikum mitzuteilen.

Die Bilder genügen fast allein schon, um eine Vorstellung von der Geschichte des Lebens auf der Erde zu vermitteln. Wie eindrucksvoll ist die bildliche Darstellung einer Welt, in der es als einzige Lebewesen Blaualgen gibt, die eigentlich noch nicht einmal »Algen« sind, sondern nur Bakterien. Mit Algen und höheren Pflanzen haben sie nur die Fähigkeit zur Photosynthese, zum Gewinnen von Energie aus dem Sonnenlicht, gemeinsam. Diese Bilder wären schon allein für sich fähig, den Schauder der Verehrung für das Uralte zu erwecken. Aber auch der Text wäre, auf sich gestellt, ebenso eindrucksvoll. Beides zusammen entfaltet eine Wirkung, wie sie von belehrenden naturwissenschaftlichen Büchern kaum jemals erzielt wird.

Ich bin ein allgemein unbeliebter Kritiker populär wissenschaftlicher Bücher. Ich halte es nämlich für die Pflicht des Wissenschaftlers, als gewissenhafter Beckmesser alles anzukreiden, was in Wort und Bild an Irrtümlichem anzusetzen ist.

Ich bin ein tugendsamer Schreiber von Vorworten und ich pflege die Bücher, zu denen ich eines liefere, auch wirklich zu lesen, was durchaus nicht alle Vorworteschreiber tun! Kaum je aber habe ich ein allgemein verständliches wissenschaftliches Buch mit solcher Genauigkeit durchstudiert und keinen einzigen Fehler gefunden. Dies ist natürlich nur für die Gebiete bedeutungsvoll, auf denen ich selbst Fachmann bin, doch bin ich überzeugt, daß andere Spezialwissenschaftler von dem Buch dasselbe sagen dürfen.

Im Interesse der Volksbildung ist dem Buch weiteste Verbreitung zu wünschen. Bücher wie dieses und Fernsehsendungen, wie die dem Buch zugrundeliegende, sind heute notwendiger als sie es je vorher waren. Die Menschheit steht sehr nahe am Abgrund der Selbstvernichtung und wenn sie irgend etwas in letzter Minute vor dem Absturz retten kann, so ist es die weltweite Verbreitung biologischen Wissens, zu der die Massenmedien, besonders das Fernsehen geeignet und damit verpflichtet sind. Dieses Buch und die Sendung, aus der es entstand, erfüllen diese Pflicht wie wenige andere.

KONRAD LORENZ

Vorwort

Vor fünfundzwanzig Jahren reiste ich zum ersten Mal in die Tropen. Ich erinnere mich noch sehr deutlich, daß es wie ein Schock für mich war, als ich aus dem Flugzeug in die schwüle, duftende Luft Westafrikas hinaustrat. Mir war, als ginge ich durch eine Waschküche. Die Luftfeuchtigkeit war so hoch, daß mein Hemd innerhalb von Minuten durchweicht war. Eine Hibiskushecke umgab die Flughafengebäude. Grün und blau schillernde Honigsauger tummelten sich dort, flitzten von einer scharlachroten Blüte zur anderen und suchten flatternd und flügelschlagend Nektar. Erst nachdem ich sie eine Weile beobachtet hatte, entdeckte ich ein Chamäleon, angeklammert an einen Zweig, reglos bis auf die rollenden Augen, die jedes vorbeikommende Insekt verfolgten. Entlang der Hecke ging ich, wie mir schien, auf Rasen. Doch zu meiner Verwunderung legten sich zu meinen Füßen Blättchen sofort an die Stengel und verwandelten grüne Halme in scheinbar kahle kleine Zweige. Das war kein Gras, sondern die Sinnpflanze *Mimosa pudica*. Dahinter lag ein Wassergraben, bedeckt mit Pflanzen. Das schwarze Wasser wimmelte von Fischen, und über die Blätter stolzierte ein kastanienbrauner Vogel, der seine langzehigen Füße so übertrieben vorsichtig hochhob wie ein mit Schneetellern beschuhter Mensch. Wohin ich auch blickte, überall fand ich eine Fülle von Formen und Farben, auf die ich nicht gefaßt war. Diese Pracht und Fruchtbarkeit der Natur waren für mich wie eine Offenbarung, die noch heute in mir nachwirkt.

Seit jener ersten Reise ist es mir fast jedes Jahr gelungen, in die Tropen zurückzukehren, um in irgendeinem Winkel dieser unendlich vielfältigen Welt einen Film zu drehen. So hatte ich das Glück, monatelang zu reisen, einzig und allein, um ein seltenes Tier zu finden und zu filmen, das bisher nur wenige Menschen freilebend gesehen hatten, und um einige der wunderbarsten Schauspiele zu bestaunen, die die noch unberührten Gegenden der Welt zu bieten haben – einen Baum voll balzender Paradiesvögel in Neuguinea, riesige Lemuren, die auf Madagaskar durch den Wald springen, die größten Echsen der Welt, die wie Drachen durch den Dschungel einer kleinen indonesischen Insel schleichen.

Die Filme, die wir aufnahmen, sollten das Leben bestimmter Tiere festhalten und zeigen, wie jedes seine Nahrung sucht, sich verteidigt und paart, wie es sich der tierischen und pflanzlichen Umwelt anpaßt. Ein Aspekt fehlte dabei jedoch immer: fast nie haben wir die Grundzüge ihrer Anatomie untersucht. Das eigentliche Wesen einer Echse zum Beispiel ist nur verständlich im Rahmen der besonderen Möglichkeiten und Grenzen, die ihr ihre Reptiliennatur vorschreibt – diese wiederum wird nur begreiflich, wenn man sich ihre Vergangenheit vor Augen hält.

So entstand der Gedanke, daß ein Team von uns eine Serie von Filmen machen könnte, die die Tiere unter einem anderen Blickwinkel darstellen würden, als wir es bisher versucht hatten. Diese Filme sollten sich nicht nur mit Naturkunde befassen, sondern auch mit der Geschichte der Natur. Sie sollten einen Überblick über das gesamte Tierreich geben und jede große Gruppe in der Rolle zeigen, die sie in dem langen Drama des Lebens von Anbeginn bis heute gespielt hat. Dieses Buch geht zurück auf die drei Jahre, in denen die für die Herstellung dieser Filme erforderlichen Reisen und Forschungen unternommen wurden.

Sollen drei Milliarden Jahre der Erdgeschichte auf dreihundert Seiten dargestellt und eine Zehntausende von Arten umfassende Tiergruppe in einem einzigen Kapitel beschrieben werden, sind Auslassungen unvermeidlich. Ich habe versucht, den roten Faden in der Geschichte einer Gruppe zu erkennen und mich dann darauf zu konzentrieren, ihm konsequent zu folgen und andere Probleme, wie verlockend sie auch sein mochten, außer acht zu lassen.

Das schließt jedoch die Gefahr ein, dem Tierreich eine Zielstrebigkeit zuzuschreiben, die in Wirklichkeit nicht vorhanden ist. Darwin zeigte, daß die treibende Kraft der Evolution von der im Laufe unzähliger Generationen eingetretenen Häufung zufälliger genetischer Veränderungen ausging, die durch die strenge natürliche Auslese bedingt war. Bei der Beschreibung der Folgen dieses Prozesses wird nur zu leicht eine Ausdrucksweise verwendet, die die Vorstellung erweckt, als wären die Tiere selbst bestrebt gewesen, auf zweckgerichtete Weise eine Veränderung herbeizuführen – als hätten die Fische an Land gehen und ihre Flossen in Beine umgestalten *wollen*, als hätten Reptilien den *Wunsch* gehabt zu fliegen und deshalb danach getrachtet, ihre Schuppen in Federn zu verwandeln, so daß sie zu guter Letzt Vögel wurden. Es gibt nicht den geringsten konkreten Beweis für eine derartige Annahme, und bei der ziemlich knapp gefaßten Beschreibung dieser Vorgänge habe ich mich bemüht, jedes Wort zu vermeiden, das eine solche Schlußfolgerung nahelegen könnte.

In einem erstaunlichen Maße können nahezu alle wichtigen Geschehnisse in dieser Entwicklung nachvollzogen werden, indem man noch heute lebende Tiere heranzieht, um deren Vorfahren darzustellen, die in diesem Prozeß tatsächlich eine Hauptrolle gespielt haben. Der heutige Lungenfisch zeigt, wie sich Lungen entwickelt haben mögen; die Kantschile verkörpern die ersten Huftiere, die vor fünfzig Millionen Jahren in den Wäldern weideten. Mißverständnisse können aber entstehen, wenn die besondere Art der Verkörperung nicht ganz deutlich gemacht wird. In einigen Fällen scheint ein lebendes Tier mit einem identisch zu sein, dessen fossile Reste in einem mehrere hundert Millionen Jahre alten Gestein liegen. Es hat zufällig einen Platz in der Umwelt innegehabt, der über derart lange Zeiträume hinweg unverändert geblieben ist und für das Tier so ideal war, daß es keine Veranlassung hatte, sich zu verändern. Indes unterscheiden sich in den meisten Fällen die lebenden Arten in vieler Hinsicht von ihren Ahnen, auch wenn sie wichtige Merkmale mit ihnen gemeinsam haben. Der Lungenfisch und die Kantschile sind ihren Vorfahren im Prinzip ähnlich, aber keineswegs mit ihnen identisch. Diesen Unterschied jedesmal mit einer Erläuterung wie »Urformen, die den lebenden Arten sehr ähnlich sind« zu unterstreichen, hätte den Bericht unnötig schwerfällig und pedantisch gemacht. Aber dieser einschränkende Hinweis muß dem Leser jedesmal vor Augen stehen, wenn ich mich auf ein Tier aus der Vorzeit mit dem Namen eines heute lebenden beziehe.

Ich habe die Tiere nicht mit ihren wissenschaftlichen lateinischen Namen bezeichnet, sondern populäre benutzt, so daß ein Tier, wenn es in dieser Geschichte auftritt, unter dem Namen erscheint, unter dem wir es kennen. Diejenigen Leser, die sich in speziellen fachwissenschaftlichen Büchern über weitere Einzelheiten der Anatomie und Lebensweise dieses Tieres informieren möchten, finden den lateinischen Namen im Register. Die Zeit habe ich der Einfachheit halber in Millionen oder Milliarden Jahren ausgedrückt und nicht die von der klassischen Geologie geprägten Periodenbezeichnungen verwendet. Unter Zuhilfenahme des Stammbaumes auf Seite 310 können die Zeitangaben den jeweiligen Perioden zugeordnet werden.

Die vielen Wissenschaftler, deren Arbeit jene Ergebnisse und Theorien erbrachte, auf die ich mich in diesem Buch stütze, habe ich nicht namentlich erwähnt. Das geschah einzig und allein um der Klarheit der Darstellung willen. Ihre Verdienste will ich damit keineswegs schmälern, denn wir alle, denen es Freude macht, Tiere zu beobachten, sind ihnen zu Dank verpflichtet. Sie haben uns mit ihren Forschungen zu einer außerordentlich wertvollen Einsicht verholfen, zu der Fähigkeit, die Kontinuität der Natur in all ihren Manifestationen zu erkennen und uns über unseren eigenen Standort klar zu werden.

Inhalt

1 Die unermeßliche Vielfalt

Eine noch unbekannte Tierart zu entdecken, ist auch heute nicht schwierig. Man braucht nur einen Tag in einem südamerikanischen Urwald zu verbringen, über umgestürzte Baumstämme zu klettern, unter der Rinde zu suchen, die feuchte Laubschicht zu durchstöbern oder des Nachts den Schein einer Quecksilberlampe auf einen weißen Schirm zu richten, um auf die eine oder andere Weise Hunderte von verschiedenen Arten kleiner Tiere zu sammeln. Nachtfalter, Raupen, Spinnen, langrüsselige Wanzen, Leuchtkäfer, harmlose Schmetterlinge, die sich als Wespen tarnen, und Wespen, die wie Ameisen aussehen, Stengel, die mit einemmal laufen, und Blätter, die plötzlich Flügel ausbreiten und davonfliegen – die Mannigfaltigkeit dieser Lebewesen ist enorm, und eines von ihnen wird höchstwahrscheinlich von der Wissenschaft noch nicht beschrieben worden sein. Schwierig ist es nur, Fachleute zu finden, die genug von diesen Tieren verstehen, um zu wissen, welches davon noch unbekannt ist.

Wieviele verschiedene Tierarten es in diesem treibhausfeuchten, dämmrigen Urwald gibt, kann niemand sagen. Nirgends auf der Welt ist das tierische und pflanzliche Leben so üppig und mannigfaltig wie hier. Man findet nicht nur viele der Ordnungen und Familien des Tierreichs – Affen, Nagetiere, Spinnen, Kolibris, Tagfalter –, sondern die meisten Familien sind auch durch viele verschiedene Arten vertreten. Es gibt hier mehr als 40 Papageienarten, über 70 Arten Affen, 300 Kolibriarten, und an Schmetterlingen zählt man gar Tausende von Arten. Wenn man nicht aufpaßt, kann man von über 100 verschiedenen Mückenarten gestochen werden.

Im Jahre 1832 kam ein junger Engländer, der vierundzwanzigjährige Charles Darwin, in einen solchen Urwald in der Nähe von Rio de Janeiro. Er nahm als Naturforscher an einer Weltumsegelung teil, zu der die Admiralität in London die Brigg *Beagle* entsandt hatte. An einem einzigen Tag sammelte er in einem nur kleinen Bereich 68 verschiedene Arten kleiner Käfer. Daß es eine solche Vielzahl von Arten innerhalb einer Gruppe gab, verblüffte ihn. Er hatte es nämlich gar nicht darauf abgesehen, nach ihnen zu suchen. Seine Fassungslosigkeit spiegelte sich in einer Tagebucheintragung: »Ein Entomologe braucht sich bloß den zukünftigen Umfang eines vollständigen Kataloges vorzustellen, um das seelische Gleichgewicht zu verlieren.«

Damals herrschte die Anschauung vor, die Arten seien unveränderlich und jede für sich von Gott geschaffen worden. Darwin war keineswegs ein Atheist – schließlich besaß er einen theologischen Grad der Universität Cambridge. Aber er war erstaunt über die enorme Vielfalt der Arten.

Während der nächsten drei Jahre segelte die *Beagle* an der Ostküste Südamerikas entlang, umrundete Kap Horn und fuhr an der chilenischen Küste wieder nach Norden. Die Expedition verließ dann die Küstengewässer und gelangte nach einer Fahrt über

Meerechsen, die marinen Leguane von Galapagos und Krabben

Riesenschildkröten, Galapagos

den Pazifik zu den Galapagosinseln. Hier erhob sich für Darwin erneut die Frage nach der Entstehung der Arten, denn er fand auf diesen 1000 Kilometer vom Festland entfernten Inseln bisher unbekannte Formen. Die Tiere der Galapagosinseln waren jenen, die er auf dem Festland gesehen hatte, im großen und ganzen ähnlich, aber in Einzelheiten doch anders. Es gab dort schwarze, langhalsige Kormorane, die den Vögeln glichen, die in geringer Höhe über die brasilianischen Flüsse flogen. Aber hier auf Galapagos waren ihre Flügel so schmal und die Federn so kurz, daß sie nicht mehr flugfähig waren. Er sah Leguane, große Echsen mit einem Schuppenkamm auf dem Rücken. Auf dem Festland kletterten sie auf Bäumen umher und fraßen Laub. Hier auf den Inseln, auf denen es wenig Pflanzenwuchs gab, lebte eine Art, die sich von Seetang ernährte und sich in den brandenden Wellen mit ungewöhnlich langen und kräftigen Krallen an den Felsen festhielt. Die Schildkröten ähnelten denen des Festlandes, nur waren sie hier sehr viel größer, riesig, so daß ein Mensch auf ihnen reiten konnte. Der englische Vize-Gouverneur der Inseln erzählte Darwin, daß sich sogar die Tiere der einzelnen Inseln unterschieden. Auf jeder Insel seien die Schildkröten ein wenig anders, so daß es sich feststellen lasse, von welcher Insel sie stammten. Jene, die auf verhältnismäßig gut bewässerten Inseln lebten, auf denen sie Pflanzen vom Boden abweiden konnten, besaßen einen über ihrem Nacken leicht nach unten gewölbten Panzer. Schildkröten von trockenen Inseln, die ihren Hals nach oben recken mußten, um Kakteen oder Zweige mit Blättern zu erreichen, hatten viel längere Hälse und einen hochragenden Panzervorderrand. Sie konnten ihren Hals fast senkrecht nach oben strecken.

Darwin begann zu vermuten, daß die Arten nicht unveränderlich seien. Vielleicht konnte sich eine Art in einer andere umwandeln? Womöglich waren vor Tausenden von Jahren Vögel und Reptilien (Kriechtiere) aus Südamerika auf Flößen aus Pflanzenresten die Flüsse hinab ins offene Meer hinausgetrieben und so auf die Galapagosinseln gelangt, wo sie sich im Laufe vieler Generationen verändert haben, um sich ihrer neuen Heimat anzupassen und zu den heutigen Arten wurden.

Die Unterschiede zwischen den Inseltieren und ihren Festlandsverwandten waren nur gering. Aber wenn derartige Veränderungen erfolgt waren, wäre es nicht möglich, daß im Laufe vieler Millionen Jahre auch größere Veränderungen hervorgerufen worden sein könnten? Es könnte sein, daß Fische muskulöse Flossen entwickelt haben, damit an Land gekrabbelt sind und zu Amphibien (Fröschen und Lurchen) wurden. Es könnte sein, daß Amphibien eine wasserundurchlässige Haut ausbildeten und Reptilien wurden. Es könnte sogar sein, daß einige affenähnliche Wesen sich auf zwei Beine erhoben und zu den Vorfahren der Menschen wurden.

Tatsächlich war dieser Gedanke nicht völlig neu. Schon vor Darwin hatten viele Wissenschaftler die Ansicht vertreten, daß alle Lebewesen auf der Erde in verwandtschaftlichen Beziehungen zueinander stehen. Revolutionär an Darwins Entdeckung war, daß er den Mechanismus erkannte, der diese Veränderungen bewirkte. Damit setzte er an die Stelle einer philosophischen Spekulation die detaillierte Darstellung eines Prozesses, die er mit einer Fülle von nachprüfbaren Beweisen untermauerte. Die Tatsache der Evolution (der stammesgeschichtlichen Entwicklung der organismischen Vielfalt) konnte nicht länger geleugnet werden.

Darwins Beweisführung lautete, kurz gefaßt, folgendermaßen: Nicht alle Individuen derselben Art sind einander gleich. Aus einem Eigelege, zum Beispiel der Riesenschildkröte, werden einige Tiere schlüpfen, die abhängig von ihrer Erbveranlagung längere Hälse haben als andere. In Dürrezeiten können sie Blätter erreichen und dadurch überleben. Ihre kurzhalsigen Geschwister aber verhungern. So werden diejenigen, die an ihre Umwelt am besten angepaßt sind, ausgelesen und vermögen ihre Eigenschaften auf ihre Nachkommen zu übertragen. Nach einer Vielzahl von Generationen werden die Schildkröten auf trockenen Inseln längere Hälse besitzen als die Bewohner feuchterer Inseln. So entspringt eine Art aus einer anderen.

Diese Vorstellungen wurden Darwin erst klar, nachdem er Galapagos lange verlassen hatte. 25 Jahre lang sammelte er sorgfältig Beweise. Erst im Jahre 1859, als er 48 Jahre alt war, veröffentlichte er seine Gedanken, und zwar erst, nachdem ihn ein jüngerer Naturwissenschaftler, Alfred Wallace, der in Südost-Asien arbeitete und auf die gleiche Idee gekommen war, dazu gedrängt hatte. Darwin nannte das Werk, in dem er seine Theorie darstellte: »The Origin of Species by Means of Natural Selection or the Preservation of Favoured Races in the Struggle for Life« (»Über die Entstehung der Arten durch natürliche Zuchtwahl«, erschienen 1893). Seit dieser Zeit ist die Evolutionstheorie untersucht, weiter ausgebaut und gewertet worden. Spätere Entdeckungen auf den Gebieten der Genetik, Molekularbiologie, Populationsdynamik und der Verhaltensforschung gaben der Theorie neue Dimensionen. Sie bleibt der Schlüssel für unser Verständnis der belebten Umwelt. Durch die Abstammungslehre erkennen wir das Leben als eine lange kontinuierliche Geschichte, sowohl der Tiere als auch der Pflanzen, die sich im Laufe der Generationen verändert haben, während sie sich in allen Teilen der Welt ansiedelten.

Die direkten, wenn auch bruchstückhaften Beweise für diese Entwicklung liegen in den Archiven der Erde, nämlich den Sedimentgesteinen, den Ablagerungen. Die Mehrheit der Tiere hinterläßt nach ihrem Tode keine Spuren. Ihre Körper vermodern, ihre Schalen und Knochen zerfallen zu Staub. Aber gelegentlich haben ein oder zwei Tiere unter vielen Tausenden einer Population ein anderes Schicksal. Ein Kriechtier bleibt im Sumpf stecken und stirbt. Sein Körper vergeht, aber seine Knochen werden im Schlamm abgelagert. Abgestorbene Pflanzen bedecken die Knochen. Die Jahrhunderte vergehen, immer mehr pflanzliches Material wird abgelagert und verwandelt sich in Torf. Das Moor wird durch eine Änderung des Meeresspiegels überflutet, und über dem Torf wird Sand abgelagert. Im Laufe langer Zeiträume verwandelt sich der Torf in Kohle. Die Reptilienknochen verbleiben darin. Der große Druck der darüberliegenden Gesteine und die mineralienreichen Lösungen verursachen chemische Veränderungen des Kalziumphosphates der Knochen. Schließlich versteinern sie, aber sie behalten nicht nur die äußere Form, die sie im Leben hatten, wenngleich manchmal verzerrt, sondern gelegentlich auch ihren zellulären Aufbau. Deshalb kann man auf Schnitten durch diese Knochen unter dem Mikroskop sogar die Form der Blutgefäße und die Nerven, die sie umgaben, erkennen.

Die günstigsten Fundstellen von Versteinerungen sind Seen und Meere, wo sich Ablagerungen von Sand- und Kalkstein langsam anhäufen. Auf dem festen Land sind die Gesteine meistens nicht durch Ablagerung, sondern durch Erosion geprägt, also durch Abtragung. Ablagerungen, etwa Sanddünen, haben sich sehr selten gebildet und sind selten erhalten geblieben. Daher findet man nur Versteinerungen von Landtieren, wenn sie zufällig ins Wasser gefallen sind. Da ein solches Schicksal wohl die Ausnahme ist, werden wir aus Fossilien kaum erfahren, wie vielfältig die Arten der Landlebewesen in der Vergangenheit waren. Bei im Wasser lebenden Tieren wie Fischen, Mollusken

(Schnecken, Muscheln, Tintenfischen), Seeigeln und Korallen sind die Aussichten besser, daß sie erhalten bleiben. Dennoch erleiden auch von ihnen nur wenige den Tod unter chemischen und physikalischen Bedingungen, die für eine Versteinerung erforderlich sind. Nur ein winziger Teil liegt in Gesteinen, deren Oberfläche heute zugänglich ist, und von diesen wenigen werden die meisten ausgewaschen und zerstört, ehe ein Fossiliensammler sie entdeckt. Erstaunlich ist, daß dennoch so zahlreiche Fossilien gesammelt werden konnten und die Beweise, die sie liefern, so genau und zusammenhängend sind.

Wie läßt sich das Alter von Fossilien bestimmen? Seit der Entdeckung der Radioaktivität haben Wissenschaftler erkannt, daß Gesteine eine geologische Uhr in sich tragen. Verschiedene chemische Elemente zerfallen mit der Zeit. Hierbei entsteht Radioaktivität. Kalium verwandelt sich in Argon, Uran in Blei, Rubidium in Strontium. Die Geschwindigkeit, mit der die Umwandlung erfolgt, läßt sich bestimmen. Wenn das Verhältnis des sekundären zu dem des primären Elementes in einem Gestein bestimmt wird, läßt sich der Zeitpunkt berechnen, zu dem sich das Mineral bildete. Da es verschiedene Paare von Elementen gibt, die mit unterschiedlicher Geschwindigkeit zerfallen, lassen sich Gegenkontrollen machen. Diese Methode, die schwierige Analysen erfordert, bleibt dem Fachmann vorbehalten. Aber man kann bei vielen Gesteinen das Alter durch einfache Überlegungen ermitteln, und die wichtigsten Fossilien richtig einordnen. Liegen die Gesteine in Schichten, die nicht stark gestört sind, dann muß die tiefere Schicht älter sein als die höhere. So können wir die Entwicklung des Lebens und die Abstammung der Tiere bis zu ihrem Beginn durch immer tieferes Eindringen in die Erdkruste verfolgen.

Der tiefste Einschnitt in der Erdoberfläche ist der Grand Canyon im Westen der Vereinigten Staaten. Die Gesteine, in die der Colorado River sein Bett gegraben hat, bestehen aus annähernd horizontalen Schichten, roten, braunen und gelben, die in der Morgensonne zuweilen rosa, aus schattiger Ferne zuweilen bläulich schimmern. Das Land ist so trocken, daß nur vereinzelte Wacholderbüsche und niedrige Sträucher dort wachsen, und die Felsbildungen, die teils weich, teils hart sind, liegen kahl und öde da. Die Felsen bestehen größtenteils aus Sand- oder Kalkstein und bildeten den Grund der seichten Meere, die einst diesen Teil Nordamerikas bedeckten. Wenn man die Schichten genauer untersucht, lassen sich Lücken in der Aufeinanderfolge feststellen. Diese kennzeichnen Zeiten, in denen sich das Land hob, das Wasser zurückging und der Meeresboden austrocknete, so daß die angesammelten Ablagerungen durch Erosion abgetragen wurden. In der Folge senkte sich das Land wieder, das Wasser kehrte zurück, und es kam zu neuen Ablagerungen. Trotz dieser Lücken bleibt die Fossiliengeschichte in großen Zügen deutlich.

Ein Maultier bringt einen vom Rande des Canyons bis zu seinem Grunde bequem in einem Tag. Schon die ersten Felsen, an denen man vorbeikommt, sind über 200 Millionen Jahre alt. Es gibt keine Reste von Säugetieren und Vögeln in ihnen, aber Spuren von Reptilien. Dicht neben dem Pfad sieht man eine Reihe von Fußabdrücken auf der Oberfläche eines abgeschliffenen Sandsteinblockes. Sie stammen höchstwahrscheinlich von einem echsenähnlichen Reptil. Andere Felsen derselben Schicht enthalten an mehreren Stellen Abdrücke von Farnen und Insektenflügeln.

Auf halber Höhe des Canyon stößt man auf 400 Millionen Jahre alte Kalksteine. Hier findet man keine Reptilien, aber Knochen von seltsam gepanzerten Fischen. Eine

15

Umseitig: Das Grand Canyon des Colorado Rivers

Stunde später lassen die 100 Millionen Jahre älteren Gesteine keinerlei Anzeichen von Wirbeltieren mehr erkennen. Man findet einige wenige Abdrücke von Schalen und Spuren von Würmern, die sie in dem einstmals weichen Meeresboden hinterließen. Wenn man $^3/_4$ des Weges nach unten zurückgelegt hat, immer noch im Bereich von Kalksteinschichten, findet man keinerlei Anzeichen einstigen Lebens mehr. Schließlich erreicht man am späten Nachmittag den zwischen hohen Felswänden dahinströmenden Colorado River. Der überwundene Höhenunterschied beträgt 1600 Meter, und das Gestein hat hier ein Alter von 2 Milliarden Jahren. Hier könnte man hoffen, Hinweise auf die ersten Anfänge des Lebens zu finden. Doch gibt es keinerlei organische Funde. Hier ist das dunkle feinkörnige Gestein nicht horizontal geschichtet wie das höhere, sondern gefaltet und von Granitadern durchzogen.

Fehlen vielleicht die Spuren jeglichen Lebens, weil die Gesteine darüber so sehr alt sind und alle Spuren des Lebens von ihnen zermalmt wurden? Könnte es sein, daß die ersten Lebewesen, die eine Spur hinterließen, bereits einen so komplizierten Organismus wie Würmer oder Mollusken hatten? Viele Jahre zerbrachen sich die Geologen den Kopf über diese Frage. Überall auf der Welt wurden Gesteine dieses Alters auf organische Einschlüsse untersucht. In den 50er Jahren dieses Jahrhunderts begannen Forscher dann, einige besonders rätselhafte Gesteine mikroskopisch zu untersuchen.

Etwa 1600 Kilometer nordöstlich vom Grand Canyon finden sich an den Ufern des Lake Superior Gesteine etwa desselben Alters wie die am Colorado River. Einige von ihnen enthalten Schichten einer feinkörnigen feuersteinähnlichen Substanz, die Kieselschiefer genannt wird. Das Material war im vorigen Jahrhundert gut bekannt, denn die Siedler verwendeten es für ihre Steinschloßgewehre. Gelegentlich enthielt dieser Kieselschiefer seltsame konzentrische weiße Ringe, die etwa einen Meter Durchmesser hatten. Waren das lediglich Schlammstrudel am Boden der urzeitlichen Meere oder konnten sie von Organismen herrühren? Niemand wußte es, und die Funde erhielten den unverbindlichen Namen Stromatolithen (griechisch, »Steinteppich«). Aber als diese Ringe in feinste Schnitte zerlegt und mikroskopisch untersucht wurden, zeigten sich die Formen einfachster Organismen, die alle keinen größeren Durchmesser als ein oder zwei Hundertstel Millimeter hatten. Einige ähneln Algenfäden, andere – wenngleich unverkennbar organischer Herkunft – haben keine Entsprechungen unter bekannten Lebewesen, während einige mit Bakterien identisch zu sein schienen.

Es war für viele Menschen unvorstellbar, daß so winzige Formen wie Mikroorganismen überhaupt versteinern könnten. Daß Relikte von ihnen über einen so langen Zeitraum erhalten bleiben konnten, kommt einem noch unglaublicher vor. Die Kieselsäurelösung, die in die toten Organismen eindrang und sich im Feuerstein ablagerte, war das feinkörnigste und haltbarste Konservierungsmittel, das es gibt. Die Entdeckung der Fossilien im Feuerstein regte, nicht nur in Nordamerika, zu weiteren Forschungen an. Andere Mikrofossilien wurden in Afrika und Australien im Feuerstein gefunden. Einige von diesen waren eine Milliarde Jahre älter als die amerikanischen. Wenn wir aber erfahren wollen, wie das Leben entstand, müssen wir noch um eine weitere Milliarde Jahre in eine Zeit zurückgehen, zu der es noch kein Leben auf der Erde gab und sie nach ihrer Entstehung noch abkühlte.

Der Planet war damals in fast jeder Beziehung anders als der, auf dem wir heute leben. Die Wolken aus Wasserdampf, die ihn umgeben hatten, verdichteten sich und bildeten Meere, aber sie waren noch heiß. Wir sind nicht sicher, wo die Landmassen lagen, aber wahrscheinlich ähnelten sie weder der Form noch der Verteilung nach den heutigen Kontinenten. Es gab viele Vulkane, die Asche und Lava ausspieen. Die Atmosphäre bestand aus Stickstoff, Wasserstoff, Kohlenmonoxid, Ammoniak und Methan. Es gab wenig oder keinen Sauerstoff. Dieses Gasgemisch ermöglichte den ultravioletten Strahlen der Sonne, die Erde mit einer Stärke zu bescheinen, die für das heutige tierische Leben tödlich wäre. Elektrische Entladungen tobten in den Wolken und bombardierten Land und Meer mit Blitzen.

In den 1950er Jahren wurden Laborversuche angestellt, um herauszufinden, was unter derartigen Bedingungen mit diesen chemischen Stoffen geschieht. Die Gase wurden mit Wasserdampf gemischt, elektrischen Entladungen und ultraviolettem Licht ausgesetzt. Nach einer Woche der Einwirkung fand man, daß sich komplizierte Moleküle in diesem Gemisch gebildet hatten, darunter Zucker, Nukleinsäuren (Bausteine der Erbsubstanz der Lebewesen) und Aminosäuren (Bausteine der Eiweiße). Es scheint kein Zweifel daran zu bestehen, daß sich derartige Moleküle zu Beginn der Geschichte der Erde in ihren Meeren gebildet haben können.

Im Lauf von Millionen von Jahren nahm die Konzentration dieser Substanzen zu, und die Moleküle begannen, aufeinander einzuwirken und noch kompliziertere Verbindungen zu bilden. Es mag sogar sein, daß durch Meteoriten Stoffe aus dem Weltraum dazugekommen sind. Schließlich erschien unter einer Vielzahl von Substanzen eine, die für die weitere Entwicklung entscheidend war. Sie heißt Desoxyribonukleinsäure, abgekürzt DNS. Ihre Struktur, also ihr Aufbau, stattet sie mit zwei wichtigen Eigenschaften aus. Erstens kann sie als Plan, als Matrize für die Herstellung von Aminosäuren dienen. Zweitens vermag sie sich zu verdoppeln – sie hat die Fähigkeit zur »identischen Selbstreduplikation«. Mit dieser Substanz haben die Moleküle die Schwelle zu etwas völlig Neuem erreicht, denn diese beiden Eigenschaften der DNS besitzen auch Lebewesen wie Bakterien, und Bakterien sind nicht nur eine der einfachsten Formen des Lebens, die wir kennen, sondern fanden sich auch unter den ältesten Fossilien, die wir entdeckten.

Die Fähigkeit der DNS, sich zu reduplizieren, ist eine Folge ihrer einzigartigen Struktur. Das DNS-Molekül hat die Form von zwei ineinander gewickelten Spiralen. Während der Zellteilung öffnet sich das Molekül wie ein Reißverschluß, und es entstehen zwei getrennte Spiralen. Jede wirkt nun wie eine Schablone, an die sich einzelne Moleküle anlagern, bis jede wieder zu einer Doppelspirale, einer Doppelhelix, geworden ist.

Die DNS ist im wesentlichen aus vier verschiedenen Typen von einfacheren Molekülen aufgebaut. Sie sind in Dreiergruppen angeordnet und auf besondere Weise an dem überaus langen DNS-Molekül verteilt. Diese Verteilung bestimmt, wie die etwa 20 verschiedenen Aminosäuren in den Eiweißen angeordnet sind, wieviel davon und wann sie produziert werden müssen. Der Abschnitt der DNS, der die Information für eine volle Abfolge enthält, wird als Gen bezeichnet.

Gelegentlich kann ein solcher Verdoppelungsvorgang auch fehlgehen. Der Fehler kann an einem einzigen Punkt erfolgen, oder aber ein Abschnitt des DNS-Moleküls kann nach einem Bruch an einer falschen Stelle wieder eingebaut werden. Die Kopie ist dann fehlerhaft, und die Eiweiße, die sie erzeugt, können völlig verschieden sein. Als dies bei den ersten Organismen auf der Erde geschah, begann die Evolution, denn derartige Fehler bei der Reduplikation sind der Ausgangspunkt für Abweichungen, aus denen die natürliche Auslese entwicklungsgeschichtliche Veränderungen schaffen kann. Und durch die Mikrofossilien wissen wir, daß es bereits vor drei Milliarden Jahren mehrere unterschiedliche Formen bakterienähnlicher Organismen gab.

Derartig lange Zeiträume übersteigen unser Vorstellungsvermögen, doch können wir uns einen annähernden Begriff von dem relativen Zeitablauf der wichtigsten Phasen der Geschichte des Lebens machen, wenn wir die Gesamtzeit mit einem Jahr vergleichen. Da wir vermutlich nicht die ältesten Fossilien entdeckt haben, wollen wir annehmen, daß das Leben vor drei Milliarden Jahren begann, so daß zehn Millionen Jahre etwa einem Tag entsprechen würden. Auf einem solchen Kalender würden die algenähnlichen Feuersteinfossilien, die bei ihrer Entdeckung sehr alt zu sein schienen, als Spätankömmlinge gelten und in der zweiten Augustwoche erscheinen. Die ältesten Wurmspuren im Grand Canyon wurden dann in der zweiten Novemberwoche im Schlamm verewigt, und eine Woche später erschienen die ersten Fische im Kalksteinmeer. Die kleine Echse wird Mitte Dezember am Ufer entlanggehuscht sein, und der Mensch erschien erst am Abend des 31. Dezembers.

Aber kehren wir zum Januar zurück. Die Bakterien ernährten sich anfänglich von den verschiedenen Kohlenstoffverbindungen des Urmeeres, die Jahrmillionen gebraucht hatten, um sich dort anzusammeln. Aber als die Bakterien dort üppig gediehen, muß die Nahrung knapper geworden sein. Jedes Bakterium, das andere Nahrungsquellen zu erschließen vermochte, würde erfolgreich sein, und einige waren es auch.

Statt fertige Nährstoffe aus der Umgebung aufzunehmen, begannen sie, die Nahrung in ihren Zellen selbst herzustellen. Die hierzu nötige Energie lieferte die Sonne. Dieser Vorgang heißt Photosynthese. Eine benötigte Zutat ist Wasserstoff, ein Gas, das bei Vulkanausbrüchen in großer Menge frei wurde.

Bedingungen, die jenen sehr ähnlich sind, unter denen die ersten zur Photosynthese fähigen Bakterien lebten, findet man heute in vulkanischen Gebieten wie Yellowstone in Wyoming. Hier heizt eine große Masse geschmolzenen Gesteins, das nur einige 1000 Meter unter der Erdoberfläche liegt, die Felsen an der Erdoberfläche auf. Stellenweise hat das Grundwasser eine über dem Siedepunkt liegende Temperatur. Es fließt unter abnehmendem Druck durch Kanäle im Gestein, bis es sich plötzlich in Dampf verwandelt und als Geysir hoch in die Luft schießt. An anderen Stellen bilden sich dampfende Teiche. Wenn das Wasser versickert und sich abkühlt, werden die Salze, die es auf seinem Wege durch das Gestein nach oben aufgenommen hat, zusammen mit denen, die aus der geschmolzenen Masse tief unten stammen, abgelagert und bilden umrandete und abgestützte Wasserbecken, die von übereinander liegenden Terrassen umgeben sind. In diesen heißen mineralienhaltigen Gewässern gedeihen Bakterien. Einige bilden verfilzte Fäden und Klumpen, andere lederartige Krusten. Viele sind leuchtend bunt. Die Farbintensität verändert sich im Laufe des Jahres je nach Zu- oder Abnahme der Bakterienkolonie. Die den einzelnen Tümpeln verliehenen Namen geben einen Hinweis auf die Vielfalt der Bakterien und die Schönheiten ihrer Wirkung: Smaragdteich, Schwefelkessel, Beryllquelle, Feuerloch-Wasserfall oder Purpurwindentümpel, und ein besonders schöner Tümpel mit verschiedenen Bakterienarten heißt »Malers Farbtöpfe«.

Wandert man durch diese erstaunliche Landschaft, hat man ständig den Geruch von Schwefelwasserstoff in der Nase – den unverkennbaren Gestank fauler Eier –, der durch die Reaktion des Grundwassers mit dem tief unten liegenden geschmolzenen Gestein entsteht. Aus dieser Quelle beziehen viele Bakterien hier ihren Wasserstoff, und

Bakterienwachstum in einer heißen Quelle, Yellowstone

solange Bakterien dabei von vulkanischer Aktivität abhängig waren, konnten sie sich nicht sehr weit verbreiten. Aber schließlich entstanden andere Formen, die den Wasserstoff einer anderen reichlich vorhandenen Quelle, dem Wasser, entnahmen. Diese Entwicklung sollte einen sehr tiefgreifenden Einfluß auf das gesamte künftige Leben haben. Wenn Wasserstoff aus Wasser entfernt wird, verbleibt Sauerstoff, ein Gas, das, wenn die Grenze seiner Löslichkeit im Wasser überschritten ist, in die Atmosphäre entweicht. Organismen, die so verfuhren, haben einen etwas komplizierteren Aufbau als Bakterien. Sie wurden als Blaualgen (Cyanophycaeen) bezeichnet. Der chemische Stoff, der es ihnen ermöglicht, Wasser bei der Photosynthese zu benutzen, ist das Chlorophyll, das auch Grünalgen und die höheren Pflanzen besitzen.

Blaualgen sind überall dort anzutreffen, wo es ständig feucht ist. Häufig sieht man sie in Massen, mit silbernen Sauerstoffblasen beperlt, auf dem Grund von Teichen. In der Shark Bay an der Nordwestküste des tropischen Australiens haben sie sich in einer besonders eindrucksvollen und bedeutsamen Weise entwickelt. Die Mündung des Hamelin Pool, eines schmalen Arms dieser riesigen Bucht, ist durch eine bewachsene Sandbank blockiert. Das Ein- und Ausströmen des Wassers wird so stark behindert, daß es durch starke Verdunstung infolge der Sonneneinstrahlung sehr salzhaltig ist. Infolgedessen können Meerestiere wie Mollusken, die normalerweise Blaualgen fressen und sie in Schach halten, hier nicht leben. Daher gedeihen die Blaualgen unbeeinträchtigt wie zu jener Zeit, als sie die höchstentwickelten Lebewesen auf der Erde waren. Sie scheiden Kalk ab, der steinige Wülste am Rande des Hamelin Pool und schwankende Säulen in größerer Wassertiefe bildet. Das ist die Erklärung für die merkwürdigen Formen, die die Schnitte der Feuersteineinschlüsse zeigten. Die blaugrünen Säulen vom Hamelin Pool sind lebende Stromatolithen, und die Gruppen von ihnen auf dem sonnengefleckten Meeresboden sind uns so nahe, wie wir uns einer Szene aus dieser Welt vor zwei Milliarden Jahren überhaupt nähern können.

Das Erscheinen der Blaualgen kennzeichnet in der Geschichte des Lebens einen entscheidenden Punkt. Der von den Blaualgen erzeugte Sauerstoff sammelte sich in den kommenden Jahrtausenden und bildete die sauerstoffreiche Atmosphäre, die wir heute kennen. Unser Leben und das aller Tiere beruht darauf. Wir brauchen den Sauerstoff nicht nur für die Atmung, sondern auch als Schutz. Der Sauerstoff bildet in der Atmosphäre eine Schutzschicht, die Ozonschicht, die den größten Teil der ultravioletten Strahlen der Sonne abfängt. Eben diese Strahlen lieferten die Energie für die Synthese der Aminosäuren und Zucker im Ur-Ozean. Das Auftreten der Blaualgen schließt die Möglichkeit aus, daß Leben auf der Erde noch einmal in derselben Weise entstehen könnte.

Das Leben blieb für einen beträchtlich langen Zeitraum in diesem Entwicklungsstadium. Schließlich wurde ein weiterer gewaltiger Sprung getan. Wie es genau vor sich ging, wissen wir nicht, aber Beispiele für die Art von Lebewesen, die damals entstanden, lassen sich in jeder Pfütze beobachten.

Ein Wassertropfen aus einem Teich, unter dem Mikroskop betrachtet, wimmelt von winzigen Lebewesen. Einige drehen sich, andere kriechen, wieder andere schießen wie Raketen über das Blickfeld. Als Gruppe werden sie Protozoen genannt. Sie sind alle einzellig, aber diese Zellen haben einen viel komplizierteren Aufbau als irgendein Bakterium. Eine in der Mitte liegende Struktur, der Zellkern, ist mit DNS vollgepackt. Dies scheint das Organisationszentrum der Zelle zu sein. Längliche Körper (Mitochondrien)

Oben: Stromatolithen, Kieselschiefer, Lake Superior
Unten: Lebende Stromatolithen, Hamelin Pool, Shark Bay (Australien)

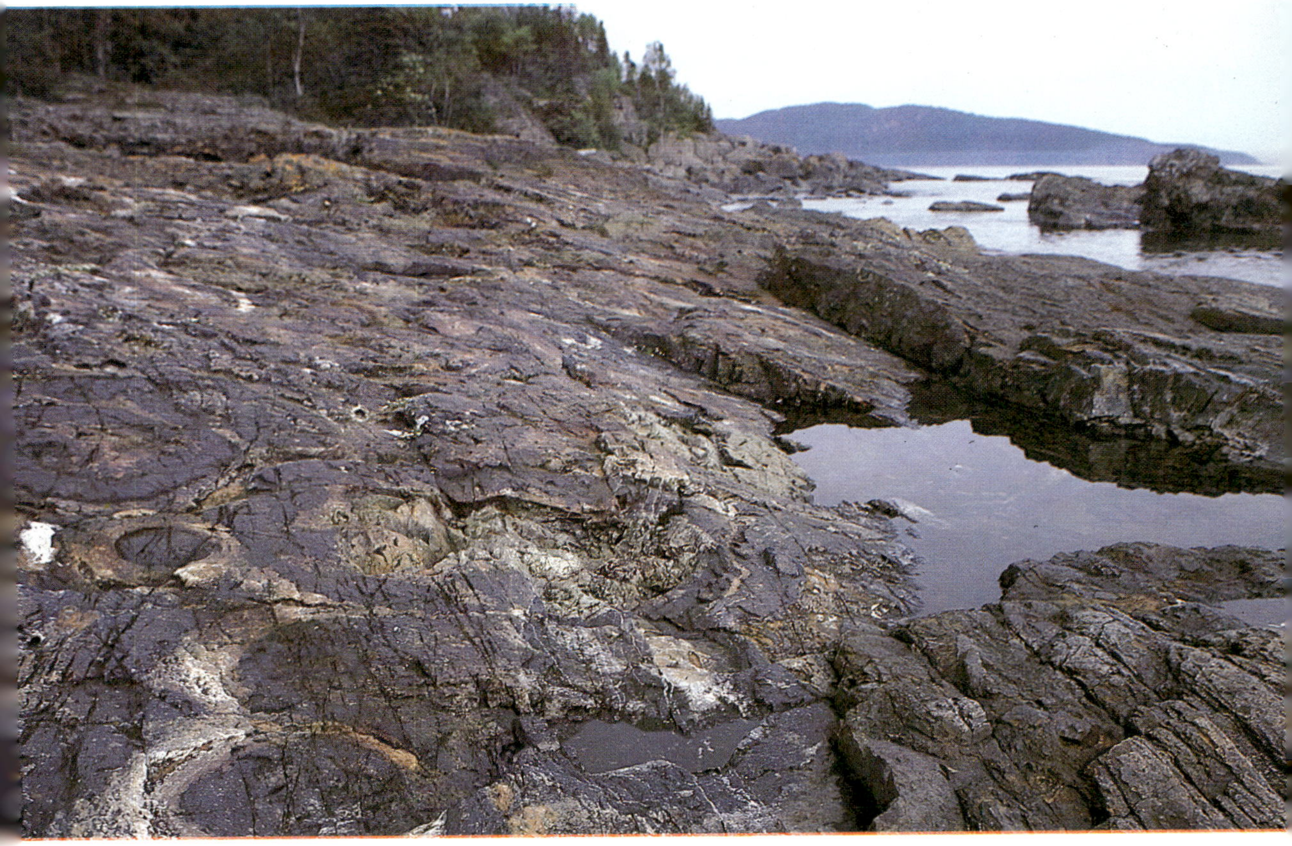
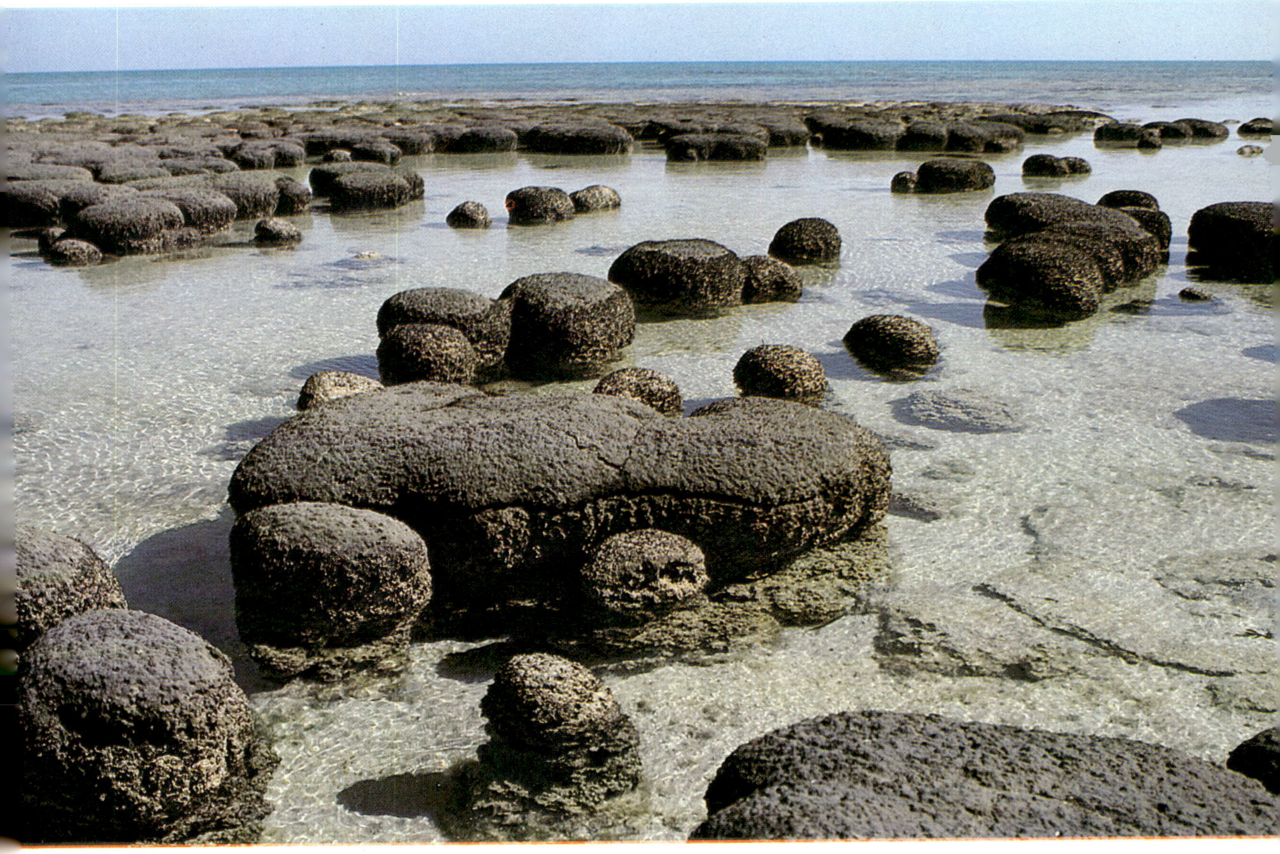

liefern durch die Verbrennung von Sauerstoff Energie, ähnlich wie die Bakterien. Viele Zellen haben einen hin- und herschlagenden, mit der Zelle verbundenen Geißel-Schwanz, der an die Spirochäten genannten Bakterien erinnert. Einige Einzeller enthalten Chloroplasten, Anhäufungen von Chlorophyll, mit dem sie wie die Blaualgen die Sonnenenergie benutzen, unkomplizierte Moleküle als Nahrung für die Zelle zu sammeln. Jeder dieser winzigen Organismen scheint also eine Arbeitsgruppe von einfacheren Organismen zu sein. Einige Forscher sind der Meinung, daß dem tatsächlich so ist. Es mag sein, daß eine Zelle, die sich gewöhnlich auf die Weise ernährte, daß sie um andere Teilchen herumfloß, sich dabei auch einige Bakterien einverleibte, die indes nicht verdaut wurden, sondern am Leben blieben und in bis dahin beispielloser Vertrautheit an einem Gemeinschaftsleben teilnahm, wie es auch geschah. Mikrofossilien beweisen, daß Zellen von dieser Kompliziertheit vor 1,2 Mrd. Jahren zuerst auftauchten, also etwa Anfang September in unserem gedachten Jahr.

Einzeller vermehren sich durch Zweiteilung wie die Bakterien, aber ihr innerer Aufbau ist viel komplizierter, so daß die Teilung, was nicht verwunderlich ist, ein recht schwieriges Geschäft ist. Die Mehrzahl der getrennten Zellstrukturen, die Angehörigen der Arbeitsgruppe, teilt sich ebenfalls. Tatsächlich tun es die Mitochondrien und Chloroplasten – jede mit eigener DNS –, häufig unabhängig von der Teilung der Zelle. Die DNS im Kern redupliziert sich auf besonders komplizierte Weise, wobei sichergestellt wird, daß ihre sämtlichen Gene kopiert werden und jede Tochterzelle einen vollständigen Satz erhält. Indes gibt es mehrere andere Vermehrungsmethoden, die verschiedene Protozoen gelegentlich anwenden und die sich in Einzelheiten unterscheiden. Das wesentliche Merkmal all dieser Vorgänge ist jedoch, daß eine Vermischung und ein Austausch der Gene dabei eine Rolle spielt. In einigen Fällen geschieht das, wenn sich zwei Zellen vereinigen und Gene austauschen, ehe sie sich wieder trennen und die Zellteilung dann etwas später vornehmen. In anderen Fällen enthalten die Zellen normalerweise zwei komplette Sätze von Genen, die sich nach dem Austausch in Zellen mit nur einem Satz teilen. Von diesen Zellen gibt es zwei Typen, eine große und verhältnismäßig unbewegliche und eine kleinere aktive, die eine Geißel besitzt. Die erste wird als Ei bezeichnet, die zweite als Samenzelle – das ist der Beginn der Sexualität. Wenn sich die beiden Typen in einer neugebildeten Zelle vereinigen, sind die Gene wieder in zwei Sätzen vorhanden, aber in einer neuen Kombination mit Genen nicht nur von einem Elternteil, sondern von zweien. Das kann eine einmalige Kombination sein, die einen etwas anderen Organismus mit neuen Eigenschaften hervorbringt. Da die Sexualität die Möglichkeiten der genetischen Variation vermehrt, beschleunigt sie auch die Geschwindigkeit sehr stark, mit der die Entwicklung vor sich gehen könnte, wenn die Lebewesen auf eine neue Umwelt stoßen.

Es gibt rund 10 000 Protozoenarten. Einige von ihnen sind mit Wimpern bedeckt, die mit gleichmäßig schlagenden Bewegungen die Lebewesen im Wasser vorantreiben. Andere, unter ihnen die Amöben oder Wechseltierchen, bewegen sich, indem sie fingerförmige Teile des Körpers verwölben, in die dann der ganze Körper nachströmt. Viele Formen, die im Meer leben, bilden Kalk- oder Kieselschalen. Diese Schalen zählen zu den außergewöhnlichsten Objekten, denen ein mit einem Mikroskop bewaffneter Forscher begegnen kann. Manche erinnern an winzige Schneckenschalen, manche an kunstvolle Vasen und Flaschen. Die zierlichsten von allen bestehen aus schimmernder durchsichtiger Kieselsäure, es sind konzentrische, von Nadeln durchbohrte Kugeln,

Pantoffeltierchen, ein Einzeller (Protozoa) 400fach vergrößert

oder sie sehen aus wie gotische Helme, Rokokoglockentürme oder mit Eisenspitzen versehene Raumkapseln. Die Bewohner dieser Schalen strecken durch die Poren ihrer Gehäuse lange Fäden, mit denen sie Nahrungsteilchen aufnehmen.

Andere Protisten ernähren sich auf andere Weise, nämlich mit Hilfe ihres Chlorophylls, durch Photosynthese. Sie können als Pflanzen angesehen werden, die übrigen Gruppenmitglieder, die von ihnen leben, als Tiere. Die Unterscheidung zwischen den beiden auf dieser Ebene bedeutet jedoch nicht sehr viel, da es viele Arten gibt, die zu verschiedenen Zeiten beide Methoden der Nahrungsaufnahme anwenden können.

Einige Protisten sind gerade groß genug, daß man sie mit dem bloßen Auge sehen kann. Mit ein wenig Übung kann man ein kriechendes geleeartiges Klümpchen in einem Tropfen Tümpelwasser als Amöbe erkennen. Aber es gibt eine Grenze für das Wachstum einzelliger Organismen, denn mit zunehmender Größe werden die chemischen Vorgänge im Inneren der Zelle schwierig und unwirksam. Größe kann indes auf andere Weise erreicht werden, nämlich durch den Zusammentritt von Zellen zu einer organisierten Kolonie.

Eine Gattung, die das getan hat, ist Volvox, eine fast stecknadelkopfgroße Hohlkugel, die aus einer großen Zahl von Zellen, jede mit einer Geißel, besteht. Auffällig an diesen Gemeinschaften ist, daß sie praktisch genauso sind wie andere einzelne Zellen, die selbständig schwimmen und für sich existieren. Die Zellen von Volvox jedoch sind gleichgeschaltet, denn alle Geißeln an der Kugel schlagen koordiniert und treiben den winzigen Ball in eine bestimmte Richtung.

Diese Art der Koordination zwischen den einzelnen Zellen einer Kolonie wurde schon zu einem sehr frühen Zeitpunkt erreicht, vielleicht vor 800 Millionen oder einer Milliarde Jahren – irgendwann im Oktober, nach unserem Kalender – als die Schwämme erschienen. Schwämme können eine beachtliche Größe erreichen. Einige Arten bilden auf dem Meeresboden formlose Klumpen mit einem Durchmesser von etwa zwei Metern. Ihre Oberfläche ist von feinen Poren durchsetzt, durch die mit Hilfe von Geißeln Wasser in den Körper gestrudelt und dann durch größere Öffnungen wieder ausgestoßen wird. Der Schwamm ernährt sich, indem er Teilchen aus dem seinen Körper durchströmenden Wasser ausfiltert. Der Zusammenhalt zwischen den einzelnen Zellen ist recht locker. Einzelne Zellen können wie Amöben über die Oberfläche des Schwammes kriechen. Wenn zwei Schwämme dicht nebeneinander wachsen, können sie, während sie wachsen, sich berühren und schließlich zu einem riesigen Organismus verschmelzen. Drückt man einen Schwamm durch ein feines Gazesieb, so daß die einzelnen Zellen voneinander getrennt werden, werden diese sich schließlich wieder zu einem Schwamm reorganisieren, wobei jede Zelle den ihr zukommenden Platz einnimmt. Am erstaunlichsten aber ist die Tatsache, daß, wenn man zwei Schwämme nimmt, sie diesem Verfahren unterzieht und dann die Zellen der beiden vermischt, sie sich wieder zu einem einzigen Ganzen mit gemischter Abstammung rekonstruieren.

Einige Schwämme erzeugen eine weiche elastische Substanz rund um ihre Zellen, die den ganzen Organismus trägt. Das ist der Schwamm, den wir, nachdem die Zellen durch Kochen und Auswaschen getötet wurden, in unserem Badezimmer benutzen.

Andere Schwämme sondern winzige Nadeln aus Kalk oder Kieselsäure ab, die Skelettnadeln heißen und sich zu einem Gerüst verflechten, in dem die Zellen sitzen. Wonach sich die einzelne Zelle bei der Erzeugung ihrer Nadeln richtet, so daß sie sich tadellos in das Gesamtgefüge einpassen, wissen wir nicht. Wenn man ein so kompliziertes

Protozoenskelette unter dem Raster-Elektronenmikroskop, 2000fach vergrößert

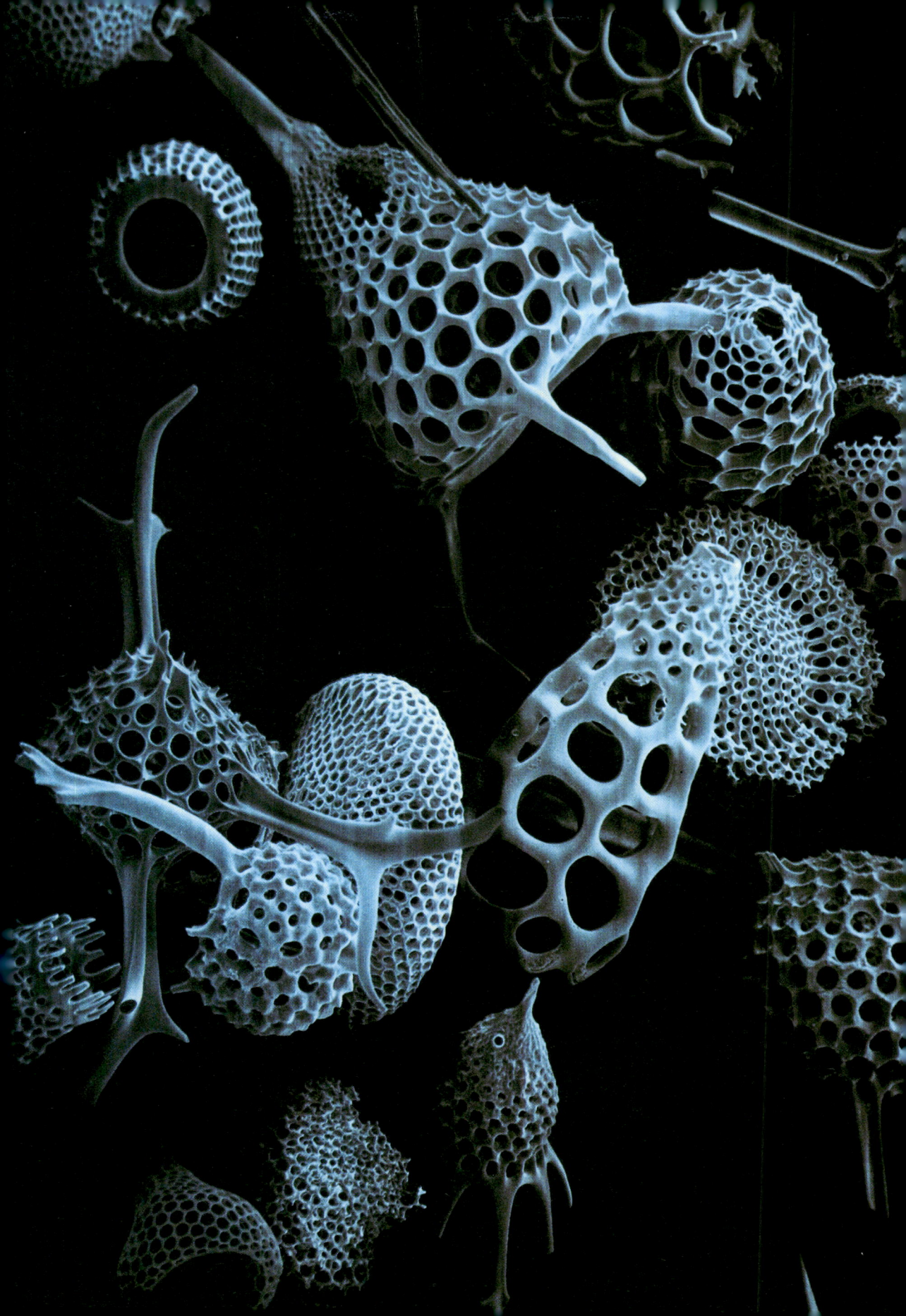

Gebilde aus Kieselsäurenadeln, wie es der Gießkannenschwamm darstellt, betrachtet, ist man verwirrt. Wie können Zellen, die annähernd selbständig und mikroskopisch klein sind, zusammenarbeiten, um eine Million glasartiger Nadeln abzusondern und ein so kompliziertes und schönes Gitterwerk zu erzeugen? Wir wissen es nicht. Doch auch wenn Schwämme derart komplizierte Wunderdinge erzeugen können, kann man sie kaum als richtig integrierte vielzellige Tiere bezeichnen. Sie besitzen kein Nervensystem und keine Muskelfasern. Die einfachsten mit diesen körperlichen Eigenschaften ausgestatteten Lebewesen sind die Quallen und ihre Verwandten.

Eine typische Qualle sieht aus wie eine Untertasse, die am Rande mit Fäden besetzt ist. Dieses Gebilde wird auch Meduse genannt, nach jener unglücklichen Frauengestalt der griechischen Sage, die der Meeresgott liebte und deren Haar daraufhin von einer eifersüchtigen Göttin in Schlangen verwandelt wurde. Medusen besitzen zwei Schichten von Zellen. Die Gallerte, die diese beiden Schichten trennt, gibt den Tieren die notwendige Steife, um den Bewegungen des Meeres standzuhalten. Sie sind recht komplizierte Wesen. Ihre Zellen sind, anders als bei den Schwämmen, nicht fähig, für sich allein zu überleben. Einige Zellen können elektrische Impulse aussenden und sind zu einem Netzwerk verbunden, das einem primitiven Nervensystem gleichkommt. Andere vermögen sich in der Längsrichtung zusammenzuziehen und können daher als einfache Muskeln angesehen werden. Sie haben auch Nesselzellen mit einem aufgewickelten Faden im Inneren, eine nur bei den Quallen und ihren Verwandten vorkommende Eigentümlichkeit.

Wenn sich ein Feind oder etwas Nahrhaftes nähert, schleudert die Nesselzelle den Faden aus, der wie eine Miniharpune mit Widerhaken besetzt ist und häufig Gift enthält. Die Nesselzellen der Tentakeln (Fangfäden) sind es, die das Brennen hervorrufen, wenn man beim Schwimmen das Pech hat, an eine Qualle zu geraten.

Quallen vermehren sich, indem sie Eier und Samen ins Meer abgeben. Das befruchtete Ei entwickelt sich nicht direkt zu einer Qualle, sondern wird ein frei schwimmendes Wesen, das sich sehr von seinen Eltern unterscheidet. Schließlich läßt es sich auf dem Meerboden nieder und wird zu einem winzigen blumenähnlichen Organismus, einem Polypen. Bei einigen Arten bringen diese Polypen an sich verästelnden Seitentrieben weitere Polypen hervor. Sie ernähren sich durch Filtrieren mit Hilfe feiner Wimpern. Schließlich bilden die Polypen aber auf andere Weise Knospen und erzeugen so winzige Medusen, die sich ablösen und davonschwimmen.

Dieser Gestaltwechsel zwischen den Generationen ermöglicht alle Arten von Variationen innerhalb der Gruppe. Die echten Quallen verbringen die meiste Zeit als freischwimmende Medusen und sitzen nur kurze Zeit an Felsen fest. Bei anderen, etwa den See-Anemonen, ist es genau umgekehrt. Während ihres gesamten erwachsenen Lebens sind sie einzeln lebende Polypen, angeheftet an einen Felsen. Ihre Tentakeln wogen im Wasser, bereit jede Beute zu fangen, die sie berührt. Einen dritten Typ stellen Kolonien von Polypen dar, die sich aber verwirrenderweise vom Erdboden gelöst haben und wie Medusen frei im Wasser treiben. Die Portugiesische Galeere ist eine von ihnen. Ketten von Polypen hängen an einer mit Gas gefüllten Blase. Die einzelnen Polypen haben besondere Funktionen. Die einen bilden Geschlechtszellen, andere nehmen Nahrung auf.

Die mit besonders giftigen Nesselzellen ausgestatteten Fangfäden schleppen bis zu 50 Meter hinter der Kolonie her und lähmen Fische, die den Fehler begehen, an sie zu geraten.

         Umseitig: Korallenriffe und Lagunen umgeben Moorea, Tahiti

Die unermeßliche Vielfalt

Die Annahme scheint berechtigt, daß diese verhältnismäßig einfachen Organismen sehr früh in der Entwicklungsgeschichte aufgetreten sind, doch gab es lange keinen Beweis dafür. Einen schlüssigen Beweis konnten nur Versteinerungen liefern. Wenn auch Mikrofossilien als Einschlüsse gefunden werden konnten, so läßt sich dennoch schwer vorstellen, daß ein so großes, aber zartes und kraftloses Wesen wie eine Qualle ihre Gestalt ausreichend erhalten könnte, um versteinert zu werden. Aber in den 1940er Jahren fanden Geologen in den Ediacara-Sandsteinen von Flinders Range in Südaustralien sehr merkwürdige Abdrücke. Von diesen Felsen, deren Alter man jetzt auf etwa 650 Millionen Jahre schätzt, nahm man an, daß sie keinerlei Fossilien enthielten. Nach der Körnung des Sandsteins, aus dem sie bestehen, und ihrer welligen Schichtung zu urteilen, hatten sie einst eine sandige Bucht gebildet. Hier wurden ganz vereinzelte blütenähnliche Abdrücke entdeckt, einige wie eine Hahnenfußblüte, andere so groß wie eine Rose. Konnten das Abdrücke von Quallen sein, die in dieser Bucht einst gestrandet, in der Sonne ausgetrocknet und bei der nächsten Flut mit feinem Sand bedeckt worden waren? Schließlich fand man genug von diesen Formen, und die Untersuchung ergab, daß es unbestreitbar Quallen waren.

Mindestens 16 verschiedene Arten sind jetzt identifiziert worden. Einige waren frei schwimmende Medusen. Andere scheinen Gasblasen besessen zu haben wie die Portugiesische Galeere. Die aufregendsten Fossilien waren aber Formen, die als Kolonie auf dem Meeresboden lebten und wie lange Federn in dem staubigen Braun des Sandsteins liegen. Ihre Fahnen erkennt man als getrennte Äste, die mit Polypen besetzt sind. Sie müssen wohl durch einen Sturm von ihrem Standort abgerissen und in die vorzeitliche Bucht gespült worden sein. Eine Scheibe an der Basis des Federschaftes könnte der Verankerung gedient haben.

Man braucht nicht lange zu suchen, um ein lebendes Gegenstück zu diesen Fossilien zu finden. Ganz ähnliche Wesen kommen nur einige 100 Kilometer von Flinders Range entfernt im Meer vor – Seefedern. Ihren Namen haben sie erhalten, als die Menschen noch mit Federkielen schrieben, und er war sehr zutreffend, denn sie haben nicht nur die Form von Vogelfedern, sondern ihr Skelett ist auch biegsam und hornartig. Sie stehen senkrecht auf sandigen Meeresböden, einige sind nur wenige Zentimeter lang, andere halb so groß wie ein Mensch. Nachts sind sie besonders auffällig, denn sie leuchten mit einem strahlenden Purpurschimmer. Werden sie berührt, geistern Wellen pulsierenden Lichtes über ihre sich langsam krümmenden Stiele.

Die fleischigen Kolonien der Seefedern gehören zu den Korallen. Die steinigen Korallen, ihre Verwandten, wachsen häufig neben ihnen und leben ebenfalls in Kolonien. Ihre Geschichte reicht nicht so weit zurück wie die der Seefedern. Sie traten plötzlich auf und wuchsen in ungeheurer Zahl. Ein Organismus, der ein Skelett aus Kalk erzeugt und in einer Umgebung mit Ablagerungen aus Schlamm und Sand lebt, ist ein hervorragendes Fossilisationsobjekt. Dicke Ablagerungen von Kalkstein in vielen Teilen der Welt bestehen ausschließlich aus Korallenresten und liefern eine genaue Chronik der Entwicklung dieser Gruppe.

Die Korallenpolypen erzeugen ihr Skelett an ihrer Basis. Jeder Polyp ist mit seinen Nachbarn durch seitliche Fasern verbunden. Wenn die Kolonie größer wird, bilden sich an diesen Verbindungen häufig neue Polypen, deren Skelett weiter wächst und frühere Polypen überdeckt. Deshalb ist der Kalkstein, den die Kolonie aufbaut mit Höhlungen durchsetzt, in denen einst Polypen lebten. Die lebenden Polypen bilden nur eine dünne

Fossile Seefedern und segmentierte Würmer im Sandstein von Ediacara, Südaustralien

Schicht an der Oberfläche. Jede Korallenart hat ein eigenes Entwicklungsmuster und baut somit ihr eigenes charakteristisches Denkmal auf.

Korallen stellen sehr hohe Umweltansprüche. Schmutziges oder zu kaltes Wasser tötet sie. Auch in Tiefen, die das Sonnenlicht nicht erreicht, können sie nicht gedeihen, da sie auf einzellige Algen angewiesen sind, die in ihrem Körper wachsen. Die Algen gewinnen ihre Nahrung durch Photosynthese und nehmen dabei Kohlendioxid aus dem Wasser auf. Das hilft den Korallen beim Aufbau ihrer Skelette und setzt Sauerstoff frei, den sie zum Atmen brauchen.

Wer zum ersten Mal an einem Korallenriff getaucht hat, wird es niemals vergessen. Schon allein die Bewegung in dem sonnendurchfluteten, klarem Wasser, das Korallen bevorzugen, ist ein Vergnügen. Nichts gibt es an Land, das einen auf die Fülle von Formen und Farben der Korallen vorbereitet. Sie gleichen zart blau überhauchten Gewölben, Fächern und Geweihen oder auch blutroten Orgelpfeifen. Einige sehen wie Blumen aus, streicht man jedoch darüber, sind sie hart wie Stein. Häufig wachsen verschiedene Korallenarten nebeneinander, vermischt mit Seefedern und See-Anemonen, deren lange Tentakeln in der Strömung wogen. Manchmal schwimmt man über große Wiesen von Korallen, die nur einer Art angehören. Dann wieder entdeckt man im tieferen Gewässer einen mit Fächern und Schwämmen behängten Korallenturm, der sich weiter erstreckt, als man in der dunkelblauen Tiefe zu sehen vermag.

Aber wenn man nur am Tage schwimmt, wird man kaum die Organismen zu Gesicht bekommen, die diese erstaunliche Szenerie hervorgebracht haben. Nachts, mit einer Taschenlampe in der Hand, sieht man die Korallen verändert. Die scharfen Konturen der Kolonien sind jetzt von einem schillernden Farbenspiel verschleiert. Millionen winziger Polypen recken sich aus den Kalkgehäusen, und ihre feinen Tentakeln suchen nach Nahrung.

Die Korallenpolypen haben nur einen Durchmesser von wenigen Millimetern, aber sie arbeiten in Kolonien zusammen und haben die größten tierischen Bauten geschaffen, ehe der Mensch überhaupt zu bauen begann. Das Great Barrier Reef, das über 2000 Kilometer parallel zur australischen Ostküste verläuft, ist sogar vom Mond aus zu erkennen. Wäre vor etwa 500 Millionen Jahren ein Astronaut eines anderen Planeten an der Erde vorbeigeflogen, hätte er im blauen Ozean leicht einige neue, rätselhafte türkisfarbene Gebilde beobachten können und hätte den Schluß gezogen, daß das Leben auf der Erde begonnen habe.

2 Baupläne der Tiere

Das Great Barrier Reef wimmelt von Leben. Die Fluten, die an die Korallenriffe branden, werden dort mit Sauerstoff angereichert, die tropische Sonne erwärmt sie und erfüllt sie mit Licht. Purpurne phosphoreszierende Augen lugen unter Schalen hervor, schwarze Seeigel wandern langsam auf den Spitzen ihrer Stacheln umher. Der Sand ist übersät mit blauen Seesternen, und vielgestaltige Rosetten entfalten sich in den Höhlungen der Korallen. Wenn man in dem klaren Wasser taucht und auf dem Grund einen Stein umdreht, tänzelt ein gelb und rosa gestreifter Riffbarsch davon und ein smaragdgrüner Schlangenstern eilt auf radschlagenden Gliedmaßen über den Sand, um ein neues Versteck zu finden.

Die Vielfalt scheint zunächst verwirrend, aber läßt man jene primitiven Organismen wie Quallen und Korallen, über die wir schon gesprochen haben, und die viel weiter fortgeschrittenen, mit einer Wirbelsäule ausgestatteten Fische außer Betracht, so kann man fast alle übrigen drei Typen zuordnen: beschalten Tieren wie Muscheln, Schnecken und Armfüßern (Brachiopoden), radiärsymmetrischen Wesen wie Seesternen und -igeln und Tieren mit segmentiertem, d. h. eingekerbtem Körper, vom sich schlängelnden Borstenwurm bis hin zu Garnelen und Hummern.

Die Baupläne dieser Tiere unterscheiden sich so grundsätzlich voneinander, daß ihre Verwandtschaft schwer vorstellbar ist, es sei denn sie liege im Wurzelbereich des tierischen Stammbaumes. Die Fossilienfunde belegen das. Alle drei Gruppen sind Meeresbewohner und haben zahlreiche Überbleibsel hinterlassen, so daß man ihr Schicksal über Hunderte von Millionen Jahren im Gestein verfolgen kann. Die Felswände des Grand Canyons zeigen, daß Tiere ohne Wirbelknochen, also die Wirbellosen, lange vor den Wirbeltieren, z. B. den Fischen erschienen. Aber gerade unterhalb jener schwach gefalteten Kalksteinschicht, die die frühesten Fossilien wirbelloser Tiere enthielt, verändert sich das Gesteinsbild. Hier sind die Felsen stark verworfen. Sie hatten einst ein Gebirge gebildet, das abgetragen wurde. Diese Periode dauerte viele Millionen Jahre, und während dieser Zeit gab es keine Versteinerungen. Schließlich bedeckte ein Meer das Gebiet und lagerte die Kalkschichten ab. Um die Spuren der Wirbellosen bis zu ihrem Ursprung zu verfolgen, müssen wir uns nach einem anderen Ort umsehen, an dem Felsen in dieser kritischen Periode nicht nur ständig abgelagert wurden, sondern auch in verhältnismäßig unbeeinträchtigtem Zustand erhalten blieben.

Einer dieser wenigen Plätze liegt im Atlasgebirge in Marokko. Die kahlen Hügel westlich Agadir bestehen aus blauem Kalkstein, der so hart ist, daß er glockengleich klingt, wenn man mit dem Hammer darauf schlägt. Die Kalksteinschichten sind schwach geneigt, aber nicht durch weitere Erdbewegungen beeinflußt worden. Auf den Paßhöhen enthält das Gestein Fossilien. Es gibt nicht viele, aber wenn man sorgfältig sucht, kann man eine ganze Reihe von Arten sammeln. Alle Versteinerungen, die irgendwo auf der Welt in Gesteinen dieses Alters gefunden wurden, lassen sich der einen oder anderen der drei Gruppen, die wir im Riff identifizierten, zuordnen. Es gibt dort kleine Schalen von der Größe eines Fingernagels, Brachiopoden genannt, radiärsymmetrische Organismen, die wie gestielte Blumen aussehen und Crinoiden oder Seelilien heißen. Außerdem findet man Trilobiten, segmentierte Wesen, die an Asseln erinnern.

Der Kalkstein der obersten marokkanischen Schicht ist etwa 560 Millionen Jahre alt. In den darunter liegenden Schichten, die viele 100 Meter mächtig sind und offenbar keinen Faltungen unterworfen waren, müßten sich eigentlich Hinweise auf den Ursprung der drei großen Wirbellosengruppen finden.

Aber dem ist nicht so. Verfolgt man die Schichten abwärts, verschwinden die Fossilien plötzlich. Der Kalkstein scheint genau derselbe zu sein wie auf der Paßhöhe, so müßte das Meer, das ihn ablagerte, dem geglichen haben, das auch die fossilführenden Schichten ablagerte. Es gibt keinen Hinweis auf radikale Veränderungen der physikalischen Bedingungen. Es ist einfach so, daß zu einem bestimmten Zeitpunkt der den Meeresboden bedeckende Schlamm Schalen von Tieren enthielt, davor aber nicht.

Dieser plötzliche Beginn der Fossilienchronik ist nicht allein ein marokkanisches Phänomen, obwohl es hier deutlicher erkennbar wird als anderswo. Überall auf der Welt tritt es in fast allen Gesteinen dieses Alters auf. Die Mikrofossilien des Kieselschiefers zeigen aber, daß das Leben schon sehr viel früher begonnen hatte. In unserem theoretischen Jahr des Lebens erscheinen beschalte Fossilien erst Anfang November. So ist ein großer Teil der Entwicklungsgeschichte nicht im Gestein dokumentiert. Erst sehr viel später, vor etwa 600 Millionen Jahren, beginnen verschiedene Gruppen durch ihre Schalen eine Fülle von Spuren zu hinterlassen. Warum diese plötzliche Veränderung eintrat, wissen wir nicht. Vielleicht hatten die Meere vorher nicht die richtige Temperatur oder besaßen nicht die chemische Zusammensetzung, die die Ablagerung von Kalk, aus dem die meisten marinen Schalen und Skelette bestehen, begünstigte. Was der Grund auch sein mag, wir müssen an anderer Stelle nach Beweisen für die Herkunft der Wirbellosen suchen. Aber einige lebende Hinweise können wir auf dem Riff finden. Über die Korallen gleiten zuweilen blattförmige Würmer hinweg, die sich sonst an Felsen anheften oder in Höhlen verbergen. Wie die Quallen haben sie nur eine Körperöffnung, durch die sie Nahrung aufnehmen und Ausscheidungsprodukte abgeben. Sie besitzen keine Kiemen und atmen direkt durch die Haut. Ihre Unterseite ist mit Wimpern bedeckt, dank deren Bewegungen sie langsam dahingleiten können. Das Vorderende hat unterseits die Mundöffnung und auf der Oberseite einige lichtempfindliche Flecke, so daß man von der ersten Andeutung eines Kopfes sprechen könnte. Der Plattwurm ist das einfachste Wesen, das dergleichen erkennen läßt.

Die Augenflecke müssen zu Muskeln in Beziehung treten, wenn das Tier auf das, was es wahrnimmt, reagieren soll. Die Plattwürmer besitzen nur ein einfaches Nervennetz mit einigen Verdickungen, die man aber kaum als Gehirn bezeichnen kann. Dennoch besitzen die Würmer erstaunliche Fähigkeiten. Eine Süßwasserart ist zum Beispiel lernfähig. Einzelne Tiere wurden darauf dressiert, ein Labyrinth zu durchqueren. Sie mußten weiße Durchgänge wählen und dunkel getönte, an denen sie schwache elektrische Schläge erhielten, vermeiden. Noch erstaunlicher war, daß das Gedächtnis offenbar stofflich gebunden ist. Wurde ein Wurm, der den Weg durch das Labyrinth erlernt hatte, getötet und an einen anderen Wurm verfüttert, so beherrschte dieser den Weg dann

Ein großer, blinder Trilobit in natürlicher Größe

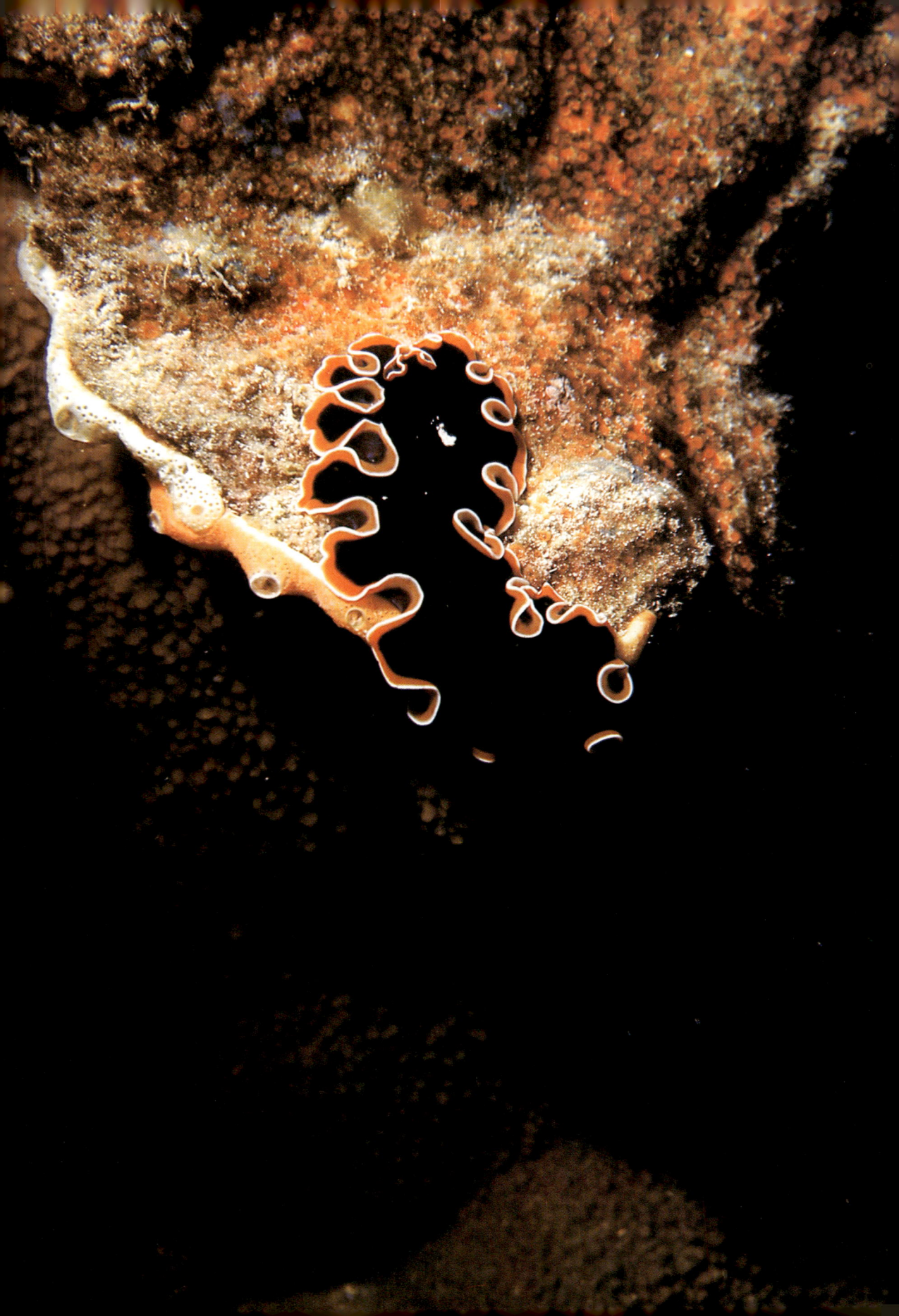

auch ohne jegliche weitere Übung, und wählte den richtigen, den weißen Durchgang.

Heute gibt es etwa 3000 Plattwurmarten auf der Welt. Die meisten sind klein und leben im Wasser. Süßwasserarten kann man in den meisten Bächen dadurch aufspüren, daß man ein Stückchen rohes Fleisch oder Leber in das Wasser hält. Wenn der pflanzliche Bewuchs im Wasser sehr dicht ist, setzen sie sich gewöhnlich zu Dutzenden auf den Köder. Einige Arten können an Land leben, und zwar in feuchten, tropischen Wäldern. Auf der Körperunterseite scheiden sie Schleim aus, auf dem sie kriechen. Manche erreichen eine Länge von 60 Zentimetern. Andere Plattwürmer sind zu Parasiten geworden und leben in unglaublich großer Zahl im Körper anderer Tiere, auch des Menschen. Die Leberegel haben noch die typische Plattwurmgestalt. Auch Bandwürmer gehören zu dieser Gruppe, wenngleich sie anders aussehen, denn nachdem sie ihren Kopf in die Darmwand ihres Wirtes gebohrt haben, entstehen an ihrem Hinterende eiertragende Glieder. Diese Glieder bleiben bis zur Reife miteinander verbunden und können eine zehn Meter lange Kette bilden. Das ganze Tier sieht infolgedessen aus, als wäre es in viele Segmente geteilt, aber in Wirklichkeit sind diese lebenden Eierpakete ganz anders als die echten Segmente z. B. eines Regenwurmes.

Plattwürmer sind sehr einfache Lebewesen. Den Angehörigen der freischwimmenden Gruppe fehlt der Darmkanal, und sie ähneln kleinen Korallenlarven, bevor diese zur festsitzenden Lebensweise übergehen. Deshalb kann man mühelos jenen Forschern Glauben schenken, die nach genauer Untersuchung der Würmer und der Larven zu dem Schluß kamen, daß die Plattwürmer von einfacheren Organismen wie den Quallen oder Korallen abstammen.

Vor 600 Millionen oder einer Milliarde Jahren, als sich diese ersten Meereswirbellosen entwickelten, entstanden durch die Erosion der Kontinente große Mengen an Sand und Schlamm auf dem küstennahen Meeresboden. In diesem Bereich muß es sehr viel Nahrung aus organischem Abfall gegeben haben. Außerdem bot er Verstecke und Schutz. Die Gestalt der Plattwürmer ist jedoch nicht zum Graben geeignet. Ein rundes Wesen kann dies viel besser, und schließlich erschienen jetzt derartige Würmer. Einige wurden aktive Wühltiere und gruben bei der Nahrungssuche Tunnel durch den Sand. Einige andere lebten halb eingegraben, nur ihre Mundöffnungen befanden sich über den Ablagerungen. Wimpern, die die Mundöffnungen umstanden, erzeugten einen Wasserstrom, aus dem sie ihre Nahrung filterten.

Einige dieser Würmer lebten in Röhren. Im Laufe der Zeit wurde deren Mündung zu einem Kragen mit Schlitzen umgestaltet. Der Wasserstrom über ihre Tentakeln nahm dadurch zu. Weitere Veränderungen und Mineralisationen führten schließlich zur Bildung von zwei flachen Schalen. Damit war der erste Brachiopode entstanden. Einer von ihnen, Lingulella, war die Stammmutter von Nachkommen, die bis auf den heutigen Tag praktisch unverändert leben. Sie werden deshalb häufig als lebende Fossilien bezeichnet.

Beispiele derartiger Formen, die über lange entwicklungsgeschichtliche Zeiträume nur sehr geringen Veränderungen unterworfen waren, treten mehrfach in der Stammesgeschichte der Tiere auf. Ein Lebewesen erscheint und breitet sich weit aus. Im Laufe der Zeit verändern sich die Bedingungen in weiten Teilen seines Verbreitungsgebietes. Einige seiner Nachkommen entwickeln sich weiter und ermöglichen ein Überleben in der neuen Umwelt. An einigen wenigen Orten verändern sich die Bedingungen aber nicht, und die Tiere entwickeln die ursprünglichen Züge zur Vollkommenheit. Es treten keine Varianten auf, die diese Umgebung wirkungsvoller ausnutzen. So erlebt die uralte Art keinerlei Veränderung und macht selbst keine durch. Generation auf Generation schleppt sie sich erzkonservativ durch die Zeiten.

Die Nachkommen von Lingulella, heute etwas größer und als Lingula bezeichnet, kommen in den Küstengewässern Japans und an anderen Fundorten vor. Sie graben im Sand und Schlamm von Meeresbuchten und gleichen langen Würmern mit einer schmalen hornigen Schale am Ende. Ihr Körperbau ist jedoch sehr kompliziert. Sie haben einen Darmkanal, der mit einem After endet, und eine Mundöffnung mit Tentakeln, alles umschlossen von den beiden Schalen. Auf den Tentakeln stehen Wimpern, die einen Wasserstrom erzeugen. Wenn Nahrungsteilchen vorüberschwimmen, werden sie von den Tentakeln gefangen und dem Mund zugeführt. Bei diesem Vorgang erfüllen die Tentakel noch eine andere, wichtige Aufgabe, denn das Wasser enthält gelösten Sauerstoff, den die Lingula zum Atmen braucht. Die Tentakeln nehmen ihn auf und dienen so als Kiemen. Die Schalen schützen die Tentakeln nicht nur, sondern leiten auch einen ständigen Wasserstrom über diese empfindlichen Gebilde.

Die Brachiopoden entwickelten diesen Bauplan in den nächsten 100 Millionen Jahren weiter. Einige wurden größer und bildeten schwere Kalkschalen aus. Die Tentakeln im Inneren wurden so groß, daß sie eine spiralige Stütze aus Kalk brauchten. Viele Arten entwickelten eine Öffnung an der Scharnierseite der Schale, durch die der wurmförmige Stiel austrat, um die Tiere im Schlamm festzuhalten. Dies gab den Schalen das Aussehen einer kopfstehenden römischen Öllampe und führte zu dem Namen Lampenmuscheln.

Die Brachiopoden sind keineswegs die einzigen beschalten Tiere, deren Fossilien in vorzeitlichen Gesteinen gefunden wurden. Es gibt einen anderen Typ, bei dem sich der Wurm nicht auf dem Meeresboden festsetzte, sondern weiterhin umherkroch und eine napfförmige Schale, unter der er sich bei Gefahr verbergen konnte, bildete. Es war der Urahn der erfolgreichsten Gruppe all dieser beschalten Wesen, der Mollusken. Auch er besitzt einen lebenden Repräsentanten, einen kleinen Organismus, die Neopilina, die 1952 in den Tiefen des Pazifik gefangen wurde. Heute gibt es 60 000 verschiedene Molluskenarten.

Der untere Teil des Schnecken-, aber auch des Muschelkörpers wird als Fuß bezeichnet. Er dient ihnen zur Fortbewegung. Viele Schnecken besitzen eine Schalenplatte, mit der sie, wenn der Fuß zurückgezogen ist, ihr Haus verschließen können. Der obere Teil des Körpers – der Mantel – umschließt die inneren Organe. In einer Höhle zwischen dem Mantel und dem zentralen Teil des Körpers befinden sich bei den meisten Arten Kiemen, die in einem Strom sauerstoffreichen Wassers liegen.

Die Schale wird von der Oberseite des Mantels abgesondert. Eine Gruppe der Mollusken besitzt nur eine einzelne Schale. Die Napfschnecken, wie die Neopilina, erzeugen die Schale gleichmäßig rings am Mantelrand und bauen so eine einfache Pyramide auf. Bei anderen Arten sondert der vordere Mantelrand mehr Material ab als der rückwärtige, und es entsteht eine flache spiralförmige Schale, einer Uhrfeder ähnlich. Bei wieder anderen ist die Sekretion auf einer Seite verstärkt, so daß die Schale eine Drehung erhält, und ein Türmchen entsteht. Bei den Kaurischnecken ist die Sekretion auf die Mantelseiten beschränkt. Die Schale gleicht einer locker geballten Faust. Aus dem Schlitz am Grunde wird nicht nur der Fuß vorgestreckt, sondern auch zwei Falten des Mantels, die sich über beide Seiten der Schale erstrecken und im Scheitel zusammentreffen. Da-

40

durch entsteht die wundervoll gemusterte und polierte Oberfläche, die für Kauri-schnecken typisch ist.

Die einschaligen Mollusken ernähren sich nicht durch Tentakel innerhalb ihrer Schale, sondern mit Hilfe ihrer Radula, einer bandförmigen und mit Zähnen versehenen Reibzunge. Einige schaben damit Algen von Felsen ab. Wellhornschnecken haben eine gestielte, vorstreckbare Radula, mit der sie Schalen anderer Mollusken anbohren können. In das von ihnen gebohrte Loch führen sie die Radula ein und saugen ihr Opfer aus. Auch Kegelschnecken besitzen eine gestielte Radula. Sie richten sie listig auf eine Beute – ein Wurm oder ein Fisch –, und eine feine Harpune schießt vor und spritzt Gift aus. Das Gift ist so wirkungsvoll, daß es einen Fisch augenblicklich tötet und sogar für einen Menschen tödlich sein kann. Dann zerren sie die Beute an die Schale heran und saugen sie gemächlich aus.

Für emsige Jäger muß die schwere Schale hinderlich sein, und einige fleischfressende Mollusken haben eine schnellere, wenn auch gefährlichere Lebensweise vorgezogen und wieder auf die Schale verzichtet. Es sind dies die Meeresnacktschnecken. Unter ihnen findet man die schönsten und buntesten aller Wirbellosen der Meere. Ihre langen weichen Körper tragen auf der Oberseite im Wasser treibende Fortsätze, die in den zartesten Farbtönen gemustert und gestreift sind. Auch ohne Schale sind sie nicht völlig wehrlos, denn einige haben aus zweiter Hand Waffen erworben. Diese Arten treiben dank ihren fiedrigen Fortsätzen nahe der Meeresoberfläche und fressen Quallen mitsamt ihren Nesselkapseln. Die Nesselzellen entladen sich hierbei nicht, sondern gelangen über den Darm der Schnecke in deren Gewebe und schließlich in die Rückenanhänge. Sie verleihen hier ihrem neuen Eigentümer denselben Schutz wie den Quallen, bei denen sie sich entwickelten.

Andere Mollusken wie die Muscheln besitzen zweiklappige Schalen. Diese Tiere sind viel weniger beweglich. Der Fuß ist rückgebildet und dient nur dazu, sie im Sande festzuhalten. Sie sind meistens Filtrierer, saugen mit klaffender Schale an einem Ende Wasser in die Mantelhöhle ein und stoßen es durch einen röhrenförmigen Sipho am anderen Ende wieder aus. Da sie sich nicht viel zu bewegen brauchen, ist auch die beachtliche Körpergröße kein Nachteil. Mördermuscheln des Riffs können bis zu einen Meter lang werden. Mit ganz entblößtem Mantel liegen sie eingebettet in den Korallenbauten, eine Zickzacklinie von leuchtend grünem, schwarzgeflecktem Fleisch, das durch das hindurchgepumpte Wasser sanft pulsiert. Sie können so groß sein, daß ein Taucher mit dem Fuß hineingerät. Aber er müßte schon sehr unvorsichtig sein, ließe er sich wirklich fangen. Zwar hat die Muschel sehr kräftige Muskeln, doch schließt sich ihre Schale sehr langsam. Überdies stoßen bei den größten Arten nur die Spitzen der stark gefalteten Schalen auf die Mitte der gegenüberliegenden Schalenbucht, wenn die Schalen völlig geschlossen sind. Es bleibt ein so breiter Zwischenraum, daß man den Arm hineinstecken kann, ohne daß die Muscheln ihn einklemmen. Dieses Experiment ist allerdings weniger nervenaufreibend, wenn man es zuerst einmal mit einem Pfahl versucht.

Einige Filtrierer wie die Pilgermuscheln können sich sehr gut fortbewegen. Sie klappen ihre Schalen krampfhaft zusammen und hüpfen im Bogen durch das Wasser. Aber im großen und ganzen führen erwachsene Muscheln ein ortsgebundenes Leben. Die Ausbreitung der Arten erfolgt durch die Jungen. Das Molluskenei entwickelt sich zu einer Larve, einer kleinen von einem Wimperband umgebenen Kugel, die von den Meeresströmungen weit fortgetragen wird, ehe sich nach einigen Wochen eine Schale ent-

Meeresnacktschnecke greift Meduse an, Great Barrier Reef

wickelt und das Tier sich niederläßt. Während des Dahintreibens sind die Mollusken allen hungrigen Meerestieren auf Gnade und Ungnade ausgeliefert. Daher muß eine Molluskenart, wenn sie überleben will, eine große Zahl von Eiern produzieren, was sie auch tut. Ein Individuum kann bis zu 400 Millionen Eier erzeugen.

Eine Gruppe der Mollusken fand sehr frühzeitig einen Weg, zu hoher Mobilität zu gelangen, ohne aber dabei auf die schützende Schale zu verzichten. Diese Gruppe entwickelte mit Gas gefüllte Schwimmtanks. Die ersten dieser Tiere erschienen vor etwa 550 Millionen Jahren. Ihre Schale war durch den Körper nicht ganz ausgefüllt, wie es bei Schnecken der Fall ist, sondern das Hinterende der Schale war abgeteilt und bildete die Gaskammer. Wenn das Tier wuchs, kamen neue Kammern hinzu, um das zunehmende Körpergewicht durch erhöhten Auftrieb auszugleichen. Bei diesem Tier handelt es sich um einen Nautiliden. Wir können uns gut vorstellen, wie diese Familie einst lebte, denn eine Gattung wurde wie Lingula und Neopilina ein lebendes Fossil.

Die heute noch lebende Gattung der Perlboote, deren wissenschaftlicher Name Nautilus lautet, erreicht einen Durchmesser von etwa 20 Zentimetern. Von der Kammer, in der das Tier lebt, reicht eine Röhre, ein Sipho, bis in die Gaskammer, so daß Nautilus diese Kammern fluten und einen Auftrieb herstellen kann, der es ermöglicht, in jeder beliebigen Wassertiefe zu treiben. Die Perlboote leben nicht nur von Aas, sondern auch von lebenden Tieren wie Krebsen. Sie bewegen sich mit Rückstoßantrieb, indem sie Wasser durch den Sipho ausstoßen. Die Suche nach Beute wird durch Augen und Tastsinnesorgane auf den Armen unterstützt. Der Molluskenfuß ist hier zu etwa 90 Fangarmen umgebildet, mit denen die Beute gepackt wird. In ihrer Mitte liegt eine hornige, papageienschnabelartige Bildung, die sogar Schalen knacken kann.

Nach einer 140 Millionen Jahre während Entwicklung entsprang aus den Nautiliden eine andere Gruppe mit einer größeren Anzahl von Gaskammern, die Ammoniten oder Ammonshörner. Diese Gruppe wurde sehr erfolgreich. In manchen Gesteinen liegen ihre Schalen so dicht, daß sie geschlossene Lagen bilden. Einige Formen erreichten die Größe von Wagenrädern. Findet man diese Riesen im honigfarbenen Kalkstein Mittelenglands oder dem harten blauen Gestein von Dorset, möchte man meinen, daß sie sich nur auf dem Meeresboden aufgehalten haben könnten. Wenn aber durch Erosion die Wände der Gaskammern erkennbar sind, wird einem klar, daß diese Tiere im Wasser nahezu gewichtslos gewesen sein mögen. Mehrere Arten hatten etwas, das wie ein Kielschwert aussieht, und zogen vielleicht wie Galeonen durch die prähistorischen Ozeane.

Vor etwa 100 Millionen Jahren schwand die Ammonitendynastie aus uns unbekannten Gründen dahin. Viele Arten starben aus. Aus anderen Linien entstanden Formen, deren Schalen leicht spiralig oder fast gestreckt waren. Eine Gruppe verlor ihre Schalen völlig. Schließlich verschwanden alle beschalten Formen bis auf Nautilus. Doch die Schalenlosen überlebten, und es entstanden die höchstentwickelten und intelligentesten Mollusken, die Kraken, Tintenfische und Kalmare, die auch als Kopffüßler – Cephalopoden – zusammengefaßt werden.

Das Überbleibsel der Schale seiner Vorfahren findet man beim Tintenfisch in seinem Inneren. Es ist der Schulp, jenes flache Blatt aus Kalk, das man häufig am Strand angespült findet. Die Kraken haben keinerlei Schale mehr. Bei den Weibchen der Papierboote (Argonauten) erzeugen zwei Arme eine papierdünne Schale, die der von Nautilus ähnelt und als Schutz für die Eier dient.

44

Geöffnete Mördermuschel, von Korallen umgeben, Great Barrier Reef

Tintenfische und Kalmare haben viel weniger Fangarme als Nautilus. Bei ihnen sind es zehn, bei den Kraken acht. Die Tintenfische und Kalmare sind viel lebhafter als die Kraken und haben einen Flossensaum, der wellenförmig schwingt – damit können sie durch das Wasser gleiten. Die Cephalopoden können aber auch mit Rückstoßantrieb schwimmen.

Ihre Augen sind sehr kompliziert. In gewisser Weise sind sie besser als das menschliche Auge, denn sie können im Gegensatz zu denen des Menschen die Schwingungsebene des polarisierten Lichtes wahrnehmen. Ihre Netzhaut weist auch einen feineren Bau auf, so daß sie vielleicht auch mehr Einzelheiten unterscheiden können als wir. Um die von den Augen ausgesandten Signale aufzunehmen, haben sie auch beachtliche Gehirne und ein schnelles Reaktionsvermögen.

Cephalopoden können sehr groß werden. 1954 wurde an der norwegischen Küste ein Exemplar angespült, das vom Körperende bis zu den Tentakelspitzen neun Meter lang war. Dabei war es nicht das größte. 1933 wurde vor Neuseeland eines beobachtet, das 21 Meter lang war. Der Durchmesser der Augen betrug 40 Zentimeter – die größten, die bisher im Tierreich bekannt wurden. Doch vermutlich wurden die größten Cephalopoden noch gar nicht entdeckt. Dank ihrer Schnelligkeit und Intelligenz mögen sie bisher allen Tiefseeschleppnetzen entgangen sein. Pottwale tauchen häufig nach Kraken und sind wesentlich beweglicher als alle Fanggeräte des Menschen. Einige von ihnen kehren mit Narben auf ihren Schnauzen zurück, die so aussehen, als hätten sie mit Wesen gekämpft, die etwa 13 Zentimeter große Saugnäpfe besitzen. Die in ihren Mägen gefundenen Cephalopodenschnäbel waren sogar noch größer als die des norwegischen Riesen. So ist es durchaus möglich, daß jene legendären Seeungeheuer tatsächlich existieren, die aus der Tiefe des Meeres aufsteigen und Schiffe mit ihren Fangarmen ergreifen. Selbst die uns bekannten Kopffüßler sind sehr einschüchternde Wesen und die erstaunlichsten Nachkommen der einfachen kleinen Schalen, die vor 600 Millionen Jahren erstmals erschienen.

Was ist nun mit der zweiten großen Gruppe geschehen, die in den vorzeitlichen Felsen durch die blumenähnlichen Seelilien vertreten war? Jede Seelilie besitzt einen kelchförmigen Rumpf, der wie eine Mohnkapsel auf einem Stiel sitzt. Vom Kelch gehen fünf Arme aus, die sich bei manchen Arten mehrfach verzweigen. Die Oberfläche des Kelches besteht aus Kalkplatten, die Stiele und Arme aus perlenähnlichen Scheiben des gleichen Materials. Im Gestein wirken die Stengel häufig wie zerrissene Halsketten, die einzelne Perlen zuweilen verstreut oder aber so dicht beieinander, als wäre der Faden gerade erst gerissen. Gelegentlich findet man riesige Arten mit 20 Meter langen Stielen. Diese Wesen hatten wie die Ammoniten ihren Höhepunkt in längst vergangenen Zeiten, aber in den Tiefen der Ozeane überlebten einige Arten der Seelilien.

Diese Seelilien zeigen, daß die Kalkplatten bei lebenden Tieren dicht unter der Haut liegen. Dadurch fühlt sich ihre Oberfläche seltsam stachlig an. Bei nahe verwandten Familien besitzt die Haut Dornen und Stacheln, so daß diese Tiere unter dem Namen Stachelhäuter oder Echinodermen bekannt sind. Das Grundmuster des Echinodermenbauplanes ist eine scheinbar fünfstrahlige Symmetrie. Die Platten des Seelilienkelches sind fünfeckig, an ihnen sitzen fünf Arme, und alle inneren Organe treten in Fünfergruppen auf. Die Körperfunktionen beruhen auf der Ausnutzung hydrostatischer Prinzipien. Die Füßchen, die in Reihen auf den Armen stehen, werden durch den Wasserdruck, der in ihnen herrscht, in Form gehalten. Diese Füßchen stellen die Enden ei-

47

nes feinen Röhrensystems dar; sie enden in einem Saugnapf. Das Wasser für dieses Gefäßsystem zirkuliert ganz getrennt von dem in der Körperhöhle. Es wird durch eine Öffnung in einen Kanal, der die Mundöffnung umgibt, aufgenommen und gelangt zu den Tausenden von Röhrenfüßchen. Wenn ein Nahrungsteilchen einen Arm berührt, halten es die Füßchen fest und geben es von einem zum anderen weiter, bis es zu einer Nahrungsrinne gelangt, die es dann zur Mundöffnung bringt.

Während die gestielten Seelilien vormals die am weitesten verbreiteten Vertreter der Gruppe der Crinoiden waren, sind das heute die stiellosen Haarsterne. Anstelle eines Stieles haben sie stark krümmbare Zirren, mit denen sie sich auf Korallen oder an Felsen anheften können. Am Great Barrier Reef sitzen sie stellenweise auf dem Grund von Gezeitentümpeln so dicht wie ein rauhhaariger brauner Teppich.

Die scheinbar fünfstrahlige Symmetrie und die Röhrenfüßchen, die mit dem Wassergefäßsystem in Verbindung stehen, sind so charakteristische Merkmale, daß sich die Vertreter dieser Gruppe leicht erkennen lassen. Der Seestern und sein Vetter, der Schlangenstern, besitzen beide diese Merkmale. Diese Tiere scheinen Crinoiden ohne Stiele oder Zirren zu sein, die umgedreht, mit ausgestreckten Armen auf dem Munde im Sand liegen. Seeigel sind offenbar auch mit ihnen verwandt. Sie scheinen ihre Arme in Form von fünf Rippen nach oben geschlagen und die Zwischenräume mit Kalkplatten verkleidet zu haben, so daß eine Kugel entstand.

Die wurstähnlichen Seegurken, die sich an sandigen Plätzen im Riff rekeln, sind ebenfalls Echinodermen, doch liegen sie auf der Seite. An einem Ende haben sie eine Öffnung, die als After bezeichnet wird. Das ist zwar nicht ganz zutreffend, denn das Tier benutzt sie nicht nur zur Abgabe unverdaulicher Nahrungsreste, sondern auch zur Atmung. Die Mundöffnung am anderen Körperende ist von Röhrenfüßchen umgeben, die zu kurzen Tentakeln vergrößert sind. Diese durchwühlen den Sand, und die Nahrungsteilchen bleiben an ihnen haften. Die Seegurke krümmt die Tentakeln dann, führt sie zum Mund und saugt die Nahrung mit den fleischigen Lippen ab. Wenn man eine Seegurke aufhebt, muß man sehr vorsichtig sein, denn Seegurken haben eine höchst ungewöhnliche Art, sich zu verteidigen. Sie stoßen einfach ihre inneren Organe aus. Ein langsamer aber unaufhaltsamer Strom klebriger Schläuche ergießt sich bei manchen aus dem After und klebt einem die Finger mit einem Gewirr zäher, schmieriger Fäden zusammen. Wenn ein neugieriger Fisch oder ein Krebs diesen Vorgang auslöst, bleibt er um sich schlagend in diesem Fadennetz zurück, während sich die Seegurke langsam auf ihren Röhrenfüßchen davonmacht. Im Lauf weniger Wochen sind ihre Eingeweide nachgewachsen.

Vom menschlichen Standpunkt aus gesehen, mögen die Echinodermen in eine Sackgasse geraten sein. Wenn wir annehmen, das Leben sei zweckgerichtet und alles gehöre zu einer Weiterentwicklung, deren Höhepunkt das Erscheinen des Menschen oder eines anderen Wesens, das ihm die Macht streitig macht, ist, dann könnten die Echinodermen als unwichtig abgetan werden. Aber derartige Tendenzen sind in der Vorstellung des Menschen deutlicher als in den Gesteinen erkennbar. Die Echinodermen erschienen sehr frühzeitig in der Geschichte des Lebens. Der Mechanismus ihres Wassergefäßsystems erwies sich als eine nützliche und wirksame Grundlage für den Bau einer Varietät von tierischen Körpern, ließ aber keine besonders spektakuläre Entwicklung zu. In ihnen zusagenden Lebensbereichen sind sie jedoch sehr erfolgreich. Ein Seestern des Riffs kann eine Muschel überwältigen, indem er seine Röhrenfüßchen auf jeder

49

Schalenseite anheftet, die Schalen auseinanderzieht und dann ihr Fleisch verzehrt. Ein Stachelseestern, die Dornenkrone, vermehrt sich zeitweise gewaltig und vernichtet große Korallenbestände. Crinoiden geraten bei Tiefseefängen zu Tausenden in die Netze. Wenn es auch unwahrscheinlich ist, daß diesem Tierstamm große Entwicklungen bevorstehen, so ist es doch nach den Spuren aus den letzten 600 Millionen Jahren ebenso unwahrscheinlich, daß diese Gruppe verschwinden wird, so lange noch Leben in den Weltmeeren möglich ist.

Die dritte Gruppe der Lebewesen des Riffs umfaßt jene mit den segmentierten Körpern. In diesem Fall haben wir noch ältere Fossilien als die in Marokko gefundenen Trilobiten als Beweis. Die Ablagerungen von Ediacara in Australien mit Versteinerungen von Medusen und Seefedern enthalten auch Abdrücke von segmentierten Würmern. Eine Art mit einem sichelförmigen Kopf und bis zu 40 Segmenten, die an jeder Seite beinähnliche Fortsätze tragen, hat große Ähnlichkeit mit den im Riff verbreiteten Borstenwürmern. Die Einkerbungen der heute lebenden Würmer entsprechen Wänden, die das Innere in einzelne Abschnitte unterteilen. Jedes Abteil ist mit einem eigenen Satz von Organen ausgestattet: Auf beiden Seiten beinähnliche Anhänge, bisweilen beborstet, und außerdem ein Paar fiedriger Anhänge zur Sauerstoffaufnahme. In der Körperwand befinden sich zwei Öffnungen zur Abgabe von Ausscheidungsprodukten. Ein Darmkanal ein großes Blutgefäß und ein Nervenstrang verlaufen durch alle Segmente von vorn bis hinten.

Nicht einmal die sehr alten Schichten von Ediacara liefern einen Anhaltspunkt über den Zusammenhang zwischen den segmentierten Würmern und den anderen alten Gruppen. Indes gibt es eine weitere Beweiskategorie, die berücksichtigt werden kann: die Larven dieser Tiere. Die segmentierten Würmer haben kugelige Larven mit einem Wimperschopf am oberen Pol und einem Wimpergürtel rings um ihre Mitte. Sie sehen fast genauso aus wie die Larvenformen einiger Mollusken, ein Hinweis darauf, daß diese Gruppen dieselbe gemeinsame Wurzel haben. Die Echinodermen hingegen haben andere Larvenformen, darunter solche mit einem Wimperschopf und zahlreichen Wimperschnüren. Diese Gruppe muß sich bereits sehr früh von den Plattwurmvorfahren getrennt haben, schon lange vor der Aufspaltung in Mollusken und segmentierte Würmer.

Die Segmentierung könnte ein Weg gewesen sein, um die Leistungsfähigkeit der Würmer beim Graben im Schlamm zu erhöhen. Eine Folge verschiedener Glieder ist ein sehr brauchbarer Bauplan hierfür. Diese Veränderung muß schon vor langer Zeit stattgefunden haben, denn zur Zeit der Ablagerung in Ediacara war die grundlegende Trennung der Wirbellosen bereits erfolgt. Die Fossilien dieser Lagerstätte gewähren aber nur einen kleinen, isolierten Einblick. Der spätere Verlauf der Entwicklung über 100 Millionen Jahre blieb unsichtbar. Erst nach diesem gewaltigen Zeitraum kommen wir zu der Periode vor etwa 600 Millionen Jahren, die durch die marokkanischen Ablagerungen und weitere in allen Teilen der Welt belegt wird. Zu dieser Zeit hatten viele Tiere bereits Schalen entwickelt.

Eine außergewöhnliche Fossilienlagerstätte aus etwa der gleichen Zeit gibt genauer als bloße Schalen Aufschluß über den Körperbau der Tiere.

In den Rocky Mountains von British Columbia liegt zwischen hohen, schneebedeckten Gipfeln der Burgess-Paß. Nahe der Paßhöhe treten feine Schiefertone zu Tage, und in ihnen wurden einige der besterhaltenen Fossilien der Erde entdeckt. Die Schiefer-

Haarstern

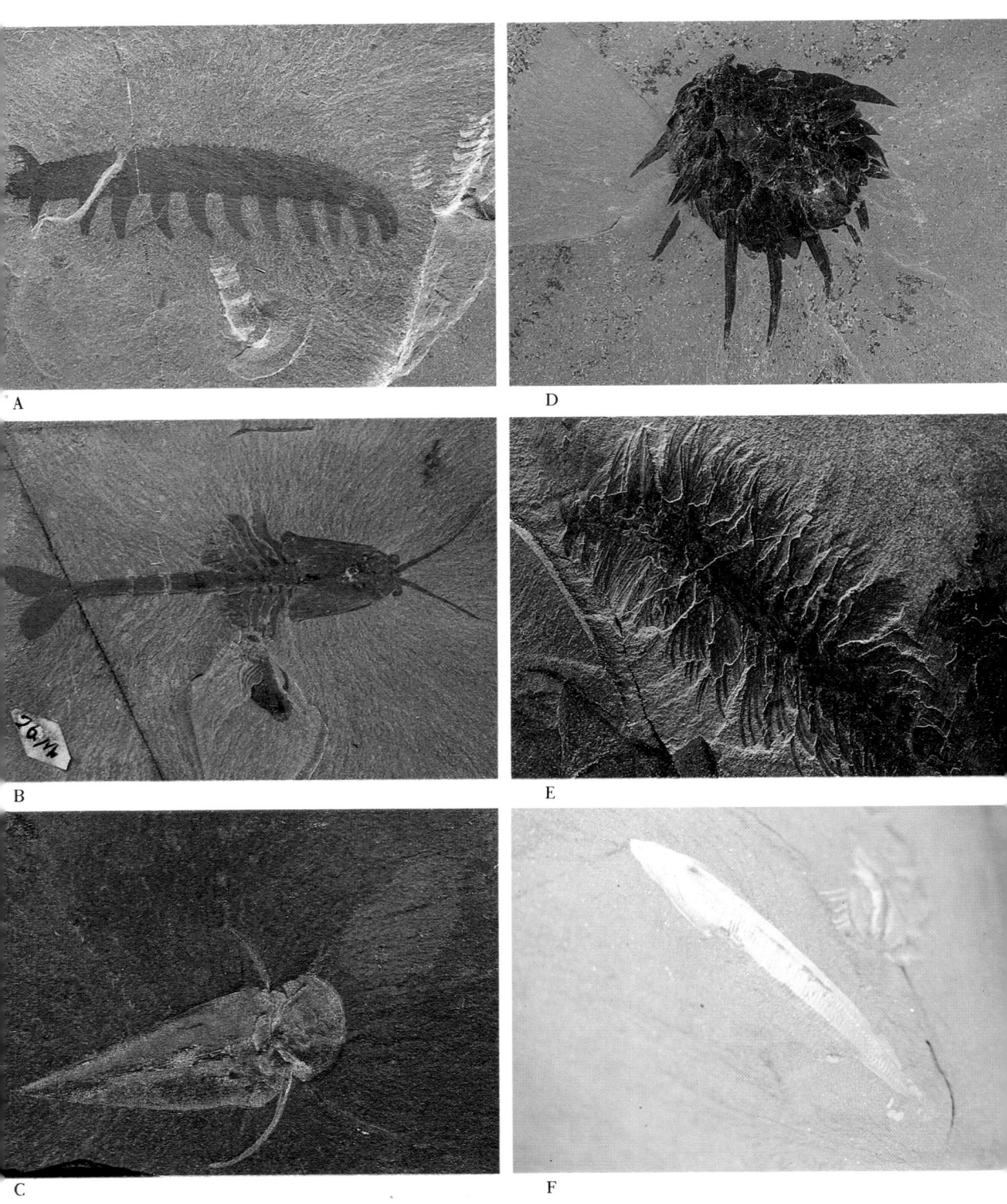

Fossilien aus dem Burgess-Schiefer: A. Stummelfüßer, B. Trilobitoid,
C. Hyolith, D./E. Borstenwürmer, F. Lanzettfischähnlicher Organismus

schichten wurden vor etwa 550 Millionen Jahren in einem Becken des Meeresbodens in einer Tiefe von etwa 150 Metern abgelagert. Dieses Becken muß durch einen untersee-ischen Bergrücken vor Meeresströmungen und dem Zutritt sauerstoffhaltigen Oberflä-chenwassers geschützt gewesen sein. In dem dunklen stehenden Gewässer lebten nur wenige Tiere. Dann und wann senkte sich jedoch eine Wolke von Schlamm mit vielen Arten kleiner Lebewesen des höheren Bergrückens hier ab. Da es weder Sauerstoff gab, um den Verwesungsprozeß in Gang zu setzen, noch Tiere, die die kleinen Leichen fraßen, verblieben sie so, wie sie vom Schlamm eingeschlossen wurden. Schließlich ent-standen hier Schiefertone. Erdbewegungen hoben und falteten bei der Entstehung der Rocky Mountains große Bereiche dieser marinen Ablagerungen. Zu einem großen Teil wurden die Spuren des Lebens vernichtet. Aber wie durch ein Wunder überstand diese kleine Stelle die Vorgänge. Fundstätten mit Fossilien vergleichbarer Qualität, aber aus einem späteren erdgeschichtlichen Zeitabschnitt, gibt es auch in der Bundesrepublik Deutschland, in schwarzen Ablagerungen des Rheinischen Schiefergebirges, Huns-rück- und Wissenbacher Schiefern.

Die Vielfalt der am Burgess Paß enthaltenen Lebewesen ist viel größer als in Felsen vergleichbaren Alters irgendwo sonst. Man fand hier Medusen, Echinodermen, Bra-chiopoden und ein halbes Dutzend segmentierter Wurmarten, weitere Repräsentanten einer gradlinigen Abstammung von Ediacara bis zum heutigen Barrier Reef. Mehrere dieser Tiere scheinen zwar mit den segmentierten Würmern verwandt zu sein, sind aber viel komplizierter gebaut und ganz anders als alle anderen lebenden oder fossilen Tiere.

Eines hat fünfzehn Segmente, einen Rüssel vor der Mundöffnung und fünf Augen, von denen eines nach oben blickt. Ein anderes, das sein Entdecker verzweifelt Halluci-genia nannte, besteht aus sieben Paar Gliedern und sieben Tentakeln, die anscheinend alle mit je einer Mundöffnung enden. Dies scheinen Experimente mit Bauplänen von Tieren zu sein, die nicht überlebten.

Die große Vielfalt der Fossilien des Burgess-Schiefers ist eine Mahnung, wie unvoll-ständig unsere Kenntnisse der fossilen Fauna sind. Das vorzeitliche Meer besaß eine viel reichere Tierwelt, als wir sie jemals kennenlernen können. An dieser einen Stelle erlaubten die Verhältnisse, daß eine unvergleichlich große Artenzahl erhalten wurde. Aber selbst das ist nur ein Hinweis darauf, was einmal alles existiert haben muß.

Der Burgess-Schiefer enthält auch hervorragend konservierte Trilobiten, ähnlich denen des marokkanischen Kalksteines. Der Panzer der Trilobiten bestand aus Kalk und einer als Chitin bezeichneten Substanz. Da der Panzer nicht dehnungsfähig ist, müssen die Tiere ihn abwerfen, wenn sie wachsen. Viele der überall auf der Welt gefun-denen Trilobitenfossilien sind diese leeren Hüllen. In das Burgess-Becken wurden je-doch vor Zeiten vollständige Trilobiten geschwemmt und begraben. Schlammteilchen erhielten die kleinste Einzelheit ihres Baus. Man kann die paarigen gegliederten Beine, die jedem Körpersegment entsprangen, erkennen. Ferner sieht man die gestielten fied-rigen Kiemen neben jedem Bein, zwei Fühler am Kopf und einen den ganzen Körper durchziehenden Darmkanal. Sogar die Muskelfasern sind noch zu erkennen.

Trilobiten waren die ersten Lebewesen auf der Welt, die hochdifferenzierte Augen entwickelten. Die Komplexaugen stellten ein Mosaik von Einzelelementen dar, jedes mit einer eigenen Linse. Ein Auge mag 15 000 Einzelelemente enthalten. Beide Augen zusammen überblicken ein fast halbkugeliges Gesichtsfeld. In ihrer weiteren Ge-schichte entwickelten einige Arten einen noch komplizierteren Augentyp. Die Anzahl der Einzelteile wurde geringer, aber sie waren größer und die Linsen dicker. Man nimmt an, daß im Lebensraum dieser Tiere wenig Licht herrschte und die Tiere dickere Linsen brauchten, die das wenige Licht besser sammeln konnten. Einfache Kalklinsen vermögen im Wasser Licht nur diffus zu übertragen. Eine bessere Übertragung ermöglicht nur eine zweiteilige Linse, und eben diese wurde von den Trilobiten entwickelt. Der untere Teil der doppelten Linse bestand aus Chitin, und die Oberfläche zwischen den beiden Linsenteilen entspricht einem mathematischen Gesetz, das der Mensch erst vor 300 Jahren entdeckte, als er sich bemühte, die sphärische Aberration von Linsen in Fernrohren zu korrigieren.

Als die Trilobiten sich in den Weltmeeren ausbreiteten, entstand eine Vielzahl von Arten. Die meisten lebten offenbar auf dem Meeresboden und fraßen im Schlamm. Einige besiedelten die Tiefsee und verloren in der Finsternis ihre Augen. Andere mögen, wie man aus der Form ihrer spezialisierten Glieder schließen kann, frei im Wasser umhergepaddelt sein.

Mit der Zeit, als viele Tiere unterschiedlichster Herkunft den Meeresboden besiedelten, verloren die Trilobiten ihre Vorherrschaft. Vor 250 Millionen Jahren erlosch diese Gruppe. Nur ein Verwandter überlebte, der Pfeilschwanzkrebs. Mit seinen maximal 80 Zentimetern Gesamtlänge ist er erheblich größer als die größten Trilobiten. Sein vorderer Panzer zeigt keinerlei Segmentierung, sondern bildet einen aufgewölbten Schild, der vorne zwei bohnenförmige Komplexaugen trägt. An einer fast rechteckigen Platte an der Hinterseite des Schildes sitzt ein spitzer Schwanz. Doch unter dem Panzer ist die Segmentierung deutlich zu erkennen. Der Pfeilschwanzkrebs hat mehrere Paare gegliederter Beine mit Scheren am Ende und hinter den Beinen Kiemen, die groß und flach sind wie die Blätter eines Buches.

Pfeilschwanzkrebse sieht man selten, denn sie leben in beachtlicher Tiefe in den südostasiatischen Meeren und an der amerikanischen Nordatlantik-Küste. In jedem Frühjahr wandern sie zur Küste. Bei Vollmond und Flut tauchen sie an drei aufeinander folgenden Nächten aus dem Meer auf.

Die Weibchen, deren Schalen im Mondlicht glänzen, ziehen kleinere Männchen hinter sich her. Bestrebt, ein Weibchen zu erreichen, hängen sich manchmal vier oder fünf Männchen aneinander und bilden eine Kette. Wenn das Weibchen den Rand des Wassers erreicht hat, gräbt es sich halb in den Sand ein und legt seine Eier ab, und das Männchen gibt den Samen dazu. Meilenweit erstreckt sich die lebendige Flut aus Pfeilschwanzkrebsen, so daß der dunkle Strand einer Straße mit Kopfsteinpflaster gleicht. Zuweilen werden die Pfeilschwanzkrebse von der Brandung auf den Strand gespült und liegen mit zappelnden Beinen auf dem Sand, während ihre steifen Schwänze sich langsam drehen, um als Hebel zu dienen. Vielen gelingt es nicht, sich wieder ins Wasser zu schnellen, und wenn die Flut zurückgeht, sterben sie, während Tausende andere in den Untiefen herumpaddeln.

Diese Szene muß sich seit vielen 100 Millionen Jahren in jedem Frühling abgespielt haben. Zu Anfang gab es auf dem Land keinerlei Leben, und die Eier der Krebse waren vor den Räubern des Meeres sicher. Das könnte erklären, warum die Krebse diese Gewohnheit annahmen. Heute sind diese Strände nicht mehr so sicher, denn Möwen und kleinere Wattvögel holen sich ihren Anteil an dem jährlichen Festessen. Aber viele der Eier sind so tief vergraben, daß nach einem Monat, wenn die Springflut den Strand wieder erreicht, die Larven ins Meer hinausschwimmen können. In diesem Larvenstadium

54

wird die Verwandtschaft zwischen Trilobiten und Pfeilschwanzkrebs deutlich, denn jetzt sind die Segmentgrenzen noch nicht vom Panzer der ausgewachsenen Tiere verdeckt. In der Tat wird ein Larvenstadium des Pfeilschwanzkrebses häufig als Trilobitenstadium bezeichnet.

Die Trilobiten waren keineswegs die einzigen gepanzerten Tiere, die sich aus den segmentierten Würmern entwickelten. Eine andere Gruppe, die Krebse, erschien zur selben Zeit. Sie unterschieden sich von den Trilobiten neben anderen Merkmalen dadurch grundlegend, daß sie nicht nur ein Paar, sondern zwei Paar Fühler besitzen. Sie überlebten die Millionen Jahre der Herrschaft der Trilobiten und wurden nach deren Aussterben ihre Erben. Heute gibt es über 35 000 Krebsarten – rund viermal so viel wie Vogelarten. Die meisten von ihnen – Taschenkrebse, Garnelen, Langusten und Hummer – halten sich zwischen Felsen und Riffen auf. Einige haben eine festsitzende Lebensweise wie die Seepocken, andere, wie die Krillkrebse, die die Nahrung der Bartenwale sind, schwimmen in großen Schwärmen. Das äußere Skelett ist sehr wandlungsfähig. Es dient dem kleinen Wasserfloh genauso wie der großen Japanischen Riesenkrabbe, die von Klaue zu Klaue über drei Meter mißt.

Viele Arten haben zu bestimmten Zwecken ihre Beinform umgebildet. Die vorderen Beine können zu Scheren oder Klauen werden, die mittleren zu Schwimm- oder Schreitbeinen. Einige haben fiedrige Äste, Kiemen, durch die sie Sauerstoff aus dem Wasser aufnehmen. Einige Krebse besitzen Vorrichtungen, in denen sie Eier transportieren können. Die röhrenförmigen, gelenkigen Glieder werden von mehreren innenliegenden Muskeln durchzogen, so daß sie meistens in einem vollen Kreis bewegt werden können.

Der äußere Panzer stellt für Krebse dasselbe Problem dar wie für Trilobiten. Da er sich nicht ausdehnen kann und ihren Körper völlig einschließt, können sie nur wachsen, wenn sie den Panzer von Zeit zu Zeit wechseln. Naht die Zeit der Häutung, dann nimmt der Krebs einen großen Teil des Kalkes seiner alten Schale in sein Blut auf. Er bildet eine neue, weiche, noch schrumpelige Haut unter dem Panzer aus. Der ausgewachsene Panzer reißt auf, und das Tier schlüpft heraus. Es läßt den alten Panzer wie ein durchscheinendes Gespenst zurück. Nun ist seine Haut weich, und es muß sich verbergen. Aber es wächst sehr schnell, und der Körper schwillt durch Wasseraufnahme und die daraus resultierende Erhöhung des Innendruckes an. Die Falten der Haut glätten sich. Allmählich erhärtet die Haut auch, und das Tier kann sich wieder der feindlichen Umwelt aussetzen. Der Einsiedlerkrebs umgeht diese Schwierigkeiten, indem er sein panzerloses Hinterende in einem leeren Schneckenhaus verbirgt und notfalls im Handumdrehen ein neues bezieht.

Das äußere Skelett bietet einen großen Vorteil. Es funktioniert sowohl im Wasser wie auch auf dem Lande, so daß ein Tier, vorausgesetzt es findet eine Möglichkeit zum Atmen, direkt aus dem Wasser an das Ufer gehen kann. Viele Krebse tun das auch – Strandfloh und Sandhüpfer bleiben in der Nähe des Ufers, Asseln besiedeln überall am Land feuchte Gebiete. Der aufregendste aller landlebenden Krebse ist der Palmendieb. Er ist so groß, daß er den Stamm einer Palme mit den Beinen umfassen kann. Er erklimmt die Palmen und schneidet mit seinen Scheren die Kokosnüsse ab, von denen er lebt. Auf dem Rücken seines Panzers befindet sich an der Grenze zum Hinterleib eine Öffnung in eine Kammer. Sie ist mit runzliger feuchter Haut ausgekleidet, durch die Sauerstoff aufgenommen wird. Nur zum Absetzen seiner Larven kehrt der Palmendieb

zum Meer zurück, aber die Larven verlassen das Wasser bald wieder und suchen sich am Strand ein Schneckenhaus. Nach etwa einem halben Jahr verzichten sie auf diesen Schutz.

Andere Nachkommen mariner Wirbelloser haben ebenfalls das Wasser verlassen. Unter den Mollusken sind es die Lungenschnecken und die Nacktschnecken, aber sie erschienen erst ziemlich spät. Die ersten, die den Schritt zum Landleben wagten, waren Abkömmlinge der segmentierten Würmer. Vor etwa 400 Millionen Jahren fanden sie Möglichkeiten, um außerhalb des Wassers zu leben. Sie waren so erfolgreich in ihrer neuen Umgebung, daß die größte und vielgestaltigste Gruppe aller heute leben Land-tiere, die Insekten, von ihnen abstammt.

3 Die ersten Wälder

Es gibt keinen öderen Platz auf der Erde als die Umgebung eines Vulkans nach seinem Ausbruch. Schwarze Lavaströme bedecken seine Hänge wie Schlacken aus einem Hochofen. Ihre Energie hat nachgelassen, aber sie kriechen weiter dahin, und Gesteinsbrocken stürzen noch herab, während das Fließen langsam verebbt. Dampf steigt zwischen den Lavabrocken empor, und an den Mündungen der Austrittsöffnungen setzt sich gelber Schwefel ab. Tümpel mit grauem, gelbem oder blauem Schlamm blubbern vor sich hin – sonst ist alles totenstill. Kein Strauch bietet Schutz vor dem rauhen Wind, kein grünes Fleckchen hellt die schwarzen Flächen der leeren Aschenebenen auf.

Während der längsten Zeit ihrer Entwicklung sah die Erde wie diese trostlose Landschaft aus. Die Ausbrüche der ersten Vulkane, die auf der abkühlenden Erde entstanden, waren viel stärker als die heutigen. Sie bauten ganze Gebirge aus Lava und Asche auf. Im Laufe der Jahrtausende zerstörten Wind und Regen diese Gebirge wieder. Ihre Gesteine verwitterten und wurden zu Schlamm und Lehm. Flüsse führten Schutt und Sand mit sich, brachten ihn in die Meere und lagerten ihn nahe der Küste ab. Die Ablagerungen verfestigten sich zu Schiefertonen und Sandsteinen. Die Kontinente lagen nicht fest, sondern drifteten langsam, angetrieben von Konvektionsströmen in der Tiefe des Erdinnern. Wenn die Landmassen zusammenstießen, wurden die Ablagerungen zusammengepreßt, hochgedrückt und bildeten neue Gebirge. Während sich diese geologischen Zyklen etwa drei Milliarden Jahre lang immer wiederholten, als Vulkane ausbrachen und sich erschöpften, keimte das Leben im Meer in vielen Formen, doch das Land blieb öde.

Zweifellos vermochten einige Algen am Rande des Meeres zu leben und überzogen Strände und Felsen mit Grün. Doch konnten sie sich nicht weit außerhalb der Spritzwasserzone halten, denn dann wären sie ausgetrocknet und eingegangen. Schließlich entwickelten vor 420 Millionen Jahren einige Formen eine wachsartige Bedeckung, eine Haut, die das Austrocknen verhinderte. Aber auch das machte sie vom Wasser nicht völlig unabhängig. Sie konnten es nicht verlassen, weil sie bei ihren Vermehrungsvorgängen darauf angewiesen waren.

Algen vermehren sich auf zweierlei Weise: durch ungeschlechtliche Teilung und durch den für die Evolution so ungeheuer wichtigen geschlechtlichen Vorgang, bei dem die Geschlechtszellen sich nur weiterentwickeln, wenn sie aufeinander treffen und verschmelzen. Um dieses Aufeinandertreffen zu erreichen, brauchen die Algen Wasser. Dieses Problem besteht auch heute noch für die niederen Landpflanzen, jene Formen, die als Lebermoose bekannt sind, und für die fadenförmigen, mit Schuppen bedeckten Laubmoose. Sie bedienen sich der beiden Formen der Vermehrung, der geschlechtlichen und der ungeschlechtlichen, in aufeinander folgenden Generationen. Das ge-

61

wöhnliche grüne Moos ist die Generation, die die Geschlechtszellen erzeugt. Das Ei befindet sich an der Spitze eines Stengels und verbleibt auch dort. Die mikroskopisch kleinen männlichen Geschlechtszellen werden in das Wasser entlassen und schlängeln sich zu den Eiern, um sie zu befruchten. Das Ei keimt dann auf der Elternpflanze und erzeugt die nächste ungeschlechtliche Generation – einen dünnen Stengel mit einer hohlen Kapsel an seinem oberen Ende. In dieser Kapsel wird eine große Zahl feinkörniger Sporen erzeugt. Bei Trockenheit dehnen sich die Kapselwände, bis sie plötzlich platzen. Die Sporen werden herausgeschleudert und durch den Wind verbreitet. Diejenigen, die an einem Platz mit genügend Feuchtigkeit landen, entwickeln sich zu neuen Pflanzen.

Moosstengel haben keine große Festigkeit. Einige Arten erreichen eine bescheidene Höhe, indem sie zu Polstern zusammentreten und sich gegenseitig stützen. Aber ihre weichen, wasserdurchlässigen Zellen geben dem einzelnen Stengel nicht die Kraft, aufrecht zu stehen. Pflanzen wie diese werden sicher unter denen gewesen sein, die als erste die feuchten Gebiete der Erde besiedelten. Bisher sind aber keine Fossilien aus dieser frühen Zeit gefunden worden, die zweifelsfrei Moose sind.

Die ersten Landpflanzen, die wir kennen, sind über 400 Millionen Jahre alt. Es sind blattlose, sich verzweigende Fasern, die als Kohleablagerungen in Mittelwales und im Feuerstein in Schottland gefunden wurden. Ähnlich den Moosen besaßen sie keine Wurzeln. Aber wenn man ihre Stengel sorgfältig präpariert und unter dem Mikroskop untersucht, sieht man, daß sie Strukturen enthalten, die kein Moos besitzt: lange dickwandige Zellen, die der Wasserleitung im Stengel dienen. Diese Bildungen gaben ihnen Halt und erlaubten ihnen, mehrere Zentimeter aufrecht zu stehen. Das klingt nicht großartig, bedeutet aber einen wichtigen Fortschritt.

Derartige Pflanzen bildeten zusammen mit Laub- und Lebermoosen dichte verfilzte Teppiche, Miniaturwälder, die sich von Buchten und Flußufern in das Landesinnere ausbreiteten. Die ersten Tiere, die das Land besiedelten, krochen hierher. Es waren segmentierte Wesen, die Vorfahren der heutigen Tausendfüßler. Durch ihren Chitinpanzer waren sie gut auf das Landleben vorbereitet. Zunächst hielten sie sich sicher nahe dem Wasser auf. Aber dort, wo sich viel Moos befand, war auch Feuchtigkeit und Nahrung. Als einzige Landtiere gediehen sie prächtig. Ihr Name Tausendfüßler ist eine Übertreibung. Keine Art hat heute mehr als 200 Beine, und manche sogar nur acht. Die ersten Formen erreichten eine beachtliche Größe, – einer von ihnen war zwei Meter lang und muß eine verheerende Wirkung auf die Pflanzenwelt ausgeübt haben, als er sich durch die feuchten, grünen Sümpfe hindurchfraß. Immerhin war er so lang wie eine Kuh.

Das von ihren wasserlebenden Vorfahren geerbte Außenskelett der Tausendfüßler bedurfte nur weniger Veränderungen für das Landleben. Aber sie brauchten eine andere Art der Atmung, denn die fiedrigen Kiemen, die mit einem Stiel am Bein ihrer Vorfahren, der Krebse, befestigt waren, versagten in der Luft. An ihrer Stelle entwickelten die Tausendfüßler ein System von Atemröhren, die Tracheen. Jede Röhre beginnt mit einer Öffnung an der Seite des Panzers und verzweigt sich im Körperinneren in ein feines Netzwerk, das an alle Organe und Gewebe heranführt. Die Enden erreichen sogar einzelne Zellen und versorgen sie mit gasförmigem Sauerstoff.

Die Fortpflanzung außerhalb des Wassers brachte ebenfalls Probleme mit sich. Ihre marinen Vorfahren hatten es, wie die Algen, dem Wasser überlassen, daß ihr Samen die Eier erreicht. An Land lag die Lösung des Problems auf der Hand: Männchen und

Tausendfüßler bei der Paarung

Weibchen, die ja gut beweglich waren, konnten zusammenkommen und die männlichen Geschlechtszellen direkt übertragen. Und genau das tun die Tausendfüßler. Beide Geschlechter erzeugen ihre Geschlechtszellen in Drüsen nahe der Basis des zweiten Beinpaares. Wenn ein Männchen während der Fortpflanzungszeit auf ein Weibchen trifft, umschlingen sie einander. Das Männchen greift mit dem siebten Bein nach vorn, nimmt ein Samenpaket von seiner Geschlechtsöffnung ab, dann klettert es an dem Weibchen entlang, bis es neben der weiblichen Geschlechtsöffnung ist und das Weibchen den Samen aufnehmen kann. Das Verfahren erscheint ziemlich mühselig, ist aber wenigstens ungefährlich. Tausendfüßler sind Pflanzenfresser. Wirbellose, die in den feuchten Wäldern Jagd auf andere Tiere machten, konnten sich nicht sofort einem so vertrauensvollen Verhältnis zu ihrem Partner hingeben.

Drei Gruppen derartiger räuberischer Wesen leben auch heute noch: Hundertfüßler, Skorpione und Spinnen. Wie ihre Beute, gehören auch sie zur Gruppe segmentierter Tiere, obwohl das Ausmaß, in dem sie die Unterteilung ihrer Körper beibehalten haben, unterschiedlich ist. Die Hundertfüßler sind ebenso deutlich und ausgiebig segmentiert wie die Tausendfüßler. Die Skorpione zeigen die Unterteilung äußerlich nur noch deutlich in ihren Schwänzen; die meisten Spinnen haben alle Anzeichen von Segmentierung verloren. Lediglich einige süostasiatische Arten haben noch erkennbare Überbleibsel ihrer segmentierten Vergangenheit.

Die Skorpione erinnern an die längst ausgestorbenen Seeskorpione (Eurypteriden), die damals die Meere terrorisierten. Einige wurden zwei Meter lang und besaßen riesige Scheren, mit denen sie kleinere Tiere packten. Die Land-Skorpione waren keine direkten Nachfahren, gehörten aber zur selben großen Gruppe und hatten gewiß ebenso grausame Gewohnheiten.

Die heutigen Skorpione haben nicht nur furchterregend aussehende Scheren, sondern auch eine Giftdrüse und einen Stachel am Ende ihres langen dünnen Schwanzes. Bei ihren Kopulationen können sie sich nicht der Methode der Tausendfüßler bedienen, die sich sozusagen auf gut Glück an ihre Partner herantasten. Einem so aggressiven und kräftigen Tier nahezukommen, ist ein gefährliches Unterfangen, selbst wenn es von einem Angehörigen derselben Art unternommen wird und seine Absicht rein sexuell ist. Die Gefahr besteht darin, nicht als Partner, sondern als Nahrung angesehen zu werden. So erfordert die Paarung der Skorpione ritualisierte Schutzmaßnahmen und beschwichtigende Gesten – eine Neuheit unter den Tieren.

Der männliche Skorpion nähert sich sehr vorsichtig dem Weibchen. Plötzlich ergreift er mit seinen Scheren die des Weibchens. Durch diese Umarmung sind die Waffen des Weibchens neutralisiert, und nun beginnt das Paar zu tanzen. Mit aufgerichteten und manchmal verschlungenen Schwänzen gehen sie vor und zurück. Nach einiger Zeit ist der Tanzboden durch ihre schlurfenden Schritte von Steinchen gesäubert. Dann stößt das Männchen ein Samenpaket aus seiner Geschlechtsöffnung an der Unterseite des Hinterleibes aus und legt es auf den Boden. Es hält das Weibchen weiter an den Scheren, schiebt und drängt es dann vorwärts, bis sich dessen ebenfalls an der Unterseite sitzende Geschlechtsöffnung direkt über dem Samenpaket befindet. Das Weibchen nimmt es auf, die Partner lösen sich voneinander, und jeder geht seiner Wege. Die Eier schlüpfen dann innerhalb einer Tasche des Weibchens, die Jungen krabbeln heraus und auf den Rücken der Mutter. Hier bleiben sie etwa 14 Tage, bis die erste Häutung erfolgt ist und sie selbst für sich sorgen können. Auch Spinnen müssen bei der Werbung vor-

Umseitig: Skorpionweibchen trägt seine Jungen auf dem Rücken

sichtig sein. Die Situation ist für die Männchen sogar noch gefährlicher als für die Weibchen, denn sie sind fast immer kleiner als die Weibchen. Das Männchen bereitet sich, lange bevor es das Weibchen trifft, auf die Paarung vor. Es spinnt ein feines Dreieck aus Seide von wenigen Millimetern Länge; darauf setzt es aus einer unter dem Körper liegenden Drüse einen Samentropfen. Diesen Tropfen saugt es in die Höhlung eines besonderen Körperanhanges, des Pedipalpus – ähnlich wie man einen Füllfederhalter mit Tinte füllt. Nun kann die Hochzeit beginnen.

Bei der Werbung wenden die Spinnen betörend abwechslungsreiche und raffinierte Methoden an. Spring- und Wolfsspinnen jagen in erster Linie mit Hilfe ihrer ausgezeichneten Augen. Das werbende Männchen stützt sich daher auf sichtbare Symbole, die dem Weibchen seine Anwesenheit und Absichten ankündigen. Seine Pedipalpen sind leuchtend gefärbt und gezeichnet; sobald es ein Weibchen erblickt, gibt es damit Zeichen und winkt wie ein Verrückter. Nächtlich lebende Spinnen sind dagegen weitgehend auf ihren empfindlichen Tastsinn angewiesen. Wenn sie sich treffen, streicheln sie sich behutsam die langen Beine. Erst nach langem Zögern werden sie intim. Webspinnen reagieren sofort auf die Schwingungen der Seidenfäden, die anzeigen, wenn sich ein Opfer im Netz verfangen hat. Nähert sich ein Männchen dieser Arten einem Netz, in dem oder bei dem ein Weibchen auf Beute lauert, zupft es auf besondere Weise an den Fäden und vertraut darauf, daß das Weibchen das Signal erkennt. Andere Arten verlassen sich auf Bestechung. Das Männchen fängt ein Insekt und hüllt es sorgfältig in Seide ein. Während es sich vorsichtig dem Weibchen nähert, trägt es das Päckchen vor sich her und überreicht es seiner Auserwählten. Während das Weibchen das Geschenk untersucht, klettert der Spinnenmann schnell auf den Rücken des Weibchens und fesselt es mit vielen Seidenfäden. Erst dann wagt er eine Umarmung.

All diese Methoden führen zum gleichen Ergebnis. Das Männchen, das alle Gefahren überlebt hat, führt seinen Pedipalpus in die weibliche Geschlechtsöffnung ein, entleert den Samen und tritt schleunigst den Rückzug an. Trotz aller Vorsichtsmaßnahmen wird es, wenn es nicht rechtzeitig verschwindet, vom Weibchen verspeist. Aber bedenkt man den Erfolg dieser Arten als Ganzes, so ist das persönliche Mißgeschick eines Spinnenmännchens von untergeordneter Bedeutung, denn es verliert sein Leben erst, nachdem es seinen Zweck erfüllt hat, nicht vorher.

Während die ersten segmentierten Tiere ihre Anpassung an ein Leben auf dem Lande, fern der Feuchtigkeit, vervollkommneten, wandelten sich auch die Pflanzen. Weder die Moose noch die anderen frühen Formen hatten echte Wurzeln. Ihr aufrechter Stamm entsprang aus einem gleichartigen Stamm, der horizontal auf dem Boden oder dicht darunter lag. Dieser Aufbau war in feuchter Umgebung ausreichend, aber in vielen Teilen der Erde gibt es eine ständige Wasserversorgung nur unter der Oberfläche des Bodens. Um das Wasser zwischen den Teilchen des Bodens zu erreichen, sind tief eindringende Wurzeln nötig, die den Wasserfilm, der außer in ganz trockenen Gegenden an ihnen hängt, absorbieren können. Drei Pflanzengruppen erschienen, die einen solchen Aufbau hatten, und alle drei haben Nachkommen, die ohne große Veränderungen überlebten. Es waren das die Bärlappe, die Moosen ähneln, aber festere Stengel haben, dann die Schachtelhalme, die auf Ödland und in Gräben wachsen und deren Stengel in Abständen von Ringen nadelähnlicher Blätter umgeben sind; und schließlich die Farne. Alle drei haben im Innern verholzte Gefäße, die das von den Wurzeln aufgenommene Wasser weiterleiten. Die dadurch gewonnene Festigkeit ermöglicht ihnen ei-

Das kleinere Kugelspinnenmännchen streichelt das Weibchen mit den Vorderbeinen bei der Werbung

nen höheren Wuchs, und das führt zu einer neuen Form von Wettbewerb unter den Pflanzen.

Alle grünen Pflanzen sind auf Licht angewiesen als Energiequelle für die chemischen Prozesse, durch die sie ihre Baustoffe aus einfacheren Substanzen herstellen. Höhe ist daher überaus wichtig. Wächst eine Pflanze nicht hoch genug, läuft sie Gefahr, von ihren Nachbarn beschattet zu werden. Sie kann an Lichtmangel eingehen. So nutzten die frühen Gruppen die neuerworbene Kraft ihrer Stämme und wurden zu Bäumen. Die Bärlappe und Schachtelhalme waren größtenteils noch Sumpfbewohner und standen dort in dichten Reihen, 30 Meter hoch, und manche mit verholzten Stämmen von zwei Meter Durchmesser. Die Überreste ihrer Stämme und Blätter finden sich heute in Form von Kohle. Die Dicke und Ausdehnung der Kohlenflöze sind ein eindrucksvoller Beweis für die Verbreitung und die Lebensdauer der frühen Wälder. Andere Arten beider Gruppen wuchsen auch weiter landeinwärts und vermischten sich dort mit Farnen. Die Farne entwickelten blattartige Strukturen, große, weit ausgebreitete Gebilde, die sehr viel Licht aufnehmen konnten. Die Farne wurden groß, ähnlich den Baumfarnen, die noch heute in tropischen Regenwäldern gedeihen.

Die Höhe der Stämme dieser Wälder muß für die tierischen Bewohner beträchtliche Probleme mit sich gebracht haben. Einst hatte es eine Überfülle von Blättern und Sporen dicht über dem Boden gegeben. Nun hatten die hohen Stämme diese Nahrungsquelle weit nach oben entrückt, und es entstand ein dichtes Blätterdach, das das Licht fernhielt. Der Boden dieser Wälder war bestenfalls schwach bewachsen, und große Bereiche mögen ganz ohne lebendes Grün gewesen sein. Einige der vielbeinigen Pflanzenfresser fanden ihr Futter, indem sie an den Bäumen hinaufkrochen.

Es mag noch einen anderen Grund gegeben haben, der die Tiere veranlaßte, auf die Bäume zu gehen. Ungefähr zu dieser Zeit erschienen landlebende Tiere eines ganz neuen Typs, die Wirbeltiere. Sie hatten eine Wirbelsäule, vier Beine und eine feuchte Haut. Es waren die ersten Amphibien, und auch sie waren Fleischfresser. Ihre Herkunft und ihr Schicksal werden wir beschreiben, nachdem wir die Entwicklung der Wirbellosen bis zu ihrem Höhepunkt verfolgt haben, doch muß das Vorhandensein der Wirbeltiere zu jener Zeit erwähnt werden, damit man sich von diesen ersten Wäldern keine falschen Vorstellungen macht.

Einige der neueren Wirbellosenfamilien, wie die Borstenschwänze und die Springschwänze, überlebten. Zwar sind sie wenig bekannt und selten zu sehen, doch sind sie sehr weit verbreitet. Es gibt kaum einen Spaten voll Erde irgendwo auf der Welt, in dem sich nicht einige aufhalten. Die meisten sind nur wenige Millimeter lang. Ein einziges wird gewöhnlich bemerkt, das Silberfischchen, das in Bädern, Küchen und im Keller über den Boden huscht und gelegentlich getrockneten Leim in Bucheinbänden verzehrt. Sein Körper ist deutlich segmentiert, hat aber viel weniger Einkerbungen als ein Tausendfüßler. Der Kopf ist deutlich ausgebildet und hat Komplexaugen und Fühler. Der Brustabschnitt trägt drei Beinpaare, da auch er aus drei Segmenten besteht.

Der Hinterleib ist ebenfalls segmentiert, hat aber keine Beine mehr, sondern nur noch kurze Stummel, ein Zeichen, daß er einst Beine hatte. An seinem Hinterende hängen drei dünne Fäden. Es atmet wie die Tausendfüßler durch Tracheen. Die Fortpflanzung erinnert an die der Skorpione. Das Silberfischmännchen deponiert ein Samenpaket auf dem Boden und veranlaßt das Weibchen, darüber zu laufen. Das regt es an, die Samenkapsel mit seiner Geschlechtsöffnung aufzunehmen.

Innerhalb dieser Gruppe gibt es mehrere tausend Arten. Sie alle haben sechs Beine und dreigeteilte Körper. Diese Merkmale machen sie eindeutig zu Angehörigen der größten und vielgestaltigsten Klasse der auf dem Lande lebenden Wirbellosen, der Insekten. Ihr Körperbau ist jedoch stark unterschiedlich. Daher ist es, wie so oft, wenn man die einfacheren Mitglieder einer Gruppe betrachtet, gar nicht so leicht, sich darüber klar zu werden, ob es sich bei einem ihrer charakteristischen Merkmale um ein Überbleibsel der ursprünglichen primitiven Form handelt oder ob es sich später vereinfachte, um sich einer bestimmten Lebensweise anzupassen. Das Silberfischchen z. B. besitzt Komplexaugen, die Zahl der einzelnen Elemente ist aber sehr gering und umfaßt auf jeder Seite 12. Andere Vertreter seiner Gruppe sind blind. Allen fehlen die Flügel. Einige haben auch keine Tracheen; sie atmen durch ihr Chitinskelett, das besonders dünn und durchlässig ist. Ist das so, weil sie niemals Tracheen besessen oder weil sie sie verloren haben? Viele derartige durch die Anatomie dieser Tiere aufgeworfenen Fragen konnten noch nicht allgemeingültig beantwortet werden.

Die primitiven Insekten dürften ihr Futter gefunden haben, indem sie auf Baumfarne und Schachtelhalme krabbelten. Der Aufstieg war zweifellos einfach. Der Abstieg mit den langen Umwegen über nach oben gerichtete Blattstiele mag mühseliger und zeitraubender gewesen sein. Ob die weitere Entwicklung mit der Zunahme solcher Hindernisse etwas zu tun hatte oder nicht, kann niemand sagen. Sicher ist jedoch, daß einige dieser primitiven Insekten eine raschere Abstiegsmethode fanden – sie »lernten« fliegen.

Wir haben keinen direkten Beweis, wie das Fliegen entstand, aber die Silberfischchen geben einen Anhalt. Am Rücken ihres Brustabschnittes befinden sich zwei lappenförmige Anhänge, die so aussehen, als wären es Rudimente, also Reste von Flügeln. Die ersten flügelartigen Gebilde haben vielleicht nicht von Anfang an dem Fliegen gedient. Insekten sind wie alle Tiere stark von ihrer Körpertemperatur abhängig. Je höher sie liegt, desto schneller können die energieerzeugenden chemischen Reaktionen in ihrem Körper ablaufen und desto aktiver können die Tiere sein. Wenn ihr Blut durch dünne Körperanhänge strömt, können sie sich in der Sonne sehr wirkungsvoll und schnell erwärmen. Besitzen diese Anhänge an ihrer Basis Muskeln, können sie sogar der Sonne zugewendet werden. Insektenflügel entstehen tatsächlich aus Anhängen auf dem Rücken, und da in den Flügeladern auch Blut fließt, ist eine solche Theorie sehr einleuchtend.

Wie dem auch sei, geflügelte Insekten entstanden vor rund 300 Millionen Jahren. Die ersten waren, soweit bekannt, libellenartige Insekten. Es gab mehrere Arten, und die meisten waren größer als die heutigen. Die fehlende Konkurrenz unter den Gruppen, die die Erde damals besiedelten, ermöglichte einigen frühen Formen, sich zu enormer Größe zu entwickeln, und schließlich erschienen libellenartige Insekten mit einer Spannweite von 70 Zentimeter – die größten Insekten, die es jemals gab. Solche ausgefallenen Formen verschwanden, als der Luftraum stärker bevölkert wurde.

Libellen haben zwei Paar Flügel mit einfachen Gelenken. Sie können sie nur auf und ab bewegen, aber nicht zurücklegen. Dennoch sind sie vollendete Flieger, die mit schnellen Flügelschlägen in einer Geschwindigkeit von 30 km/h oder mehr über die Oberfläche eines Teiches hinwegschießen. Bei derartigen Geschwindigkeiten brauchen sie gute Sinnesorgane, um Zusammenstöße zu vermeiden. Ein Sinneshaarbüschel vorn am Körper ermöglicht ihnen zu kontrollieren, ob ihr Flug geradeaus verläuft. Die

Libelle mit ihrer Larvenhaut

Hauptorientierung erfolgt indes über ihre großen Komplexaugen, die an beiden Seiten des Kopfes liegen und den Libellen eine hervorragende Sehkraft verleihen.

Da die Libellen also von der Sicht abhängig sind, können sie nicht in der Nacht aktiv sein. Sie sind Tagjäger. Beim Fliegen strecken sie ihre sechs Beine vor und bilden damit einen Korb, mit dem sie kleinere Insekten fangen. Allein daraus kann man schließen, daß den insekten jagenden Libellen andere pflanzenfressende Formen vorausgegangen sein müssen. Nach ihrer primitiven Anatomie zu urteilen, waren es wahrscheinlich Schaben, Heuschrecken oder Grillen.

Die große Zahl von Insekten, die in den vorzeitlichen Wäldern umherschwirrten, sollte schließlich eine sehr wichtige Rolle bei der revolutionären Entwicklung der Pflanzen spielen.

Die vorzeitlichen Bäume kamen wie ihre Vorgänger, die Moose, in zwei abwechselnden Formen vor, einer geschlechtlichen und einer ungeschlechtlichen Generation. Die größere Höhe der Bäume brachte für die Ausbreitung der Sporen keine Probleme mit sich, im Gegenteil, sie wurden leichter vom Wind erfaßt und weggetragen. Bei den Geschlechtszellen war die Lage anders. Bisher waren die männlichen Zellen durch das Wasser geschwommen. Das setzt aber voraus, daß die geschlechtliche Generation klein und dem Boden nahe ist. Bei Farnen, Laubmoosen und Schachtelhalmen trifft das heute noch zu. Die Sporen dieser Pflanzen entwickeln sich zu einer häutchenartigen kleinen Pflanze, Thallus genannt, die einem Lebermoos ähnlich ist. Dieser Thallus entläßt auf seiner ständig feuchten Unterseite die Geschlechtszellen. Nachdem die Eier befruchtet sind, entwickelt sich daraus eine große Pflanze gleich jener der vorigen sporenerzeugenden Generation.

Auf dem Boden ist der Thallus ungeschützt. Er kann leicht von Tieren gefressen werden und geht ein, wenn er austrocknet. Die ungeschlechtliche Generation mit ihren zunehmend größeren, gebogenen Wedeln nimmt dem Thallus das lebenspendende Licht. Wenn der Thallus sich ebenfalls vergrößern würde, ergäben sich viele Vorteile. Aber diese Vergrößerung erfordert einen neuen Weg, auf dem die männliche die weibliche Geschlechtszelle erreichen kann.

Zwei Methoden sind dabei möglich, die alte und recht unsichere der Ausbreitung durch den Wind und die neue durch Botendienste fliegender Insekten, die jetzt von Baum zu Baum fliegen und Blätter und Sporen fressen. Die Pflanzen benutzten beide Methoden. Vor 350 Millionen Jahren erschienen Pflanzen, bei denen die geschlechtliche Generation nicht mehr flach auf dem Boden wuchs, sondern in den Kronen der Bäume. Eine Gruppe dieser Pflanzen, die Palmfarne oder Cycadacaeen, überlebte bis auf den heutigen Tag und zeigt die Entwicklung in einem besonders interessanten Stadium.

Oberflächlich gleichen Palmfarne Farnen mit langen grobgefiederten Wedeln. Einige von ihnen erzeugen Sporen, die durch den Wind verbreitet werden. Andere bilden viel größere Sporen. Diese werden nicht fortgeweht, sondern bleiben an der Elternpflanze haften. Dort entwickelt sich ein zapfenförmiges Gebilde, das dem Thallus entspricht. In ihm entstehen Eizellen. Wird eine Spore, die man jetzt als Pollen bezeichnet, vom Wind auf einen eiertragenden Zapfen geweht, so keimt sie. Sie bildet aber keinen Thallus aus, sondern einen Schlauch, der im Verlauf mehrerer Monate in den weiblichen Zapfen eindringt. Wenn der Schlauch weit genug ausgewachsen ist, bildet sich aus den Resten des Pollenkorns eine männliche Geschlechtszelle. Sie ist eine majestätische bewimperte

74

Kugel, die größte im Tier- und Pflanzenreich bekannte Samenzelle. Langsam wandert sie durch den Schlauch. Ist sie unten angekommen, dringt sie in einen kleinen Wassertropfen ein, der vom Zapfengewebe abgesondert wurde. Darin schwimmt sie, von ihren Wimpern angetrieben, als ob sie im Kleinen die Reise der Samenzellen ihrer Algenvorfahren durch das Urmeer nachvollziehe. Erst nach mehreren Tagen erreicht die Samenzelle die Eizelle, beide verschmelzen miteinander und vollenden den langwierigen Prozeß der Befruchtung.

Eine andere Gruppe von Pflanzen, die eine ähnliche Methode übernahm, entstand etwa zur selben Zeit. Es waren die Nadelhölzer – Kiefern, Lärchen, Zedern, Fichten und ihre Verwandten. Auch sie verlassen sich bei der Ausbreitung des Pollens auf den Wind. Anders als bei den Palmfarnen entstehen hier Pollen und Eier tragende Zapfen auf einem Baum. Der Prozeß der Befruchtung dauert bei einer Kiefer aber noch länger. Der Pollenschlauch braucht ein ganzes Jahr zum Auswachsen. Hat er aber das Ei erreicht, bleibt die Samenzelle nicht erst in einem Wassertropfen, sondern verschmilzt direkt mit der Eizelle. Die Nadelhölzer haben endgültig auf Wasser als Transportmittel bei den geschlechtlichen Vorgängen verzichtet.

Sie haben noch eine weitere Verfeinerung entwickelt. Das befruchtete Ei verbleibt ein Jahr länger im Zapfen. Die Eizelle wird reichlich mit Vorratsstoffen versorgt und mit wasserdichten Hüllen versehen. Schließlich beginnt der Zapfen zwei Jahre nach der Befruchtung zu trocknen und zu verholzen. Die Schuppen spreizen sich ab, und die befruchteten, verproviantierten Eier fallen heraus und können notfalls jahrelang warten, bis genügend Feuchtigkeit sie zum Keimen anregt. Aus der befruchteten Eizelle entwickelt sich innerhalb der Hüllen der Keimling – das ganze wird als Samen bezeichnet. Die gleichlautende Bezeichnung für die männliche Geschlechtszelle ist etwas irreführend.

Die Nadelhölzer waren in jeder Beziehung sehr erfolgreich. Heute besteht ein Drittel der Wälder auf der Erde aus Nadelhölzern. Der größte lebende Organismus der Welt ist ein Nadelbaum, der Riesen-Mammutbaum Kaliforniens, der 100 Meter hoch wird. Ein anderer Nadelbaum, die Borstenkiefer, die im trockenen Bergland im Südwesten der USA wächst, besitzt die längste bisher bekanntgewordene Lebensdauer. Das Alter eines Baumes läßt sich leicht bestimmen, wenn er in einer Gegend mit deutlich unterschiedlichen Jahreszeiten wächst. Im Sommer wächst er bei ausreichender Feuchtigkeit und Sonnenschein schnell und bildet große Holzzellen. Im Winter ist das Holz bei langsamerem Wachstum viel dichter. Dadurch entstehen Jahresringe im Stamm. Zählt man diese Ringe bei der Borstenkiefer, ergibt sich, daß einige dieser knorrigen, krumm gewachsenen Bäume fast 5000 Jahre alt sind. Sie keimten zu einer Zeit, als der Mensch im Nahen Osten gerade das Schreiben erfand, und sind während der ganzen Zeit der menschlichen Zivilisation am Leben geblieben.

Die Nadelhölzer schützen ihre Stämme gegen mechanische Beschädigungen und Einwirkungen von Insekten durch eine gummiartige Substanz, das Harz. Tritt es aus der Wunde aus, ist es zunächst dickflüssig, sein flüssigerer Bestandteil, das Terpentin, verdunstet und der zurückbleibende zähe Klumpen versiegelt die Wunde sehr wirkungsvoll. Gelegentlich wirkt er aber auch als Falle. Insekten, die ihn berühren, kleben daran fest und werden, wenn noch mehr Harz austritt, darin begraben. Derartige Harzklumpen haben sich als das beste Konservierungsmittel aller Zeiten erwiesen. Sie sind als Bernstein erhalten, der in seiner durchscheinenden goldenen Tiefe vorzeitliche In-

Palmfarn mit weiblichem Zapfen, Südafrika

sekten eingeschlossen hat. In dieser Schönheit ist vor allen Dingen der Baltische Bernstein bekannt, wie er in der »Blauen Erde« des Samlandes vorkommt. Er übertrifft in seiner Härte und Klarheit der braunen, gelben und goldenen Farbtöne die Harze aller anderen Lagerstätten. Das machte ihn zu einem sehr gesuchten Rohstoff für Halsketten, Armbänder und vielerlei andere Schmuckgegenstände. Aber zugleich gab der rund 40 Millionen Jahre alte Baltische Bernstein auch durch seine Einschlüsse die Vielfalt des Insektenlebens jener vorzeitlichen Nadelwälder preis, in denen er entstand. Dieses Bild ist ungewöhnlich reichhaltig, da die Zahl der Einschlüsse durch die große zeitliche und räumliche Ausdehnung dieser Wälder sehr groß ist. Im Bernstein läßt sich aber nicht nur die Vielfalt der Insekten jener längst vergangenen Tage erkennen, sondern auch viele Details der eingeschlossenen Tiere. Schneidet man den Bernstein sorgfältig auf, kann man unter dem Mikroskop Mundteile, Schuppen und Haare mit einer Deutlichkeit erkennen, als wäre das Insekt erst tags zuvor im Bernstein gefangen worden. Die Forscher vermochten sogar winzige parasitische Milben, die sich an die Beine der Insekten geklammert hatten, zu erkennen.

Neben diesen Fossilharzen des Ostseeraumes gibt es noch an vielen anderen Orten der Erde – in Sibirien wie in Kanada, in Frankreich wie auf Sizilien – derartige Fundstätten. Die ältesten bekannten fossilen Harze mit Insekteneinschlüssen stammen aus dem Libanon; sie sind rund 130 Millionen Jahre alt. Sie stammen also aus einer Zeit, in der fliegende Insekten und Nadelbäume längst erschienen waren. Sie enthalten eine sehr umfangreiche Insektengesellschaft, in der Angehörige aller heutigen Gruppen vertreten sind. Jede dieser Gruppen hat auf ihre eigene Weise die große Erfindung der Insekten, das Fliegen, genutzt.

Die Flügel der Libellen schlagen gleichzeitig, aber das bringt beträchtliche physiologische Schwierigkeiten mit sich. Normalerweise kommen ihre Flügel nicht miteinander in Berührung, aber bei scharfen Kurven gibt es Probleme. Dann schlagen Vorder- und Hinterflügel unter der zusätzlichen Beanspruchung der Drehung gegeneinander. Es gibt ein rasselndes Geräusch, das man gut hören kann, wenn Libellen über einem Teich ihre Kreise ziehen.

Spätere Insektengruppen scheinen erkannt zu haben, daß es sich mit nur einem Paar schlagender Flächen leichter fliegen läßt. Bienen und Wespen verbinden ihre Vorder- und Hinterflügel mit Häkchen und bilden dadurch eine einheitliche Fläche. Die Flügel der Tagfalter überlappen sich. Schwärmer, die mit 50 km/h zu den schnellsten Fliegern unter den Insekten zählen, haben die Größe der Hinterflügel stark reduziert. Mit den schmalen Vorderflügeln sind sie durch eine gebogene Borste verbunden. Käfer benutzen ihre Vorderflügel für einen anderen Zweck. Sie sind die schweren Panzer unter den Insekten und verbringen einen großen Teil ihres Lebens auf dem Erdboden. Sie graben in der Erde, wühlen in pflanzlichen Abfällen oder nagen sich durch Holz. Bei diesen Tätigkeiten könnten zarte Flügel beschädigt werden. Die Käfer schützen sich dadurch, daß die Vorderflügel zu festen, dicken Deckflügeln umgebildet sind, die den Körper bis zur Hinterleibspitze bedecken. Die Hinterflügel sind, sorgfältig zusammengefaltet, darunter verborgen. Die Hinterflügeladern besitzen Sperrgelenke. Wenn der Käfer die Flügeldecken anhebt, lösen sich diese Gelenke, und die häutigen Hinterflügel entfalten sich von selbst. In der Luft werden die Deckflügel gewöhnlich seitlich gehalten, behindern dadurch aber den Flug. Die Rosenkäfer haben dieses Problem dadurch gelöst, daß die Flügeldecken an den Seiten nahe dem Gelenk Ausbuchtungen haben. Während des

Fluges liegen die Flügeldecken auf dem Hinterleib, während die Hinterflügel unbehindert schlagen können.

Die besten Flieger von allen sind die Fliegen. Sie benutzen nur die Vorderflügel zum Fliegen. Die Hinterflügel sind zu kleinen Kölbchen umgebildet. Alle Fliegen haben diese Schwingkölbchen, aber besonders auffällig sind sie bei den Schnaken. Hier sind sie langgestielt und sehen wie Trommelschläger aus. Beim Flug werden die Schwingkölbchen, die genauso wie die Flügel am Brustabschnitt ansetzen, ständig auf und ab bewegt – hundertmal oder mehr in der Sekunde. Sie dienen einmal als Stabilisator, zum anderen als Sinnesorgane, die die Fliege vermutlich über ihre Körperhaltung in der Luft und die eingeschlagene Richtung informieren. Über die Fluggeschwindigkeit geben die im Flugwind vibrierenden Fühler Auskunft.

Fliegen können mit ihren Flügeln erstaunlicherweise bis zu tausendmal in der Sekunde schlagen. Wie die meisten Insekten bedienen sie sich zum Fliegen nicht der Muskeln, die direkt an der Flügelwurzel sitzen; vielmehr vibriert bei ihnen der ganze Brustabschnitt, eine Röhre aus elastischem Chitin, die wie eine Blechdose aus- und eingebeult wird. Der Brustabschnitt ist durch eine sinnreiche Einrichtung mit den Flügeln verbunden, so daß dessen Formveränderungen das Auf- und Abschlagen der Flügel bewirken.

Die Insekten waren die ersten Tiere, die die Luft besiedelten, und 100 Millionen Jahre waren sie dort allein. Aber ihr Leben war nicht gefahrlos. Ihre alten Widersacher, die Spinnen, entwickelten zwar keine Flügel, ließen aber ihre Insektenbeute nicht völlig ungeschoren. Sie bauten Fallen aus Seide zwischen den Zweigen in der Flugbahn der Insekten und forderten weiterhin ihren Tribut von der Insektenpopulation.

Die Pflanzen begannen nun die Geschicklichkeit der Insekten zu ihrem eigenen Vorteil auszunutzen. Die Verbreitung ihrer Geschlechtszellen durch den Wind war vom Zufall abhängig und, biologisch gesehen, sehr teuer. Sporen brauchen nicht befruchtet zu werden und entwickeln sich überall, wo sie hinfallen, vorausgesetzt, der Boden ist feucht und fruchtbar. Dennoch werden die meisten Sporen eines Farnes nicht die geeigneten Bedingungen finden und eingehen. Die Überlebenschancen eines vom Winde getragenen Pollens sind noch viel schlechter. Pollenkörner können sich ja nur dann weiterentwickeln, wenn sie das unwahrscheinliche Glück haben, auf einem weiblichen Zapfen zu landen. Deshalb muß eine Kiefer gewaltige Pollenmengen hervorbringen. Eine einzige männliche Kiefernblüte erzeugt viele Millionen Pollenkörner. Wenn man im Frühjahr einen Kiefernzweig schüttelt, steigt eine goldene Wolke auf. Ein Kiefernwald erzeugt soviel Pollen, daß Teiche und Tümpel mit einer gelben Schicht überzogen werden – und all dieser Pollen ist verschwendet.

Die Insekten bieten ein viel sicheres Transportsystem. Sie können die zur Befruchtung notwendige kleine Pollenmenge befördern und an der richtigen Stelle der weiblichen Blüte ablegen, an der sie gebraucht wird. Dieser Kurierdienst könnte am wirtschaftlichsten arbeiten, wenn Pollen und weibliche Blüten dicht beieinander auf einer Pflanze untergebracht wären. Die Insekten könnten dann Lieferung und Abholung in einem Gang erledigen. Und so entwickelten sich die Blütenpflanzen.

Die ersten und einfachsten dieser erstaunlichen Einrichtungen besaßen, soweit bekannt, die Magnolien. Sie erschienen vor etwa 100 Millionen Jahren. Die Eizellen sitzen büschelartig in der Mitte, und jede ist von einem grünen Fruchtblatt umhüllt, das eine Narbe besitzt. Der Pollen muß auf diese Narbe gelangen, wenn die Bestäubung,

Goldauge im Flug

also eine Befruchtung erfolgen soll. Unterhalb der Fruchtblätter sind viele Staubblätter angeordnet, die den Pollen hervorbringen. Um die Insekten auf diese Organe aufmerksam zu machen, sind sie von leuchtend gefärbten modifizierten Blättern umhüllt, den Blütenblättern.

Käfer hatten sich schon mit Pollen der Palmfarne ernährt und waren die ersten, die ihre Aufmerksamkeit den frühen Blüten, wie denen der Magnolien und Seerosen zuwandten. Auf ihrem Weg von einer Blüte zur anderen sammelten sie Pollenmahlzeiten und bezahlten sie damit, daß sie mit überschüssigem Pollen eingepudert wurden und diesen unfreiwillig bei der nächsten Blüte, die sie besuchten, ablieferten.

Wenn Eizellen und Pollen so nahe beieinander stehen, besteht die Gefahr der Selbstbefruchtung, und damit wird die Kreuzbefruchtung verhindert, die das Ziel all dieser sexuellen Vorgänge ist. Diese Gefahr wird bei der Magnolie wie bei vielen anderen Pflanzen dadurch vermieden, daß sich Eizellen und Pollen zu verschiedenen Zeiten entwickeln. Die Narben der Magnolie nehmen den Pollen an, sobald sich die Blüte öffnet. Die Staubblätter dieser Blüte erzeugen ihren Pollen aber erst, wenn die Eizellen bereits durch Insekten befruchtet sind.

Das Erscheinen der Blütenpflanzen veränderte das Aussehen der Erde. In den grünen Wäldern leuchteten jetzt bunte Farben auf, mit denen die Pflanzen die Köstlichkeiten ankündigten, die sie zu bieten hatten. Wer immer wollte, konnte sich auf den ersten Blüten niederlassen. Um in das Innere einer Magnolien- oder Seerosenblüte zu gelangen, bedurfte es keiner speziellen Organe. Auch der Pollen ließ sich ohne besonderes Geschick einsammeln. Die Blüten zogen die verschiedensten Insekten an – Bienen genauso wie Käfer. Eine Vielzahl unterschiedlicher Besucher ist für die Blüten indes kein unbedingter Vorteil, denn diese besuchen ihrerseits die verschiedensten Blüten. Wird Pollen einer Pflanzenart auf die Narben einer anderen Art gebracht, so ist er verschwendet. Deshalb entwickelten sich während der ganzen Evolution der Blütenpflanzen bestimmte Blüten und bestimmte Insekten gemeinsam. Jeder der Partner war bemüht, die Bedürfnisse beziehungsweise den Geschmack des anderen zu befriedigen.

Seit der Zeit der riesigen Schachtelhalme und Farne besuchten die Insekten die Baumkronen, um Sporen als Nahrung zu sammeln. Der Pollen war eine ähnliche Nahrung und blieb eine sehr wichtige Beute. Honigbienen sammeln ihn in Körbchen an ihren Beinen, bringen ihn in ihre Stöcke und speichern ihn als »Bienenbrot« in den Waben. Pollen ist ein für die Aufzucht der Bienenlarven wichtiger Futterbestandteil. Einige Pflanzen, darunter einige Myrtenarten, erzeugen zwei Arten von Pollen, eine, die die Blüten befruchtet, und eine andere, wohlschmeckende, die dazu bestimmt ist, von den Insekten verzehrt zu werden.

Andere Blüten entwickelten eine völlig neue Art der Bestechung, den Nektar. Diese Flüssigkeit hat allein den Zweck, die Insekten zum Sammeln während der ganzen Blühperiode zu veranlassen. Damit rekrutieren die Blüten ganze neue Regimenter von Boten, besonders Bienen, Fliegen und Schmetterlinge.

Dieses Angebot an Pollen und Nektar mußte angekündigt werden. Die leuchtenden Farben der Blütenblätter sind bereits aus größerer Entfernung zu erkennen. Wenn sich die Insekten nähern, weisen besondere Markierungen, die Saftmale, ihnen den Weg. Einige Blüten verstärken zur Mitte hin ihre Färbung oder haben dort eine andere Farbe, wie etwa Vergißmeinnicht, Malven oder Winden. Andere sind mit Linien und Flecken gezeichnet, wie die Landebahnen eines Flugplatzes, um den Insekten zu zeigen, wo sie

Scheinbockkäfer auf einer Magnolie

landen und wie sie weiterlaufen müssen. Diese Markierungen findet man bei Fingerhut, Veilchen oder auch Rhododendron. Es gibt vielleicht mehr Signale, als wir erkennen können. Viele Insekten vermögen Farben des Spektrums wahrzunehmen, die für uns unsichtbar sind. Wenn wir eine scheinbar einfarbige Blüte mit einem ultraviolettempfindlichen Film fotografieren, können wir zahlreiche uns sonst verborgene Saftmale erkennen.

Der Duft ist ebenfalls ein wichtiges Lockmittel. In den meisten Fällen sagen auch uns die Gerüche, die den Insekten gefallen, sehr zu – etwa Lavendel, Rosen oder Geißblatt. Aber das ist nicht immer der Fall. Fliegen betrachten verdorbenes Fleisch als Leckerbissen. Daher müssen Blüten, die von Fliegen bestäubt werden, auf diesen Geschmack Rücksicht nehmen und bringen häufig einen derart ähnlichen und scharfen Geruch hervor, daß er für die menschliche Nase unerträglich ist. Die südafrikanische Stapelie riecht nicht nur abscheulich nach Aas, sondern lockt die Fliegen auch mit ihren gesprenkelten braunen Blütenblättern an, die mit Haaren bedeckt sind und wie die verwesende Haut eines toten Tieres aussehen. Um die Fliegen noch mehr hinters Licht zu führen, erzeugt die Pflanze Wärme und ahmt damit die beim Verwesen entstehende hohe Temperatur nach. Die Wirkung ist so überzeugend, daß die Fliegen nicht nur von Blüte zu Blüte fliegen und den Pollen transportieren, sondern sich sogar einbilden, es handele sich um Aas, so daß sie auch Eier ablegen. Wenn die Fliegenmaden schlüpfen, finden sie kein verwesendes Fleisch vor, sondern nur ungenießbare Blütenblätter. Sie verhungern, aber die Stapelie ist bestäubt worden.

Die vielleicht ausgefallensten Täuschungsmanöver vollbringen einige Orchideen, die Insekten durch sexuelle Darstellungen anlocken. Eine Orchideenblüte ähnelt der Gestalt einer weiblichen Wespe mit Flügeln, Fühlern und Augen und strömt sogar den Duft einer paarungsbereiten Wespe aus. Die getäuschten Wespenmännchen versuchen, sich mit ihr zu paaren. Hierbei lagern sie eine Ladung Pollen in der Blüte ab und nehmen gleich danach eine neue Ladung auf, um sie zum nächsten falschen Weibchen zu bringen.

Manchmal haben die Insekten keine Lust, Pollen zu transportieren, weil sie Nektar bevorzugen, oder sie bringen den Pollen an schwer zugänglichen Stellen unter. Dann müssen die Blüten Vorrichtungen haben, um den Insekten den Pollen aufzudrängen. Manche Blüten sind geradezu Bahnen für Hindernisrennen geworden, wobei die Besucher mit Pollen bestäubt werden, ehe sie die Blüte verlassen können. Ginsterblüten sind so gebaut, daß die Staubblätter beim Landen des Insekts aus der Hülle der Blütenblätter herausschießen und die Biene streifen. Der behaarte Hinterleib wird mit Pollen eingepudert. Orchideen der Gattung Coryanthes, die in Mittelamerika zu Hause sind, machen ihre Besucher betrunken. Bienen, die nur ein wenig von ihrem Nektar getrunken haben, beginnen zu torkeln. Die Blütenblätter sind sehr schlüpfrig, die Bienen verlieren den Halt und stürzen in eine Wasserfalle. Der einzige Ausweg führt durch eine Tülle. Wenn die berauschten Insekten hinauswanken, müssen sie die Narbe passieren und werden außerdem mit Pollen überschüttet.

Zuweilen werden Pflanzen und Insekten völlig voneinander abhängig. Die Yucca oder Palmlilie wächst im südlichen Nord- und in Mittelamerika. Aus einer Rosette speerförmiger Blätter erhebt sich ein Stamm, der cremefarbige Blüten trägt. Diese locken einen kleinen Schmetterling an, der mit Hilfe von Fortsätzen an seinen Kiefertastern den Pollen von den Yuccastaubblättern sammeln kann. Er formt daraus einen Ball

und bringt ihn zu einer anderen Yucca-Blüte. Zuerst sucht er den Blütenboden auf, sticht den Fruchtknoten mit seiner Legeröhre an und legt Eier hinein. Dann klettert er auf die Narbe und stopft den Pollenball hinein. Die Blüte ist nun befruchtet, und die Eizellen der Yucca entwickeln sich zu Samen. Diejenige, die die Schmetterlingseier enthält, wächst besonders stark und wird von den jungen Raupen aufgefressen. Die übrigen sorgen für die Vermehrung der Yucca. Sollte dieser Schmetterling ausgerottet werden, könnten die Yuccas keinen Samen mehr bilden. Würden die Yuccas verschwinden, könnten sich die Raupen nicht entwickeln. Beide sind auf Gedeih und Verderb aufeinander angewiesen.

Aber auch der Mensch ist den Insekten zu Dank verpflichtet. Lieblich duftende Blumen, anmutig in ihrer Vielfalt von Formen und Farben, blühten bereits lange, ehe der Mensch auf der Erde erschien. Duft und Farbe entwickelten sie nicht, um ihm zu gefallen, sondern den Insekten. Wären Bienen farbenblind und Schmetterlinge ohne einen feinen Geruchssinn, müßte der Mensch auf die größten Schönheiten verzichten, die die Natur zu bieten hat.

4 Schwärmende Horden

Der Insektenbauplan muß als die erfolgreichste Lösung der Probleme, die das Erdenleben aufwirft, angesehen werden. Insekten schwärmen in den Wüsten und den Wäldern, schwimmen im Wasser und leben in ständiger Dunkelheit in Höhlen. Sie überfliegen die hohen Gipfel des Himalaya, und man findet sie auch in erstaunlich großer Zahl in den Polargebieten. Eine Fliege lebt in Petroleumpfützen, die aus dem Boden aufsteigen; eine andere ist in heißen vulkanischen Quellen zu Hause. Manche suchen ganz bewußt hohe Salzkonzentrationen auf, und andere bleiben am Leben, auch wenn sie stocksteif gefroren waren. Sie fressen sich in die Haut von Tieren ein oder nagen lange gewundene Gänge im Inneren eines Blattes. Die Zahl der Insektenindividuen auf der Welt läßt sich nicht errechnen, aber jemand hat es versucht und kam auf eine Zahl mit 18 Nullen. Anders ausgedrückt, entfallen auf jeden lebenden Menschen etwa eine Million Insekten, die zusammen das zwölffache Gewicht eines Menschen hätten.

Es wird angenommen, daß es dreimal soviel Insektenarten wie alle anderen Tierarten zusammengenommen gibt. Bisher hat der Mensch etwa 700 000 beschrieben und benannt; sicherlich sind drei- oder viermal soviel Arten noch nicht bekannt. Sie warten auf jemanden, der die nötige Zeit, Ausdauer und Kenntnis aufbringt, um einen systematischen Überblick zu liefern.

Doch sind alle diese unterschiedlichen Formen Variationen eines einzigen anatomischen Grundmusters: ein Körper, der in drei verschiedene Abschnitte gegliedert ist – ein Kopf mit Mundöffnung, der die meisten Sinnesorgane trägt; ein muskulöser Brustabschnitt mit drei Beinpaaren und ein oder zwei Paar Flügeln; und ein Hinterleib mit den Verdauungs- und Fortpflanzungsorganen. Alle drei Körperabschnitte sind von einem Außenskelett eingeschlossen, das in erster Linie aus Chitin besteht. Chitin trat zuerst vor 550 Millionen Jahren bei den frühen segmentierten Wesen, den Trilobiten und Krebsen auf. Chemisch steht es der Zellulose nahe und ist in reiner Form biegsam und wasserdurchlässig.

Bei den Insekten ist es mit einem Eiweißstoff namens Sklerotin imprägniert, der es sehr hart macht. Das erklärt die kräftige und unbewegliche Panzerung der Käfer. Es erklärt aber auch die Härte und Schärfe der Mundteile, mit denen Hölzer zernagt und sogar Metalle wie Kupfer und Silber zerschnitten werden können.

Das chitinöse Außenskelett scheint auf die Anforderungen der Evolution besonders leicht zu reagieren. Seine Oberfläche kann, ohne benachbarte Organsysteme zu verändern, in unterschiedlicher Weise geformt sein. So haben sich die kauenden Mundteile der frühen schabenähnlichen Insekten bei ihren Nachkommen zu Röhren, Stiletten, Sägen, Meißeln und Rüsseln, die ausgerollt so lang wie der ganze Körper sein können, umgebildet. Beine haben die Funktion eines Katapultes erhalten, das die Insekten über eine Strecke, die dem Zweihundertfachen ihrer Körperlänge entspricht, durch die Luft schleudern kann. Andere wurden zu breiten Schwimmbeinen, mit denen sie durch das Wasser rudern können, oder zu dünnen Stelzbeinen, mit denen sie auf dem Wasser eines Teiches laufen können. Viele Glieder weisen besondere, aus Chitin gebildete Werkzeuge auf, etwa Körbchen zum Pollensammeln, Striegel zum Reinigen der Komplexaugen, Dornen, die als Klauen dienen und Kämme, mit denen sie ein Lied fiedeln.

Ein Außenskelett ist aber auch ein Gefängnis. Die Trilobiten der vorzeitlichen Meere überwanden seine Begrenzung durch Häutungen. Das ist für die Insekten immer noch die Lösung. Dieser Vorgang mag verschwenderisch erscheinen, aber die Insekten gehen hierbei recht sparsam vor. Eine neue Chitinhülle, stark gefaltet und zusammengedrückt, entsteht unter der alten. Eine Flüssigkeitsschicht trennt die beiden voneinander und nimmt das Chitin aus dem alten Skelett auf, so daß nur noch ein hauchdünnes Gewebe die stark sklerotisierten Teile zusammenhält. Die chitinreiche Flüssigkeit wird dann durch das noch durchlässige neue Skelett in den Körper aufgenommen. Das alte Skelett reißt nun auf, und das Insekt zwängt sich heraus. Dann schwillt sein befreiter Körper an und füllt die Falten der neuen Haut aus. In kurzer Zeit wird das Chitin hart und durch neue Sklerotinablagerungen verstärkt.

Primitive Insekten wie Borsten- und Springschwänze verändern ihr Aussehen während des Wachsens nicht sehr. Allerdings häuten sie sich, wenn sie größer werden, und das mehrmals. Auch nachdem sie bereits geschlechtsreif wurden, können sie sich noch häuten. Die primitiven geflügelten Insekten – Schaben, Zikaden, Grillen und Libellen – wachsen in ähnlicher Weise. Ihre frühen Entwicklungsstadien erinnern an die der ausgewachsenen Tiere, nur fehlen ihnen die Flügel, die erst nach der letzten Häutung erscheinen. Auch wenn diese Insekten während des ersten Teils ihres Lebens eine andere Lebensweise haben als später, verändern sie ihre Form nicht wesentlich. Manche Zikadenlarven sitzen im Boden und saugen Säfte aus Wurzeln, während die erwachsenen Zikaden zirpend auf den Bäumen sitzen. Libellenlarven leben auf dem Grunde von Teichen und jagen mit vorstreckbaren Mundteilen, der Fangmaske, kleinere Tiere. Doch bei Zikadenlarven wie bei Libellenlarven ist die Gestalt der erwachsenen Tiere schon zu erkennen.

Bei höher entwickelten Insekten sind die Veränderungen jedoch so groß, daß man nur feststellen kann, aus welcher Larve welches erwachsene Tier wird, wenn man beobachtet, wie sich der Wandel vollzieht. Maden entwickeln sich zu Fliegen, aus Engerlingen werden Käfer, und Raupen verwandeln sich in Schmetterlinge. Ein Engerling, eine Made oder eine Raupe haben nichts anderes zu tun, als zu fressen. Ihr Körper dient nur diesem einen Zweck. Da sie in dieser Gestalt nicht geschlechtsreif werden, haben sie keine Geschlechtsorgane, und weil die Larven auch keine Veranlassung haben, Geschlechtspartner anzulocken, besitzen sie weder einen Mechanismus, um Signale wie Duft oder Geräusche auszusenden, noch ein Sinnesorgan, um solche Botschaften zu empfangen. Ihre Eltern haben dafür gesorgt, daß sie ausreichend Nahrung vorfinden; deshalb brauchen sie auch keine Flügel. Ihr einziges wichtiges Werkzeug ist ein Paar kräftiger Kiefer und dahinter kaum mehr als ein großer Magen. Der Larvenkörper besitzt kein stark sklerotisiertes Skelett, sondern ist von einer dünnen, dehnungsfähigen Haut umschlossen. So kann der Magen stark anschwellen und die sich vergrößernden Gewebe versorgen. Wenn sich die Haut nicht mehr ausdehnen kann, erfolgt eine Häutung.

88

Ohne Außenskelett und daher ohne geeignete Ansatzpunkte für die Muskulatur sind viele Larven nicht sehr beweglich. Sie können weder springen noch hüpfen, ja, sie bringen es nur mit Mühe fertig, zu laufen, denn viele haben, wenn überhaupt, nur Stummelfüße. Sie genügen aber, um die »Freßmaschinen« von einem Mundvoll Futter zum nächsten zu bringen.

Das fehlende Außenskelett bedeutet indes für die Larven Schutzlosigkeit. Für die Maden und Engerlinge und viele andere Larven ist das bedeutungslos, denn sie nehmen ihr Futter unter Ausschluß der Öffentlichkeit auf. Sie fressen sich um das Kerngehäuse eines Apfels herum oder nagen Gänge im Holz und werden von ihrer Nahrung geschützt. Aber Schmetterlingsraupen, die häufig im Freien fressen, müssen für ihre Verteidigung sorgen. Als Tarnungskünstler sind sie unerreicht. Die Raupen der Spanner sind so gestaltet und gefärbt, daß sie wie Zweige aussehen. Wenn sie sich mit einem Ende an einem Ast festhalten und im selben Winkel von ihm abgespreizt stehen wie die echten Zweige, so sind sie praktisch nicht zu entdecken. Die junge Raupe eines kalifornischen Schwalbenschwanzes ist grün mit unregelmäßigen weißen Flecken gefärbt. Sitzt sie auf einem Blatt, wird sie selten bemerkt, weil sie wie ein Vogelexkrement aussieht.

Wenn die Täuschung durchschaut wird, können viele Raupen eine zweite Verteidigungslinie aufbauen. Die Gabelschwanzraupe frißt mit dem Kopf nach unten auf einem Blatt. Ihre Färbung entspricht genau der Futterpflanze, aber schüttelt ein Störenfried den Zweig und erschreckt sie, dann hebt sie plötzlich den Kopf und zeigt ihr scharlachrotes Gesicht. Gleichzeitig erscheint am Hinterende ein Paar blutroter Fäden und verspritzt Ameisensäure. Eine südamerikanische Raupe kann noch beängstigender sein. An beiden Seiten des Kopfes hat sie große runde Flecken, und wenn sie gereizt wird, schwenkt sie ihr Vorderende hin und her und sieht wie eine Schlange mit weit aufgerissenen Augen aus. Bei einigen Raupen ist es unerfreulich, sie zu verspeisen. Sie sind mit giftigen Haaren bedeckt oder haben im Körperinneren eine besonders scharf schmeckende Substanz. Es zahlt sich für diese Raupen aus, daß sie sehr auffällig gezeichnet sind. Die Haarigen haben leuchtend bunte Haarbüschel und Borsten, die schlecht Schmeckenden eine rot, gelb, schwarz und purpur gefärbte Haut – lauter Warnungen für etwaige Jäger vor diesen ungenießbaren Bissen.

Es gibt aber auch Raupen, die, obwohl harmlos, dennoch selten gefressen werden, weil sie die Farbigkeit giftiger Artgenossen kopieren, damit ihre Feinde einen genauso großen Bogen um sie machen wie um diejenigen, die sie nachahmen.

Viele Insekten verbringen nahezu ihr ganzes Leben als Larven, werden immer größer und legen Nahrungsmittelvorräte an. Manche Käferlarven nagen sieben Jahre lang im Holz und leben von der überaus schwerverdaulichen Zellulose. Raupen fressen häufig monatelang. Aber früher oder später erreichen alle Larven ihre volle Größe und das Ende der Larvenzeit.

Nun beginnt die erste von zwei höchst dramatischen Verwandlungen. Es ist eine Veränderung, der sich manche im stillen Kämmerlein unterziehen. Viele Insektenlarven besitzen Spinndrüsen, mit denen sie Seidenfäden erzeugen. Während der Larvenzeit haben sie sich ihrer zum Bau gemeinsamer Nester bedient oder zur Herstellung von Rettungstauen, mit denen sie sich von Zweigen und Ästen abseilen konnten. Jetzt spinnen jedoch viele, um sich von der Welt abzuschließen. Die Seidenraupen umgeben sich mit einer Hülle, einem Kokon aus einem langen Faden, der außen von kurzen Fadenbündeln bedeckt ist. Der Mondspinner stellt einen silbern schimmernden Kokon her,

Raupen des Wolfsmilchschwärmers

die Gespinstmotten erzeugen unter einem gemeinsamen schleierartigen Gespinst spindelförmige Kokons. Die Larven von Tagfaltern verzichten auf Kokons. Sie spinnen nur ein Polster, an dem sie sich anhängen, und ein Teil von ihnen auch noch einen Gürtel, der ihnen Halt gibt. Sobald sie zur Ruhe gekommen sind, legen sie ihr Larvenkostüm ab. Ihre Haut reißt auf, und ein sich häufig braun färbendes Wesen, die Puppe kommt zum Vorschein. Die Puppe bewegt sich kaum und zuckt nur gelegentlich mit dem Hinterleib. An den Seiten hat die Puppe Atemlöcher, durch die sie atmet, aber sie frißt nicht und gibt keinen Kot ab. Ihr Leben scheint zeitweilig unterbrochen zu sein. Doch in ihrem Inneren vollziehen sich höchst wichtige Veränderungen. Der gesamte Larvenkörper wird umgebaut.

Als die Entwicklung der Larve im Ei begann, wurden ihre Zellen in zwei Gruppen geteilt. Einige hörten nach wenigen Stunden auf, sich zu teilen, und bildeten dicke Zellhaufen. Die übrigen teilten sich weiter und bauten den Raupenkörper auf. Nachdem die Raupe geschlüpft war und mit dem Fressen begonnen hatte, teilten sich die Körperzellen nicht mehr, sondern vergrößerten sich nur. Während dieser ganzen Zeit blieben die Zellhaufen klein. Aber nun, während des Puppenstadiums, ist ihre Zeit gekommen. Die großen Zellen der Raupe werden abgebaut, und die Zellhaufen beginnen sich plötzlich sehr schnell zu teilen. Als Nahrung dient ihnen der sich auflösende Raupenkörper. Tatsächlich frißt sich das Insekt selbst auf. Langsam entsteht ein neuer Körper von völlig anderer Gestalt. Seine künftigen Formen sind wie bei einer Mumie schwach unter der Puppenhaut zu erkennen.

Die meisten Falter schlüpfen zu bestimmten Tageszeiten. Eine Tagfalterpuppe, die an einem Zweig hängt, beginnt sich zu schütteln. Ein Kopf mit zwei großen Augen und auf dem Rücken liegenden Fühlern zwängt sich durch eine Bruchstelle der Haut auf dem Puppenrücken. Die Beine werden frei und beginnen zu strampeln. Langsam und mühsam, mit häufigen Pausen, zerrt sich der Falter heraus. Der Brustabschnitt erscheint, und auf seinem Rücken sieht man zwei flache, schrumplige Säckchen, runzlig wie der Kern einer Walnuß – die Flügel. Nun ist der Falter ganz frei und hängt sich an die leere Puppenhülle. Er zittert am ganzen Körper. Unter Zuckungen pumpt er Blut in das Netzwerk seiner Flügeladern. Langsam dehnen sich die Flügel aus. Ihr noch verschwommenes Muster vergrößert sich und wird deutlicher und schärfer. Die Flecken wachsen sich zu wunderbar genauen Augenflecken aus. Nach einer halben Stunde sind die Flügel voll entfaltet, die beiden Seiten der Säckchen liegen flach aufeinander und schließen die Flügeladern zwischen sich ein. Die Adern selbst sind noch weich. Würde jetzt eine von ihnen verletzt werden, würde Blut heraustropfen. Doch allmählich strömt das Blut in den Körper zurück. Die Adern erhärten zu starren Streben, die den Flügeln Stabilität verleihen. Während der ganzen Zeit hat der Schmetterling seine Flügel wie die Seiten eines Buches zusammengeklappt gehalten. Nun, da die Flügel trocken sind, faltet er sie zum ersten Mal auseinander und zeigt ihre schillernden Farben.

Das Insekt kann jetzt die Kalorien verbrauchen, die es als Larve so emsig gesammelt und gespeichert hat. Für viele erwachsene Insekten ist das Fressen von sekundärer Bedeutung. Eintagsfliegen und einige Kleinschmetterlinge haben nicht einmal Mundteile. Andere nippen während ihres kurzen Lebens an Nektar, um ihre Kraftreserven zu ergänzen und die Erzeugung von Eiern zu unterstützen. Aber kein Insekt braucht Nahrung, um seinen Körper aufzubauen, denn das Wachstum ist abgeschlossen. Ihr vordringliches Anliegen ist es jetzt, einen Geschlechtspartner zu finden.

92

Tagfalter breiten zu diesem Zweck ihre Flügel aus, deren wunderbar ausgeklügelte Muster ein Identitätsausweis sind. Andere Falter können daran erkennen, mit wem eine Paarung zur Befruchtung führen mag. Im Gegensatz zu den Larven haben die Tagfalter ausgezeichnete Augen. Die des Männchens sind gewöhnlich sogar noch größer als die des Weibchens, denn es muß ja das Weibchen suchen. Da die Augen von Schmetterlingen für Teile des Spektrums empfindlich sind, die für uns unsichtbar sind, haben ihre Flügel ebenso wie Blumen ein noch komplizierteres Muster, als unsere ultraviolettblinden Augen sehen können. Farben und Muster werden durch winzige Schuppen hervorgebracht, die sich wie die Ziegel eines Daches überlappen. Die Farben der Schuppen entstehen entweder durch Farbstoffe oder durch die Wirkung mikroskopisch feiner Strukturen, die das einfallende Licht zerstreuen und nur einen Teil davon reflektieren. Setzt man einen Tropfen einer leicht verdunstenden Flüssigkeit auf einen solchen Insektenflügel, verschwindet die Farbe, weil die Flüssigkeit die brechenden Strukturen ausfüllt. Die Farbe erscheint erst wieder, wenn die Flüssigkeit verdunstet und die Lichtstrahlen erneut gebrochen werden.

Diese schillernden Flügel, irisierend und von feinen Härchen bedeckt, mit durchsichtigen Fenstern versehen, gefranst und in den herrlichsten Farben gefleckt, sind die kunstvollsten Signale in der Insektenwelt. Andere Insekten benutzen andere Mittel und erzeugen damit ebenso komplizierte und wirkungsvolle Signale. Die Zikaden, Grillen und Heuschrecken stützen sich auf Töne. Da die meisten Insekten taub sind, mußten diese Gruppen nicht nur Stimmen, sondern auch Ohren entwickeln. Zikaden haben an beiden Seiten des Brustabschnittes runde Trommelfelle. Viele Heuschrecken hören mit den Beinen. Sie haben am ersten Beinpaar Schlitze, die in tiefe Taschen führen. Die Wand dazwischen bildet ein Häutchen, das dem Trommelfell des Ohres entspricht. Der Winkel, in dem der Schall auf diese Schlitze trifft, beeinflußt die Stärke, mit der er auf das Trommelfell einwirkt. So kann die Heuschrecke, wenn sie ihre Beine in der Luft hin- und herbewegt, die Richtung bestimmen, aus der der Ton kommt.

Einige Heuschrecken erzeugen ihre schwirrenden Triller, indem sie mit der gezähnten Kante ihrer Hinterbeine über eine hervorstehende, kräftige Flügelader sägen. Zikaden, die lautesten Insektensänger, haben einen viel komplizierteren Apparat. Am Hinterleib befindet sich auf jeder Seite eine Schallplatte über einem Luftsack. Diese Platten sind versteift. Wenn ein Muskel sie einbeult, d.h. nach innen zieht und wieder losläßt, klicken sie wie eine Blechbüchse. Dieses Klicken ertönt 600mal in der Sekunde. Der Ton wird gewaltig verstärkt, da ja der größte Teil des Hinterleibes unter den Platten hohl ist. Die Schallplatten sind mit Auswüchsen der Hinterkante des Brustabschnittes bedeckt, die geöffnet oder geschlossen werden können. Der Ton wird durch sie verstärkt oder gedämpft, ähnlich wie durch die Jalousie einer Orgel. Jede Zikadenart erzeugt ihren eigenen charakteristischen Gesang. Bei einigen klingt es, als träfe eine Kreissäge auf einen Nagel im Holz, bei anderen wie Scherenschleifen oder auch wie zischendes Fett auf einer überhitzten Kochplatte. Diese Töne sind so laut, daß man ein einzelnes Tier einen halben Kilometer weit hören kann. Ein Chor kann einen ganzen Wald zum Klingen bringen.

Diese durchdringenden Gesänge enthalten mehr Einzelheiten als unsere Ohren unterscheiden können. Wir können keine Unterbrechung in einer Tonfolge wahrnehmen, die kürzer als $^1/_{10}$ Sekunde ist. Zikaden vermögen Intervalle von $^1/_{100}$ Sekunde zu unterscheiden. Wenn sie singen, verändern sie die Frequenz ihres Klickens von z.B. 200

pro Sekunde auf 500 pro Sekunde und wiederholen das in rhythmischer Weise. An diesen Veränderungen und dem Rhythmus, die für uns unhörbar sind, kann eine Zikade den Gesang ihrer eigenen Art erkennen. Ein Männchen kann so das Territorium eines singenden Männchens seiner eigenen Art meiden, und ein Weibchen kann zu dem singenden Männchen hinfliegen.

Mücken verwenden ebenfalls Locktöne bei der Paarung. Das Weibchen schlägt in der Sekunde 500 mal mit den Flügeln. Es erzeugt einen hohen Summton, der bekanntermaßen sehr störend ist, wenn man einschlafen möchte. Das Männchen vermag diesen Ton mit einem besonderen Organ an der Fühlerbasis wahrzunehmen und fliegt zum Weibchen.

Andere Insekten locken ihre Partner mit dem dritten ihrer Sinne, dem Geruchssinn, an. Die Weibchen mancher Nachtfalter erzeugen einen Duft, den die Männchen mit ihren großen, gefiederten Fühlern wahrnehmen. Diese Organe sind so empfindlich und der Duft ist so charakteristisch und stark, daß ein Männchen, wie man feststellen konnte, aus 11 km Entfernung der Aufforderung folgte. Ein Kleines Nachtpfauenauge in einem Käfig im Wald, das einen für uns nicht feststellbaren Duft abgibt, lockte innerhalb drei Stunden über 100 Männchen aus der Umgebung an.

So locken die erwachsenen Insekten, die Imagines, durch sichtbare Signale, Töne und Düfte ihre Partner an. Die Männchen ergreifen die Weibchen häufig nur kurz, zuweilen aber für mehrere Stunden. Das Pärchen kann dabei sogar unbeholfen aneinandergekoppelt, miteinander verhängt durch die Luft fliegen. Nach der Paarung legt das Weibchen Eier und versorgt sie mit Nahrung. Tagfalter suchen die Futterpflanzen auf, deren Blätter ihre Raupen fressen. Manche Käfer vergraben Dungkugeln und legen ihre Eier dort hinein. Viele Fliegen bevorzugen Kadaver zur Eiablage. Wegwespen fangen Spinnen, lähmen sie durch einen Stich und deponieren sie neben ihren Eiern, so daß die schlüpfende Larve von einem Vorrat frischen Fleisches erwartet wird. Die großen Weibchen der Holzschlupfwespen haben eine Legeröhre, die einem Bohrer gleicht. Damit bohren sie genau an der Stelle, an der sie eine tief im Holz nagende Käferlarve entdeckt haben, ein Loch in den Baumstamm. Sie stechen die Larve an und legen ihr Ei in deren weichen Körper. Die Larve der Schlupfwespe frißt die Käferlarve lebendigen Leibes. Die Schlupfwespenlarve verpuppt sich und schlüpft schließlich. Und nun beginnt der ganze Vorgang Ei – Larve – Puppe – erwachsenes Insekt erneut.

Der Insektenbauplan hat eine fast unermeßliche Vielfalt der Formen hervorgebracht. Nur bei einem Merkmal scheint es eine Begrenzung zu geben – bei der Größe. Die größten heute lebenden Insekten sind nicht viel größer als 30 Zentimeter. Das entspricht etwa der Flügelspannweite mancher Atlasspinner oder der Länge der größten Gespenstheuschrecken. Die größten Käfer, die Goliathkäfer, erreichen ein Gewicht von 100 Gramm. Das entspricht etwa dem einer Maus. Warum werden Käfer nicht so groß wie Dachse und erreichen Falter nicht die Größe von Falken? Der begrenzende Faktor ist das Atemsystem der Insekten. Wie ihre nahen Verwandten, die Tausendfüßler, haben die Insekten Tracheen. Diese bilden ein System von Atemröhren, deren Öffnungen auf beiden Seiten des Körpers in einer Reihe angeordnet sind. Dieses System funktioniert durch Diffusion. Der Sauerstoff in der Luft, die die Tracheen füllt, wird in den feinen Verästelungen durch die Wände vom Körper aufgenommen. Auf entgegengesetztem Wege wird das Kohlendioxyd von den Geweben abgegeben. Über kurze Entfernungen arbeitet dieses System ausgezeichnet, aber wenn die Länge der Röhren zunimmt, wird es immer unwirksamer. Einige Insekten können die Zirkulation der Luft verbessern, indem sie das Ein- und Ausströmen durch pumpende Muskelbewegungen des Hinterleibes unterstützen. Die Tracheen, die durch eine Wandspirale verstärkt sind, können sich nicht verengen, sie verkürzen sich wie der Balg des Akkordeons. Einige wenige Insekten haben ballonförmige Auftreibungen ihrer Tracheen, die zusammengedrückt und ausgedehnt werden, wenn der Hinterleib Pumpbewegungen ausführt. Aber trotz dieser Verfeinerungen wird das System von einer bestimmten Körpergröße an unwirksam; die gigantischen Schaben und die menschenjagenden mordenden Wespen unserer Alpträume sind physiologische Unmöglichkeiten.

Doch die Insekten haben diese Begrenzung ihrer Körpergröße auf andere Weise überwunden. Überall in den Tropen findet man Termitenhügel. In manchen Gegenden stehen sie in Gruppen von hundert Stück, so dicht gedrängt wie Herden grasender Antilopen. Ein einziger Hügel enthält eine Kolonie mit mehreren Millionen Insekten. Sie haben es sich nicht in den Kopf gesetzt, in einer gemeinsamen Behausung zu leben wie Menschen in Hochhäusern. Denn erstens sind sie eine Familie, die Nachkommen eines einzigen Elternpaares. Zweitens sind sie unvollständige Wesen und können nicht allein leben. Die Arbeiter, die durch die unterirdischen Gänge eilen, sind blind und fortpflanzungsunfähig. Die Soldaten, die an den Eingängen Wache stehen, um die Kolonie zu verteidigen, sind mit so großen Kiefern bewaffnet, daß sie nicht mehr selbst fressen können, sondern von den Arbeitern gefüttert werden müssen. In der Mitte der Kolonie halten sich die Geschlechtstiere auf. Die Königin liegt in einer Kammer, eingekerkert zwischen dicken Erdwällen, aus denen sie nicht entfliehen kann, denn ihr Körper ist für die Kammerausgänge viel zu groß. Ihr Hinterleib ist zu einer zwölf Zentimeter langen unförmigen, weißen Wurst angeschwollen, aus der pro Tag die unglaubliche Zahl von 30 000 Eiern austritt. Auch die Königin würde sterben, würde sie nicht von den Arbeitern versorgt werden. Scharen von Arbeitern bringen ihr am vorderen Ende Nahrung und sammeln am hinteren die Eier ein. Das einzige sexuell aktive Männchen, der König, bleibt bei der Königin und wird ebenfalls von den Arbeiterinnen gefüttert. Der Zusammenhalt dieses komplizierten Überorganismus beruht auf einem hoch entwickeltem Kommunikationssystem. Soldaten schlagen Alarm, indem sie mit ihren großen harten Köpfen gegen die Wände hämmern. Arbeiter, die eine neue Nahrungsquelle entdeckt haben, hinterlassen eine Duftspur, damit ihre blinden Genossen ihnen folgen können. Doch das vorherrschende und wichtigste Verständigungsmittel ist ein chemischer Stoff – ein Botenstoff. Dieser Botenstoff oder dieses Pheromon verbreitet Nachrichten in der ganzen Kolonie innerhalb kürzester Zeit. Alle Koloniemitglieder tauschen ständig Nahrung und Speichel untereinander aus. Arbeiter geben ihn von Mund zu Mund weiter oder sammeln den Kot anderer Arbeiter auf, um nur teilweise verdaute Nahrung noch zu verwerten. Die Arbeiter füttern der Reihe nach die Larven und die Soldaten. Sie versorgen auch die Königin in ihrer Kammer, lecken sie ständig ab und sammeln Flüssigkeitstropfen von ihrem After. Dabei nehmen sie Pheromone auf, die die Königin erzeugt und verbreiten sie sehr schnell in der ganzen Kolonie. Die jungen Larven, die aus den Eiern der Königin schlüpfen, können sich sowohl zu Geschlechtstieren wie auch zu Arbeitern entwickeln. Durch die Pheromone der Königin, die sie von den Arbeitern erhalten, wird ihre Entwicklung gehemmt. Sie bleiben fortpflanzungsunfähig, flügellos und blind. Auch die Soldaten erzeugen ein Pheromon, das den chemi-

Goliathkäfer

schen Botenstoffen, die in der Kolonie zirkulieren, hinzugefügt wird. Es verhindert auf ähnliche Weise, daß sich Larven zu Soldaten entwickeln.

Doch bleiben Pheromone nur kurze Zeit wirksam. Vermindert sich die Zahl der Soldaten in der Kolonie, dann vermindert sich auch die Menge des zirkulierenden Soldatenpheromons. Die Königin erzeugt nicht nur Pheromone, sie wird auch damit gefüttert, so daß sie alle diese Informationen erhält. Ob sie darauf mit der Erzeugung besonderer Eier reagiert, aus denen nur Soldaten entstehen, oder ob die Arbeiter die vorhandenen Larven in besonderer Weise behandeln, ist nicht bekannt. Vielleicht ist das auch bei den einzelnen Arten verschieden; aber jedenfalls werden in einer solchen Situation mehr Soldaten aufgezogen, bis das normale Verhältnis wieder hergestellt ist. Auch die Königin kann gelegentlich ihre Pheromonproduktion verändern, so daß die weitere Entwicklung der Larven nicht unterdrückt wird und sie geschlechtsreif werden. Dann wimmeln die dunklen Gänge von Scharen junger geflügelter Termiten. Bei einigen Arten brechen die Arbeiter schmale Ritzen in die Wände und bauen davor Startrampen. Diese Ausgänge werden von den Soldaten bewacht. Gleich nach dem Einsetzen der großen Regenfälle geben sie dann die Ausgänge frei, und die geflügelten Termiten drängen hinaus. Wie eine Rauchwolke steigen sie in den Himmel auf.

Dieser Tag ist ein Glücksfall für die Tiere der Steppe. Frösche und Reptilien schnappen sich schon Termiten, die gerade herauskommen. Wenn der Auszug voll im Gange ist, sammeln sich die Vögel in der Luft und jagen Termiten. Die Termiten ziehen selten weit. Sie lassen sich auf dem Boden nieder, und gleich brechen ihre Flügel nahe dem Brustabschnitt ab – sie haben ihre Funktion erfüllt. Nun jagen die Männchen die Weibchen in bestimmten feierlichen Tänzen über den Boden. Die wenigen Termiten, die bisher nicht aufgefressen wurden, bilden Paare und suchen sich gemeinsam eine Höhlung im Boden oder in einem Baumstamm. Dort bauen sie ihre Hochzeitskammer, in der sie sich paaren. Danach beginnt die Eiablage. Die ersten schlüpfenden Larven müssen von ihren Eltern gefüttert werden. Sind die Larven aber groß genug, um selbst für Futter zu sorgen und zu bauen, widmet sich das königliche Paar ausschließlich der Erzeugung von Eiern. Eine neue Kolonie ist entstanden.

Termiten sind mit einer alten Insektengruppe, den Schaben, verwandt. Ähnlich wie diese besitzen sie keine Taille, und ihre Larven gleichen den geflügelten Tieren. Ihr Wachstum ist von einer Anzahl von Häutungen begleitet. Sie durchlaufen aber kein Puppenstadium und machen keine Verwandlung durch. Es gibt von ihnen über 2000 Arten. Wie die Schaben sind Termiten fast ausschließlich Pflanzenfresser. Zweige, Laub und Gras sind ihr normales Futter. Einige fressen ausschließlich Holz. Sie höhlen das Innere von Balken und Holzpfosten aus, bis nur noch eine dünne Schale stehenbleibt, die zusammenfällt, wenn man sie bloß mit dem Finger berührt.

Die Termiten errichten die größten aller Insektenbauten. Eine Termitenfestung mit Mauern und Zinnen wie eine Burg kann zehn Tonnen wiegen und eine Höhe haben, die die Körperlänge eines Menschen um das Drei- bis Vierfache übersteigt. Mehrere Millionen Bewohner, die geschäftig hin- und hereilen, können eine Überhitzung hervorrufen und bewirken, daß die Luft sauerstoffarm und stickig wird. Daher ist Belüftung außerordentlich wichtig. Am Rande des Hügels bauen die Termiten hohe dünnwandige Schornsteine, die sich wie Rippen an den Seiten abzeichnen. In diesen glattwandigen Schächten, die nur zur Belüftung dienen, leben keine Insekten. Wenn die Sonne die Wände der Schächte erwärmt, wird die Luft in ihnen heißer als in der Mitte des Nestes.

Sie steigt hoch, und saugt die verbrauchte Luft aus den Galerien und den tieferen Teilen des Hügels ab. Es entsteht also ein Luftstrom. Die dünnen äußeren Wände der Schornsteine sind porös, und so kann Sauerstoff aus der umgebenden Luft eindringen, da die Schachtluft sauerstoffärmer ist. Die auf diese Weise mit Sauerstoff angereicherte Luft steigt zum höchsten Punkt des Hügels auf und gelangt dann auf anderen Wegen wieder in das Innere zurück. Bei sehr heißem Wetter steigen die Arbeiter in Tunneln hinunter, die bis zum Grundwasser reichen. Alle kommen mit einem Mundvoll Wasser zurück, womit sie die Wände im Hauptteil des Nestes benetzen. Durch die Verdunstung sinkt dann die Temperatur dort. Mit solchen Kunstgriffen gelingt es den Termiten, eine recht gleichmäßige Temperatur im Nest aufrechtzuerhalten.

In Australien bauen die Meridiantermiten große keilförmige Hügel, deren Achse immer in Nordsüdrichtung liegt. Eine derartige Form setzt die kleinstmögliche Hügeloberfläche der starken Mittagssonne aus und nimmt ein Maximum der milderen Morgen- und Abendsonnenstrahlen auf. In Westafrika und anderen Gebieten mit starken Regenfällen bauen Termiten Nester, die wie große Pilze aussehen, und deren flache Dächer sie vor dem Regen schützen. Die Termitenforscher sind ein gutes Stück vorangekommen bei der Lösung des Rätsels, wie die Pheromone das Kommunikationssystem der Kolonie steuern und koordinieren. Niemand konnte jedoch bisher erklären, wie die Millionen blinder Arbeiter es fertig bringen, gemeinsam derart raffiniert geplante, zweckmäßige und umfangreiche Bauten zu errichten.

Eine weitere Gruppe von Insekten hat sich ebenfalls einem Leben in Kolonien verschrieben, das dem der Termiten ähnelt. Es sind Insekten mit schmalen Taillen, häutigen Flügeln und vielfach auch kräftigen Stacheln: Wespen, Hummeln, Bienen und Ameisen. Eine Reihe von Wespen und Bienen zeigen noch die Entwicklungsstufen, aus denen die Staatenbildung entstanden sein kann. Viele Wespen – Weg-, Schlupf- und Grabwespen – leben einzeln. Nach der Paarung baut das Weibchen Zellen aus Schlamm, legt ein Ei hinein, versorgt die Zelle mit gelähmten Spinnen und überläßt sie dann ihrem Schicksal. Weibchen anderer Arten bleiben in der Nähe des Nestes und versorgen die Jungen, wenn sie schlüpfen, Tag für Tag mit Futter. Bei wieder anderen Arten bauen die Wespenweibchen ihre Zellen dicht beieinander, aber nach ein paar Wochen verlassen einige ihre Zellen und helfen anderen bei deren Bauten. Zu guter Letzt gewinnt ein Weibchen die Oberhand und legt in alle Zellen Eier, während die anderen Wespen sich auf das Bauen und Füttern beschränken.

Die Honigbienen haben diese Art der Arbeitsteilung in ihren viele 1000 Bienen starken Völkern übernommen und sie in einem hohen Maße weiterentwickelt. Eine einzige Königin legt auf den von den Arbeiterinnen gebauten Waben ihre Eier in die Zellen. Auch hier wird das Volk wie bei den Termiten von einem System chemischer Botenstoffe zusammengehalten. Die Pheromone, die ständig im Stock kreisen, unterrichten alle Bewohner über den Volkszustand und das Fehlen oder Vorhandensein der Königin. Aber Honigbienen verfügen noch über andere Mitteilungsmöglichkeiten untereinander. Die Honigbiene hinterläßt, wenn sie auf der Nahrungssuche durch die Luft fliegt, keine Duftspur, wie die Termiten es tun. Stattdessen tanzt sie.

Kehrt eine Biene zum Stock zurück, nachdem sie frischerblühte, nektarbeladene Blüten besucht hat, kann sie schon auf dem Flugbrett vor dem Eingang zum Stock einen besonderen Tanz zeigen. Zuerst läuft sie in einem Kreis, dann durchschneidet sie ihn und unterstreicht die Wichtigkeit dieser geraden Strecke durch starkes Schwänzeln mit dem

Hinterleib und ein besonderes Summen. Danach kehrt sie wieder auf die Kreisbahn zurück, und der Vorgang wiederholt sich. Die Richtung der Schwänzelstrecke weist direkt auf die gefundene Futterquelle hin. Andere Arbeiterinnen beobachten die Tänzerin und fliegen in die angegebene Richtung. Die Tänzerin geht dann in den Stock und tanzt hier erneut auf einer Wabe. Die Waben hängen aber in allen Stöcken von Honigbienen senkrecht, so daß nun die Schwänzelstrecke nicht mehr direkt auf die Futterquelle zeigen kann. Die Biene benutzt den Stand der Sonne als Hilfsmittel. Ist die Schwänzelstrecke senkrecht nach oben gerichtet, so befindet sich die Futterquelle auf einer Linie zwischen Stock und Sonne. Befindet sich die Futterquelle z.B. 20° rechts davon, so weicht die Schwänzelstrecke 20° nach rechts von der Senkrechten auf der Wabe ab. Die anderen Arbeiterinnen verfolgen den Tanz, der zusätzlich noch eine Entfernungsangabe enthält, und fliegen dann zu der Trachtquelle.

Die vielgestaltigsten und höchstentwickelten Staaten in der Insektenwelt besitzen die Verwandten der Wespen und Bienen, die Ameisen.

Die Blattschneiderameisen Südamerikas bauen ausgedehnte unterirdische Nester, von denen Tag und Nacht lange Kolonnen ausmarschieren und Bäume zerstören. Die Ameisen entfernen Schößlinge, Blätter und Äste Stück für Stück in feinen Abschnitten und bringen sie in ihre unterirdischen Kammern. Sie fressen dieses Material nicht, sondern kauen es, um Kompost zu erzeugen, auf dem sie Pilze züchten. Die kleinen weißen Fruchtkörper der Pilze sind ihre Nahrung. Einige afrikanische und südostasiatische Ameisenarten bauen ihre Nester aus zusammengenähten Blättern. Eine Arbeitsgruppe dieser Weberameisen hält die Blätter dadurch zusammen, daß sie den einen Blattrand mit ihren Kiefern, den anderen mit ihren Beinen ergreifen. Andere Ameisen beginnen auf der Innenseite mit dem Zusammennähen. Da kein erwachsenes Insekt Seide erzeugen kann, holen die Ameisen ihre jungen Larven zu Hilfe. Sie halten die Larven zwischen den Kiefern und kneifen sie ein wenig, damit sie spinnen. Die Ameisen bewegen dann ihre lebenden Leimtuben über den Blatträndern hin und her, bis eine Seidenverbindung hergestellt ist. In Australien und auch andernorts sammeln verschiedene Ameisenarten Nektar und verfüttern ihn an bestimmte Ameisen, bei denen der Hinterleib bis zur Größe einer Erbse anschwillt und die Haut so weit gedehnt wird, daß sie durchsichtig erscheint. Die Arbeiterinnen hängen diese Honigtöpfe dann an den Vorderbeinen als lebende Vorratsbehälter in ihren unterirdischen Nestern auf.

Die meisten Ameisen sind jedoch Fleischfresser. Viele machen Jagd auf Termiten, greifen deren Nester an und kämpfen mit den Soldaten. Wenn die Ameisen siegen, fressen sie gierig die verteidigungsunfähigen Arbeiter und Larven. Andere Ameisen zeigen eine sehr erstaunliche Form sozialen Verhaltens und halten sich Sklaven einer anderen Ameisenart. Sie überfallen deren Nest, sammeln Puppen ein und bringen sie in ihr eigenes Nest. Wenn die fremden Ameisen schlüpfen, dienen sie denjenigen, die sie gefangen haben. Sie sammeln Futter für sie und füttern sie, denn die Sklavenhalter haben so große Kiefer, daß sie nicht selbst fressen können.

Die fürchterlichsten Ameisen aber sind jene, die keine Nester bauen, sondern raubend durch das Land ziehen. In Südamerika sind sie als Heeresameisen bekannt, in Afrika als Treiberameisen. Ihre Marschkolonnen sind so lang, daß es mehrere Stunden dauert, bis alle einen bestimmten Punkt passiert haben. An der Spitze schwärmen die Soldaten auf Nahrungssuche aus. Ihnen folgen die Marschsäulen der Arbeiterinnen, etwa ein Dutzend in jeder Reihe. Viele von ihnen tragen Larven. Wenn der Zug offenes

103

Gelände überqueren muß, werden die Flanken durch Soldaten geschützt, die riesige Kiefer haben, aber völlig blind sind. Die Soldaten stehen hochaufgerichtet mit geöffneten Kiefern in Reihen – bereit, jeden zu beißen, der sich mit ihnen anlegt. Wenn die Jäger an der Spitze der Kolonne Beute entdecken, stürzen sie sich darauf und zerlegen sie. Heuschrecken, Skorpione, Eidechsen, junge Vögel im Nest – alles, was sich nicht retten kann, wird angegriffen. Wer in Westafrika ein Tier anbindet oder einsperrt, muß mit der Möglichkeit eines Angriffs dieser Ameisen rechnen. Ich hatte dort einmal viele Schlangen gesammelt: Gabunvipern, Puffottern, Kobras und auch völlig harmlose Arten wie Baumschlangen und Pythons. Wir hielten sie in einer Lehmhütte und hatten eine Wache aufgestellt, bewaffnet mit einer Paraffinkanne. Nur auf den Boden gegossenes und angezündetes Paraffinöl kann einen Raubzug abwenden. Trotz aller Vorsichtsmaßnahmen drang eines Nachmittags doch eine Kolonne durch ein Loch in der hinteren Wand in die Hütte ein. Bis wir entdeckten, was geschehen war, hatten die Ameisen die ganze Schlangensammlung angegriffen und krochen überall auf den Tieren innerhalb der mit einem Drahtgitter abgedeckten Käfige herum. Wütend über die schmerzhaften Bisse schlugen die Schlangen wie wild, aber vergeblich nach den winzigen Angreifern. Wir mußten alle Schlangen herausnehmen, sie festhalten und die Ameisen absammeln, die ihre Kiefer zwischen den Schuppen eingegraben hatten. Trotz aller Bemühungen starben mehrere Schlangen an den Ameisenbissen.

Heeresameisen sind viele Wochen lang Tag für Tag auf Nahrungssuche. Ihre Larven erzeugen Pheromone, die innerhalb des Zuges ausgetauscht werden und die Ameisen anspornen, den Marsch fortzusetzen. Schließlich verpuppen sich die Larven und geben keine Pheromone mehr ab. Dann biwakieren die Ameisen. Es können 150 000 Tiere sein, die sich in den Zweigen eines Baumes oder unter einem überhängenden Felsen zusammenscharen. Eine Ameise an der anderen hängend, bilden sie ein lebendes Nest mit Gängen, die die Königin benutzt, und mit Kammern, in denen die Puppen liegen. Nun beginnen sich die Eierstöcke der Königin zu entwickeln und stark anzuschwellen. Nach etwa einer Woche beginnt sie zu legen und kann in wenigen Tagen 25 000 Eier hervorbringen. Die Larven schlüpfen sehr schnell. Gleichzeitig schlüpft aus den mitgebrachten Puppen eine neue Arbeiterinnen- und Soldatengeneration. Die Larven beginnen mit der Pheromonabgabe, und das durch die neuen Rekruten verstärkte Heer zieht von neuem in den Krieg. Wenn sich der von einer Termitenkolonie geschaffene Überorganismus mit einer Antilope vergleichen läßt, dann müssen die disziplinierten, aggressiven Züge der Heeresameisen als die Raubtiere unter den Insekten angesehen werden. Immer hungrig, unermüdlich bei der Verfolgung ihrer Beute und imstande, die meisten Tiere zu töten, die nicht vor ihnen weglaufen können, terrorisieren sie die Steppe. Ihre geringe Größe ist bedeutungslos. Tausende können ausfallen, ohne daß es sich ernstlich auf die Lebenskraft und Stärke des Zuges auswirkt. Mit diesen Wanderzügen haben die Insekten einen Überorganismus geschaffen, der zu den gefürchtetsten und widerstandsfähigsten aller Tiere gehört.

Die Insekten besiedelten das Land vor den Wirbeltieren und beuten noch immer jeden Organismus der Erde aus. Es gibt keine Pflanzenart, die nicht auf die eine oder andere Weise von ihnen angegriffen wird. In manchen Teilen Afrikas fallen den Insekten drei Viertel aller vom Menschen angebauten Feldfrüchte zum Opfer. Sogar in den USA, in denen die Farmer die raffiniertesten Pflanzenschutzmittel verwenden, erbeuten die Insekten mehr als 10 % der Ernte. Der Baumwollkapselkäfer befällt Baumwoll-

plantagen, und Millionäre machen bankrott. Der Kartoffelkäfer sucht Kartoffeläcker heim, und die Menschen hungern. Die Insekten rauben dem Menschen nicht nur die Nahrung, sondern saugen auch sein Blut, graben sich in seine Haut ein, und infizieren ihn mit allen möglichen Krankheiten.

Der Mensch übt Vergeltung und führt die heftigsten Angriffe gegen sie. Er greift sie mit Flammenwerfern an. Er setzt Insektenmännchen radioaktiven Strahlen aus, um sie zu sterilisieren, dann läßt er sie frei und verdammt damit ganze Generationen von Weibchen zur Unfruchtbarkeit. Er stellt die giftigsten und tödlichsten Stoffe her und besprüht weite Landstriche. Doch trotz all seiner Anstrengungen und seines Einfallsreichtums, des hohen Aufwandes an Arbeit und Geld, ist es dem Menschen bisher noch nicht gelungen, schädliche Insektenarten auszurotten.

5 Herrscher der Meere

Zwischen den bei Niedrigwasser schlaff an den Felsen haftenden See-Anemonen findet man fast überall auf der Welt ganz andere geleeartige Klumpen. Steigt das Wasser wieder, ist der Unterschied zwischen den Geleeklumpen und den Anemonen deutlich zu erkennen. Die Anemonen haben einen blumenartigen Tentakelkranz, der eine einzige zentrale Öffnung umgibt. Das andere Wesen besitzt keine Tentakeln, aber zwei Körperöffnungen, die durch ein U-förmiges Rohr miteinander verbunden sind. Das ganze Tier ist von einer dicken gallertartigen, zuweilen auch von einer ledrigen Scheide umgeben, die ihm den Namen Seescheide eintrug. Unter Wasser und ausgestreckt sehen die Seescheiden sehr hübsch aus. Eine europäische Art ist fast durchsichtig, die Körperöffnungen sind von verwaschenen blauen Ringen umgeben, und das innere Rohr ist durch zarte Muskelringe verstärkt, so daß das Tier wie eine ganz zarte Blasenbildung in Murano-Glas aussieht. Die Scheide anderer Arten ist undurchsichtig und rosa oder golden gefärbt. Manche Seescheiden wachsen wie Weintrauben in Büscheln, andere sind größer und langgestreckter und wachsen einzeln.

Diese Tiere sind Filtrierer. Das Wasser wird durch eine Körperöffnung hereingezogen, durchfließt einen sackförmigen Darm mit Spalten in den Wänden und strömt dann durch die andere Körperöffnung wieder in das Meer. Nahrungsteilchen, die im Bereich der Spalten hängenbleiben, werden über eine Rinne in einen kleinen Darmkanal befördert, der im Bogen zu dem Ausströmkanal führt.

Das ist ein sehr einfacher Bauplan, und die Tiere führen ein bescheidenes Leben, aber sie haben hochentwickelte Verwandte. Ihre ältesten Vorfahren waren mit den Echinodermen, den Stachelhäutern, verwandt, aber ihre Vettern wurden, was viel verwunderlicher ist, die Vorfahren der ersten Wirbeltiere. Der Beweis für diese Schlußfolgerung läßt sich bei den erwachsenen Seescheiden sehr schwer feststellen, ist aber erkennbar bei den Larven, die wie Kaulquappen aussehen. Ihr kugelförmiges Vorderteil enthält das U-förmige Rohr und den Anfang des Darmes. Die Larve schwimmt mit rudernden Schwanzschlägen. Ihr Schwanz wird durch einen dünnen Stab gestützt, der von der Körpermitte bis zur Schwanzspitze reicht. Es ist jener elastische Stab, die Chorda oder Rückensaite, die bei den Wirbeltieren von den knöchernen Wirbeln verdrängt wird. Die Seescheidenlarve behält diesen Stab nicht sehr lange. Sie heftet sich an einen Felsen an, verliert ihren Schwanz und wird zu einem festsitzenden Filtrierer.

Die Seescheidenlarve ist nicht der einzige Filtrierer, der diesen elastischen Stab besitzt. Auch ein wegen seiner Gestalt als Lanzettfischchen bezeichnetes Tier hat einen solchen Stab. Dieses sechs Zentimeter lange Fischchen, das gar kein Fischchen ist, lebt halb eingegraben im Sand des Meeresbodens. Sein Vorderende schaut heraus, ein Krönchen von Zirren umgibt die Mundöffnung, durch die es Wasser einsaugt. Sein

Körper ist auch sehr einfach gebaut. Es hat nichts, was man einen Kopf nennen könnte, nur einen lichtempfindlichen Fleck am Vorderende. Es hat auch kein Herz, bloß eine Reihe von Blutgefäßen, die sich zusammenziehen können. Beine oder auch Flossen fehlen ebenfalls, lediglich am Hinterende des Körpers findet sich ein Saum, der den Flugfedern eines Pfeiles ähnelt. Dennoch kann man in diesem einfachen Organismus die erste Andeutung einer fischförmigen Gestalt erkennen. Der elastische Stab, der sich auf seiner Rückenseite erstreckt, ist die Ansatzstelle für schräg verlaufende Muskeln. Wenn das Lanzettfischchen sie rhythmisch zusammenzieht, läuft eine Schlängelbewegung über seinen Körper. Diese Bewegung drückt das Wasser nach hinten, und infolgedessen kommt das Lanzettfischchen voran – es schwimmt.

Bei der Beurteilung von Verwandtschaftsverhältnissen ist die Anatomie der Larven ein ebenso stichhaltiges Beweisstück wie die Anatomie der erwachsenen Tiere. Tatsächlich ist der Körperbau der Larven sogar noch aufschlußreicher, denn bemerkenswerterweise machen die Tiere in ihrer eigenen Entwicklung noch einmal dieselben Stadien durch wie ihre Vorfahren im Laufe der Entwicklungsgeschichte. Termitenlarven sehen wie die Angehörigen einer primitiven Insektengruppe, die Borstenschwänze, aus. Die Larven der Schwertschwanzkrebse sind deutlich segmentiert und lassen eine Ähnlichkeit mit den Trilobiten erkennen, die bei den ausgewachsenen Tieren nicht so leicht festzustellen ist. Die freischwimmende Molluskenlarve sieht den Larven der segmentierten Würmer sehr ähnlich; das läßt auf eine Verwandtschaft zwischen diesen Gruppen schließen. So kann man mit Fug und Recht die Ähnlichkeiten zwischen der Seescheidenlarve und dem Lanzettfischchen als einen Beweis für ihre Verwandtschaft ansehen. Aber welche Gestalt hatten die Vorfahren? Waren es Wesen wie eine Seescheide, die eine beweglichere lanzettfischenähnliche Form entstehen ließen, in dem sie Nachkommen erzeugten, die die festsitzende Lebensweise aufgaben und ihre Fortpflanzung in das bisherige Larvalstadium vorverlegten? Oder war die lanzettfischchenähnliche Gestalt die ältere Form, aus der sich Tiere wie die Seescheiden entwickelten? Tiere, die sich mit ihrem Kopf an Felsen hefteten, ihre Muskulatur verloren und so zu einem anspruchslosen Lebensstil zurückkehrten?

Viele Jahre lang glaubte man, die erste Annahme wäre richtig. Vergleichende Untersuchungen der ganzen Seescheidenverwandtschaft, der großen und vielgestaltigen Gruppe der Manteltiere, haben dazu geführt, daß die zweite Möglichkeit heute für die richtige gehalten wird, und in allerletzter Zeit hat jene bemerkenswerte Schatzkammer früher Fossilien, die Burgess-Schicht in den kanadischen Rocky Mountains, hierfür eine Bestätigung geliefert. Im Schlamm der Meere aus der Zeit vor 550 Millionen Jahren, in denen es noch keine Schwimmer mit Flossen oder Wirbeln gab, fand man zwischen Trilobiten, Brachiopoden und Borstenwürmern den Abdruck eines Tieres, das dem lebenden Lanzettfischchen sehr ähnlich ist.

Eine andere Larve liefert einen Hinweis auf den nächsten Schritt in der Geschichte der Wirbeltiere. In amerikanischen und europäischen Flüssen gibt es Tiere, die dem Lanzettfischchen ähneln, aber etwas größer sind. Sie leben wie diese gleichfalls im Schlamm. In langsam fließenden Bächen wühlen sie sich mit ihrem wurmartigen, flossenlosen Körper in den weichen Schlamm ein, der sie wie eine Röhre umgibt. Im Bereich der Kiemenspalten scheiden sie einen Stoff aus, der diese Röhre verfestigt. Der kieferlose Mund ragt nur wenig aus der Röhre hervor. Die Larven filtrieren mit ihren Mundzirren Algen und andere kleine Partikel aus dem Wasser, das durch ihre Mund-

öffnung einströmt und durch die Kiemenspalten ausgestoßen wird. Man hielt diese Larven, die Querder lange Zeit für erwachsene Tiere und nahm an, daß sie Verwandte des Lanzettfischchens seien. Der große französische Naturforscher Cuvier beschrieb sie als eigene Gattung mit dem Namen Ammocoetes. Erst Mitte des vorigen Jahrhunderts erkannte ein Zoologe, daß es sich bei Ammocoetes um die Larve eines gut bekannten Tiers handelte. Das war allerdings einem Straßburger Fischer schon rund hundert Jahre früher aufgefallen.Diese Larven verlassen nach einiger Zeit ihre Röhren und entwickeln Augen und Flossen auf dem Rücken und wandern flußabwärts. Sie wachsen und erreichen die Größe eines Aales – und werden jetzt als Neunaugen oder Lampreten bezeichnet. Als unsere Flüsse noch nicht so verschmutzt waren wie heute, wurden die Lampreten mit Stellnetzen und Reusen gefangen, und sie kamen als Delikatesse auf den Markt. Besonders die filtrierenden Larven werden durch Abwässer geschädigt. Dadurch sind die Neunaugen in Europa sehr stark zurückgegangen.

Aber dieses Neunauge ist kein echter Fisch. Es hat den Vorläufer der Wirbelsäule, jenen biegsamen Stab, doch fehlen ihm die Kiefer. Sein Kopf endet in einer großen runden Scheibe, in deren Mitte sich eine mit scharfen Dornen besetzte Zunge befindet. Das Tier hat zwei kleine Augen und dazwischen eine Nasenöffnung, die in einen blindgeschlossenen Sack führt. Hinter den Augen befinden sich auf jeder Seite des Tieres sieben Spalten. Zählt man diese Spalten, das Auge und die unpaare Nasenöffnung zusammen, kommt man, wenn man das Tier von der Seite betrachtet, auf die Zahl neun, das ist die Erklärung für den Namen »Neunauge«. Mit der beschriebenen Scheibe heftet sich das Neunauge an die Flanken eines Fisches und raspelt mit seiner Zunge Fleisch ab. Neunaugen und ihre nur im Meer lebenden Verwandten, die Schleimaale, sind keine seltenen Tiere. In amerikanischen Flüssen sind sie manchmal in hellen Scharen zu finden. Sie werden hier aber nicht für die menschliche Ernährung genutzt. Die herumschwärmenden Neunaugen ernähren sich nicht nur von toten und kranken Fischen, sondern auch von gesunden. Mit ihren kleinen Augen und den gummiartigen, saugenden Mündern erscheinen uns die Neunaugen nicht sehr anziehend. Dennoch verdienen sie Beachtung und Respekt, denn ihre Vorfahren waren einst die fortschrittlichsten und geradezu revolutionären Bewohner der Meere. Überbleibsel von ihnen fand man jetzt in 540 Millionen Jahre alten Gesteinen, die also zeitlich fast so alt sind wie der Burgess-Schiefer. Diese neuentdeckten Fossilien sind nur Bruchstücke, aber sie stimmen mit vollständigen Skeletten aus jüngeren Gesteinen überein.

Die kieferlosen »Protofische« waren recht klein, etwa elritzengroß. Bei manchen Formen waren Kopf und Körper mit knöchernen Platten bedeckt. Am Vorderende hatten sie zwei Augen und eine unpaare Nasenöffnung wie das Neunauge. Am Hinterende des knöchernen Panzers entsprang ein muskulöser Schwanz mit einem Flossensaum. Mit Schwanzschlägen konnten sie sich im Wasser fortbewegen, aber ihr schweres Vorderende muß ihre Köpfe nach unten dicht an den Grund gedrückt haben. Zwar hatten ein oder zwei Arten in der Schulterregion einfache Hautlappen, doch hatten die meisten, abgesehen vom Schwanz überhaupt keine Flossen, die es ihnen ermöglicht hätten, zu steuern und gezielte Bewegungen auszuführen. Anfänglich vermochten also nur wenige, sich über den Meeresboden zu erheben und richtig zu schwimmen. Das freie Wasser war der Bereich der Medusen und anderer im Wasser schwebender Wirbelloser. Ohne Kiefermaul konnte der Protofisch nicht Jagd auf beschalte Mollusken oder ähnliche Tiere machen. Er mußte den Meeresboden durchstöbern und Schlamm und Wasser mit seinem Rundmaul aufnehmen, die verwertbaren Teile herausfiltrieren und den Rest durch die Spalten auf jeder Körperseite wieder abgeben.

Die kleinen Protofische überlebten jedoch und nahmen an Zahl und Vielfalt zu. Ihre dicken Knochenplatten könnten als Ablagerungsprodukte der Salze entstanden sein, die sie mit der Nahrung aufnahmen. Sie dürften ihnen den dringend benötigten Schutz geboten haben, denn zu jener Zeit wurden die Meere von den riesigen, zwei Meter langen Seeskorpionen beherrscht, die mit großen Scheren bewaffnet waren und die kleineren Bewohner des Meeresbodens fraßen.

Die starken Verknöcherungen des Kopfbereiches einiger dieser Protofische ermöglichen eine sehr genaue Untersuchung ihrer Anatomie. Fertigt man eine vollständige Schnittserie durch einen fossilen Schädel an, kann man die Form seiner Höhlungen, die Nerven und Blutgefäße enthielten, darstellen. Eine solche Untersuchung hat nun gezeigt, daß eine Gruppe dieser Tiere ein Gehirn hatte, das dem eines Neunauges sehr ähnlich ist, und auch ein Gleichgewichtsorgan, das von zwei gebogenen Röhren gebildet wurde, die sich im rechten Winkel zueinander in der Vertikalen erstreckten. Die Flüssigkeit darin, die sich über einer empfindlichen Auskleidung im Inneren bewegte, zeigte dem Protofisch seine Lage im Wasser an. Die lebenden Neunaugen besitzen einen sehr ähnlichen Mechanismus.

Einige dieser Tiere erreichten die beachtliche Größe von etwa 60 Zentimetern. Viele waren sehr beweglich, hatten ein Schuppenkleid und machten Ausflüge in das freie Wasser weit über dem Meeresboden. Keines von ihnen konnte jedoch als geschickter Schwimmer bezeichnet werden. Der Flossensaum entlang der Mittellinie ihres Rückens und auch auf der Unterseite bewahrte sie vor dem Trudeln im Wasser und gab ihnen eine gewisse Stabilität, aber keines dieser Tiere besaß paarige seitliche Flossen.

So blieb die Lage 100 Millionen Jahre. Während dieser unendlich langen Zeit erschienen die Korallen und begannen Riffe zu bauen, die segmentierten Tiere entwickelten sich zu Formen, die bald das Meer verlassen und einen Brückenkopf an Land errichten sollten. Wichtige Veränderungen gab es aber auch bei den Protofischen. Die Spalten an den Seiten ihrer Kehlen, die Filtermechanismen, wurden von feinen Blutgefäßen eingehüllt, so daß sie auch als Kiemen fungieren konnten. Die fleischigen Pfeiler zwischen den Spalten wurden durch Knochenbögen versteift, und im Laufe der Jahrtausende wurde das erste Paar dieser Knochen allmählich klappbar.

Rings um dieses Knochenpaar entwickelten sich Muskeln, so daß dessen vordere Enden auf und ab bewegt werden konnten. Diese Tiere hatten damit Kiefer bekommen. Die knöchernen Schuppen in der Haut, die diese Kiefer bedeckte, wurden größer und schärfer und entwickelten sich zu Zähnen. Jetzt waren diese Meerestiere keine primitiven Schlammfiltrierer und Wasserseiher mehr. Sie konnten nun beißen. Im unteren Bereich wuchsen ihnen auf jeder Seite des Körpers Hautlappen, die ihnen das Steuern im Wasser erleichterten. Schließlich wurden Flossen daraus, und jetzt konnten diese Tiere schwimmen. Zum ersten Mal begannen von Flossen angetriebene Jäger mit einer Chorda geschickt und zielsicher in den Meeren zu schwimmen.

Es ist möglich, über einen Meeresboden aus jener Zeit vor 400 Millionen Jahren zu wandern. In einem ebenen, trockenen Viehzuchtgebiet Nordwest-Australiens, nahe einem Platz, der von den Eingeborenen Gogo genannt wird, erhebt sich eine Reihe seltsam steil ansteigender und schroffer Felsen. Sie erreichen eine Höhe von 300 Metern. Diese Felsen enthalten sehr viele Korallenreste. Einst hatte das Meer diese Gegend be-

Meeresboden bewohnender Ammenhai, Australien

deckt, und die Felsen waren Riffe am Ufer tiefer fischreicher Lagunen. Flüsse des dahinter liegenden Landes hatten die Lagune durchflossen. Ihr schlammiges Wasser, in
dem Korallen nicht gedeihen konnten, hielt Lücken im Riff offen. Langsam füllten sich
die Lagunen mit Sinkstoffen. Das Meer wich zurück, und schließlich hob sich der ganze
Kontinent. Regen und Flüsse wuschen den weichen Sandstein aus, so daß die Riffe
heute wieder hervortraten. Sie blicken nicht mehr auf das Meer, sondern auf die Wüste.
Am Fuß der Felsen, auf dem einstigen Meeresboden, liegen knotenförmige Gebilde,
aus denen Gruppen dünner blattförmiger Knochen herausragen. Die Kadaver von La-
gunenfischen hatten gelegentlich als Kern für einen Versteinerungsvorgang gedient.
Der umgebende Sand und Schlamm wurde besonders hart und fest, während der Rest
der Ablagerung zerbröckelte. Die Knollen wurden im Labor monatelang mit Essig-
säure behandelt. Das Gestein löste sich ganz langsam auf und gab in erstaunlicher Vollkommenheit die vollständigen und unbeschädigten Skelette der frühesten echten Fische der Welt frei. Es gab dort viele verschiedene Arten. Die meisten waren wie ihre
Vorfahren gepanzert, hatten Schuppen, die auf Knochenplatten in der Haut lagen, und
beängstigende Zähne in den Kiefern. Im Innern hatten sie ein Knochenskelett und die
Anfänge einer in der Körperlängsachse verlaufenden Wirbelsäule, die den primitiven
elastischen Stab umschloß. Sie alle hatten gut entwickelte seitliche Flossen, gewöhnlich
zwei Paar: ein Paar Brust- und ein Paar Bauchflossen. Es gab aber viele Abweichungen.
Eine Form hatte eine ganze Reihe von Seitenflossen. Bei einer anderen Art waren die
Brustflossen in röhrenförmige Knochen eingeschlossen und ähnelten Stelzen. Einige
lebten auf dem Meeresboden, andere schwammen frei im Wasser. Ein oder zwei dieser
Fische waren riesig und erreichten sechs bis sieben Meter Körperlänge. Angesichts des
damals einsetzenden Existenzkampfes starben nahezu alle kieferlosen Protofische aus.

Etwa zu dieser Zeit kam es zu einer deutlichen Spaltung in der Fischgesellschaft. Es
entstand eine Gruppe, die fast den gesamten Knochenanteil ihres Skelettes verlor und
stattdessen Knorpel entwickelte, ein viel elastischeres und leichteres Material. Die
Nachkommen dieser Gruppe sind die Haie und Rochen. Genau wie ihre Vorfahren
schwimmen sie, indem sie ihre hintere Körperhälfte kräftig bewegen und mit dem
Schwanz schlagen. Aber da der Antrieb von hinten kommt, ist ihr Körper vorlastig und
taucht leicht nach unten weg. Um das auszugleichen, hat der Hai zwei horizontal ste-
hende Brustflossen, die den Tiefenrudern eines Unterseebootes gleichen. Sie sind allerdings relativ starr. Der Hai kann sie nicht plötzlich in eine vertikale Stellung bringen,
damit sie als Bremse wirken. In der Tat kann ein angreifender Hai nicht stoppen, sondern nur seitlich ausweichen. Er kann auch nicht rückwärts schwimmen. Außerdem
sinkt er nach unten, wenn er aufhört, mit dem Schwanz zu schlagen.

Ein Zweig der Knorpelfische hält sich mehr oder weniger ständig auf dem Meeresboden auf, die Rochen. Ihre Körper sind stark abgeplattet und ihre Brustflossen zu seitlichen Dreiecken vergrößert. Diese großen Brustflossen haben den Antrieb beim
Schwimmen übernommen. Der Schwanz braucht daher nicht mehr zu schlagen. Er hat
fast alle Muskulatur verloren und ist dünn und peitschenförmig geworden, manchmal
mit einem Giftstachel am Ende. Dieser Antrieb funktioniert gut, aber die Rochen erreichen damit nicht dieselbe Geschwindigkeit wie die freischwimmenden Haie. Darauf
können sie aber auch verzichten, denn sie sind keine Jäger, sondern leben hauptsächlich
von Mollusken und Krebsen, die sie aus dem Boden wühlen und in ihrem unterständi-
gen Maul zermalmen. Für die Nahrungsaufnahme ist diese Mundstellung günstig, bringt

Umseitig: Riesenmanta

aber Schwierigkeiten bei der Atmung mit sich. Die Haie nehmen durch das Maul Wasser auf, es strömt an den Kiemen vorbei und durch Spalten nach außen. Würden die Rochen auf die gleiche Weise Wasser aufnehmen, wäre es von Sand und Schlamm verunreinigt. Deshalb haben sie statt dessen auf der Kopfoberseite zwei Öffnungen, durch die das Wasser einströmt und so zu den Kiemen gelangt. Dann wird es an der Körperunterseite durch Kiemenspalten ausgestoßen.

Eine Rochengruppe, die Teufels- oder Mantarochen, schwimmt frei im Oberflächenwasser. Ihre seitlichen Körperanhänge ermöglichen den Rochen, mit geringem Kraftaufwand oben zu bleiben, wobei sie vom Wasser getragen werden wie ein Segelflugzeug von der Luft. Schwingende seitliche Flügel sind indes kein so kräftiges Antriebsmittel wie ein schlagender Schwanz. Der Manta kann darum nicht so schnell schwimmen wie seine Haivettern und es als Jäger mit ihnen nicht aufnehmen. Statt dessen gleitet er auf seinen Schwingen mit einer Breite bis zu sieben Metern langsam durch das Wasser, hat das große, schlitzartige Maul weit aufgesperrt und seiht die vorbeischwimmenden Schwärme von Krebsen und kleinen Fischen aus dem Wasser.

Die zweite große Fischgruppe behielt ihr Knochenskelett. Ihre Nachkommen beherrschen heute die Weltmeere. Zu einer Zeit, als die meisten Fische noch Knochenschuppen hatten, breiteten sich verschiedene Familien vom offenen Meer auf die Küstengewässer und schließlich auf die Lagunen und Sümpfe aus. Die Atmung ist an solchen Orten für Fische schwierig. Je wärmer das Wasser wird, desto geringer ist sein Sauerstoffgehalt. Das offene Meer erwärmt sich nie sehr stark, aber kleine Gewässer tun es und sind infolgedessen sauerstoffarm. Als die Fische diesen Lebensraum besiedelten, mußten sie zusätzliche Möglichkeiten der Sauerstoffversorgung finden. Ein altertümlicher Fisch, der in afrikanischen Flüssen und Sümpfen lebende Flösselhecht, zeigt heute noch die Methode, die diese Fische entwickelten. Der Flösselhecht kommt regelmäßig an die Wasseroberfläche und schluckt Luft. Diese Luft wird in den Darm aufgenommen und gelangt in eine Tasche, die sich von der oberen Darmwand öffnet. Die Wände der Tasche sind reichlich mit feinen Blutgefäßen versehen, die gasförmigen Sauerstoff aufnehmen können. Der Flösselhecht hat nicht nur Kiemen, sondern auch eine Lunge.

Eine derartige, mit Luft gefüllte Tasche bietet noch andere Vorteile. Sie verleiht Auftrieb im Wasser – und für die Mehrheit der Nachfahren dieser luftatmenden Pioniere wurde das eine wichtige Fähigkeit. Mit einem luftgefüllten Sack im Innern konnten sie ohne ständige Schwanzbewegung im Wasser treiben. Schließlich traten auch im Meer Knochenfische mit Schwimmblasen auf. Viele verschiedene Arten mit derartigen Organen schwammen in den Lagunen nahe den Gogo-Riffen, gemeinsam mit anderen sehr alten Arten.

Bald erschienen Arten, die ihre Luftsäcke dadurch füllen konnten, daß ein sauerstoffhaltiges Gasgemisch aus ihrem Blut übertrat. In einigen Fällen degenerierte der Gang, der den Darm mit dem Sack verband, zu einem bloßen festen Faden. So erwarben die Fische eine Schwimmblase.

Die Technik des Schwimmens wurde nun revolutioniert. Durch Gas, das über das Blut in die Schwimmblase hinein oder heraus gelangte oder direkt durch den Verbindungsgang ein- oder ausströmte, konnte ein Fisch eine bestimmte Wassertiefe genau einhalten. Seine Brustflossen waren von der Funktion als Tiefenruder befreit und dienten einer verbesserten Bewegungskontrolle. Die Gewandtheit der Fische beim Schwimmen war nun fast vollkommen.

118

Herrscher der Meere

Die Dichte des Wassers ist etwa 800mal so hoch wie die der Luft. Der kleinste Höcker oder Vorsprung des Körpers kann als Bremse wirken, viel stärker, als das bei einem Flugzeug oder einem Vogel der Fall ist. Deshalb haben schnell schwimmende marine Fische wie Thunfische, Blau- und Speerfische oder auch Makrelen wunderbar stromlinienförmige Körper. Das Vorderende läuft spitz zu, der Körper erreicht schnell seinen größten Durchmesser und verjüngt sich dann bis zu der zweiteiligen Schwanzflosse. Die hintere Hälfte des Fisches ist praktisch der Antrieb für diesen Propeller. Viele Muskeln setzen hintereinander an der Wirbelsäule an, so daß der Schwanz hin und her schlagen kann. Die Schuppen, die bei den ältesten Fischen schwer und rauh waren, sind jetzt dünn und weich oder fehlen völig. Die Oberfläche wird durch Schleim schlüpfrig. Die Deckel, die die Kiemenspalten verschließen, liegen dem Körper dicht an, und die Augen ragen nur wenig hervor. Die Brust-, Bauch- und Rückenflossen spielen beim Antrieb keine Rolle mehr, sondern dienen lediglich noch als Ruder, Stabilisator und Bremse. Wenn der Fisch schnell schwimmt und die Flossen nicht braucht, werden sie an den Körper angelegt. Sie passen genau in vorhandene Aussparungen der Körperoberfläche. Am Hinterende befinden sich nahe dem Schwanz auf der Rücken- und auf der Bauchseite kleine dreieckige Blätter, die Wirbelbildungen verhindern.

Die Vollkommenheit dieses Körperbaus wird durch die Tatsache bestätigt, daß Arten, die zu den verschiedensten Familien gehören, ihn übernommen haben. Dadurch ähneln diese Arten einander sehr stark. Sobald sich eine Art in das offene Meer begibt, sich auf große Geschwindigkeit verläßt, entweder um zu fressen oder um nicht gefressen zu werden, verfeinert die unbarmherzige Auslese im Zuge der Evolution die Fischgestalt bis zu dieser leistungsfähigsten und strömungstechnisch günstigsten Form.

Einige Arten von Fischen, die nahe der Wasseroberfläche leben und von schnelleren Jägern bedroht sind, haben Brustflossen, die einem besonderen Zweck dienen. Wenn diese Fische verfolgt werden, schießen sie aus dem Wasser heraus und breiten ihre stark verlängerten Brustflossen aus, die sie zuvor dicht an den Körper angelegt hatten. Die Luft hebt diesen Fisch auf seinen tragflächenähnlichen Flossen über die Wellen empor, und läßt ihn 100 Meter durch die Luft gleiten. Seine Verfolger bleiben verdutzt zurück. Manchmal biegt er seinen Körper während des Fluges so, daß der Schwanz in das Wasser eintauchen und er einige Male damit schlagen kann, um neuen Schwung zu bekommen und weiter fliegen zu können.

Nicht alle Fische sind auf Geschwindigkeit erpicht. Diejenigen, die in Flach- oder Küstengewässern leben, haben andere Probleme und Bedürfnisse, doch auch bei ihnen wirkte sich der Erwerb der Schwimmblase stark auf die Körperform aus, weil Flossen nun für alle möglichen Funktionen zur Verfügung standen. Die Flossen des Hechtes wurden zu eleganten, durchsichtigen Rudern, mit denen er geringste Wasserbewegungen ausgleichen und so auf der Stelle stehen kann, als wäre er an einem unsichtbaren Draht aufgehängt. Die Bauchflossen der Guramis enden in langen Fäden, mit denen sie das Wasser erkunden und während der Laichzeit ihre Partnerin liebkosen. Beim Drachenkopf sind die Flossen zu sensationellen Verteidigungswaffen umgestaltet – jeder Flossenstrahl ist mit giftigen Widerhaken besetzt.

Mehrere Fischarten sind wieder zu Panzerbildungen übergegangen, da seit der Entwicklung der Schwimmblase das höhere Körpergewicht keine besondere Schwierigkeit mehr bereitet. Der Kofferfisch, der in der dicht besiedelten gefährlichen Welt der Riffe lebt, ist von einer knöchernen Hülle umgeben. Auch das Seepferdchen ist gewappnet

120

und hat einen steifen Körper. Die Schwanzflosse fehlt ihm. Es benutzt seinen Schwanz als Haken, mit dem es sich am Bewuchs oder an Korallen verankert. Das Seepferdchen hält seinen Körper durch die Bewegungen seiner Rücken- und Brustflossen aufrecht und bewegt sich in dieser Stellung zwischen den Korallen.

Drückerfische fressen Korallen, indem sie die kalkigen Stöckchen zermalmen. Ihre Flossen sind auf den hinteren Körperbereich nahe dem Schwanz beschränkt. So haben sie den Kopf frei und können ihn tief zwischen die Korallen stecken und sich besondere Leckerbissen auswählen. Beim Drückerfisch ist der Hauptstrahl der Rückenflosse verknöchert. Die beiden dahinterliegenden Strahlen werden gemeinsam mit dem Hauptstrahl aufgerichtet. Durch einen besonderen Mechanismus können die Gelenke der Strahlen verriegelt werden. Wenn Brecher über dem Riff zusammenschlagen, schwimmt der Drückerfisch in eine Felsspalte, stellt seine Stacheln auf und verkeilt sich damit so fest, daß weder Strömung noch Räuber oder wißbegierige Sporttaucher ihn herausziehen können.

Einige Knochenfische haben die Haie und Rochen nachgeahmt, leben am Meeresboden und haben keine Schwimmblase mehr. Ihre Brustflossen haben neue Funktionen übernommen. Beim Knurrhahn fehlt deren Haut im vorderen Bereich, so daß die Flossenstrahlen freiliegen und unabhängig voneinander bewegt werden können, fast wie die Beine einer Spinne. Er benutzt sie, um damit über Steine zu steigen, wenn er Nahrung sucht. Die Flunder hat sich dem Leben auf dem Meeresboden besonders stark angepaßt. Sie veranschaulicht die Tendenz der Tiere, die stammesgeschichtliche Entwicklung zu wiederholen. Wenn eine Flunder aus dem Ei schlüpft, schwimmt sie frei über dem Meeresboden, wie es ihre Vorfahren zweifellos auch taten. Nach wenigen Monaten macht sie eine Verwandlung durch. Sie verliert ihre bis jetzt vorhandene Schwimmblase. Ihr Kopf verändert sich, und die Mundöffnung rückt auf die Seite. Ein Auge wandert rechts um den Körper herum, so daß es nun dicht neben dem anderen liegt. Dann begibt sich der Fisch auf den Meeresboden und legt sich auf die Seite. Die Brustflossen sind jetzt nicht mehr viel nütze, bleiben aber erhalten. Die Flunder schwimmt durch wellenförmige Bewegungen der stark vergrößterten Rücken- und Afterflossen, die den Körper seitlich säumen.

So schwimmen die Fische, angetrieben durch ihren Schwanzschlag, ihre Brustflossen oder durch seitliche Flossensäume durch die verschiedensten Lebensräume des Meeres, von den Rokokobauten des Riffs zu den Gebirgen und Ebenen auf dem Meeresgrund, von den sich wiegenden Wäldern aus Tang zu den blauen, sonnendurchfluteten Gewässern der Ozeane. Aber Beweglichkeit erfordert Reaktionsvermögen – wenn man Reisen dieser Art unternimmt, muß man sich darüber klar sein, wohin sie führen.

Die Fische besitzen einen Sinn, der dem Menschen fehlt. An den Seiten ihres Körpers verläuft vom Kopf bis zum Schwanz eine Linie. Sie besteht aus feinen Öffnungen, die mit einem dicht unter der Oberfläche liegenden Kanal in Verbindung stehen. Dank dieser Seitenlinie vermag der Fisch Veränderungen des Wasserdruckes wahrzunehmen. Beim Schwimmen erzeugt er eine Druckwelle, die vor ihm herläuft. Wenn sie auf ein Hindernis trifft, kann der Fisch die Druckveränderung mit Hilfe der Seitenlinie feststellen. Auch die Bewegungen anderer Fische kann er dadurch ausmachen. Das ist wichtig für Fische, die in Schwärmen leben.

Der Geruchssinn ist bei den Fischen sehr gut ausgebildet. Die Nasenöffnungen führen in Gruben. Fische können damit auch die geringste Veränderung in der Zusammen-

setzung des Wassers erkennen. Gegen die Strömung schwimmende Haie nehmen aus einem Körper austretendes Blut über eine Entfernung von fast einem halben Kilometer wahr. Bei der Nahrungssuche lassen sie sich weitgehend vom Geruchssinn leiten. Das könnte auch die Erklärung für die merkwürdige Gestalt des Hammerhais sein, dessen Nasenöffnungen sich am Ende zweiter seitlicher Kopfauswüchse befinden. Wenn er seine Beute riecht, bewegt er den Kopf hin und her, um die Richtung festzustellen. Ist der Geruch auf beiden Seiten gleich stark, schwimmt er in diese neue Richtung und ist häufig der erste Räuber, der den Schauplatz erreicht.

Fische vermochten wahrscheinlich schon in einer sehr frühen Periode Geräusche wahrzunehmen. Die Kapsel mit den beiden halbkreisförmigen Kanälen, die im Schädel der Protofische und der Neunaugen gefunden wurde, ist bei den Kiefermäulern bemerkenswert vervollkommnet. Sie haben einen dritten horizontalen Bogengang und dahinter eine Höhle. Die Gänge und die Höhle, das innere Ohr, sind mit Sinneszellen ausgekleidet. Sie enthalten in einer gallertartigen Masse Kalkkörperchen, die sich bewegen. Der Schall wird im Wasser besser geleitet als in der Luft. Da auch der Fischkörper einen hohen Wasseranteil besitzt, dringen die Schallwellen durch den Schädel und erreichen das innere Ohr ohne die Vermittlung besonderer Organe, die bei den auf dem Lande lebenden Wirbeltieren erforderlich sind.

Der Erwerb einer Schwimmblase brachte noch weitere Möglichkeiten für die Wahrnehmung und die Weiterleitung von Geräuschen mit sich. Viele Fischarten haben knöcherne Verbindungen zwischen ihrer Schwimmblase und dem inneren Ohr. Die Schallschwingungen werden von der Schwimmblase aufgenommen, verstärkt und auf die Bogengänge übertragen. Einige Fische entwickelten besondere Muskeln, mit denen sie ihre Schwimmblase zum Schwingen bringen und damit dröhnende Geräusche erzeugen können. Verschiedene Welsarten machen das und erwecken damit den Anschein, als riefen sie sich, wenn sie in dunklen Gewässern schwimmen.

Das Sehvermögen ist ebenfalls eine sehr früh erworbene Fähigkeit. Mit seinem Augenfleck kann das Lanzettfischchen nur zwischen Hell und Dunkel unterscheiden. Die kieferlosen Fische hatten Spalten in den Panzern, die die Augen aufnahmen. Da die Gesetze der Optik allgemeingültig sind, ist es nicht überraschend, daß die Zahl der Möglichkeiten, ein Auge zu konstruieren, nicht sehr groß ist. Augen, die Bilder erzeugen können, welcher Organismus sie auch entwickelt, haben eine ähnliche Grundstruktur. Sie bestehen aus einer geschlossenen Kammer mit einem Fenster, einer Linse auf der Vorderseite und einer lichtempfindlichen Schicht auf der Rückseite. Das ist das Bauprinzip eines Tintenfischauges und auch des künstlichen Auges, das der Mensch gebaut hat: der Kamera. Es ist auch die Grundlage für das Auge der Fische, das sie den Landwirbeltieren vererbt haben. Die lichtempfindliche Schicht kann zwei verschiedene Zellformen, Stäbchen und Zapfen, enthalten. Die Stäbchen unterscheiden zwischen Hell und Dunkel, die Zapfen reagieren auf Farben. Den Augen der meisten Haie und Rochen fehlen die Zapfen, so daß sie keine Farben wahrnehmen können. Es ist daher nicht verwunderlich, daß sie selbst recht farblose Wesen sind – in Braun, Grau, Olivgrün und Stahlblau. Wenn sie gezeichnet sind, sind es einfache Fleckenmuster. Knochenfische sind dagegen ganz anders. Ihre Augen haben Stäbchen und Zapfen, ihre Farbwahrnehmung ist meistens ausgezeichnet und ihre Färbung entsprechend lebhaft und unterschiedlich. Saphirgrüne Körper sind mit schwefelgelben Flossen geschmückt. Schwänze zeigen eine Zeichnung, die einer Schießscheibe mit einem goldenen Zentrum gleicht,

Der Feilenfisch ist einer der buntesten Fische der Korallenriffs

das von scharlachroten, schwarzen und weißen Ringen umgeben ist. Es gibt keine Farbe des Spektrums und kein Muster, das die Knochenfische nicht als Körperschmuck verwenden. Die farbenprächtigsten Fische von allen leben in klaren, sonnendurchfluteten Gewässern, wo ihe Muster leicht zu sehen sind – in tropischen Seen und Flüssen und ganz besonders in der Nähe von Korallenriffen. Hier gibt es alle Formen des pflanzlichen und tierischen Lebens und Nahrung in Hülle und Fülle. Deshalb ist der Fischbestand gewaltig groß. In diesem Gewimmel wird die Erkennung der Artgenossen sehr wichtig, und um sie zu erleichtern, haben sich die Fische in leuchtend bunte Gewänder gehüllt.

Eine Gruppe von Fischen, die Schmetterlingsfische, zeigen, wie unterschiedlich diese Muster und Farben einer einzigen kleinen Familie sein können. Diese Fische sind alle etwa gleich groß, wenige Zentimeter lang. Ihre Gestalt ist fast rechteckig, die Stirn hoch und die Mundöffnung schmal mit vorstehenden Lippen. Jede Art bewohnt im Riff ihren eigenen besonderen Platz, der sich durch eine bestimmte Wassertiefe und die bevorzugte Nahrung auszeichnet. Eine Art besitzt verlängerte Kiefer für die Nahrungssuche zwischen den Korallenstöcken, eine andere ist darauf spezialisiert, eine bestimmte Sorte kleiner Krebse zu sammeln. Es liegt nun im Interesse eines jeden einzelnen Fisches, in dem Gewirr umherschwimmender Fische kundzutun, daß seine ökologische Nische, sein besonderer Lebensbereich, bereits besetzt ist. So zeigt er seine Flagge, seine Farben. Kein anderes Tier seiner eigenen Art darf in dieses Territorium eindringen. Gleichzeitig lenken diese Farben aber auch die Aufmerksamkeit eines Weibchens auf ein Männchen derselben Art. In vielen Lebensbereichen ist eine derartige Werbung mit der Gefahr verbunden, ein auffälliges Ziel für Feinde zu werden. Für Schmetterlingsfische ist dieses Risiko gering, da sie sich innerhalb weniger Sekunden zwischen den Korallen verbergen können. Jede Art dieser Familie trägt auf dem Körper ein lebhaftes Muster von Streifen, Punkten, Augenflecken und Zickzackbändern.

Wenn die Laichzeit naht, ist es besonders notwendig, die eigene Art wiederzufinden. Außerhalb der Riffe, in gefährlicheren Gewässern, zeigen die Männchen nur zu dieser Zeit leuchtende Farben. Sie riskieren diese Auffälligkeit, um Rivalen zu bedrohen und Weibchen anzulocken. Farbstoffe breiten sich in ihrer Haut aus, wenn sie gereizt werden. Sie bedienen sich ihrer Farben als Waffen, umkreisen einander und lassen ihre Flossen flattern wie der Stierkämpfer seinen Umhang. Sie schlagen mit den Schwänzen und schicken Druckwellen gegen die Seitenlinie ihrer Rivalen. Sie zerren gegenseitig an ihren großen Flossen. Schließlich gibt ein Fisch seine Unterwerfung zu erkennen, indem er bestimmte Pigmentzellen verkleinert und andere ausdehnt, so daß sich seine Zeichnung verändert. Er hißt gewissermaßen eine weiße Fahne. Der Sieger kann nun das Weibchen umwerben. Er benutzt hierzu fast dieselben Farben und Verhaltensweisen wie bei dem Kampf mit dem Nebenbuhler. Beim Weibchen löst dieses Verhalten aber eine Reihe anderer Reaktionen aus, deren Höhepunkt dann die Eiablage ist. Einige Fische können nicht nur sehen, was im Wasser um sie herum vor sich geht, sondern auch in der Luft darüber. Der Schützenfisch hat eine Vorliebe für Fliegen und andere Insekten, die sich auf Pflanzen am Wasser niederlassen. Unter Berücksichtigung der unterschiedlichen Brechung von Lichtstrahlen in Luft und Wasser zielt er mit einem Tropfenschwall auf ein ruhendes Insekt, das dann den Halt verliert, ins Wasser fällt und gefressen werden kann. Ein kleiner südamerikanischer Fisch ist noch stärker spezialisiert. Seine Augen sind horizontal geteilt, so daß er praktisch vier Augen hat – die beiden unteren Hälften für das Sehen im Wasser, die beiden oberen für das Sehen in der Luft. Dieser Fisch kann an der Wasseroberfläche schwimmen und gleichzeitig über und unter sich nach Futter spähen.

Am entgegengesetzten Ende des Lebensreichs von Fischen, in der Tiefe des Ozeans, 750 Meter und mehr unter der Oberfläche, gibt es kein Licht, das ausreicht, um irgendwelche Farben und Formen zu erkennen. So erzeugen viele Fische selbst Licht. Einige haben Zellen, die leuchtende chemische Stoffe hervorbringen. Andere haben in besonderen Leuchtorganen Kulturen leuchtender Bakterien. Da diese Organe durch bewegliche Hautlappen abgedeckt werden können, blinken diese Organe und verlöschen dann wieder. Es ist anzunehmen, daß dies soziale Signale für die übrigen Schwarmgenossen oder Geschlechtspartner sind; doch ihre Wirkungsweise ist noch nicht genau bekannt. Ein Typ des Leuchtens dient indes einem eindeutigen, unmißverständlichen Zweck. Tiefsee-Anglerfische besitzen einen stark verlängerten fadenförmigen Strahl der Rückenflossen, der vor ihrer Mundöffnung hängt. Am Ende des Fadens befindet sich ein grün glühender Kolben. Andere Fische werden hiervon angelockt. Der Anglerfisch öffnet plötzlich sein Maul und verschlingt seine Mahlzeit.

Auch an anderen Orten gibt es dunkle Gewässer. Einige tropische Flüsse sind mit schwimmenden Wasserpflanzen bedeckt und so durchsetzt mit verrottendem Laub, daß ihr Wasser schwarz und schlammig ist. Hier leben Fische, die eine Orientierungsmethode entwickelt haben, die bisher kein anderes Lebewesen nachgeahmt hat. Sie erzeugen Elektrizität in ihrem Körper. Viele Arten tun dies, wie die Messerfische oder Messeraale in Südamerika oder Vertreter der Nilhechte Westafrikas. Taucht man in einen Fluß, in dem ein derartiger Fisch nach Futter sucht, zwei Drähte, die mit einem Verstärker und einem Lautsprecher verbunden sind, so hört man knackende Töne. Dies sind elektrische Signale, die in Töne übersetzt werden, so daß sie für das menschliche Ohr wahrnehmbar werden. Diese Fische besitzen besondere Organe, mit denen sie elektrische Impulse erzeugen können. Einige Arten senden ihre Signale ununterbrochen, andere erzeugen nur kurze Stromstöße. Jede Art scheint ihren eigenen Code zu haben. In dem sie umgebenden Wasser entstehen elektrische Felder niedriger Spannung. Jeder Gegenstand mit einer anderen Leitfähigkeit als Wasser verändert das elektrische Feld. Diese Veränderung kann der Fisch durch Hautsinnesorgane, die auf seinem Körper verteilt sind, wahrnehmen. Sie sind besonders in der Kopfgegend häufig und ein Teil des Seitenlinienorgans. Selbst in den dunkelsten Gewässern kann er dadurch Lage und Gestalt der Gegenstände in seiner Umgebung erkennen.

Der größte dieser Fische ist der südamerikanische Zitteraal. Er ist nicht mit den echten Aalen verwandt, sieht aber oberflächlich betrachtet so aus. Er wird anderthalb Meter lang und ist so dick wie ein Männerarm. Er lebt häufig in Höhlen des Flußufers und auch unter Felsen. Rückwärts in diese Höhlen hineinzuschlüpfen, muß für ein so langes Tier mit beträchtlichen Steuerungsproblemen verbunden sein. Der Zitteraal hat sie mit Hilfe der Elektrizität gelöst. Beobachtet man einen Aal im Aquarium, kann man die Zunahme der Knackgeräusche im Lautsprecher hören, wenn er die Ausmaße seines Parkplatzes hinter sich zu erkennen versucht und sich langsam hineinmanövriert, ohne die Wände auch nur einmal zu berühren. Aber der Zitteraal besitzt noch einen anderen Batteriesatz, mit dem er keine Ströme mit geringer Spannung zur Ortung erzeugt, sondern so kräftige Schocks, daß man glatt auf den Rücken fällt, wenn man einen solchen Fisch ohne isolierende Gummihandschuhe und Stiefel berührt. Der Zitteraal benutzt diese Entladung für die Jagd. Er ist eines der wenigen Tiere, das in der Lage ist, mit elektrischem Strom zu töten.

Heute, 500 Millionen Jahre, nachdem die kieferlosen, stark gepanzerten Wesen mit den Schwänzen zu schlagen begannen und den Schlamm vorzeitlicher Meere durchwühlten, gibt es rund 30 000 verschiedene Fischarten. Gemeinsam haben sie alle Meere, Flüsse und Seen der Erde besiedelt. Ein eindrucksvolles Beispiel für die Beherrschung der Gewässer durch sie bietet der prächtigste, tapferste und tüchtigste aller Fische, der Lachs.

Fünf verschiedene Lachsarten kommen in den nordamerikanischen Flüssen vor. Die meiste Zeit ihres Lebens verbringen sie aber im Pazifik. Solange sie klein sind, ernähren sie sich von Kleinstlebewesen, dem Plankton. Wenn sie größer werden, fressen sie Fische. Im August jeden Jahres ziehen die gerade erwachsen gewordenen Lachse zur amerikanischen Küste und kämpfen sich dann gegen die reißende Strömung flußaufwärts. Ihr Seitenlinienorgan hilft ihnen, jene Bereiche zu wählen, in denen die Gegenströmung ein wenig schwächer ist. An stillen Stellen ruhen sie sich aus und sammeln Kraft für weitere, anstrengende Stromschnellen. Diese Flüsse werden nicht zufällig ausgewählt. Jeder Lachs erinnert sich des bestimmten Wassergeschmacks des Flusses, in dem er schlüpfte. Sie können diesen Geruch sogar erkennen, wenn ein Teil des Wassers des Heimatflusses mit mehreren Millionen Teilen anderen Wassers verdünnt ist. Diese Erinnerung bringt sie über mehrere 100 Meilen des Ozeans zu einer bestimmten Bucht zurück und, wenn der Duft stärker und stärker wird, zu einem bestimmten Fluß. Wir wissen, daß der Geruch sie leitet, denn Lachse mit blockierten Nasenöffnungen gehen zugrunde. Die Genauigkeit ihres Gedächtnisses und ihrer Navigation ist erstaunlich. Viele Tausende junger Fische wurden kurz nach dem Schlüpfen gekennzeichnet. Nur ein oder zwei machen sich zu einem anderen Fluß auf als zu dem, in dem sie das erste Mal schwammen.

Der Drang zur Rückkehr mag stark sein, aber die Hindernisse sind gewaltig. Allein der Übergang vom Salz- zum Süßwasser erfordert Anpassungen des Körpers, aber der Lachs bringt sie fertig. Auf dem Weg flußaufwärts müssen Wasserfälle überwunden werden. Mit ihren scharfen Augen entdecken die Lachse die niedrigste Stufe der Fälle. Dann biegen sie ihren silbrigen Körper, schlagen mit dem Schwanz und schnellen aus dem Wasser. Immer wieder müssen sie springen, bis sie endlich die stillen Stellen oberhalb der Fälle erreichen und ihre Reise fortsetzen können. Schließlich erreichen sie den seichten Bereich, in dem ihre Eltern laichten, und dort rasten sie. Ihre schwarzen Rükken liegen dicht an dicht und verdecken den hellen Kies des Flußbettes. Die Köpfe zeigen stromaufwärts. Während der Wanderung verändert sich in erstaunlich kurzer Zeit ihr Aussehen. Auf ihrem Rücken bildet sich ein Buckel, und der Unterkiefer krümmt sich hakenförmig. Die Tiere können nicht mehr fressen, aber die Zeit des Fressens ist auch längst vorbei. Die Männchen kämpfen miteinander. Schließlich trägt eines den Sieg davon. Inzwischen hat das Weibchen mit dem Schwanz eine Mulde in den Kies geschlagen. Jetzt gesellt sich das Männchen zu ihm; Eier und Samen werden abgegeben und versinken im Kies. Die erwachsenen Lachse haben sich völlig verausgabt. Sie verlieren ihre Schuppen, die einst kräftigen Muskeln schwinden, und die Tiere sterben. Kein einziger der Fische, die sich den Weg stromaufwärts erkämpften, kehrt zum Meer zurück. Ihre verwesenden Leichen treiben auf den Flüssen und werden auf die Sandbänke gespült. Hier und dort schlägt ein letzter Überlebender noch verzweifelt um sich.

128

Möwen sammeln sich in Schwärmen und halten ihre unappetitliche Mahlzeit. In den verschmutzten mitteleuropäischen Strömen müssen sogar die Möwen verzichten, es gibt keine Lachse mehr.

Aber im Kies liegen die Eier, etwa 500 bis 2000 von jedem Weibchen, je nach seinem Gewicht. Sie überstehen den strengen Winter, und im nächsten Frühjahr schlüpfen die jungen Lachse. Die Brut wächst in ein bis zwei Jahren in ihrem Brutgewässer zu Jungfischen heran und ernährt sich in dieser Zeit von dem reichhaltigen Insekten- und Krebsangebot. Wenn sie etwa fingerlang sind, verlassen die Lachse mit der Strömung die Flüsse und schwimmen in das offene Meer hinaus. Einige Arten bleiben dort zwei Jahre, andere bis zu fünf. Viele werden von anderen Fischen gefressen. Aber die Überlebenden erkämpfen sich ihren Weg zurück in ihren eigenen Fluß, um dort zu laichen und zu sterben, wo sie einst schlüpften.

Dreiviertel der Erdoberfläche ist von Gewässern bedeckt. Dreiviertel der Erde gehört den Fischen.

6 Die Eroberung des Festlandes

Eine der entscheidendsten Episoden in der Geschichte des Lebens begann vor rund 350 Millionen Jahren in einem Süßwassersumpf. Fische hievten sich aus dem Wasser und besiedelten als erste Wirbeltiere das Land. Um diese Grenze zu überschreiten, mußten sie wie die ersten Landwirbellosen zwei Probleme lösen: erstens, wie kann man sich fortbewegen, wenn man nicht im Wasser ist, und zweitens, wie erhält man Sauerstoff aus der Luft?

Noch heute lebt ein Fisch, dem beides gelingt – der Schlammspringer. Er ist nicht sehr nahe mit jenen Fischen verwandt, die das Land zuerst besiedelten, so daß man bei Vergleichen vorsichtig sein muß, aber dennoch kann uns der Schlammspringer Hinweise liefern, wie der damalige folgenschwere Schritt vollzogen wurde. Schlammspringer sind nur wenige Zentimeter lang. Sie leben in vielen tropischen Gegenden in Mangrovensümpfen und Brackwasserbuchten und halten sich weit außerhalb der Brandung im feuchten Schlamm auf. Manche klammern sich sogar an die Luftwurzeln der Mangroven oder klettern auf die Stämme. Bei plötzlichen Bewegungen oder Geräuschen retten sie sich wieder in die Sicherheit des Wassers. Sie kommen dann von neuem heraus, weil sie sich von Insekten und anderen Wirbellosen ernähren, von denen es auf dem weichen Schlick wimmelt. Sie bewegen sich fort, indem sie das Hinterende ihres Körpers biegen, so daß sie kleine Hopser vollführen. Sie können sich aber auch gemächlicher vorwärts schieben mit Hilfe ihrer Brustflossen, von denen jede einen muskulösen, durch Knochen gestützten Stamm hat; tatsächlich ist die Flosse eine starre Krücke. Auf ihr kann der Fisch sozusagen humpeln.

Derartige Flossen ähneln im Prinzip denen einer ganzen Gruppe primitiver Knochenfische, die in jener fernen Zeit lebten, als der Schritt aufs Land getan wurde. Der berühmteste dieser Fische ist ein Coelacanthus, ein Quastenflosser.

Viele Coelacanthusarten sind als Fossilien gefunden worden. Sie waren nicht groß, etwa 30 Zentimeter lang. Einige Exemplare sind wie durch ein Wunder in allen Einzelheiten erhalten geblieben, jede Schuppe, jeder Flossenstrahl ist vorhanden. Ein jüngeres Tier wurde in den Felsen von Illinois entdeckt, und Spuren seines Dottersacks waren an der Bauchseite deutlich zu sehen. In 400 Millionen Jahren alten Ablagerungen gibt es viele dieser Fossilien. Später werden sie seltener, und in Gesteinen, die jünger als 70 Millionen Jahre sind, wurden keine mehr gefunden. Sie hatten ihre Blütezeit, als das Land besiedelt wurde, und da sie sicher gliedmaßenartige Flossen besaßen, waren sie wahrscheinlich die Vorfahren der ersten Landwirbeltiere. Darum wurden ihre Fossilien besonders sorgfältig untersucht, um herauszufinden, wie sie sich fortbewegten und wie sie atmeten. Aber die Wissenschaftler fanden sich damit ab, daß die Fragen über die Lebensweise und das Verhalten wohl niemals beantwortet werden könnten, da diese

Coelacanthiden ja offensichtlich schon vor vielen Millionen Jahren ausgestorben waren.

Und dann fing 1938 ein Fischdampfer vor der südafrikanischen Küste einen merkwürdigen Fisch. Er war fast zwei Meter lang und hatte kräftige Kiefer und Schuppen. Nachdem der Fang in East London gelandet worden war, besichtigte ihn die Kustodin des dortigen Museums, Miss Courtenay-Latimer. Ihr fiel der eigenartige Fisch auf, und obwohl sie keine Fischspezialistin war, erkannte sie seine Bedeutung. Sie schrieb an Professor J.B.C. Smith, die größte Kapazität für afrikanische Fische an der Grahamstown University. Ehe er das Exemplar untersuchen konnte, waren dessen Eingeweide so stark verwest, daß sie weggeworfen werden mußten. Obwohl Smith nur ein ausgeweidetes Exemplar sah und der Fisch sehr groß war, erkannte er ihn sofort als Quastenflosser. Er nannte den Fisch Latimeria und teilte der erstaunten Fachwelt mit, daß ein Tier, von dem man angenommen hatte, es wäre vor 70 Millionen Jahren ausgestorben, noch lebte.

Diese Entdeckung wurde als die wissenschaftliche Sensation des Jahrhunderts gefeiert, und eine gewaltige Fahndung nach weiteren Exemplaren wurde in die Wege geleitet. Flugblätter und Plakate mit der Abbildung einer Latimeria und mit dem Angebot einer hohen Belohnung für den Finder wurden in den Fischerdörfern der Süd- und Ostküste Afrikas verteilt. Aber erfolglos. Dann wurde 14 Jahre später, nachdem man schon geglaubt hatte, der seltsame Fisch wäre nur aufgetaucht, um endgültig zu verschwinden, ein weiterer gefangen, aber nicht vor der afrikanischen Küste, sondern 1000 Meilen entfernt bei Anjouan, einer der kleinen Komoren-Inseln, die auf halbem Wege zwischen Madagaskar und der Küste Tansanias liegt. Das erste gefangene Tier scheint ein verirrtes Exemplar gewesen zu sein, denn für die Fischer auf den Komoren waren die Quastenflosser keine Unbekannten. Sie fingen in jeder Fangsaison ein bis zwei in einer Tiefe von 200 bis 300 m. Die Fischer hatten oft gar nicht vorgehabt, sie zu fangen, denn ein am Haken hängender Quastenflosser wehrt sich heftig, und ein Mann muß viele Stunden mit ihm kämpfen, bis er ihn ins Kanu ziehen kann. Die ganze Mühe lohnt auch nicht, denn das Fleisch ist tranig und wenig schmackhaft.

Der wertvollste Teil der Quastenflosser sind für die Bewohner der Komoren die rauhen Schuppen. Sie sind sehr nützlich, um einen Fahrradschlauch vor dem Flicken aufzurauhen.

Seitdem wurden mehrere Dutzend Komoren-Quastenflosser gefangen, und über sie wissen die Wissenschaftler heute mehr als über so manche Fische, die in Mengen vorkommen. Ein trächtiges Weibchen wurde gefangen, dessen Junge an ihren Dottersäkken hingen, genau wie bei dem Fossil aus Illinois. Dies zeigt, daß diese Art keine Eier legt, sondern lebendige Junge gebärt. Aber weil der Fisch so kräftig und ein so zäher Kämpfer ist, der aus so großen Tiefen heraufgezerrt werden muß, erreicht er das Ufer selten lebend. Viele Expeditionen versuchten, nahe den Komoren ein lebendes Exemplar zu fangen. Einem britischen Team gelang dies auch, obwohl der Fisch mehrere Stunden am Haken gehangen hatte und sehr geschwächt war. Er kam in ein Becken und wurde gefilmt. Aber die Aufnahmen brachten keinerlei Einzelheiten.

Wir selbst suchten während einer anderen Expedition Nacht um Nacht nach diesem Fisch. In Gegenden, in denen Quastenflosser am häufigsten gefangen worden waren, ließen wir hochempfindliche elektronische Kameras auf den Meeresboden hinab, aber ohne Erfolg. Dann, kurz bevor der letzte von uns die Insel verlassen wollte, brachte ein

132

Fischer eine Latimeria, die an der Seite seines Kanus festgezurrt war. Auch dieser Fisch war nur noch halb lebendig, aber der Fischer konnte überredet werden, ihn in einer Bucht für die Dauer einiger Unterwasserfilmaufnahmen freizulassen. Während die Latimeria langsam über den Grund schwamm, hielt sie tatsächlich ihre stämmigen Brustflossen seitlich vom Körper weggestreckt, und man konnte sich unschwer vorstellen, daß sie, wäre sie mehr bei Kräften gewesen, die Flossen zu Hilfe genommen hätte, um sich über den steinigen Meeresboden zu bewegen. Außerdem wurde auch klar, daß derartige Flossen automatisch im Wasser und auch außerhalb eine wirkliche Hilfe sein würden, wenn der Fisch wie seine Vorfahren im flachen Wasser lebte und an Land gespült würde.

Aber wie konnten die frühen Fische das Problem lösen, außerhalb des Wassers zu atmen? Dem Schlammspringer gelingt es, indem er Wasser im Maul hält, und den Kopf hin und her bewegt. Das Wasser spült dann über das Gewebe darin, das den Sauerstoff aufnimmt. Er kann auch direkt durch die feuchte Haut Sauerstoff aufnehmen. Aber beide Möglichkeiten gestatten nur einen kurzen Aufenthalt außerhalb des Wassers. Nach wenigen Minuten muß der Fisch in das Wasser zurückkehren, um seine Haut wieder anzufeuchten und frisches Wasser mit dem Maul aufzunehmen. Auch die lebenden Quastenflosser können uns hierauf keine Antwort geben, da sie das tiefe Wasser nie verlassen. Indes gibt es ein lebendes Tier, das eine Lösung gefunden hat.

Viele Sümpfe in den Überschwemmungsgebieten afrikanischer Flüsse werden in der Trockenzeit von der Sonne zu steinhartem Schlamm gebacken. Dennoch lebt hier ein Fisch, ein Lungenfisch, der die Trockenzeit als Luftatmer übersteht. Wenn die Tümpel eintrocknen, gräbt sich der Lungenfisch im Schlamm des Bodens ein. Er kugelt sich zusammen, gibt Schleim ab und kleidet damit seine Höhle aus. Wenn die Sonne die letzte Feuchtigkeit aus dem Schlamm herausholt, wird die Schleimhülle pergamentartig. Die Flösselhechte und andere primitive Süßwasserfische haben eine Tasche, die sich vom Darmkanal öffnet und mit deren Hilfe sie Luft atmen können. Der Lungenfisch hat zwei derartige Taschen und ist außerhalb des Wassers völlig von ihnen abhängig. Beim Eingraben stellt der Fisch einen Kanal her, durch den die Atemluft zu seiner Mundöffnung gelangt. Er saugt sie in die paarigen Säcke, deren Wände dicht von Blutgefäßen durchzogen sind, die gasförmigen Sauerstoff aufnehmen können. Diese Säcke sind einfache Lungen, mit deren Hilfe der Lungenfisch mehrere Monate, ja sogar Jahre überleben kann. Wenn schließlich die Regenzeit einsetzt und sich die Tümpel mit Wasser füllen, erwacht der Lungenfisch zu neuer Aktivität. Er zwängt sich aus seiner Kapsel und dem weichgewordenen Lehmnest und schwimmt weg. Im Wasser atmet er wie jeder andere normale Fisch mit Kiemen, aber zusätzlich bedient er sich wie auch die Flösselhechte seiner Lunge und schluckt in regelmäßigen Abständen an der Wasseroberfläche Luft. Wenn das Wasser wärmer wird und der Sauerstoffgehalt dadurch sinkt, erweist sich diese zusätzliche Atmung als besonders wertvoll.

In Afrika kommen vier verschiedene Lungenfischarten vor, eine andere in Australien und eine weitere in Südamerika. Vor 350 Millionen Jahren waren sie indes viel weiter verbreitet, und man findet ihre Fossilien häufig zusammen mit denen von Coelacanthiden. Diese beiden Fischtypen besaßen die wesentlichen Fähigkeiten, die für die vorzeitlichen Fische, die das Land entdeckten, erforderlich gewesen sein müssen. Aber keiner von ihnen kann als derjenige bezeichnet werden, dessen Nachkommen auf Dauer das Land besiedelten. Beide Fischtypen, Lungenfische wie auch Coelacanthiden scheiden

Ein lebender Coelacanthus, Komoren

aber aus, weil ihre Schädelknochen sich so stark von denen der ersten fossilen Amphibien unterscheiden, daß diese nicht von ihnen abstammen können.

Es gibt aber noch einen dritten Fisch, der in den Ablagerungen dieser frühen und kritischen Periode gefunden wurde. Er gehört zur selben großen Gruppe wie die Coelacanthiden und die Lungenfische. Er hat gliedmaßenähnliche Flossen mit einem muskulösen Stamm, denn er ist ebenfalls ein Quastenflosser. Wahrscheinlich hatte er wie die Lungenfische zur Luftatmung geeignete Darmtaschen. Sein Schädel jedoch zeigt das entscheidende Merkmal, das weder Coelacanthus noch Lungenfische aufweisen, nämlich die Verbindung der Nasenhöhlen mit der Mundhöhle. Alle Landwirbeltiere besitzen diese Verbindung, und das bestätigt die nahe Verwandtschaft dieser Fische mit deren Vorfahren.

Dieses Wesen trägt den Namen Eusthenopteron. Seine Fossilien wurden untersucht, indem man sie in Schnitte zerlegte, eine Technik, die viel von ihrer Anatomie erkennen ließ bis hin zum Aufbau ihrer Blutgefäße. Werden die Flossen sorgfältig auf diese Weise untersucht, findet man, daß das nahe dem Körper gelegene Grundglied von einem gedrungenen Knochen gestützt wird. Mit dem Grundglied sind zwei Knochen verbunden, und schließlich folgt eine Gruppe kleiner Knochen und Zehen, und dieses Muster findet sich bei allen Landwirbeltieren.

Aber warum haben die Nachkommen von Eusthenopteron die Mühe auf sich genommen, an Land zu krabbeln? Vielleicht lebten sie wie die Lungenfische heute in Tümpeln, deren Vorhandensein von der Jahreszeit abhängt, und benutzen Beine und Lungen, um andere Gewässer zu suchen, wenn ihr Tümpel austrocknete? Vielleicht wurden sie wie die Schlammspringer von einer bisher unerschlossenen Nahrungsquelle verlockt, denn zu jener Zeit waren Würmer, Schnecken und Insektenvorfahren bereits weit verbreitet. Es könnte aber auch die Leere des Landes gewesen sein, die sie anzog: Es gab noch keine Reptilien, Vögel oder Säugetiere, so daß es ein verhältnismäßig sicherer Aufenthaltsort für sie war. Vielleicht spielten alle diese Gründe eine Rolle. Was immer sie verlockt oder angetrieben haben mag, ihre Bewegungen und ihre Atmung außerhalb des Wassers wurden im Laufe der Jahrmillionen immer vollkommener. In den Sümpfen, durch die sie wateten, wuchsen große Schachtelhalme und riesige Bärlappe. Diese Pflanzen wurden im Laufe der Zeit zu Kohle. Und in Kohlengruben findet man heute die Knochen der ersten Wirbeltiere, die das Land bewohnten, der Amphibien.

Einige dieser Amphibien müssen furchterregend gewesen sein. Sie wurden drei bis vier Meter lang, und ihre Kiefer waren in Reihen mit kegelförmigen Zähnen gespickt. In den folgenden 100 Millionen Jahren beherrschten sie das Land. Schließlich wurden sie von den Reptilien in den Schatten gestellt, und ihre Zahl verringert sich stark. Infolgedessen sind Amphibienfossilien in späteren geologischen Perioden sehr selten, und es klaffen Lücken in ihrer Fossiliengeschichte. Die modernen Formen unterscheiden sich von den frühen in vieler Hinsicht, und der Zusammenhang zwischen frühen und heutigen Amphibien ist immer noch eine Streitfrage und Anlaß für Spekulationen.

Den besten Eindruck, wie die frühen Amphibien aussahen, vermitteln die heute lebenden Salamander und Molche. Sie sind auch unter ihrem gemeinsamen Namen Caudaten oder Schwanzlurche bekannt. Der größte Schwanzlurch lebt in japanischen Flüssen. Er ist ein beängstigendes Wesen mit einem spatelförmigen Kopf, kleinen Knopfaugen und einer warzigen Haut, die ihm faltig um den Körper hängt. Er erreicht eine

137

Länge von eineinhalb Meter. Das ist zwar nur ein Viertel der Größe seiner Vorfahren, aber für einen modernen Lurch sehr beachtlich. Die meisten sind viel kleiner, und die Wassermolche mit einer Länge von fünf bis höchstens dreißig Zentimetern sind viel typischer. Die Beine der Molche sind im Vergleich mit den Flossen der Schlammspringer und der Quastenflosser schon sehr fortschrittlich, aber noch nicht sehr leistungsfähig. Sie sind kurz und dünn, und um mit seinen Hinterbeinen einigermaßen auszuschreiten, muß der Molch seinen Körper zur Seite biegen. Die meiste Zeit verbringt er an Land, verbirgt sich unter Steinen oder sucht im Schutz feuchter bemooster Plätze nach Würmern, Nacktschnecken und Insekten. Aber er kann sich nicht weit vom Wasser entfernen. Zum einen, weil seine Haut wasserdurchlässig ist und das Tier in trockener Luft sehr schnell seine Körperflüssigkeit verliert und stirbt. Dazu kommt, daß Molche wie alle Amphibien kein Wasser trinken, sondern die von ihnen benötigte Flüssigkeit durch die Haut aufnehmen müssen. Zudem muß ihre Haut für die Atmung feuchtgehalten werden. Die Lungen sind verhältnismäßig einfach gebaut und decken den Sauerstoffbedarf nicht vollständig, so daß die Sauerstoffaufnahme wie beim Schlammspringer durch Hautatmung unterstützt wird. Wegen dieser beiden Bedürfnisse können Molche wie die meisten Amphibien nur in einer feuchten Umgebung leben. Aber noch ein drittes Bedürfnis bindet sie an das Wasser. Wie die meisten Fischeier haben die Amphibieneier keine wasserdichten Schalen, so daß die Weibchen zur Eiablage ins Wasser zurückkehren müssen.

Während ihrer Lebensphase im Wasser, zur Laichzeit, werden die Molche fischähnlich. Sie schwimmen mit angelegten Beinen durch seitliche, wellenförmige Körperbewegungen und mit Schwanzschlägen. Die Männchen mancher Arten entwickeln einen Kamm auf dem Rücken und zeigen leuchtende Farben wie die Hochzeitskleider der Fische. Bei der Werbung schlagen Molchmännchen das Wasser mit ihren Schwänzen und stellen ihre Kämme auf. Sie schicken ihren Rivalen und auch den Weibchen einen kräftigen Wasserschwall entgegen, den diese mit Reihen von Sinneszellen am Kopf und an den Körperseiten wahrnehmen können. Diese Sinnesorgane sind ein Erbteil der Fische und aus deren Seitenlinienorganen entstanden.

Die Weibchen legen eine große Zahl von Eiern, die sie an Wasserpflanzen befestigen. Wenn die Jungen schlüpfen, besitzen sie keine Beine und atmen nicht mit Lungen, diese entwickeln sich erst später. Sie atmen durch gefiederte, äußere Kiemen. Diese Brut sind kaulquappenähnliche Larven.

Einige Salamanderarten in Mittelamerika nutzen die Möglichkeiten einer solchen wasserbewohnenden Larve dazu aus, zwei Alternativen für ein Erwachsenenleben zu gewinnen. Eine mexikanische Art wandelt sich in der Regel in eine normale landlebende Form um. Ist aber die Jahreszeit besonders naß und ihr See trocknet nicht aus, dann behält die Larve ihre Kiemen. Sie wächst weit über die Größe hinaus, in der sie sich sonst verwandelt hätte, und wird ebenso groß wie die landlebenden Formen, wenn nicht noch größer. Schließlich wird sie, obwohl sie noch wie eine Larve aussieht, geschlechtsreif und legt Eier.

Eine in einem benachbarten See lebende Art ist zum ständigen Leben im Wasser zurückgekehrt. Sie wird regelmäßig als Larve fortpflanzungsfähig. Ihre äußeren Kiemen wachsen zu Bäumchen auf beiden Seiten des Kopfes. Die Azteken gaben ihnen den Namen Wasser-Ungeheuer – Axolotl. Die Tatsache, daß es sich bei diesen Tieren um Salamander handelt, kann man dadurch beweisen, daß man diese Tiere mit Schilddrüenextrakt füttert. Danach verlieren sie die äußeren Kiemen, entwickeln Lungen und verwandeln sich in eine Form, die an einen in Florida lebenden Salamander erinnert.

Weiter nördlich in den USA ist eine Amphibienart unwiderruflich zum Leben im Wasser zurückgekehrt. Der Gefleckte Furchensalamander hat sowohl Kiemen als auch Lungen, legt seine Eier in ein Nest auf dem Grunde eines Baches und bleibt während seines ganzen Lebens im Wasser. Bisher hat kein Wissenschaftler eine Möglichkeit gefunden, wie man dieses Tier dazu bringen könnte, sich in eine andere Form zu verwandeln. Doch besteht kein Zweifel, daß seine Vorfahren amphibisch lebende Salamander waren, also Tiere, die sowohl im Wasser als auch auf dem Lande lebten.

Einige Salamander haben die Rückkehr zu einem fischähnlichen Dasein noch früher vollzogen. Sie scheinen nicht nur die Lungen, sondern auch die Beine verloren zu haben. Die etwa einen Meter langen Armmolche im Süden der USA, die außer Kiemen zwar noch eine Lunge besitzen, haben ihre Hinterbeine verloren. Ihre Vorderbeine sind deutlich kleiner, besitzen aber keine Knochen mehr, sondern nur noch Knorpel, so daß sie für die Fortbewegung praktisch nutzlos sind. Aalmolche aus demselben Teil der Welt haben zwar noch alle Extremitäten, sie sind aber so klein, daß man genau hinschauen muß, um sie nicht zu übersehen.

Dieser Verzicht auf die beiden wichtigsten Neuerwerbungen der Nachfahren von Eusthenopteron während der Besiedlung des Landes kommt aber nicht nur bei im Wasser lebenden Salamandern vor, sondern sogar bei denen, die ausschließlich auf dem Lande leben. Viele amerikanischen Salamander haben ihre Lungen verloren und atmen dennoch ausreichend durch die nasse Haut und feuchte Gewebe des Mundes. Aber das ist nur möglich um den Preis einer Beschränkung der Körpergröße. Diese Atmungsweise ist wirkungsvoller, wenn der Körper eine Größe und Form hat, die ein Maximum an Hautoberfläche und ein Minimum an Körpervolumen ergeben, und das ist in der Tat bei den lungenlosen Salamandern der Fall. Ihre Körper sind lang und dünn, messen aber nur wenige Zentimeter.

Eine Gruppe hat ihre Beine ganz verloren und gräbt im Boden. Die Anatomie dieser Tiere ist so spezialisiert und unterscheidet sich so stark von den Schwanzlurchen, daß sie als eigene Ordnung der Blindwühlen eingestuft werden. Die Blindwühlen leben nur in den warmen Bereichen der Welt, die Mehrzahl in den Tropen. Ihnen fehlen nicht nur die Gliedmaßen, sondern auch der Schulter- und Beckengürtel. Der Körper dieser Tiere ist stark verlängert. Schwanzlurche haben gewöhnlich etwa ein Dutzend Wirbel im Rückgrat, Blindwühlen dagegen können bis zu 270 haben. Augen sind beim Wühlen in der Erde kaum nützlich, sie sind daher häufig mit Haut bedeckt. Dieser Verlust wird bei manchen Arten durch den Besitz je eines Fühlers im Mundwinkel ausgeglichen.

Blindwühlen bekommt man selten zu Gesicht, da sie nur nachts an die Erdoberfläche kommen, und wenn sie zufällig ausgegraben werden, hält man sie leicht für bunt gefärbte Regenwürmer. Aber im Gegensatz zu Regenwürmern, die von verrotteten Pflanzen leben, sind die Blindwühlen Fleischfresser. Sie haben Fänge wie ein Jagdhund. Wenn sie plötzlich ihr Maul sperrangelweit aufreißen, kann das erschreckend sein, falls man geglaubt hat, man hielte einen gewöhnlichen, harmlosen Regenwurm in der Hand.

Etwa 160 Blindwühlenarten und rund 300 Schwanzlurcharten sind bekannt. Doch die bei weitem größte Zahl der heute lebenden Amphibien gehören zu einer dritten Gruppe, den Anuren, den »Schwanzlosen«. Der für diese Gruppe gebräuchliche Name ist Froschlurch, und es gibt etwa 2600 Arten von ihnen.

Die Eroberung des Festlandes

In gemäßigten Klimazonen der Erde kommen zwei verschiedene Gruppen der Froschlurche vor: Tiere mit einer glatten und feuchten Haut, die Frösche, und Tiere mit einer trockneren warzigen Haut, die Kröten. Diese Unterscheidung ist indes nur oberflächlich.

In den Tropen, in denen die große Masse der Froschlurche lebt, ist die Unterscheidung nicht mehr so eindeutig, und es gibt Formen, die genauso als Frosch wie als Kröte angesprochen werden könnten. Statt ihre Körper zu verlängern wie die Blindwühlen, haben die Froschlurche sie verkürzt, und ihre Wirbel sind miteinander verschmolzen. Sie haben aber keineswegs ihre Beine verloren, sondern sie im Gegenteil enorm entwickelt, und einige sind erstaunliche Springer geworden. Der größte aller Frösche, der Goliathfrosch aus Westafrika, kann rund drei Meter weit springen. So beachtlich das auch ist, bringen kleinere Frösche eigentlich mehr zustande, wenn man ihre Sprünge nach der Körpergröße beurteilt. Einige auf Bäumen lebende Frösche segeln rund fünfzehn Meter durch die Luft – mehr als das Hundertfache ihrer eigenen Körperlänge. Die Schwimmhäute zwischen ihren Zehen sind gewaltig vergrößert, so daß jeder Fuß tatsächlich ein kleiner Fallschirm ist. Wenn der Forsch springt, werden die Schwimmhäute ausgebreitet, so daß er sanft landet, gewöhnlich auf einem anderen Baum. Der Sprung eines Frosches ist nicht nur eine Fortbewegungsart, sondern auch sehr geeignet, um einem Feind zu entkommen. Er springt so plötzlich und so überraschend, daß das Fröschefangen eine schwierige Angelegenheit ist, sowohl für den Menschen wie auch für einen hungrigen Vogel oder ein Reptil. Da Froschlurche mit ihren weichen Körpern ein sehr begehrtes Futter sind, müssen sie sich wehren, wie sie nur können. Viele verlassen sich auf Tarnung. Einige stimmen genau mit der Färbung der Blätter, auf denen sie sitzen, überein; andere tarnen sich mit braunen und grauen Tupfen, die sie in der Laubschicht auf dem Waldboden fast unsichtbar machen.

Andere Froschlurche verteidigen sich aktiv. Wenn die europäische Erdkröte einer Schlange begegnet, bläht sie sich auf und stellt sich auf die Zehenspitzen, wodurch sie plötzlich gewachsen zu sein scheint. Das bringt die meisten Schlangen offenbar aus der Fassung. Die Gelbbauchunke wirft sich, wenn sie erschreckt wird, auf den Rücken und zeigt ihre gelb-schwarz-gemusterte Bauchseite, eine Farbenzusammenstellung, die im Tierreich weithin als Warnfarbe gilt. Die Gelbbauchunke blufft aber nicht nur. Alle Amphibien haben Schleimdrüsen in der Haut, um mit diesem Schleim ihre Haut feucht zu halten. Einige dieser Drüsen in der Haut der Gelbbauchunke erzeugen ein bitter schmeckendes Gift. In Mittel- und Südamerika haben mindestens 20 verschiedene Froscharten dieses Verteidigungsmittel noch weiterentwickelt. Das Hautsekret, das sie abgeben, ist so giftig, daß es Vögel oder Affen augenblicklich lähmen kann. Für den einzelnen Frosch ist dieses Gift aber wertlos, wenn der Angreifer erst stirbt, nachdem er den Frosch gefressen hat. Deshalb haben sie sich sehr auffällige Farben zugelegt – nicht nur gelb und schwarz, sondern knallgrün und purpur.

Damit diese Schutzfarben ihre Wirkung voll entfalten können, müssen sie gesehen werden. Daher sind diese Frösche im Gegensatz zu den meisten anderen Arten nicht des Nachts, sondern am Tage aktiv, und in ihrer leuchtenden Warntracht ergehen sie sich unerschrocken und selbstsicher auf dem Waldboden.

Von Anbeginn ihrer Geschichte waren die Amphibien Jäger und erbeuteten Würmer und andere Wirbellose, die schon vor ihnen das Land besiedelt hatten. Sie sind es auch heute noch, obwohl größere und stärkere Jäger als sie erschienen sind und sie gezwun-

140

gen haben, vorsichtiger zu Werke zu gehen. Einige Amphibien sind aber immer noch furchterregend. Die südamerikanischen Hornfrösche haben ein so großes Maul, daß sie nestjunge Vögel und junge Mäuse verschlingen können. Dagegen können Amphibien gewiß nicht als besonders flink bezeichnet werden, und bei der Jagd müssen sie sich auf etwas anderes als Behendigkeit verlassen – auf ihre Zunge.

Die vorstreckbare Zunge ist eine Amphibienerfindung. Kein Fisch hat jemals eine derartige Zunge gehabt. Sie ist nicht wie unsere Zunge hinten im Mund befestigt, sondern vorn. Daher können Frösche und Kröten sie viel weiter herausstrecken als wir die unsere. Das ist eine sehr nützliche Eigenschaft für einen langsamen Jäger, der keinen Hals hat. Die Zungenspitze ist nicht nur klebrig, sondern auch muskulös, so daß eine Kröte einen Wurm oder eine Schnecke zuerst packen und dann als Ganzes in den Mund befördern kann.

Viele Amphibien, auch die Hornfrösche, haben wie ihre Vorfahren Reihen brauchbarer Zähne in den Kiefern. Sie benutzen sie aber nur zur Verteidigung oder zum Ergreifen der Beute. Sie zerkleinern ihre Nahrung nicht zu leicht schluckbaren Bissen oder um ungenießbare Teile zu entfernen. Kein Amphibium kann kauen. Das ist auch der Grund, warum Kröten, die einen Wurm gepackt haben, die an dessen Körper haftende Erde mit ihren Vorderbeinen entfernen. Die Zunge unterstützt den Schluckvorgang, indem sie größere Schleimmengen erzeugt, die die Nahrung schlüpfrig machen. Sie ist auch beim Nahrungstransport entlang des Mundbodens behilflich. Das scheinen auch die Augen zu tun. Alle Frösche kneifen beim Schlucken die Augen zu. Ihre Augenhöhlen haben keine knöcherne Auskleidung, so daß die Augäpfel, wenn die Augen halb geschlossen sind, in den Schädel gezogen werden und einen Vorsprung am Munddach bilden, der das Futter in die Kehle drückt.

Die Amphibienaugen sind von gleicher Bauart wie die ihrer Fischvorfahren. Optisch funktionieren sie ebenso gut im Wasser wie außerhalb. Die einzige Änderung, die nötig ist, damit die Augen in der Luft genauso gut brauchbar sind, besteht darin, daß ihre Oberfläche glatt und sauber gehalten werden muß. So entwickelten die Amphibien die Fähigkeit, das Auge zu schließen, und ein Häutchen, das über den Augapfel gezogen werden kann.

Die Vorrichtung, mit der Amphibien Schallwellen wahrnehmen können, ist völlig neu. Die Methode der Fische, Geräusche durch den Körper aufzunehmen, funktioniert in der Luft nicht zufriedenstellend. Die meisten Frösche und Kröten entwickelten deshalb Trommelfelle. Mit dem zunehmendem Hörvermögen bildete sich bei den Froschlurchen eine Stimme heraus. Frösche und Kröten sind höchst eindrucksvolle Sänger. Die Lungen, die die Luft für ihre Stimmbänder liefern, sind noch einfach und relativ schwach, aber viele Frösche verstärken den Klang ihrer Stimmen durch aufblasbare Kehlsäcke oder Schallblasen. Eine Froschversammlung, die in einem tropischen Sumpf quakt, kann einen derartigen Lärm erzeugen, daß ein Mensch schreien muß, um sich verständlich zu machen. Die Vielfalt der erzeugten Töne ist sehr groß und erstaunlich für denjenigen, der Frösche bisher nur im gemäßigten Klima gehört hat. Da gibt es ein Stöhnen, metallisches Klicken, Miauen und Wimmern. Wenn man in einem Sumpf steht und diesem erstaunlichen und betäubenden Chor lauscht, ist die Vorstellung verlockend, daß es Amphibienstimmen waren, die zuerst über dem Land erklangen – vorher war nur das Zirpen und Schwirren von Insekten zu hören. In den Jahrmillionen hat sich jedoch vieles verändert.

142

Der Amphibienchor ist der Auftakt zur Paarung und die Aufforderung an alle Angehörigen derselben Art, sich zu sammeln und sich fortzupflanzen. Die überwiegende Mehrheit der Amphibien paart sich immer noch im Wasser. Obwohl die Männchen gewöhnlich die Weibchen packen, erfolgt die Befruchtung mit wenigen Ausnahmen außerhalb des Körpers. Die Samen schwimmen wie Fischsamen zu den Eiern hin, und für diesen Vorgang ist Wasser normalerweise wichtig. Danach kehren die erwachsenen Tiere gewöhnlich aufs Land zurück.

Die zurückgelassenen Eier sind nun von vielen Gefahren bedroht. Von keiner Schale geschützt, sind sie für viele Insektenlarven und Plattwürmer eine leichte Beute. Auf diejenigen Larven, die bis zum Schlüpfen kommen, stürzen sich Wasserkäfer, Libellenlarven und alle möglichen Fische. Die Sterblichkeitsrate ist gewaltig, aber auch die Zahl der gelegten Eier ist riesig. Ein Krötenweibchen kann in jeder Laichzeit 20 000 Eier legen, während ihres ganzen Lebens vielleicht eine Viertelmillion. Nur zwei dieser Eier brauchen sich zu geschlechtsreifen Tieren zu entwickeln, um den Populationsstand zu erhalten. Diese Methode ist sehr alt. Die Fische wandten sie früher und auch heute noch an. Aber sie ist verschwenderisch und auch nicht die einzig mögliche.

Einige Frösche haben ein anderes Verfahren eingeführt. Sie legen vergleichsweise wenige Eier, kümmern sich aber um sie und schützen sie vor räuberischen Tieren. Die Wabenkröte verbringt ihr ganzes Leben im Wasser. Sie ist ein groteskes Geschöpf mit einem abgeplatteten Körper und einem zusammengedrückten Kopf. Wenn sich die Tiere paaren, ergreift das Männchen wie die meisten Froschlurche das Weibchen mit seinen Vorderbeinen. Aber dann folgt ein höchst ungewöhnliches und anmutiges Ballett. Das Weibchen schlägt mit den Beinen, und das Paar vollführt einen langsamen Salto aufwärts. Bei der Abwärtsbewegung gibt das Weibchen wenige Eier ab, die von dem gleichzeitig ausgestoßenen Samen befruchtet werden. Dann sammelt das Männchen mit den Hinterbeinen, deren Schwimmhäute von den Zehen wie ein Fächer gespreizt werden, die Eier auf und verteilt sie auf dem Rücken des Weibchens, wo sie haften bleiben. Dieses Verfahren wird mehrmals wiederholt, bis etwa 100 Eier gleichmäßig auf dem Rücken des Weibchens verteilt sind. Die Haut unter den Eiern beginnt dann anzuschwellen, und die Eier werden darin eingebettet. Ein Häutchen wächst darüber, und innerhalb von 30 Stunden sind die Eier dem Blick entzogen, und die Haut auf dem Rücken des Weibchens ist wieder glatt und unversehrt. Unter der Haut entwickeln sich die Eier. Nach 14 Tagen wird der ganze Rücken des Weibchens durch die auf ihm liegenden Kaulquappen in eine wogende Bewegung versetzt. Dann durchbrechen die Jungen nach 24 Tagen die Haut und schwimmen rasch davon, um sich gefahrlose Verstecke zu suchen.

Andere Froschlurche, die ebenfalls in Teichen leben, erreichen auf weniger ausgefallene Weise Sicherheit für ihren Nachwuchs. Einige suchen sich eigene, private Schwimmbecken oder stellen sie auch selbst her. Das ist im tropischen Regenwald nicht so schwierig, wo es das ganze Jahr über so stark regnet, daß sich in vielen Pflanzen wie in einer Zisterne ständig Wasser sammelt. Angehörige der Familie der Bromeliengewächse sind wie große Rosetten gestaltet, die mit Wasser gefüllt sind. Einige sind hochstämmig und wachsen auf dem Boden, andere auf den Ästen von Waldbäumen. Ihre Blattrosette wird damit zu einem Miniaturteich hoch oben im Baum. Kein Fisch könnte sie erreichen, aber Frösche können es, und verschiedene südamerikanische Froscharten haben sie zu ihrem ständigen Wohnsitz erkoren. Sie legen ihre Eier in die Rosetten, und

145

Baumsteigerpärchen legt seine Eier in ein Schaumnest, Liberia

dort machen die Jungen ihre ganze Entwicklung durch; ihren Teich teilen sie nur mit einigen harmlosen Insektenlarven. In Brasilien baut sich ein anderer kleiner Frosch eigene Teiche am Rande von Waldtümpeln. Er stellt einen Krater mit einem etwa zehn Zentimeter hohen Wall darum her. Die Eier werden dort abgelegt, und die Kaulquappen bleiben in ihrem eigenen Wasserbecken, bis Regenfälle den Wasserstand des Waldtümpels anheben und die Wälle ihres Kraters überflutet werden.

Als die ersten Amphibien erschienen, gab es einen verhältnismäßig sicheren Platz für ihre Eier und die Jungen – das Land. Zu dieser Zeit waren keine anderen Wirbeltiere da, die Eier stehlen und Junge fressen konnten. Es gab hier keine vergleichbaren Gefahren, wie sie ihnen im Wasser von Scharen hungriger Fische drohten. Wenn die Amphibien es bewerkstelligen könnten, ihre Eier außerhalb des Wassers abzulegen, hätten die Jungen gewiß viel größere Überlebenschancen gehabt. Aber wie sollten die Eier vor dem Austrocknen geschützt werden, und wie sollten sich die Kaulquappen außerhalb des Wassers entwickeln? Ob die vorzeitlichen Amphibien diese Schwierigkeiten überwinden konnten, wissen wir nicht. Wäre es ihnen gelungen, dann hätten die Amphibien das Land sicherlich schneller besiedelt. Heute ist es nicht mehr so reizvoll, sich an Land fortzupflanzen, da die Amphibien es nicht mehr für sich allein haben. Es gibt dort Reptilien, Vögel und sogar Säugetiere, die sich Amphibieneier und Kaulquappen schmecken lassen, wenn sie sie finden können. Dennoch halten es auch heute noch viele Frösche und Kröten für vorteilhaft, diese Methode zu befolgen.

Eine europäische Art, die Geburtshelferkröte verbringt den größten Teil ihres Lebens in Höhlen in der Nähe des Wassers. Die Paarung erfolgt an Land. Wenn die Eier abgelegt sind, werden sie vom Männchen befruchtet. Eine halbe Stunde später nimmt das Männchen die Eischnüre auf und wickelt sie sich um die Hinterbeine. In den nächsten Wochen schleppt es sie mit, wohin es auch geht. Wenn die Eier reif zum Schlüpfen sind, hüpft es zum Ufer des Teiches und taucht die Hinterbeine mit der Eierlast ins Wasser. Es bleibt hier etwa eine Stunde, bis alle Kaulquappen geschlüpft sind, und kehrt dann in seine Höhle zurück.

Die südamerikanischen Baumsteiger oder »Pfeilgiftfrösche« wandeln diese Technik etwas ab. Ihre Eier werden auch auf feuchtem Boden abgelegt, und das Männchen hält so lange Wache neben ihnen, bis die Kaulquappen schlüpfen und auf seinen Rücken krabbeln. Seine Haut sondert eine größere Menge Schleim ab, der die Jungen festhält und vor dem Austrocknen schützt. Sie haben keine Kiemen, sondern nehmen den Sauerstoff durch die Haut ihres Körpers und ihrer stark vergrößerten Schwänze auf.

In Afrika gibt es Frösche, die sich auf Bäumen fortpflanzen. Sie wählen hierzu über Teichen hängende Bäume aus. Sie paaren sich, und das Weibchen scheidet auf der Bauchseite eine Flüssigkeit aus, die es allein oder gemeinsam mit dem Männchen mit den Hinterbeinen zu Schaum schlägt. Die Eier werden dann in den entstandenen Schaumball abgelegt. Bei einigen Arten erhärtet die Oberfläche des Schaumes zu einer trockenen Kruste und bewahrt dadurch die Feuchtigkeit im Innern. Bei anderen Arten sucht das Weibchen regelmäßig das tieferliegende Gewässer auf, nimmt durch die Oberfläche seiner Haut Wasser auf und kehrt dann zu der Eiermasse zurück, die sie mit ihrem Urin anfeuchtet. Die Eier schlüpfen, und die jungen Kaulquappen entwickeln sich in dem Schaum, bis sich dessen unterer Teil verflüssigt und sie in das unter dem Baum liegende Gewässer fallen.

Andere Frösche brauchen die Kaulquappen nicht mit Wasser zu versorgen, denn sie bringen Nachwuchs hervor, der seine ganze Entwicklung im Innern der Eihüllen durchläuft. Das hat indes zur Folge, daß die Larven während der Entwicklung nicht wie freischwimmende Kaulquappen fressen können, sondern sich von besonders großen Dottermengen ernähren müssen. Das wiederum bedeutet, daß das Weibchen nur eine verhältnismäßig geringe Zahl von Eiern auf einmal legen kann. Die Antillen-Pfeiffrösche, die diese Methode anwenden, legen nur etwa ein Dutzend Eier, die sie auf dem Boden unterbringen. Die Entwicklung verläuft sehr schnell, und nach 20 Tagen enthält jedes Ei ein Fröschlein, das mit einem feinen Dorn an seiner Schnauzenspitze die Eihüllen durchsticht und also gar kein Wasser von außen gebraucht hat.

Die ausgefallensten und kompliziertesten Fortpflanzungsmethoden sind jene, bei denen die Eier und die sich entwickelnden Larven dadurch feucht gehalten werden, daß sie im Körper der Eltern bleiben. Das Weibchen eines südamerikanischen Beutelfroschs hat auf dem Rücken eine Bruttasche mit schlitzförmigem Eingang. Wenn das Paar zu laichen beginnt, klettert das kleinere Männchen auf den Rücken des Weibchens und umklammert seine Kehle. Das Weibchen streckt die Hinterbeine, so daß seine Nase abwärts zeigt und sein Rücken nach vorn geneigt ist. Die Eier treten nacheinander aus, werden vom Männchen befruchtet und rollen eine feuchte Rinne entlang in den Brutbeutel. Hier entwickeln sie sich und schlüpfen. Eine Beutelfroschart erzeugt rund 300 Junge auf einmal. Sie schlüpfen und gelangen als Kaulquappen ins Wasser. Eine andere Art hat nur rund 20 Junge, versorgt aber jedes mit einer größeren Dottermenge, und sie bleiben im Beutel, bis sie sich zu kleinen Fröschen entwickelt haben. Das Weibchen befreit sie daraus, indem es mit dem Hinterbein nach vorn langt, den längsten Zeh in den Beuteleingang steckt und zieht, bis die Öffnung so groß ist, daß die Jungen herausklettern können.

Die bizarrste all dieser Methoden, jedenfalls in unseren Augen, die wir für das Säugetierverfahren voreingenommen sind, wendet Rhinoderma an, ein kleiner Frosch, den Darwin in Süd-Chile fand und der bei uns Darwin-Nasenfrosch heißt. Wenn die Weibchen ihre Eier auf den feuchten Boden abgelegt haben, setzen sich die Männchen als Wachen ringsherum. Sobald sich die Keimlinge sichtbar in den Eiern zu bewegen beginnen, beugen sich die Männchen vor und fressen die Eier anscheinend. Aber statt sie herunterzuschlucken, nehmen sie sie in ihren Schallsack, der ungewöhnlich groß ist. Dort entwickeln sie sich, bis das Männchen eines Tages ein oder zweimal würgt, das Maul weit öffnet und ein voll entwickelter kleiner Frosch herausspringt.

Die höchste Vollkommenheit elterlicher Brutpflege bei Amphibien findet sich bei einer westafrikanischen Art von Nectophrynoides. Die Weibchen behalten ihre Jungen in einer Weise in ihrem Körper, die sich annähernd mit der Plazenta-Methode der Säugetiere vergleichen läßt. Diese Kröten sind nur etwa zwei Zentimeter lang. Während der meisten Zeit des Jahres leben sie versteckt in Felsspalten. Wenn die Regenzeit einsetzt, kommen sie scharenweise heraus und paaren sich. Das Männchen umklammert das Weibchen in der Kreuzbeinregion. Die Tiere pressen ihre Bauchseiten aneinander, und der Samen kann so in das Weibchen gelangen. Die befruchteten Eier werden nicht abgelegt, sondern verbleiben im Eileiter. Die Larven, die sich daraus entwickeln, sind fix und fertig mit Mund und Kiemen, und ernähren sich von kleinen weißen Flocken, die von der Wand des Eileiters abgegeben werden. Sie knabbern genauso daran, als wären sie freilebende Wesen in einem kleinen Teich. Wenn nach neun Monaten der Regen wieder einsetzt, erfolgt die Geburt. Die Eileiter des Weibchens haben keine Muskeln,

die sich wie die der Gebärmutter eines Säugetiers zusammenziehen und die Jungen austreiben können. Die Geburt wird statt dessen dadurch bewerkstelligt, daß sich das Weibchen mit den Beinen fest auf dem Boden abstemmt und die Lungen stark mit Luft füllt. Die Lungen dehnen sich dann bis in den Hinterleib aus, und durch den Luftdruck werden die Jungen hinausgepreßt.

Durch diese und viele andere einfallsreiche Mechanismen haben die Froschlurche ihre Abhängigkeit vom Wasser bei der Paarung, beim Schlüpfen und bei der Brutpflege auf ein Mindestmaß herabgesetzt. Ihre wasserdurchlässige Haut schreibt ihnen aber weiterhin einen feuchten Lebensraum vor, wenn sie dem Tod durch Austrocknen entgehen wollen. Doch ein oder zwei Arten gelang es sogar, auch dieses Erfordernis herabzusetzen. Kaum eine Umgebung könnte für Amphibien weniger günstig sein als die Wüsten Inneraustraliens, wo manchmal mehrere Jahre lang kein Regen fällt. Und trotzdem leben hier einige Froscharten. Der Wasserreservoirfrosch Cyclorana kommt nur während der kurzen und seltenen Regenfälle an die Erdoberfläche. Dann steht mehrere Tage lang Wasser auf den Felsen in der Wüste. Mit ungeheurer Eile laben sich die Frösche an den großen Insektenschwärmen, die ebenfalls mit dem Regen aufgetaucht sind. Die Frösche paaren sich und legen ihre Eier in kleine lauwarme Tümpel. Die Eier schlüpfen, und die Kaulquappen wachsen mit ungeheurer Geschwindigkeit heran. Während das Regenwasser versickert und die Wüste wieder trocken wird, nehmen die erwachsenen und die jungen Frösche durch die Haut Wasser auf, bis sie fast kugelig aufgetrieben sind. Dann graben sie sich tief in den weichen Sand ein und höhlen eine kleine Kammer aus. Hier erzeugt ihre Haut eine feine Hülle, so daß die Tiere an eine eingeschweißte Frucht aus einem Supermarkt erinnern. Diese Hülle verhindert sehr wirksam den Wasserverlust durch Verdunstung durch die Haut, wenngleich das Tier zweifellos etwas Feuchtigkeit mit der Atemluft verliert. Die Atmung erfolgt durch nahe an den Nasenlöchern gelegene Öffnungen der Hülle. Dieser Zustand herabgesetzter Lebensfunktionen kann mindestens zwei Jahre anhalten. Die Methode erinnert sehr stark an jene des weitläufigen alten Verwandten der Amphibien, des Lungenfisches.

Dennoch ist auch dieser Frosch darauf angewiesen, daß es manchmal regnet. Sein aktives Leben ist in Wirklichkeit auf jene kurze Zeit beschränkt, in der die Wüste naß ist. Um in Gegenden, in denen es wenig oder gar keinen Regen und überhaupt keine offenen Gewässer gibt, zu überleben, aktiv zu bleiben und sich fortzupflanzen, braucht ein Lebewesen nicht nur eine wasserdichte Haut, sondern auch wasserdichte Eier. Der Erwerb dieser beiden Merkmale stellte den nächsten großen Fortschritt in der Geschichte des Lebens dar. Er beendete die Ära der Amphibien und wurde durch die nächste große Gruppe, die dann erschien, eingeleitet, die Reptilien.

149

Wasserreservoirfrosch in seiner unterirdischen Kammer, Westaustralien

7 Die kaltblütigen Sieger

Wenn es einen Ort auf der Erde gibt, auf dem Reptilien vorherrschen, dann sind es die Galapagosinseln. Sie liegen isoliert in der Weite des Pazifischen Ozeans über 1000 Kilometer von der südamerikanischen Küste entfernt. Die Reptilien hatten die Inseln schon lange besiedelt, ehe vor 400 Jahren Menschen und andere Säugetiere dort hinkamen. Sie werden wohl als unfreiwillige Passagiere auf Treibholz und Pflanzenresten die großen amerikanischen Flüsse hinabgetrieben und in das Meer hinausgeschwemmt worden sein. Der Mensch hat mittlerweile viele Säugetiere auf Galapagos eingeführt – aber noch heute gibt es dort kleine abgelegene Inseln, auf deren Felsen ganze Scharen von Echsen liegen, wo Riesenschildkröten schwerfällig zwischen den Kakteen herumkriechen und bei der Landung dort das Gefühl vermitteln, man sei um 200 Millionen Jahre in eine Zeit zurückversetzt, in der diese Lebewesen den Gipfel der Evolution darstellten.

Die Galapagosinseln gruppieren sich um den Äquator. Ihr Ursprung ist vulkanisch. Die größeren Inseln erheben sich bis zu 3000 Meter Höhe, so hoch, daß es im Stau der Gebirge hier regnet; infolgedessen sind ihre Hänge dünn mit Kakteen und einzelnen trockenen Sträuchern bewachsen. Die kleineren jedoch sind weitgehend wasserlos. Ihre erloschenen Krater sind von erstarrter Lava umgeben, deren Oberfläche wellig ist durch die Strudel und Blasen, die sich bildeten, als der Vulkan ausbrach. Wenn hier einmal Regen fällt, läuft er an den Felsen herunter und versickert. Es gibt keine schattenspendenden Bäume oder Sträucher, nur einige dornenbesetzte Kakteen. Die schwarze, von der Sonne geröstete Lava ist so heiß, daß es weh tut, wenn man sie mit nackten Händen berührt. Amphibien würden hier innerhalb von Minuten schrumpfen und eingehen. Aber Leguane gedeihen hier – und das können sie, weil ihre Haut im Gegensatz zu der Amphibien wasserundurchlässig ist.

Es gibt zwei Arten von Leguanen auf den Inseln: die Landleguane, die im Buschwerk leben, und die marinen Leguane, von denen es auf den kahlen Lavaflächen an der Küste wimmelt. In der Sonne zu braten ist für diese Tiere keine Heimsuchung, die ertragen werden muß, sondern meistens eine Lebensnotwendigkeit. Die physiologischen Vorgänge im tierischen Körper sind wie alle chemischen Reaktionen sehr stark von der Temperatur abhängig. Je höher die Temperatur – innerhalb bestimmter Grenzen – ist, desto schneller laufen diese Vorgänge ab, und um so mehr Energie setzen sie frei. Weder Amphibien noch Reptilien erzeugen ihre Körpertemperatur innerlich. Sie nehmen sie aus ihrer Umwelt auf. Amphibien mit ihrer wasserdurchlässigen Haut dürfen sich deshalb nicht der direkten Sonneneinstrahlung aussetzen. Täten sie dies, träte schnell ein lebensbedrohlicher Wasserverlust durch Verdunstung an der Körperoberfläche ein. Amphibien müssen deshalb stets verhältnismäßig kühl und feucht bleiben.

Marine Leguane suchen Schutz vor der Sonne in einer Felsspalte, Galapagos

Die kaltblütigen Sieger

Reptilien kennen diese Probleme nicht. Die marinen Leguane richten ihren Tagesablauf so ein, daß ihre Körper immer der günstigsten Temperatur ausgesetzt sind. In der Morgendämmerung sammeln sie sich auf Lavarücken oder an der Ostseite von Felsblöcken. Jetzt liegen ihre Flanken breitseits zur aufgehenden Sonne und nehmen soviel Wärme wie möglich auf. Innerhalb etwa einer Stunde erreichen sie ihre Vorzugstemperatur und wenden nun den Kopf der Sonne zu. Ihre Seiten liegen jetzt fast im Schatten, und die Sonnenstrahlen treffen nur ihre Rückenkämme. Während die Sonne immer höher steigt, wächst die Gefahr der Überhitzung. Die Reptilienhaut hat zwar die hier entscheidende Eigenschaft, relativ wasserundurchlässig zu sein, aber sie hat keine Schweißdrüsen. Deshalb können sich die Leguane nicht abkühlen, indem sie Schweiß verdunsten lassen. Selbst wenn sie es könnten, wäre das keine brauchbare Methode in einer Umgebung, in der Wasser so knapp ist. Aber sie müssen eine Möglichkeit finden, die verhindert, daß sie in der eigenen Haut gesotten werden.

Abhilfe ist nicht leicht zu finden. So strecken sie ihre Beine und heben die Körper von den heißen schwarzen Felsen ab, um möglichst wenig Wärme von unten aufzunehmen. Dabei kann der Wind, falls er weht, ebenso über ihre Unterseite streichen wie über den Rücken. Die Leguane liegen dicht nebeneinander an den wenigen schattigen Stellen – in Felsspalten oder in engen Rinnen, die von der Brandung gekühlt werden. Das Meer selbst ist ungemütlich kalt, da der Humboldtstrom, in dem die Galapagosinseln liegen, direkt aus der Antarktis kommt. Die marinen Leguane müssen sich jedoch jeden Tag zum Fressen ins Meer wagen. Wie viele ihrer Verwandten auf dem südamerikanischen Festland sind sie Pflanzenfresser. Auf der Lava wachsen keine Pflanzen, aber im Meer gerade unter der Hochwassermarke gibt es ein reiches Weideland mit Grünalgen. So machen sie sich um die Mittagszeit, wenn ihre Bluttemperatur so hoch ist, wie sie es nur aushalten können, und die Gefahr eines Hitzschlages besteht, zu einem Bad im Meer auf. Sie stürzen sich in die Brandung, schwimmen kräftig und schlagen mit den Schwänzen wie riesige Molche. Einige hängen sich an die Felsen und weiden an der Wassergrenze Seetang und Algen ab. Andere schwimmen weiter hinaus und tauchen zur Nahrungsaufnahme auf den Meeresboden.

Jetzt haben sie ganz entgegengesetzte Bedürfnisse. Statt Wärme abzugeben, müssen sie diese nun möglichst lange erhalten. Das erleichtert ihnen ein komplizierter physiologischer Mechanismus: Sie können die Arterien nahe der Körperoberfläche zusammenziehen, so daß das zeitweilig nur im Körperinneren zirkulierende Blut länger warm bleibt. Kühlen die Tiere zu stark ab, dann fehlt ihnen die Kraft, durch die Brandung zu schwimmen oder der Gewalt der Wellen zu widerstehen, wenn sie sich an die Felsen klammern; sie würden zerschmettert werden. Nach wenigen Minuten nähert sich dieser Gefahrenpunkt. Die Körpertemperatur ist um etwa 10 °C gesunken, und die Leguane müssen zum Land zurückkehren.

Anschließend lagern sie sich auf Felsen und strecken alle viere von sich wie ein erschöpfter Schwimmer nach einem kalten Bad. Erst wenn ihre Körpertemperatur wieder gestiegen ist, können sie die Nahrung, die sie zu sich genommen haben, verdauen.

Wenn am späten Nachmittag die Sonne sinkt und von neuem die Gefahr der Unterkühlung besteht, sammeln sich die Tiere wieder auf den Felsgraten, um vor Sonnenuntergang noch möglichst viel Wärme zu speichern. Auf diese Weise halten die Leguane ihre Körpertemperatur meistens nahe bei 37 °C – genau der Temperatur des menschlichen Körpers. Einige Echsen regulieren ihre Körpertemperatur sogar noch 2 bis 3 °C höher. Der auf Reptilien so oft angewandte Begriff »Kaltblüter« ist deshalb sehr irreführend. Sie wären besser als exotherm zu bezeichnen, das heißt als Tiere, die ihre Wärme aus der Umgebung beziehen, im Gegensatz zu den endothermen wie Vögel und Säugetiere, die die Wärme selbst erzeugen. Der Begriff »wechselwarm« für die Reptilien weist auf die Abhängigkeit ihrer Körpertemperatur von der Außentemperatur hin.

Die Endothermie hat viele Vorteile. Sie ermöglicht die Entstehung von empfindlichen Organen, die durch Temperaturschwankungen geschädigt werden könnten. Sie erlaubt den endothermen Tieren, in der Nacht aktiv zu bleiben, wenn die wärmende Sonne verschwunden ist. Sie macht es sogar manchen Lebewesen möglich, in kalten Bereichen der Welt zu leben, in denen kein Reptil überleben könnte. Aber der für diese Vorteile zu zahlenden Preis ist hoch. Etwa 80% der Kalorien in unserer Nahrung werden z.B. benötigt, um unsere Körpertemperatur auf gleichbleibender Höhe zu halten. Die exothermen Reptilien, die ihre Körperwärme von der Sonne beziehen, können mit 10% der Nahrungsmenge eines Säugetieres vergleichbarer Größe auskommen. Infolgedessen können Reptilien in Wüsten leben, in denen Säugetiere verhungern würden. Die Meeresleguane gedeihen mit Nahrungsmengen, die kein Kaninchen am Leben erhalten könnten.

Die Reptilien überleben nicht nur an wasserlosen Orten, sie vermehren sich dort auch, so daß nicht nur ihre Körperoberfläche, sondern auch ihre Eier wasserundurchlässig sein müssen. Eine Drüse im unteren Teil des Eileiters scheidet eine pergamentartige Schale um das Ei ab. Da der Embryo atmen muß, muß die Schale leicht porös sein, damit Sauerstoff eindringen und Kohlendioxid austreten kann. Diese Schale hat indes Nach- wie Vorteile. Wenn sie dicht genug ist, um das Ei vor dem Austrocknen zu schützen, dann verhindert sie aber auch das Eindringen des Samens. Daher muß die Besamung vorher im Körper des Weibchens erfolgen, ehe das Ei abgelegt wird. Um dieses Problem zu lösen, ist das Männchen mit einem Penis ausgestattet.

Die Form dieses Organs ist bei den einzelnen Reptiliengruppen sehr unterschiedlich. Nur einem heute lebenden Reptil, der Tuatara, der neuseeländischen Brückenechse, fehlt der Penis.

Bei der Tuatara erfolgt die Begattung in einer Weise, die an das Verfahren von Salamandern und Fröschen erinnert. Männchen und Weibchen pressen ihre Geschlechtsöffnungen dicht aneinander, und der Samen des Männchens schwimmt aus eigener Kraft in den weiblichen Eileiter. Die Tuatara hat noch eine Eigenschaft, die an Amphibien erinnert. Sie ist sogar bei Temperaturen unter 7°C aktiv. Diese Temperatur ist viel niedriger als jede, die irgendeiner Echse oder Schlange zusagen würde. Sie scheint daher ein sehr primitives Kriechtier zu sein, und die Ausbildung ihres Schädels bestätigt das, denn er ähnelt in wichtigen Punkten demjenigen der ältesten bekannten Reptilienfossilien. Knochen eines praktisch identischen Lebewesens wurden in 200 Millionen Jahre altem Gestein gefunden. Wenn die Brückenechse auch vielleicht nicht auf die Zeit zurückgeht, in der sich die Reptilien von den Amphibien trennten, so doch zumindest auf ein frühes Stadium in ihrer Entwicklung, als die Reptilien zu Beginn ihres goldenen Zeitalters sich in einer gewaltigen Vielfalt von Formen weiter entwickelten.

Das vierfüßige, rauhhäutige, Eier legende exotherme Lebewesen paßte sich jetzt allen Lebensräumen dieser Welt mit Ausnahme der Polargebiete an. Einige, die Ichthyosaurier und die Plesiosaurier, lebten im Wasser, und ihre Beine wurden zu Paddeln umgebildet. Andere entwickelten verlängerte Zehen an den Vorderbeinen, die segelähnliche Lappen aus ledriger Haut trugen und eroberten als Pterosaurier die Luft. Das Land wurde von den Dinosauriern beherrscht.

Die reichhaltigsten Fundorte von Dinosaurierüberbleibseln liegen in den mittelwestlichen Staaten Nordamerikas. In Texas durchzieht der Paluxy-River, ein Nebenfluß des Brazos, in vielen Windungen eine Schicht von Schlammstein. Einst war das die Schlammzone einer Flußmündung. Eines Tages wanderten bei Ebbe einige Dinosaurier durch diese Bucht. Einer war ein großer Raubsaurier, ein fleischfressender Theropode, der aufrecht auf den Hinterbeinen ging. Die Spur seiner dreizehigen Fußabdrücke ist noch deutlicher an einer Seite des heutigen Flußes erhalten. Eine Furche dazwischen hatte der hin- und herschwingende Schwanz gegraben. Weiter stromabwärts hat der Fluß das darüberliegende Gestein stärker abgetragen und in derselben Schicht vier riesige runde Fußabdrücke von fast einem Meter Durchmesser freigelegt, die von einer der großen pflanzenfressenden Arten stammen. Da die Abdrücke vom Wasser überspült werden, kann man sich leicht einbilden, das Flußbett sei nicht steinig, sondern immer noch schlammig, und diese Riesen seien erst vor wenigen Stunden durch das Wasser gewatet.

Am Dinosaur National Monument ist um ein Gesteinsriff ein Museum gebaut worden. Hier wurden in einer einzigen vier Meter dicken Gesteinsschicht 14 verschiedene Saurierarten gefunden. Einige waren nicht größer als ein Huhn.

Andere waren die größten landlebenden Wesen, die die Welt jemals gesehen hat. 30 komplette Skelette wurden hier herausgeholt, aber die Knochen von vielen anderen sind noch nicht geborgen. Der Felsen, der jetzt das Gesteinsriff bildet, war einst eine Sandbank in der Mitte eines Flusses. Riesige verwesende Kadaver von Dinosauriern trieben flußabwärts, strandeten auf der Sandbank und wurden dort teils durch Fäulnis, teils durch kleinere Dinosaurier, die sich an dem Aas labten, zerstückelt. Alle langen Knochen, die der Gliedmaßen und Teile der Wirbelsäule, weisen in etwa dieselbe Richtung. Daraus kann man schließen, in welche Richtung der Fluß floß. Die gesamte Ablagerung scheint in nicht allzu langer Zeit erfolgt zu sein. Sie ist ein erstaunlicher Hinweis darauf, wie viele dieser Tiere es einst gab.

Warum wurden einige Arten so riesig? Dafür gibt es zumindest zwei mögliche Gründe. Die Zähne der größten wie des Apatosaurus (gewöhnlich Brontosaurus genannt, 25 Meter lang und mit einem Gewicht von vielleicht 30 Tonnen) lassen erkennen, daß es sich um Pflanzenfresser handelte. Die Pflanzen jenes Erdzeitalters, Farne und Palmfarne, hatten zähe faserige Wedel, die bestimmt schwer verdaulich waren. Apatosaurus und seine Verwandten hatten zwar zahlreiche, aber sehr einfache Zähne, keineswegs mit den leistungsfähigen Mahlzähnen heutiger Pflanzenfresser wie Kühe oder Antilopen zu vergleichen. Die Nahrung mußte also im Magen der Dinosaurier in Brei verwandelt werden. Es gibt Hinweise darauf, daß manche Arten Kiesel verschluckten, die als Mahlsteine in ihren Mägen wirkten, so wie noch heute, wenn auch in geringerem Ausmaß, manche Vögel in ihren Muskelmägen groben Sand verwenden. Aber in erster Linie mußten sie sich wohl auf die biochemische und bakteriologische Wirkung ihrer Verdauungssäfte verlassen haben. Jedenfalls nahm der Verdauungsvorgang wahrscheinlich viel Zeit in Anspruch. Der Magen der pflanzenfressenden Dinosaurier muß daher riesig gewesen sein, um als Vorratsbehälter zu dienen, in dem das Futter während des langsamen Abbaus aufbewahrt wurde. Ein großer Magen erfordert einen großen Körper, der ihn tragen kann. Fleischfressende Saurier wie Thyrannosaurus mußten dann ihrerseits

154

eine beträchtliche Größe haben, um auf die riesigen Pflanzenfresser Jagd machen zu können.

Der zweite Vorteil ihrer Größe hängt für die Dinosaurier mit dem Problem aller Reptilien zusammen, der Temperaturkontrolle. Je größer ein Körper ist, um so länger kann er Wärme speichern und um so unempfindlicher ist er gegenüber kurzfristigen Temperaturveränderungen seiner Umgebung. Da ihre Kost nur einen geringen Nährwert hatte, mußten die Pflanzenfresser viel und lange fressen. Deshalb wird eine Unempfindlichkeit gegen geringe Temperaturschwankungen sehr nützlich für sie gewesen sein.

Die Temperaturkontrolle könnte auch die ungewöhnliche Körperform mancher Arten erklären. Der Stegosaurus hatte auf seinem Rücken eine Doppelreihe rautenförmiger Platten. Früher hatte man angenommen, das wären Panzer. Nähere Untersuchungen der Knochenoberflächen ergaben indes, daß jede Platte bei lebenden Tieren mit einer von vielen Blutgefäßen durchzogenen Haut bedeckt war. Diese Tiere haben vielleicht ihre Körpertemperatur auf ähnliche Weise reguliert wie die heutigen marinen Leguane. Wenn sie breitseits zur Sonne standen, heizte sich ihr Blut in den Platten schnell auf. Wendeten sie den Kopf der Sonne zu und wehte auch nur ein wenig Wind, waren die Platten wirksame Kühler.

Die Knochen vieler kleiner Dinosaurier lassen erkennen, daß die Tiere sich zumindest gelegentlich sehr schnell bewegen konnten. Daraus können wir schließen, daß ihre Körpertemperatur wenigstens zeitweise hoch gewesen sein muß.

Vielleicht vermochten viele von ihnen in ihrem Körper Wärme zu erzeugen. In welchem Ausmaß sie die Körpertemperatur innerhalb einiger Grade stets konstant zu halten vermochten, ist eine viel diskutierte Frage. Die heute lebenden endothermen Tiere haben alle eine Wärmeisolierungsschicht über oder direkt unter der Haut – Haare, Federn oder Fett. Ohne sie wäre ihr Energiebedarf enorm hoch. Keines der heutigen Reptilien hat eine derartige Isolierschicht; auch gibt es kaum einen Hinweis darauf, daß die Dinosaurier Haare gehabt haben könnten.

Probleme der Temperaturregulierung könnten das Ende der Dinosaurierherrschaft herbeigeführt haben. Wie sie zugrunde gingen, ist mit anschaulicher Deutlichkeit in den Montana Badlands erkennbar. Hier sind horizontale Schichten von Sand und Schlammstein, die vor 60–70 Millionen Jahren abgelagert wurden, durch schmelzenden Schnee im Winter und heftige Sommergewitter zu einem Gewirr von Zinnen, Spitzkuppen und Rinnen zerschnitten und ausgehöhlt worden. Auf den streifigen Hängen der zerbröckelnden Felsen markieren Rinnsale brauner Bruchstücke die Stellen, an denen fossile Knochen auswittern. Darunter befinden sich Überreste von Triceratops, einem riesigen gehörnten Dinosaurier. Er erreichte eine Länge von etwa acht Metern und ein Gewicht von neun Tonnen. Sein gewaltiger Schädel trug drei Hörner. Sein Nacken wurde durch eine knöcherne Halskrause am Hinterkopf geschützt. Er war Vegetarier und ernährte sich von Palmfarnen im Sumpf. Sein Gehirn, eines der größten der Dinosaurier, wog ungefähr ein Kilogramm. Wahrscheinlich war er nicht nur riesig groß und kräftig, sondern auch, verglichen mit den anderen Lebewesen dieser Zeit, relativ intelligent. Aber auch das rettete ihn nicht.

Direkt über der Schicht, in der in allerletzter Zeit Knochen gefunden wurden, zieht eine dünne Kohleschicht eine deutliche schwarze Linie, die sich von Felswand zu Felswand durch ganz Montana über die kanadische Grenze hinweg bis nach Alberta verfolgen läßt. Sie muß ein kurzlebiges, aber ausgedehntes sumpfiges Waldgebiet bedeuten und zeigt das Ende der Dinosaurier an. Unmittelbar unter dieser Linie findet man nicht nur die Überreste von Triceratops, sondern auch von rund zehn weiteren Dinosaurierarten, doch über ihr keine.

Es gibt viele Vermutungen darüber, warum die Dinosaurier ausgestorben sind. Die radikalsten gehen von einer Art Weltkatastrophe aus. Sie können ausgeklammert werden, denn schließlich gingen nur die Dinosaurier zugrunde und nicht das ganze Tierreich – nicht einmal alle Reptilien. Nach einer anderen Theorie hätten die Säugetiere, die sich damals auszubreiten begannen, den Dinosauriern das Futter streitig gemacht und seien vielleicht dank ihrer höheren Intelligenz so erfolgreich gewesen, daß die Dinosaurier verdrängt und ausgerottet wurden. Die Fossilienlagerstätten von Montana zeigen, warum das nicht so gewesen sein kann. Hier fand man nicht nur riesige, sondern auch sehr kleine Knochen, die so winzig sind, daß man sie mit bloßem Auge kaum finden kann. Zum Glück kommt dem Fossiliensammler hier eine Ameisenart zu Hilfe. Sie baut über ihren Nestern niedrige glatte Erdhügel, die sie mit sorgfältig ausgesuchten Kiesstückchen in einer bestimmten Größe abdeckt. Betrachtet man diese Stückchen genauer, erkennt man, daß es sich nicht um Steinchen, sondern um winzige, konisch geformte Zähne handelt. Sie gehörten einem spitzmausähnlichen Wesen, einem der allerersten Säugetiere, das nur wenige Zentimeter lang war. Säugetiere gab es zwar seit vielen Millionen Jahren, aber nichts deutet auf eine größere Art hin, die zur selben Zeit wie die Dinosaurier lebte. Es mag sein, daß ein solches kleines Tier Jagd auf Dinosauriereier machte, doch ist es höchst unwahrscheinlich, daß es das intensiv genug besorgte, um dadurch eine Art oder die ganze Dinosauriergruppe auszurotten. Es ist auch kaum anzunehmen, daß diese Tiere den Dinosauriern das Futter raubten oder sie irgendwie mit ihrer höheren Intelligenz ausmanövrierten.

Die Montana Badlands liefern eine andere und überzeugendere Erklärung. In Lagerstätten wenig oberhalb der letzten Kohlenmarkierung finden sich einige sehr gut erhaltene Fossilien von Baumstümpfen. Triceratops und andere Dinosaurier lebten in Wäldern, in denen Farne und Palmfarne wuchsen. Die Baumstümpfe gehörten aber zu einem ganz anderen Baum, der Sequoia, dem Mammutbaum. Heute und fast gewiß auch damals zog der Mammutbaum ein kühles Klima vor. Sein Vorkommen hier ist nur ein Beweis unter vielen, daß sich vor rund 63 Millionen Jahren eine Klimaveränderung auf der Erde vollzog. Etwa zu gleicher Zeit verschwanden die Dinosaurier. Es wurde kälter.

Das könnte die Dinosaurier sehr wohl umgebracht haben. Ein großer Körper hält zwar die Wärme lange Zeit, aber er braucht auch lange, um sie wiederzugewinnen, wenn er sie verloren hat. Selbst wenn einige Dinosaurier die Fähigkeit hatten, in gewissem Umfang Wärme selbst zu erzeugen, könnte eine Reihe bitterkalter Nächte einem großen Dinosaurier die Wärme unwiederbringlich entzogen haben. Mit dem stark unterkühlten Körper hätte er nicht mehr genügend Energie aufbringen können, um sich zum Grasen aufzuraffen. So können eine ständige Abkühlung des Klimas und die zunehmende Ausprägung von Jahreszeiten mit strengen Wintern, wie es sie jetzt in Montana gibt, zum Aussterben der großen Pflanzenfresser geführt haben. Mit ihnen verschwanden die Fleischfresser, die auf sie Jagd machten und daher auf sie angewiesen waren. Die auf ihren Felsen kauernden Flugsaurier waren wohl noch schwerer in Mitleidenschaft gezogen. Ichthyo- und Plesiosaurier wurden von dieser Krise nicht mehr betroffen, sie waren bereits viele Millionen Jahre früher ausgestorben.

Es gab zwei Möglichkeiten, dieser zunehmenden Kälte zu entfliehen, die beide von

Ein Krokodil transportiert Junge, Südafrika

verschiedenen heute lebenden Reptilien ausgenutzt werden. Die eine ist, daß sich die Tiere in einer Felsspalte verbergen oder sich so eingraben, daß sie vor dem stärksten Frost geschützt sind, um dann in einer Art von Scheintod zu überwintern. Aber diese Möglichkeit bestand nur für kleine Tiere. Weder ein Apatosaurus noch ein Tyrannosaurus konnte diesen Weg beschreiten. Die andere Möglichkeit war, ins Wasser zu gehen. Da Wasser die Temperatur viel länger hält als die Luft, ist die Auswirkung einer plötzlichen Abkühlung viel geringer, und die Folgen einer langen kalten Jahreszeit kann man vermeiden, wenn man in wärmere Breiten schwimmt. Dieser Weg stand großen Tieren offen. Es ist nicht unwichtig, daß die drei Haupttypen der Reptilien, die aus den Zeiten der Dinosaurier überlebten – Krokodile, Echsen und Schildkröten – sich den einen oder anderen dieser Auswege zunutze machen.

Die Krokodile sind die größten aller lebenden Reptilien. Die Männchen der großen im Meer vorkommenden Arten, die in Südostasien leben, sollen eine Länge von mehr als sechs Metern erreichen. Fossile Krokodile fanden sich in den Gesteinen etwa aus derselben Zeit wie Dinosaurier, und Arten, die den heutigen Riesentieren sehr ähnlich waren, lebten gleichzeitig mit Apatosaurus und ernährten sich zweifellos von antilopengroßen Dinosauriern. Sollte jemand glauben, in dieser von Dinosauriern beherrschten Welt hätte es nur kleinhirnige, ungeschickt herumtappende Tiere gegeben, und beobachtet er dann in Freiheit lebende Krokodile, wird er rasch erkennen, wie falsch dies Bild ist.

Das Nilkrokodil verbringt seine Zeit vorwiegend mit Sonnenbädern auf Sandbänken und hält eine gleichmäßige Körpertemperatur in ähnlicher Weise aufrecht wie die Galapagosleguane. Das Problem ist für das Krokodil jedoch nicht so brennend wie für die Leguane. Da es viel größer ist, wird es von kurzfristigen Veränderungen weniger betroffen. Außerdem bedient es sich einer zusätzlichen Kühlungstechnik. Es öffnet sein Maul und läßt es offenstehen, so daß die Luft über die Haut, die dort viel dünner ist als am Körper, streichen kann. Nachts hält es sich im warmen Wasser des Flusses auf. Obwohl Krokodile über lange Zeit inaktiv sind, können sie notfalls sehr schnell rennen. Neuere Untersuchungen haben gezeigt, daß ihr Sozialleben komplizierter ist, als man bisher annahm. Die Männchen errichten ein Brutrevier, eine Wasserfläche dicht am Ufer, die sie ständig überwachen. Sie brüllen und kämpfen gegen andere Männchen, die ihnen ihr Revier streitig machen. Die Werbung um das Weibchen findet im Wasser statt. Wenn sich das Weibchen nähert, gerät das Männchen in starke Erregung. Sein Gebrüll wird so intensiv, daß seine Flanken vibrieren und Gischtschauer aufwirbeln. Es schlägt mit dem Schwanz und klappt die Kiefer wie wild auf und zu. Die eigentliche Paarung dauert nur wenige Minuten, während das Männchen das Weibchen mit den Kiefern packt und ihre Schwänze sich verschlingen.

Das Weibchen gräbt weit über der Wasserlinie ein Loch an einer Stelle, die es vielleicht Zeit seines Lebens benutzt. Es legt die Eier in der Nacht, ca. 40 Stück in mehreren Portionen. Wie tief es die Eier eingräbt, ist unterschiedlich je nach der Art des Bodens, aber immer tief genug, damit die Temperatur um nicht mehr als 3 °C schwankt. Die Löcher werden nie an Stellen angelegt, die tagsüber dem vollen Sonnenschein ausgesetzt sind. Andere Arten gehen sogar noch weiter, um sicherzustellen, daß ihre Eier eine gleichbleibende Temperatur vorfinden. Die Salzwasserkrokodile bauen einen Hügel aus Pflanzen als Nest und sprühen Harn darüber, wenn die Temperatur zu sehr ansteigt. Der amerikanische Alligator häuft ebenfalls Pflanzen auf, das Weibchen legt sein Ei

hinein und dreht es in regelmäßigen Abständen um, damit es von unten genügend Feuchtigkeit und die gleichmäßige Wärme des verrottenden Laubes erhält. Bei der Brutpflege ist das Verhalten der Krokodile höchst kompliziert und erstaunlich. Kurz ehe das junge Nilkrokodil aus dem Ei schlüpft, beginnt es Pfeiftöne von sich zu geben, die so laut sind, daß man sie durch Schale und Sand hindurch aus mehreren Metern Entfernung hören kann. Das Weibchen reagiert darauf, indem es anfängt, den die Eier bedeckenden Sand wegzuscharren. Wenn die Jungen nach dem Schlüpfen durch den Sand krabbeln, packt das Weibchen sie mit den Kiefern. Es benutzt die großen Zähne dabei so sanft und vorsichtig wie Pinzetten. Am Grunde des weiblichen Maules hat sich eine besondere Tasche gebildet, in der das Weibchen ein halbes Dutzend Krokodilbabies aufbewahren kann. Wenn die Tasche voll ist, geht das Weibchen zum Wasser und schwimmt los. Das Maul ist halb geöffnet, und die Jungen pfeifen und blicken zwischen den Zähnen hindurch nach draußen. Das Männchen hilft, und in kurzer Zeit sind alle Jungen in eine Kinderstube im Sumpf gebracht worden. Dort bleiben sie ein paar Monate, verstecken sich in kleinen Höhlungen am Ufer und jagen Frösche und Fische, während ihre Eltern im Wasser nahebei faulenzen und Wache halten. Es läßt sich unschwer vorstellen, daß auch die Dinosaurier ähnlich komplizierte Formen der Werbung und Brutfürsorge hatten.

Die Vorfahren der Schildkröten stammen aus ebenso alter Zeit wie die der Krokodile. Schon früh in ihrer Geschichte sorgten die Schildkröten für ihren Schutz. Die Krokodile hatten ihre Haut mit schmalen Knochen unter den Rückenschuppen verstärkt. Die Schildkröten ergriffen noch radikalere Maßnahmen. Sie vergrößerten die Schuppen zu Hornplatten und verstärkten sie von innen durch Knochen, so daß ihr Körper von einem praktisch unangreifbaren Panzer eingeschlossen wurde, in den sie bei Gefahr auch Kopf und Beine einziehen konnten. Das ist der bei weitem wirksamste Schutz eines Wirbeltieres. Er hat den Schildkröten gewiß gut gedient, denn sie haben ihn bis heute praktisch unverändert behalten. Die einzige größere Veränderung dieses Grundmusters wurde schon früh in ihrer Geschichte vorgenommen. Eine Gruppe begab sich ins Meer und wurde zu Seeschildkröten. Das war ein logischer Schritt für ein Wesen mit einem schweren Panzer, der die Bewegung am Land sehr mühsam und kräftezehrend machte. Doch eine ihrer neu erworbenen Reptilieneigenschaften verhinderte, daß sie dort ganz zu Hause waren. Die Schale ihrer Eier, die es ihren Vorfahren ermöglicht hatte, sich vom Wasser unabhängig zu machen, war im Wasser unbrauchbar. Die Membran unter der Schale, durch die der Embryo durch die Poren der Schale atmen kann, funktioniert nur in der Luft. Im Wasser versagt dieses System, und das Junge würde in der Schale ertrinken. So muß die weibliche Seeschildkröte während der Brutperiode das offene Meer verlassen und Küstengewässer aufsuchen. Eines Nachts schleppt sie sich dann mühsam auf einen sandigen Strand, gräbt ein Loch und legt Eier – genau wie ihre an Land lebenden Verwandten.

Die dritte Gruppe der überlebenden Reptilien, die Echsen, ist heute viel artenreicher als die der Krokodile und Schildkröten. Die Echsen haben sich auch gegenüber ihren Vorfahren viel stärker verändert. Es gibt heute viele verschiedene Familien: Leguane, Chamäleons, Skinke, Warane und andere. Sie alle haben ihre unschätzbare wasserundurchlässige Haut durch Schuppen geschützt. Die australische Tannenzapfenechse hat glänzende dicke Schuppen, die, wie ihr Name andeutet, so gleichmäßig wie bei einem Tannenzapfen sind. Das Gilatier aus Mexiko ist mit schwarzen und rosa Schuppen be-

deckt, die wie Perlen aussehen. Der afrikanische Riesengürtelschweif hat lange dornige Schuppen. Die Schuppen, die unseren Fingernägeln gleichen, bestehen aus totem, hornigem Material und nutzen sich allmählich ab. Die Echsen müssen sie deshalb ersetzen, oft mehrmals in einem Jahr. Ein neuer Satz wächst unter den alten Schuppen, die dann abgestoßen werden.

Schuppen reagieren offenbar schneller auf die Erfordernisse der Evolution als Knochen und dienen den Echsen auf mancherlei Weise, abgesehen vom bloßen Schutz gegen Verschleiß. Die marinen Leguane haben entlang ihrer Wirbelsäule einen Kamm langer Schuppen, so daß die Männchen bei ihren Revierkämpfen besonders groß und schrecklich aussehen. Einige Chamäleonarten haben auf dem Kopf Schuppen, die in einfache, doppelte, dreifache und sogar vierfache Hörner ausgezogen sind. Beim Wüstenteufel, einer kleinen hochspezialisierten Echse aus der mittelaustralischen Wüste, die ausschließlich von Ameisen lebt, ist jede Schuppe vergrößert und in der Mitte zu einer kleinen Spitze ausgezogen. Wenige Vögel könnten einen so dornigen Happen mit Behagen genießen, und insofern müssen diese Schuppen ein guter Schutz sein. Aber die Form der Schuppen dient noch einem anderen, höchst ungewöhnlichen Zweck. Jede Schuppe ist mit radiär verlaufenden feinen Rillen versehen, die von der Spitze ausgehen. In kalten Nächten schlägt sich dort der Tau nieder, rinnt hinab und gelangt schließlich in die Mundöffnung der kleinen Tiere. Die wohl höchstspezialisierten Schuppen haben die Geckos. Diese kleinen Bewohner warmer Gebiete können Wände erklimmen, mit dem Kopf nach unten an Zimmerdecken entlanglaufen und sich sogar an senkrechten Glasscheiben festhalten. Und all das geschieht mit solcher Leichtigkeit, daß man glauben könnte, die Tiere saugten sich fest. Aber ihre Schuppen vollbringen den Trick. Diejenigen an der Unterseite ihrer Zehen tragen Polster, die von einer überaus großen Zahl mikroskopisch feiner Haare gebildet werden. Das einzelne Haar ist so fein, daß es nur im Elektronenmikroskop zu erkennen ist. Bei festem Druck verbindet es sich mit der kleinsten Unebenheit, sogar solchen, die an der Oberfläche von Glasscheiben vorkommen. Die Masse von Haaren im Polster verleiht dem Gecko Halt.

Im Laufe der Entwicklung haben die Echsen ähnlich wie die Salamander der Neuen Welt offenbar dazu geneigt, ihre Beine zu verlieren. Mehrere heutige Skinke lassen verschiedene Stadien dieses Vorganges erkennen. Australische Formen wie die Blauzungen der Gattung Tiliqua oder auch die Tannenzapfenechse haben bestenfalls winzige Beine, die kaum stark oder groß genug sind, um die stämmigen Körper vom Boden abzuheben. Die europäische Blindschleiche hat überhaupt keine Beine, obwohl sie im Innern noch Reste von Schulter- und Hüftknochen hat. Die Schlangen-Gürtelechsen Südafrikas zeigen innerhalb einer einzigen Gattung viele Zwischenstadien der Beinrückbildung. Eine Art hat alle vier Beine, jedes mit fünf Zehen; eine andere hat sehr kleine Gliedmaßen mit nur zwei voll entwickelten Zehen an jedem Bein. Eine dritte Art hat Hinterbeine mit je einem Zeh und überhaupt keine äußerlich sichtbaren Vorderbeine.

Vor hundert Millionen Jahren fand dieser Prozeß bei einer Gruppe von Echsenvorfahren statt. Das Auftreten von Schlangen war die Folge.

Wer diese Vorfahren eigentlich waren, ist immer noch eine umstrittene Frage. Der Verlust ihrer Beine scheint jedoch mit einer grabenden Lebensweise zusammenzuhängen. Es gibt zahlreiche Hinweise darauf, daß die Vorfahren der Schlangen einst im Boden gelebt haben. Dort kann das empfindliche Trommelfell der Ohren leicht geschädigt

Skink mit verkümmerten Vorderbeinen, Ostafrika

werden, und Gehör ist da sowieso nicht von großem Wert. Deshalb neigen Tiere mit grabender Lebensweise dazu, die Ohren zu verlieren. Keine Schlange hat ein Trommelfell, und der Knochen, der bei anderen Reptilien die Schwingungen des Trommelfells überträgt, ist statt dessen mit dem Unterkiefer verbunden. So können die Schlangen praktisch keinen Schall, der durch die Luft übertragen wird, wahrnehmen, wohl aber Schwingungen, etwa durch einen Fußtritt, die im Boden weitergeleitet werden.

Nach Meinung einiger Forscher liefern die Augen der Schlangen weitere Hinweise. Sie unterscheiden sich im Bau erheblich von den Augen anderer Reptilien. Wenn die Vorfahren der Schlangen im Boden wühlten, mußten ihre Augen, wie die anderer grabender Tiere, zur Rückbildung neigen. Wenn diese Tiere aber, ehe sie die Augen völlig verloren hatten, zu einer Lebensweise über der Erde zurückkehrten, brauchten sie ihr Sehvermögen erneut. Die Überreste der Augen hätten sich wieder entwickeln müssen. Das wäre der Grund, warum Schlangenaugen einen Bau haben, der nur ihnen eigentümlich ist. Diese Erklärung ist sehr überzeugend, aber nicht allgemein anerkannt.

Niemand bezweifelt indes, daß die Schlangen einst Beine hatten. In der Tat hat eine ganze Gruppe von ihnen, die Pythons und Boas, noch immer Reste von Hüftknochen. Äußere Anzeichen sind die Aftersporen auf jeder Seite der Kloakenöffnung. Auf der Erde mußten die beinlosen Schlangen neue Fortbewegungsweisen entwickeln. Sie spannen ihre Seitenmuskulatur abwechselnd an, so daß der Körper in eine Reihe S-förmiger Kurven gezogen wird. Da die Kontraktionen in Wellen am Körper entlanglaufen, werden die Körperseiten gegen Hindernisse auf dem Boden wie Steine oder Pflanzenstengel gepreßt, und die Schlange kann sich auf diese Weise vorwärts schieben. Kurzum: sie schlängelt sich. Wird eine Schlange auf eine glatte Fläche ohne Unebenheiten, die einen Angriffspunkt darstellen, gesetzt, versagt diese Technik, und die Schlange windet sich hilflos.

Mehrere Schlangenarten, die in Sandwüsten leben, haben die geschilderte Technik abgewandelt und führen ihre Bewegungen mit einer Geschwindigkeit aus, die den Beobachter verwirrt. Diese schwer zu beschreibende Bewegung wird als Seitenwinden bezeichnet. Der Körper der Schlange ist auch hier S-förmig gekrümmt, berührt den Boden aber nur an zwei Stellen, die sehr schnell den Körper entlangwandern. Die Bewegung beginnt hinter dem Kopf. Die Schlange hebt den Kopf, und der Körper krümmt sich an der den Boden berührenden Stelle zu einer Biegung. Durch Muskelkontraktionen wandert die Biegung ganz schnell den Körper entlang und bleibt mit dem Boden in Berührung, während Kopf und Vorderteil erhoben sind. Wenn die Welle bis zur Hälfte des Körpers gewandert ist, senkt sich der Nacken. Sowie er den Boden berührt, beginnt eine neue Welle. Das Ergebnis von alledem ist, daß die Schlange sehr schnell vorwärts kommt und eine Reihe stabförmiger paralleler Spuren zurückläßt, die in einem Winkel von 45° zu ihrer Fortbewegungsrichtung stehen.

Wenn eine Schlange jagt, ist es oft sehr wichtig für sie, sich ihrem Opfer mit einem Minimum an Bewegungen zu nähern, um seine Aufmerksamkeit nicht zu erregen. Die Schlange liegt mit gestrecktem Körper auf der Erde und zielt direkt auf ihre Beute. Die Schuppen auf ihrer Unterseite sind wie schmale Rechtecke geformt und überlappen einander mit ihren freien Kanten an der Hinterseite.

Durch Kontraktionen der Bauchmuskulatur kann die Schlange die Schuppen gruppenweise aufstellen und nach vorn richten. Die Hinterkanten der Schuppen greifen in den Boden, und da die Kontraktionen in Wellen nach hinten über den Körper verlau-

167

fen, kommt die Schlange zügig und geräuschlos ohne jede Seitwärtsbewegung voran.

Wenn die Vorfahren der Schlangen tatsächlich eine Zeitlang im Boden gelebt haben, muß ihre Beute klein gewesen sein und dürfte sich auf Wirbellose wie Würmer oder Termiten beschränkt haben. Allenfalls könnten sie grabendlebende spitzmausähnliche Säugetiere gefressen haben. Als die Schlangen aus dem Untergrund kamen, nachdem die Säugetiere begonnen hatten, die Gestalten anzunehmen, die wir heute kennen, hatten sie eine viel größere Auswahl. Vielleicht hatte gerade das sie verlockt, wieder an die Erdoberfläche zu kommen. Einige Boas und Pythons erreichen jetzt eine derartige Länge, daß sie so große Tiere wie Ziegen oder Antilopen angreifen können. Haben sie ihre Beute mit dem Maul gepackt, umschlingen sie sie und verengen ihre Windungen, bis das Opfer seinen Brustkorb nicht mehr zum Atmen ausdehnen kann. Es stirbt eher durch Ersticken als durch Brüche. Die Schlange zieht dann die mit den nach hinten gerichteten Zähnen gepackte Beute durch Bewegungen der locker miteinander verbundenen Kiefer in sich hinein. Der Schluckvorgang kann mehrere Stunden dauern. Die Schlange schwillt dabei stark an und wird unbeweglich.

Höher entwickelte Schlangen töten nicht durch Einschnüren, sondern durch Gift. Bei einer Gruppe, den Trugnattern, liegen die Giftzähne hinten am Oberkiefer. Die Giftdrüsen befinden sich über diesen Zähnen, und das Gift tröpfelt einfach in Furchen dieser Zähne herab. Wenn eine Trugnatter ihr Opfer gebissen hat, muß sie es festhalten, die Kiefer hin- und herbewegen und schlingen, bis die Giftzähne und damit das Gift in die Beute eingedrungen sind.

Noch höher entwickelte Schlangen wenden weiter verfeinerte Tötungsmethoden an. Ihre Giftzähne sitzen vorn im Oberkiefer und haben einen Kanal, durch den das Gift fließt. Kobras, Mambas und Seeschlangen haben kurze, unbewegliche Giftzähne, aber die der Vipern sind so lang, daß sie meistens zurückgelegt werden müssen. Bei geschlossenem Maul liegen sie am Gaumen an. Wenn die Schlange ihr Opfer schlägt, öffnet sie das Maul weit. Ein Knochen, der die Giftzähne trägt, dreht sich und bringt sie herunter und nach vorn, so daß sie sich sofort in das Opfer bohren. Da fließt das Gift durch die Zähne wie ein Serum durch eine Injektionsnadel.

Die Schlangen waren die letzte der großen Reptiliengruppen, die erschien, und die am höchsten entwickelten unter ihnen sind die Grubenottern. Zu dieser Gruppe gehören die Klapperschlangen aus Mexiko und dem Südwesten der Vereinigten Staaten. Sie veranschaulichen die Vollkommenheit, die der Reptilienbauplan erreichen kann.

Wie viele andere Schlangen und einige Fische und Amphibien vor ihnen, sorgen die Klapperschlangen für einen optimalen Schutz ihrer Eier, indem sie sie im Körper behalten. Die Neuerwerbung der Reptilien, die Eischale, bildet sich zu einer dünnen Haut zurück, so daß der im Eileiter liegende Embryo sich nicht nur von Eidotter ernährt. Eng an die Wand des Eileiters gepreßt, entnimmt er Nahrungsstoffe auch aus dem eindringenden mütterlichen Blut. Dieser Prozeß gleicht im wesentlichen dem der Säugetiere, bei denen sich ein Mutterkuchen ausbildet.

Die Klapperschlange überläßt ihr Junges auch nicht seinem Schicksal, wenn es voll entwickelt die Kloake verläßt. Sie behütet es und verscheucht Störenfriede durch das Geräusch ihrer Rassel.

Jedesmal, wenn sich die Klapperschlange häutet, bleibt eine hohle Schuppe an ihrem Schwanzende zurück, so daß eine ausgewachsene Klapperschlange bis zu 20 derartiger Schuppen haben kann.

Klapperschlangen jagen meistens nachts und bedienen sich dabei eines Sinnesorgans, das im Tierreich einzigartig ist. Zwischen Nasenöffnung und Auge befindet sich eine Grube, die der ganzen Gruppe den Namen Grubenottern gab. Mit dieser Grube, dem Grubenorgan, vermag die Klapperschlange Infrarotstrahlung, das heißt Wärme, wahrzunehmen. Es ist so empfindlich, daß es auf einen Anstieg von 0,003 °C reagiert. Überdies kann die Richtung der Wärmestrahlung geortet und die Wärmequelle festgestellt werden. Mit Hilfe ihrer Grube kann die Klapperschlange selbst in völliger Dunkelheit die Anwesenheit eines Eichhörnchens ausmachen, das einen halben Meter entfernt regungslos kauert. Die Klapperschlange gleitet auf ihren Bauchschuppen fast unhörbar darauf zu. Sobald sie in Reichweite ist, schnellt ihr Kopf mit einer Geschwindigkeit von drei Meter pro Sekunde vor. Dann spritzen die Giftzähne dem Opfer ihr hochwirksames Gift ein.

Da die Klapperschlange wie alle Reptilien Sonnenwärme direkt speichern kann, ist ihr Nahrungsbedarf gering. Sie kommt mit etwa einem Dutzend Mahlzeiten im Jahr aus. Im Gegensatz zu den endothermen Säugetieren, selbst wenn sie in der Wüste leben, ist die Klapperschlange nicht zur unablässigen täglichen Nahrungssuche gezwungen. Auch braucht sie ihre Zeit nicht wie die Säugetiere damit zu verbringen, sich tagsüber in Höhlen und Felsspalten zu verbergen, vor Hitze zu keuchen und auf die Kühle der Nacht zu warten, ehe sie sich hinauswagen kann. Aufgerollt zwischen Steinen und Kakteen der mexikanischen Wüste, ist sie Herr ihrer Umwelt und fürchtet nichts. Dank der Wasserundurchlässigkeit ihrer Haut und ihrer Eier waren die Reptilien die ersten Wirbeltiere, die die Wüste besiedelten. An manchen Orten gehört sie auch heute noch einigen von ihnen.

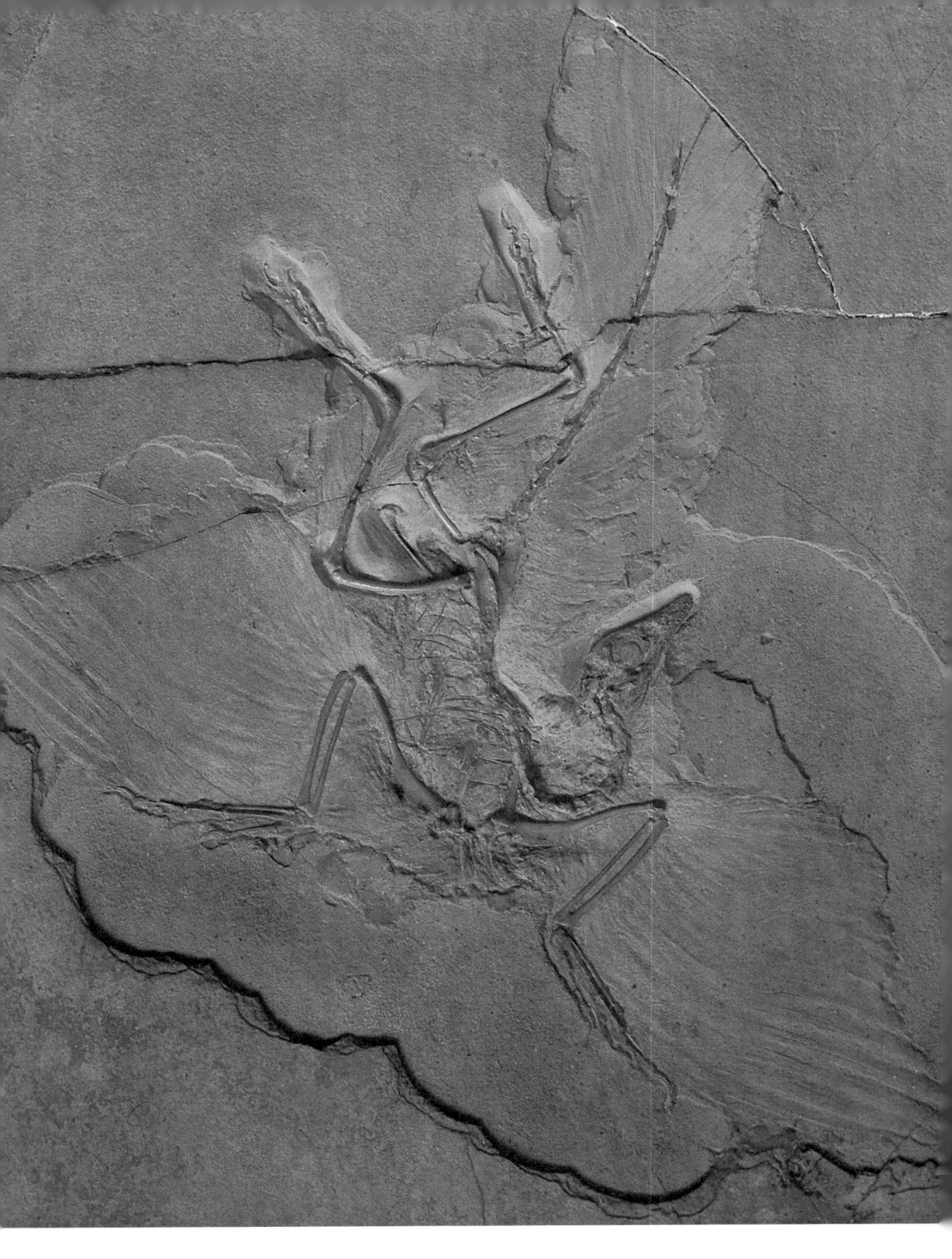

Archaeopteryx

8 Herrscher der Lüfte

Die Feder ist eine außergewöhnliche Konstruktion. Wenige Stoffe haben eine ebenso gute Isolierfähigkeit, und keiner von gleichem Gewicht, sei er vom Menschen hergestellt oder tierischer Herkunft, kann sie als Tragfläche übertreffen. Die Feder besteht aus Keratin. Das gleiche hornige Material bildet die Reptilienschuppe und unsere Fingernägel, aber die ungewöhnlichen Eigenschaften einer Feder beruhen auf ihrem komplizierten Bau. Ein Mittelschaft trägt auf jeder Seite Hunderte von fadenförmigen Ästen, und der einzelne Ast ist mit etwa hundert feinen Strahlen besetzt. Bei Daunenfedern bewirkt diese Struktur einen weichen luftspeichernden Flaum und dadurch eine hervorragende Isolierung. Flugfedern haben eine zusätzliche Eigenschaft. Ihre Federstrahlen überlappen die des Nachbarastes und verhaken sich, so daß sie zu einer einheitlichen Fahne vereinigt sind. Ein einziger Federstrahl hat Hunderte von Haken, eine einzige Feder etwa eine Million, und ein Vogel von der Größe eines Schwanes besitzt rund 25 000 Federn. Fast alle charakteristischen Merkmale, die Vögel von anderen Tieren unterscheiden, lassen sich auf die eine oder die andere Weise auf die Vorteile, die die Federn mit sich brachten, zurückführen. Tatsächlich braucht ein Lebewesen nur Federn zu haben, um als Vogel zu gelten.

Als 1860 in Solnhofen in einer Kalksteinplatte der zarte und unverkennbare Abdruck einer einzelnen, sechs Zentimeter langen Feder gefunden wurde, rief das eine Sensation hervor. Der Abdruck auf dem Felsen verkündete so beredt wie ein indianisches Zeichen, daß hier ein Vogel gewesen war.

Die Sedimente, aus denen sich die Plattenkalke gebildet haben, wurden auf dem Grunde einer seichten tropischen Lagune abgelagert, die von einem Riff aus Schwämmen und kalkerzeugenden Algen umgeben war. Das Wasser war lauwarm und sauerstoffarm. Vom offenen Meer abgeschnitten, gab es dort kaum irgendwelche Strömung. Der Kalk, der teils vom Riff und teils von Einzellern stammte, wurde als Schlamm auf dem Grund abgelagert. Diese Bedingungen sagten wenigen Tieren zu. Diejenigen, die sich hierher verirrten und umkamen, sanken auf den Grund und lagen unberührt in dem ruhigen Wasser und wurden allmählich von dem sich langsam ansammelnden Schlamm bedeckt.

Die Solnhofener Plattenkalke wurden Jahrhunderte lang gebrochen, denn ihr feines Korn machte sie zu einem hervorragenden Baumaterial, und sie waren ideal für den Steindruck. Sie waren aber auch unbeschriebene Blätter, auf denen die Natur die Beweise für die Evolution ausführlich darlegen konnte. Das verwitternde Gestein spaltet sich entlang den Schichten, so daß ein Block wie ein Buch seitenweise aufgeschlagen werden kann. Wenn man einen der Steinbrüche besucht, kann man kaum der Versuchung widerstehen, die »Seiten« jedes Steinblocks umzublättern, denn man weiß, daß kein Mensch sie je zuvor gesehen hat, und daß das, was immer sie enthalten mögen, seit 140 Millionen Jahren nicht dem Tageslicht ausgesetzt war. Die meisten »Seiten« sind natürlich leer, aber ab und zu finden die Steinhauer Fossilien von geradezu wunderbarer Vollkommenheit – Fische, bei denen jeder Knochen und jede Schuppe an ihrem Platz ist, Pfeilschwanzkrebse, die genau da liegen, wo sie am Ende ihrer letzten im Schlamm gegrabenen Furche gestorben sind, Hummer, bei denen die feinsten Fühler erhalten sind, kleine Dinosaurier, Ichthyosaurier und Pterodactyli, bei denen das Knochengerüst ihrer Flughäute zusammengedrückt, aber nicht gebrochen ist, und deren ledrige Häute deutlich als Schatten zu sehen sind. Aber 1860 war diese hübsche, geheimnisvolle Feder das erste Anzeichen dafür, daß auch Vögel unter diesen Tieren gelebt hatten.

Welcher Vogelart hatte sie gehört? Die Wissenschaft gab ihr allein aufgrund der Feder den Namen Archaeopteryx, Urvogel. Ein Jahr später entdeckten Sammler das fast vollständige Skelett eines gefiederten Wesens von der Größe einer Taube. Es lag mit ausgestreckten Flügeln im Gestein, ein langes Bein war abgetrennt, das andere mit vier krallenbewehrten Zehen war noch mit dem Körper verbunden, und ringsum fanden sich unbestreitbar deutliche Abdrücke von Federn. Es war sicher zutreffend, das Tier als Urvogel zu bezeichnen, aber es unterscheidet sich weitgehend von jedem heute bekannten lebenden Vogel. Der lange gefiederte Schwanz wurde von einem knöchernen Auswuchs der Wirbelsäule gestützt. Das Tier besaß Klauen nicht nur an den Füßen, sondern auch an drei Zehen der gefiederten Vordergliedmaßen. Es war fast ebenso Vogel wie Reptil, und seine Entdeckung zwei Jahre nach der Veröffentlichung von Darwins »Über die Entstehung der Arten« war eine zeitlich geglückte Bestätigung seiner Behauptung, daß eine Gruppe von Tieren sich über Zwischenformen in eine andere entwickeln könne. Tatsächlich hatte Huxley, ein Anhänger Darwins, vorhergesagt, daß ein solches Wesen existiert haben müsse, und hatte es in allen Einzelheiten prophetisch beschrieben. Noch heute gibt es kein überzeugenderes Beispiel für ein derartiges Bindeglied.

Seit das erste Skelett gefunden wurde, hat man noch zwei weitere Archaeopteryges in Solnhofen entdeckt. Eines – heute in Berlin – ist sogar noch schöner als das erste und besitzt einen vollständigen Schädel. Dieser ließ eine sehr wichtige Einzelheit erkennen: das Tier wies knöcherne Kiefer mit Zähnen auf. Ein viertes Exemplar wurde erst vor wenigen Jahren in einem niederländischen Museum gefunden. Es kam auch aus Solnhofen – sechs Jahre vor dem zuerst identifizierten Skelett –, aber da die Federabdrücke schlecht und schwer zu erkennen waren, wurde es irrtümlich als Pterodactylus eingeordnet, ein Hinweis darauf, wie reptilienhaft Archaeopteryx selbst auf Experten wirkte.

Diesen Fossilien verdanken wir genaue Kenntnisse von der Anatomie des Archaeopteryx. Sein ganzer Körper mit Ausnahme der Beine, des Kopfes und des oberen Halsbereiches war mit Federn bedeckt. Zweifellos isolierten diese Federn sehr gut und lösten das Problem, wie eine hohe Körpertemperatur aufrechterhalten werden kann, das ihren Dinosaurier-Verwandten so viele Schwierigkeiten bereitet hatte. Mit einer so warmen Körperbedeckung müßte der Archaeopteryx in der Lage gewesen sein, sich sogar während der kalten Stunden des Tages zu bewegen.

Die Federn seiner Flügel können jedoch nicht für eine schnelle Fortbewegung gedient haben. Flügelschläge erfordern kraftvolle Flügelmuskeln, und diese setzen bei allen fliegenden Vögeln an einem Kiel des Brustbeines an. Dem Archaeopteryx fehlt die-

ser Kiel. So kann sein Flügelschlag nur schwach gewesen sein und nicht ausgereicht haben, um ihn in die Luft zu erheben. Zunächst nahm man an, daß er die Federn als eine Art Netz benutzte und mit ausgebreiteten Flügeln Insekten fing. Glaubhafter ist die Erklärung, daß seine Vorfahren auf Bäume kletterten. Ihre Federn, ursprünglich aus Reptilienschuppen als Wärmeisolierung entwickelt, wurden immer größer und erlaubten Archaeopteryx schließlich, von Ast zu Ast zu gleiten, ungefähr wie einige heutige Eidechsen, die Flugdrachen, die mit Hilfe von Membranen an ihren Körperseiten segeln können. Archaeopteryx konnte zweifellos klettern. Eine der vier Zehen war nach hinten gerichtet und konnte den anderen entgegengesetzt werden, so daß das Tier kräftig zugreifen konnte. Die Klauen an der Vorderkante der Flügel dürften ebenfalls eine beträchtliche Hilfe beim Festhalten an Ästen gewesen sein.

Ein heute lebender Vogel veranschaulicht, wie wirkungsvoll diese Klettermethode sein kann. Der Hoatzin ist ein merkwürdiger, kräftig gebauter, etwa hühnergroßer Vogel, der in den Sümpfen Guayanas und Venezuelas lebt. Seine Nester sind primitiv gebaute Plattformen aus Zweigen über einem Gewässer, oft auch in Mangroven. Wenn die Jungen schlüpfen, sind sie nackt und sehr aktiv. Sie zu beobachten ist nicht einfach. Es läßt sich kaum vermeiden, mit dem Bug des Kanus an die Mangrovenäste zu stoßen. Wenn das Nest erschüttert wird, krabbeln die Jungen schleunigst von ihrer Plattform in die Äste. Wenn man Glück hat, sieht man, wie sie sich fest an Zweige klammern und von einem zum anderen klettern. An der vorderen Flügelkante haben sie zwei kleine Klauen, ein Relikt aus der Zeit, als ihre Reptilienvorfahren keine Flügel, sondern Vorderbeine mit getrennten Zehen besaßen. Wenn man die nackten jungen Vögel sieht, kann man sich unschwer vorstellen, wie Archaeopteryx in den von Dinosauriern heimgesuchten Wäldern durch das Geäst kletterte.

Wenn die Hoatzin-Jungen größer werden, verlieren sie ihre verkümmerten Klauen. Die Erwachsenen sind schlechte Flieger, die schwerfällig und mühsam an den Flüssen entlang fliegen. Offenbar können sie nicht mehr als 100 Meter auf einmal zurücklegen und müssen sich dann ausruhen. Dennoch sind sie in der Luft viel perfekter als der Archaeopteryx, denn wie alle modernen Vögel haben sie ein Skelett, das in den vergangenen 140 Millionen Jahren stark abgewandelt und für das Fliegen geeigneter wurde.

Für jedes fliegende Tier ist es überaus wichtig, ein möglichst geringes Gewicht zu haben. Der Archaeopteryx hatte wie die Reptilien massive Knochen. Die der echten Vögel sind papierdünn oder hohl und häufig durch Kreuzstreben im Inneren gestützt, ähnlich wie die Verstrebungen in Flugzeugtragflächen. Die Lungen der Vögel haben Luftsäcke, die sich in die Körperhohlräume erstrecken und diese auf die leichtest mögliche Weise füllen. Die schwere Fortsetzung der Wirbelsäule, die die Basis für den Schwanz des Archaeopteryx bildete, ist durch Schwanzfedern ersetzt worden, die keine Knochenstütze brauchen. Für jedes Wesen, das zu fliegen versuchte, muß ein schwergewichtiger Kiefer mit Zähnen ein besonderes Handicap gewesen sein, denn er bringt das Tier aus dem Gleichgewicht und macht es kopflastig. Moderne Vögel haben ihn nicht mehr, sondern entwickelten eine weitere leichte Hornstruktur, den Schnabel.

Selbst der beste Schnabel kann nicht kauen, und die meisten Vögel müssen ihre Nahrung noch zerkleinern. Das tun sie in einem besonders muskulösen Teil ihres Magens, dem Muskelmagen. Er liegt in der Körpermitte ungefähr zwischen den Flügeln, wo er die geringsten Balance- und Trimmprobleme hervorruft, wenn der Vogel fliegt. Der Schnabel selbst braucht nur noch die Nahrung aufzunehmen.

177

Afrika-Sattelstorch beim Fischen

Das Horn des Schnabels scheint ähnlich wie die Reptilienschuppe leicht formbar zu sein und kommt so den Erfordernissen der Entwicklung nach. Wie schnell sich der Schnabel verändern kann, um für die Nahrung des Vogels geeignet zu sein, zeigen die Kleidervögel Hawaiis. Die Vorfahren dieser Vögel waren vermutlich sperlingsgroß, hatten einen kurzen geraden Schnabel und lebten auf dem amerikanischen Kontinent. Vor ein paar tausend Jahren muß ein Sturm einen Schwarm auf das Meer verschlagen haben. Sie erreichten die Hawaii-Inseln und fanden dort üppige Wälder, in denen es keine Vögel gab, denn die Inseln sind vulkanischen Ursprungs und entstanden erst verhältnismäßig spät. Um das reichhaltige Futter, das sie hier vorfanden, auszunutzen, spalteten sie sich sehr schnell in verschiedene Arten auf. Jede spezialisierte sich auf ein besonderes Nahrungsangebot mit dem hierfür am besten geeigneten Schnabel. Einige entwickelten dicke, kurze Schnäbel, um Körner zu fressen, andere haben kräftige hakenförmige Schnäbel, um Aas zu zerreißen. Eine Art hat einen langen, gebogenen Schnabel, mit dem sie Nektar aus den Lobelienblüten saugt. Bei einer weiteren ist der Oberschnabel doppelt so lang wie der Unterschnabel. Der Vogel klopft damit auf Rinde und hebelt sie auf der Suche nach Käfern ab. Wieder eine andere Art hat einen gekreuzten Schnabel, mit dem sie offenbar Insekten aus Knospen herausholen kann. Darwin hatte eine ähnliche Vielfalt bei den nach ihm benannten Finken auf den Galapagosinseln festgestellt und sie als überzeugenden Beweis für seine Theorie der natürlichen Auslese angesehen. Er hatte nicht das Glück, Hawaii zu besuchen. Aber hätte er es getan, wäre er wohl zu dem Schluß gekommen, daß die Kleidervögel seine Argumente noch viel überzeugender illustrieren.

An anderen Stellen in der Vogelwelt, wo die Entwicklung der für einen bestimmten Zweck geeigneten Schnäbel schon viel länger im Gange war, gibt es noch ausgefallenere Formen. Der Schwertschnabel-Kolibri hat einen röhrenförmigen Schnabel, der viermal so lang ist wie sein Körper. Er saugt Nektar aus Blüten mit langen Kelchen. Der Ara hat einen hakenförmigen Nußknacker, der so stabil ist, daß er damit Paranüsse knacken kann. Spechte benutzen ihren Schnabel wie einen Meißel und holen dann mit der Zunge im Holz lebende Käfer heraus. Der gebogene Schnabel des Flamingos hat in seinem Inneren ein Sieb, durch das er mit der Zunge Wasser pumpt und so kleine Krebse abseiht. Der Unterschnabel des Scherenschnabels ist doppelt so lang wie der Oberschnabel. Wenn der Vogel niedrig über einen Fluß fliegt, durchschneidet der Unterschnabel gerade die Wasseroberfläche. Berührt er einen kleinen Fisch, klappt der Schnabel blitzschnell zu, und der Fisch ist gefangen. Die Liste merkwürdiger Schnäbel ist praktisch endlos und beweist die Formbarkeit des Hornschnabels.

Bezeichnenderweise ist die Mehrzahl dieser Nahrungsmittel – Fische, Nüsse, Nektar, Insektenlarven und zuckerhaltige Früchte – sehr kalorienreich. Die Vögel bevorzugen sie, weil der Energiebedarf beim Fliegen sehr hoch ist. Damit keine Energie in Form von Wärme verloren geht, ist eine gute Isolierung von größter Wichtigkeit. So sind die Federn für einen Vogel nicht nur zur Ausbildung der Flügel als Tragflächen nötig, sondern auch, um Energie zu sparen, damit die Flügel überhaupt schlagen können.

Als Isolierungsmaterial sind Federn sogar noch wirksamer als Fell. Nur ein Vogel, der Königspinguin, kann im Winter am kältesten Punkt der Erde, im antarktischen Eis, überleben. Die Federn der Pinguine dienen ausschließlich dieser Aufgabe. Sie sind besonders duhnig und speichern die Luft in einer gleichmäßigen Schicht rings um den Körper. Diese Isolierung, unterstützt von einer dicken Fettschicht unter der Haut, ermöglicht den warmblütigen Pinguinen, wochenlange Schneestürme mit Temperaturen unter −40 °C auszuhalten, sogar ohne sich durch eine Mahlzeit aufheizen zu können. Wenn der Mensch dort hingeht, hält er seinen Körper am luxuriösesten und wirsamsten mit Federn warm, die von den im arktischen Gebiet vorkommenden Eiderenten stammen – Eiderdaunen.

Die Federn, von denen das Leben eines Vogels so abhängt, werden regelmäßig bei der Mauser erneuert, gewöhnlich einmal im Jahr. Dennoch brauchen sie eine ständige Pflege. Die Vögel waschen sie mit Wasser und plustern sie im Staub auf. Zerzauste Federn werden sorgfältig geglättet. Verschmutzte Federn oder solche mit gespaltenen Fahnen werden sorgfältig mit dem Schnabel gekämmt. Wenn die Federäste durch den Schnabel gleiten und zusammengepreßt werden, verhaken sich die Häkchen der Federstrahlen wieder wie die Zähnchen eines Reißverschlußes, und die Oberfläche wird wieder glatt und gleichmäßig.

Die meisten Vögel haben in der Haut nahe der Schwanzbasis eine Öldrüse. Der Vogel nimmt mit seinem Schnabel das Öl von dieser Drüse ab und ölt die Federn damit ein, so daß sie geschmeidig und wasserabstoßend bleiben. Einigen Vögeln wie Reihern, Papageien und Tukanen fehlt diese Bürzeldrüse. Sie pflegen ihr Gefieder mit einem feinen, talkmähnlichen Staub, der von den Puderflecken stammt, ständig zerfallenden Hornstückchen der Spitzen besonderer Federn, die in Büscheln oder zerstreut im Federkleid stehen können. Obwohl Kormorane und ihre Verwandten, die Schlangenhalsvögel, einen großen Teil ihrer Zeit tauchend im Wasser verbringen, haben sie Federn, die durch und durch naß werden, aber das ist ein Vorteil, denn wenn sie die von den Federn gespeicherte Luft verlieren, verlieren sie auch an Auftrieb und können bei der Verfolgung von Fischen leichter tauchen. Wenn sie mit dem Fischen fertig sind, müssen sie mit ausgebreiteten Schwingen auf den Felsen stehen, um zu trocknen.

Die Haut unter dem Gefieder muß ein höchst attraktiver Ort für Flöhe, Läuse und andere Parasiten sein. Da ist es warm, gemütlich und vor Sicht geschützt. Es gibt viele Tiere, die die Vögel heimsuchen. So richten Vögel regelmäßig ihre Federn auf, untersuchen die Basis der Federkiele und picken die Untermieter weg. Häher, Stare, Dohlen und viele andere Arten ermutigen Insekten geradezu, über ihre Haut zu kriechen – wahrscheinlich zur Unterstützung beim Entlausen. Der Vogel hockt sich mit gespreiztem und gesträubtem Gefieder auf ein Ameisennest, so daß die beunruhigten und wütenden Ameisen in Scharen auf ihm herumkrabbeln. Zuweilen nimmt er sogar mit dem Schnabel einzelne Ameisen auf, aber vorsichtig, damit sie am Leben bleiben, und fährt sich dann damit über Haut und Federn. Dafür werden im allgemeinen Ameisen ausgewählt, die, wenn sie gereizt werden, die für Parsiten zweifellos tödliche Ameisensäure verspritzen. Dieses Verhalten könnte als Hygienemaßnahme entstanden sein, aber heute scheinen einzelne Vögel einen Lustgewinn daraus zu ziehen und setzen sich allem möglichen aus, was ihre Haut erregend und lustvoll stimuliert – Wespen, Käfer, Rauch, sogar brennende Zigarettenstummel. Diesem Vergnügen können sie sich eine halbe Stunde lang hingeben, und manchmal, wenn er versucht, schwer erreichbare Körperteile zu stimulieren, fällt der Vogel sogar um.

Die Körperpflege beansprucht einen großen Teil der Zeit, die der Vogel am Boden verbringt. Beim Fliegen zahlt es sich dann aber aus. Die untadelig geordneten Federn bilden nicht nur perfekte Tragflächen, sondern die Federn am Kopf und am Körper haben die ebenso wichtige Funktion, dem Vogel stromlinienförmige Gestalt zu verleihen,

so daß ein Minimum an Wirbelbildung und Widerstand während des Fluges gegeben ist.

Vogelschwingen haben eine viel schwierigere Aufgabe als die Tragflächen eines Flugzeuges, denn sie müssen den Vogel nicht nur tragen, sondern ihm auch als Antrieb dienen. Dennoch entspricht der Umriß des Flügels denselben aerodynamischen Prinzipien, die schließlich auch vom Menschen entdeckt wurden, als er seine Flugzeuge entwarf, und wenn man weiß, wieviele verschiedene Arten von Flugzeugen fliegen, dann kann man die Flugfähigkeit ähnlich gebauter Vögel vorhersagen.

Kurze, stumpfe Flügel erlauben es den Tangaren und anderen in Wäldern lebenden Vögeln, plötzlich seitlich auszuweichen und schnell durch das Unterholz zu flitzen, genau wie dieser Tragflächentyp den Jagdflugzeugen im zweiten Weltkrieg luftakrobatische Manöver bei einem Kurvenkampf ermöglichte. Modernere Jäger erzielen höhere Geschwindigkeiten, indem sie während des Fluges die Flügel nach hinten legen, was auch Wanderfalken tun, die im Sturzflug 130 km/h erreichen, wenn sie auf ihre Beute herabstoßen. Wettkampf-Segelflugzeuge haben lange, schmale Schwingen, mit denen sie, wenn sie von der Thermik nach oben getragen wurden, stundenlang herabschweben können – genau wie ein Albatros mit ähnlicher Flügelform und einer Spannweite von drei Metern, der in gleicher Weise stundenlang ohne einen Flügelschlag über dem Ozean gleiten kann. Geier und Bussarde kreisen mit sehr geringer Geschwindigkeit, ebenfalls von warmen Aufwinden getragen. Sie besitzen breite, rechteckige Flügel wie auch die ganz langsamen Flugzeuge. Der Mensch vermochte keine Tragflächen für einen Flug auf der Stelle zu entwickeln. Er erreichte dies nur mit den herumwirbelnden Rotorblättern des Hubschraubers oder den abwärtsgerichteten Düsen des Senkrechtstarters. Kolibris können das auch. Sie drehen ihren Körper, bis er fast aufrecht steht, und schlagen in einer sehr schnellen Folge – 80 mal in der Sekunde – mit den Flügeln. Sie erzeugen einen vergleichbaren Abwärtsstrom der Luft. So kann der Kolibri in der Luft stehen und sogar rückwärts fliegen.

Kein anderes Lebewesen kann so weit, so schnell und so ausdauernd fliegen wie der Vogel. Die höchsten Geschwindigkeiten erreichen Schwalben. Eine asiatische Art kann 170 km/h im Horizontalflug erreichen, und sie fliegt jeden Tag rund 900 Kilometer, um Insekten, die ihre ausschließliche Nahrung sind, zu fangen. Sie hat sich so stark einem Dasein in der Luft angepaßt, daß ihre Füße zu kleinen Greifhaken rückgebildet sind. Ihre schmalen, bogenförmigen Flügel sind so lang, daß sie, wenn sie auf der Erde sitzt, damit nicht richtig schlagen kann. Diese Schwalbe kann sich nur ohne Schwierigkeiten in die Luft erheben, wenn sie von einer Klippe oder vom Nestrand startet. Sie paart sich sogar in der Luft. Ein hoch fliegendes Weibchen hält die Flügel gerade ausgestreckt, während sich ein Männchen von hinten nähert, auf ihrem Rücken niedergeht, und einige Augenblicke gleiten die beiden zusammen. Sie setzen sich zwischen den Brutperioden nicht, so daß sie neun Monate des Jahres ununterbrochen im Fluge verbringen. Selbst das soll aber noch von der Ruß-Seeschwalbe übertroffen werden, bei der man, nachdem sie ihr Nest zum ersten Mal verlassen hat, bisher nicht beobachten konnte, daß sie sich hinsetzt oder auf dem Wasser niedergeht, bevor sie nach drei oder vier Jahren nistet.

Viele Vogelarten machen lange jährliche Reisen. Der europäische Storch zieht in jedem Herbst nach Afrika und kehrt im Frühjahr zurück. Er navigiert Jahr um Jahr mit so großer Genauigkeit, daß immer dasselbe Paar dasselbe Nest auf demselben Dach bezieht.

Der größte Wanderer von allen ist die Küstenseeschwalbe. Einige nisten weit nördlich des Polarkreises. Ein Junges, das im Juli in Nordgrönland schlüpft, unternimmt nach wenigen Wochen eine 18 000 Kilometer lange Reise in den Süden, entlang der Westküste von Europa und Afrika und dann quer über das Südpolarmeer zu ihrem Ziel auf dem Packeis nicht weit vom Südpol. Die Küstenseeschwalben werden während des antarktischen Sommers, getrieben von ständigen westlichen Winden, vielleicht die Antarktis umrunden, bevor sie im nächsten Mai nach Südafrika und dann zurück nach Grönland ziehen. Sie erleben sowohl den arktischen wie den antarktischen Sommer, wenn die Sonne kaum hinter dem Horizont verschwindet, und sehen in jedem Jahr mehr Tageslicht als jedes andere Lebewesen.

Der Energieverbrauch dieser Zugvögel auf ihren großen Reisen ist gigantisch, aber die Vorteile sind klar. Am Ende eines jeden Wanderzuges können sie ein reiches Nahrungsangebot ausnutzen, das nur ein halbes Jahr lang besteht. Aber wie haben sie überhaupt entdeckt, daß es so weit auseinanderliegende Nahrungsquellen gibt? Die Antwort auf diese Frage scheint zu sein, daß diese Reisen nicht immer so lang waren. Die Erwärmung der Erde am Ende der Eiszeit vor 11 000 Jahren bewirkte, daß diese Reisen so lang wurden. Vor dieser Zeit brauchten zum Beispiel Vögel in Afrika nur wenig nach Norden zu fliegen, um die Grenze des Eises in Südeuropa zu erreichen, wo es einige Sommermonate lang Insekten in Hülle und Fülle gab, aber keine ständig dort lebenden Tiere, die sie fraßen. Als die Gletscher zurückwichen, wurden neue Landstriche eisfrei und von Insekten und beerentragenden Pflanzen besiedelt. So konnten die Vögel in jedem Jahr nur Futter finden, wenn sie weiter flogen, bis ihre Reisen sich auf Tausende von Kilometern ausdehnten. Ähnliche klimatische Veränderungen sind wahrscheinlich auch der Grund, warum die Zugvögel, die in Europa und Nordamerika nun weitere Strecken zurücklegen, im Sommer in Ost-West-Richtung zum Zentrum der Kontinente fliegen und im Winter zurück zu den Küstenregionen, wo es im Winter durch den Einfluß des Meeres wärmer ist.

Aber wie finden die Vögel ihren Weg? Es scheint darauf nicht nur eine Antwort zu geben; sie benutzen viele Methoden. Einige beginnen wir zu verstehen, andere sind uns rätselhaft; und einige scheinen auf Fähigkeiten zu beruhen, die wir noch nicht vermuten. Viele Vögel folgen sicherlich wichtigen geographischen Landmarken. Sommerwanderer aus Afrika fliegen entlang der nordafrikanischen Küste, halten auf die Straße von Gibraltar zu und überqueren das Mittelmeer dort, wo sie Europa sehen können. Dann folgen sie Tälern, überfliegen bekannte Alpen- oder Pyrenäenpässe und erreichen so ihr Sommerquartier. Andere wählen eine östliche Route über den Bosporus.

Aber nicht alle Vögel können diese Methode benutzen. Die Küstenseeschwalbe muß 3000 Kilometer über das Südpolarmeer ohne Landmarken fliegen. Wir wissen, daß einige Vögel, die nachts fliegen, sich nach den Sternen richten, denn in wolkigen Nächten verirren sie sich leicht. In einem Planetarium, wo die Konstellationen so verändert worden waren, so daß sie mit der Stellung der Sterne am Himmel nicht mehr übereinstimmten, folgten diese Vögel den sichtbaren künstlichen Sternen. Am Tage fliegende Vögel richten sich vielleicht nach der Sonne. Wenn sie das tun, müssen sie aber die tägliche Veränderung des Sonnenstandes ausgleichen, und das bedeutet, daß sie einen genauen Zeitsinn haben müssen. Wieder andere scheinen das Erdmagnetfeld als Führer verwenden zu können. Viele Zugvögel haben offenbar in ihrem Gehirn eine Uhr, einen Kompaß und die Erinnerung an eine Landkarte. Ein menschlicher Steuermann würde

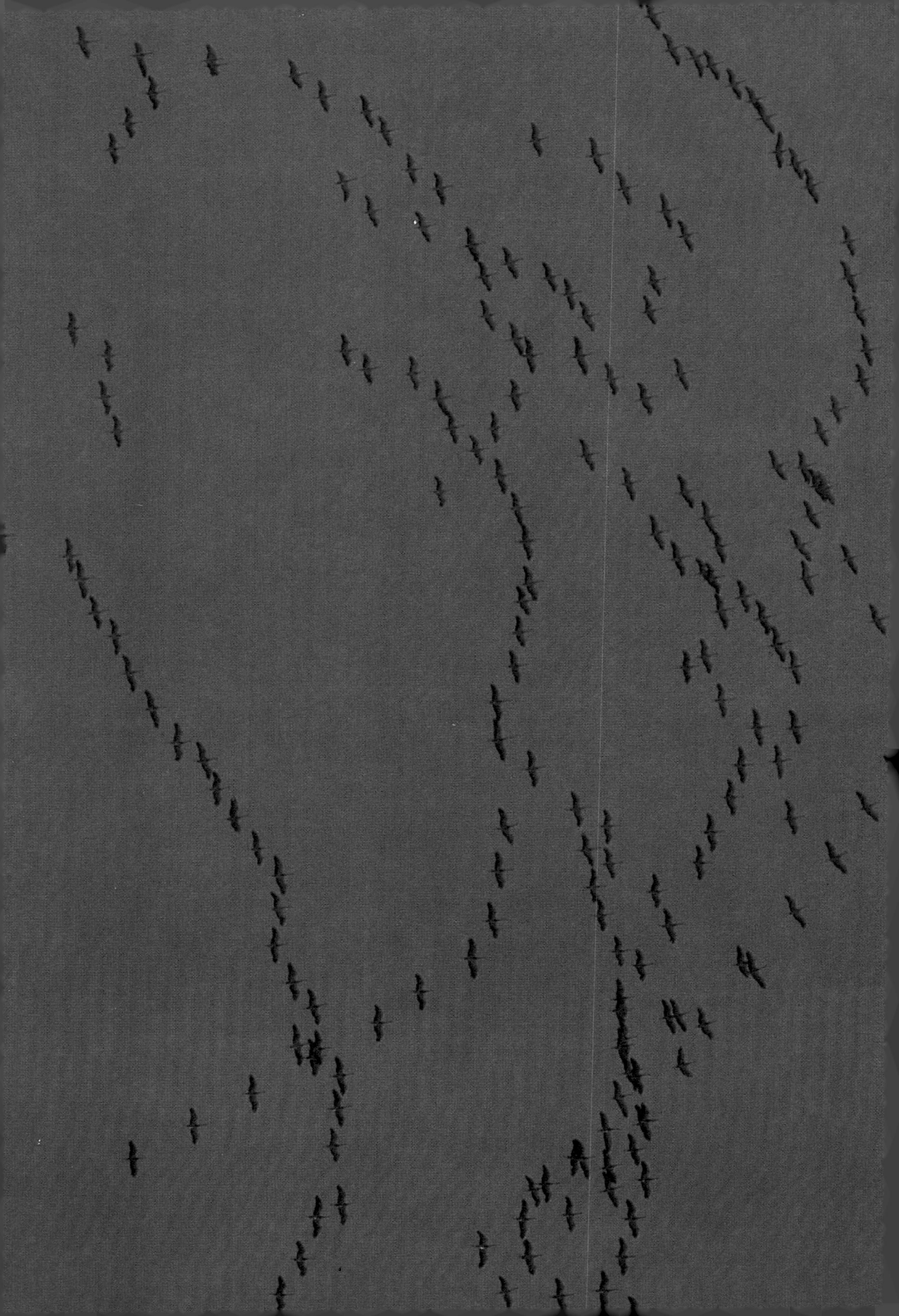

alle drei brauchen, sollte er die Reisen unternehmen, die eine Schwalbe wenige Wochen nach dem Schlüpfen bewältigen kann.

Aber diese Fähigkeiten allein vermögen die Leistungen mancher Vögel noch nicht ausreichend zu erklären. In einem berühmten Fall wurde ein Sturmtaucher aus seinem Nest auf der Insel Skokholm in Wales genommen und mit dem Flugzeug nach dem 5000 Kilometer entfernten Boston (USA) gebracht. Dort wurde er freigelassen. 12 $\frac{1}{2}$ Tage später war er nach einer so kurzen Zeit wieder an seiner Brutstätte, daß er auf direktem Wege und zielbewußt zurückgeflogen sein mußte. Woher er wußte, wo er sich befand und welchen Weg er einschlagen mußte, ahnen wir nicht.

Die Federn, die einen Vogel warmhalten und ihm zu fliegen erlauben, sind ihm noch auf eine dritte Weise nützlich. Ihre breiten Flächen, aufgerichtet oder zusammengefaltet, sind vortrefflich zum Übermitteln von Botschaften geeignet. Während der meisten Zeit ihres Lebens ist es für die Mehrzahl der Vögel nützlich, unauffällig zu bleiben, und die Federn können die Farben und Muster, die für eine perfekte Tarnung nötig sind, bieten. Doch jedes Jahr zu Beginn der Brutzeit haben die Vögel das größte Bedürfnis nach Kommunikation untereinander. Wenn Männchen bei territorialen Auseinandersetzungen über Nistgelegenheiten aneinander geraten, werden aufreizende Federbüschel aufgestellt, buntes Brustgefieder und Flügelmuster in einer langen Reihe ritueller Handlungen ausgebreitet. Diese sichtbaren Signale werden gewöhnlich durch stimmliche Ankündigungen unterstützt. Beide Signale übermitteln dieselben drei Botschaften: eine Aussage über die Artzugehörigkeit, eine Herausforderung an jedes Männchen der eigenen Art, um den Besitz eines Territoriums zu kämpfen, und eine Einladung an das Weibchen, dem Männchen zu folgen.

Je nach der Landschaft, die ein männlicher Vogel bewohnt, und je nach seiner Veranlagung mag eines dieser Kommunikationsmittel geeigneter für ihn sein als das andere. Scheue Vögel, die gewöhnlich unauffällig in lichten Waldungen oder auch im dichten Forst leben, verwenden ein Minimum an visuellen Signalen und konzentrieren sich stattdessen auf einen langen und kunstvollen Gesang. Wenn man wunderbare Kaskaden von Tönen voll leichtfließender Triller und Modulationen hört, ist der Sänger wahrscheinlich ein schlicht gefärbter, unauffälliger Vogel, ein Bülbül in Afrika, eine Lärmdrossel oder eine Nachtigall in Europa. Im Gegensatz hierzu sind die am prächtigsten herausgeputzten Vögel – Pfauen, Fasane und Papageien – so arrogant und ohne Furcht vor Feinden, daß sie keine Hemmungen haben, sich selbst an auffälligen Plätzen zur Schau zu stellen und mit ihrem Schmuck zu protzen. Da ihr Hauptsignal visueller Art ist, überrascht es nicht, daß ihre Rufe gewöhnlich kurz, schlicht und mißtönend sind.

Eine Aussage über die Artzugehörigkeit des Signalgebers ist offenbar wichtig, damit die Vögel nicht Zeit für die Werbung und Paarung mit Partnern verschwenden, mit denen sie keine Nachkommen haben könnten. In wenigen Fällen erfolgt dies ausschließlich durch den Gesang. Ein Ornithologe und ein Vogelweibchen werden gleichermaßen im Zweifel sein über die Identität eines kleinen braunen Laubsängers, der sich in einer Hecke versteckt. Erst wenn er zu singen beginnt, können sie feststellen, ob er ein Waldlaubsänger, ein Fitislaubsänger oder ein Zilpzalp ist.

Gewöhnlich wird die Identität einer Art indes durch das Federkleid zum Ausdruck gebracht, eine Tatsache, die ein herzloser Experimentator dadurch nachweisen kann, daß er einem Vogel Augenflecken oder einen Flügelspiegel aufmalt, so daß er aussieht, als gehörte er einer verwandten Art an, wodurch sogar echte Angehörige dieser Art ge-

187

täuscht werden. Die Identifizierung wird zu einem besonderen Problem, wenn viele verwandte Arten im selben Bereich leben und die Gefahr der Verwechslung besteht. Dieses Problem war der Grund für die leuchtenden und unterschiedlichen Farben der eng verwandten Schmetterlingsfische im Korallenriff. In ähnlicher Weise könnten auffallende Muster des Gefieders und lebhafte Farben, die man bei vielen nahe verwandten Vögeln sieht, ein Hinweis darauf sein, daß diese Vögel denselben Lebensraum besiedeln. Einige der am buntesten gefärbten Vögel Australiens sind die Finken und die Loris. Von beiden Gruppen leben tatsächlich verschiedene Arten im selben Bereich. Überall auf der Welt versammeln sich im Frühjahr ganze Scharen von Enten der verschiedensten Arten auf offenen Gewässern. Die Erpel jeder Art legen sich für diese besondere Gelegenheit höchst charakteristische Muster und Farben an Köpfen und Flügeln zu, damit die Weibchen sie erkennen können. Die Vermeidung von Verwechslungen ist die Hauptfunktion dieser Farben. Das wird durch die Tatsache bewiesen, daß bei der Besiedelung einer Insel durch eine Entenart, die lange genug dort bleibt, um eine individuelle Form zu entwickeln, diese Form immer beträchtlich farbloser ist als die Stammform auf dem Festland. In diesem Fall braucht ein Erpel nicht mehr durch farbige Signale bekanntzugeben, wer er ist – es gibt keinen Vogel ringsum, mit dem seine Weibchen ihn verwechseln könnten.

Zugleich mit ihrer Artzugehörigkeit müssen die Vögel aber auch ihr Geschlecht zu erkennen geben. Die Enten tun das mit der Zeichnung ihres Kopfes, denn nur die Erpel besitzen diese. Bei vielen anderen Arten jedoch – unter ihnen Meeresvögel und Greifvögel – sehen Männchen und Weibchen das ganze Jahr hindurch gleich aus. Ihre geschlechtliche Identität muß darum durch Gesang und Verhalten ausgedrückt werden. Das Pinguinmännchen hat eine besonders bezaubernde Art herauszufinden, was es über seine uniform gekleideten Genossen wissen möchte. Es nimmt mit seinem Schnabel einen Kieselstein auf, watschelt zu einem für sich stehenden Vogel und legt den Stein dort feierlich nieder. Wenn es einen empörten Schnabelhieb erhält und der andere in Kampfstellung geht, weiß es, daß es einen schrecklichen Fehler gemacht hat – es ist ein anderes Männchen! Wenn sein Angebot auf Indifferenz trifft, dann hat das Pinguinmännchen ein Weibchen getroffen, das noch nicht zum Brüten bereit ist oder bereits verheiratet ist. Das Männchen nimmt sein verschmähtes Geschenk auf und geht weiter. Aber wenn ein Vogel den Kieselstein mit einer tiefen Verbeugung nimmt, so hat es wirklich eine Partnerin gefunden. Es verbeugt sich ebenfalls, dann strecken die beiden ihre Hälse und lassen einen feierlichen Hochzeitsgesang erschallen.

Einer der hübschesten europäischen Wasservögel, der Haubentaucher, ist viel auffälliger geschmückt als der Pinguin. Im Frühjahr wachsen bei beiden Geschlechtern lange kastanienbraune Krausen auf den Wangen, eine dunkelbraune hinter dem Schnabel und ein Paar hornähnliche Büschel schimmernder schwarzer Federn auf dem Kopf. Auch bei ihnen sehen Männchen und Weibchen gleich aus. Ihre Werbung besteht aus allen nur denkbaren Manövern, die ihren Kopfschmuck, die Halskrause und die schwarzen Ohrbüschel vorteilhaft zur Geltung bringen. Die Reaktionen auf bestimmte Gesten eines Vogels zeigen ihm, ob er er es mit einem Männchen oder oder einem Weibchen zu tun hat. Beide recken ihre Hälse und wenden die Köpfe so schnell hin und her, daß sich die Halskrausen fächerartig ausbreiten. Sie tauchen unter und kommen plötzlich wieder an die Oberfläche. Sie sammeln Wasserpflanzen mit dem Schnabel und bieten sie sich gegenseitig mit dicht über dem Wasser ausgestrecktem Hals an. Auf dem

Höhepunkt dieser Zeremonie bäumen sie sich plötzlich nebeneinander auf und treten mit den Füßen Wasser, bis es aussieht, als ob sie auf dem Wasser stünden, wobei sie die Köpfe verzückt hin- und herdrehen.

Die Paarungsbalz findet dann aber nicht im Wasser statt, sondern im neugebauten Nest. Der beobachtende Mensch kann Männchen und Weibchen nicht unterscheiden, die Haubentaucherweibchen sehen nicht nur wie die Männchen aus, sie sind auch sehr emanzipiert in ihrem Verhalten. Erst wenn es zur echten Paarung kommt, ist das Männchen der aktivere Partner.

Eine große Ähnlichkeit des Gefieders ist ein deutlicher Hinweis darauf, daß diese Vögel monogam sind und beide Partner gemeinsam die Vorbereitungen und die Aufzucht ihrer Familie besorgen. Viele Arten haben jedoch irgendein sichtbares Geschlechtsmerkmal, und wenn es nur eine Kleinigkeit wie der Bartstreifen der Bartmeise, der schwarze Kehlfleck des Haussperlings oder die unterschiedliche Augenfärbung bei Papageien ist. Es gehört zum Balzverhalten, daß diese Merkmale vor dem Partner, dem sie fehlen, protzig zur Schau gestellt werden.

Einige Vogelgruppen haben die Geschlechtsunterschiede im Gefieder in einem außergewöhnlichen Maße entwickelt. Sie sind es, die aus der Feder ein höchst bizarres Prunkstück gemacht haben. Den Männchen der Fasane, Rauhfußhühner, Schnurrvögel und Paradiesvögel wachsen große und sensationell gefärbte Federn, und sie sind so davon besessen, ihre Imponiertracht vorzuführen, daß sie kaum noch etwas anderes tun. Die Weibchen sind unscheinbar, kommen kurz auf den Balzplatz zur Paarung, dann legen sie ihre Eier und sorgen ganz allein für ihre Jungen.

Zu den prächtigsten Federn gehören die Flügelfedern der männlichen Argusfasane. Einige können über einen Meter lang sein und tragen riesige Augenflecken. Der Argusfasanenhahn säubert in den Wäldern Borneos einen Balzplatz und spielt sich vor dem Weibchen auf, indem er beide Flügel über den Kopf hebt wie einen hochragenden Schild.

Auf der Insel Guinea nördlich von Australien gibt es einige 40 Paradiesvogelarten. Es ist schwer zu entscheiden, welche das imposanteste Gefieder besitzen. Der Albert-Paradiesvogel ist drosselgroß. An seinem Kopf sitzen zwei lange Federn, jede hat nur eine einseitige Fahne mit einer Reihe blau schimmernder Wimpelschilder. Der Kragenhopf hat einen smaragdgrünen Brustschild, den er so weit entfalten kann, daß dessen Breite seiner Körpergröße gleichkommt. Der Federhopf hat einen schillernden grünen Federkragen und Büschel gelber Schmuckfedern, aus denen drahtartige nackte Federschäfte herausragen.

Vögel zu beobachten, die ihren Schmuck zur Schau stellen, ist eines der erregendsten und atemberaubensten Erlebnisse, das die Vogelwelt zu bieten hat. Die Wälder Neuguineas sind meistenteils dunkel und feucht. Hohe Bäume nehmen einen großen Teil des Lichtes weg. Aber plötzlich mag man an eine Stelle gelangen, an der der Boden sauber gefegt ist. Laub und Gestrüpp, die ihn bedeckten, sind seitlich aufgeschichtet. Man kann es kaum glauben, daß nicht ein Mensch das Aufräumen besorgt hat, aber wenn man etwas wartet, sieht man, wer es gemacht hat. Der Prachtparadiesvogel hat die Größe eines Stars. An seinem Schwanz entspringen zwei nackte Federschäfte, die spiralig gedreht sind; über seinen Schultern hat er ein goldenes Cape, auf der Brust einen grünen Schild, der mit einer feinen schillernden blauen Linie gerandet ist. Die Federn seines Kopfes und rings um den Schnabel sind so zart und glänzend, daß sie wie feinster

191

schwarzer Samt aussehen. Er mag ein paar Minuten auf dem Ast eines Baumes sitzen bleiben, um die Lage abzuschätzen. Dann fliegt er abrupt zu einem der jungen Baumschößlinge, die auf seinem Balzplatz wachsen. Er packt ihn mit beiden Füßen, richtet seinen Schnabel senkrecht nach oben, breitet seinen glitzernden goldenen Kragen weit aus und plustert das Brustgefieder auf. Dann zieht er es wieder ein, so daß es zu pulsieren scheint, während er gleichzeitig ein summendes Geräusch macht und den Schnabel aufsperrt, um seine grüne Kehle zu zeigen. Monatelang tut er das mehrmals am Tag, gewöhnlich morgens, genau wie seine zahlreichen Rivalen, die es alle auf ihren eigenen im Wald verstreuten Balzplätzen darauf anlegen, Weibchen anzulocken.

Die berühmtesten aller Paradiesvögel sind jene mit langen seidigen Federbüscheln unter den Deckfedern der Flügel. Es gibt verschiedene Arten – jede hat Federbüschel in einer anderen Farbe, rot, gelb oder weiß. Diese Vögel zeigen ihr Imponierverhalten gemeinsam. Ihre Tanzveranstaltungen finden auf besonders auffallenden Bäumen statt, die diesem Zweck vielleicht schon seit Jahrzehnten dienen. Ein bestimmter Ast in der Krone ist vorher von Blättern und Zweigen befreit worden. Kurz nach der Dämmerung zieht in tiefergelegenen Ästen ein gelber Blitz die Aufmerksamkeit auf sich. Die Vögel beginnen sich zu ihrem täglichen Ritual zu versammeln. Sie haben etwa die Größe von Krähen und irisierende grüne Kehlen und Brustgefieder, gelbe Köpfe und braune Rücken. Ihre goldenen Federbüschel hängen, auch wenn sie zusammengefaltet sind, auf jeder Seite herunter und verdoppeln die Körperlänge. Bald mag ein halbes Dutzend Männchen versteckt im Unterholz sitzen; einige schlagen sich probeweise mit dem Federbüschel auf den Rücken. Schließlich fliegt einer zum Balzplatz auf dem Ast. Mit einem rauhen, schrillen Schrei beugt er den Kopf und streicht mit dem Schnabel über den Ast. Er hebt die Flügel über den Kopf, und die Federbüschel bilden eine schillernde Farbfontäne, während er auf dem Ast hin- und hertrippelt. Seine Leidenschaft regt die anderen an, ihm zu folgen, und bald mag ein Dutzend von ihnen kreischend und balzend auf dem Tanzast auf seine Chance warten.

Eine plötzliche Bewegung in der Düsternis nahegelegener Äste lenkt die Aufmerksamkeit von diesem herrlichen Anblick ab. Dort, unauffällig braun, ist die Paradiesvogelhenne. Sie huscht zum Tanzast, und angriffslustig springt das Männchen auf ihren Rücken. Seine Federbüschel senken sich. Die Vereinigung dauert ein oder zwei Sekunden. Dann fliegt sie zurück zu ihrem Nest, das sie für die nunmehr befruchteten Eier schon vorbereitet hat.

Die Paradiesvogelmännchen tragen ihre beschwerlichen Federbüschel mehrere Monate, aber wenn die Saison zu Ende geht, verlieren sie sie. Eine so umfangreiche Ausstattung jedes Jahr erneuern zu müssen, stellt gewiß beträchtliche Anforderungen an die Reserven eines Vogels. Eine verwandte Vogelgruppe in Neuguinea mit ähnlichen Neigungen zu Imponierverhalten und Polygamie erledigt ihre Angelegenheiten anscheinend ökonomischer. Die Männchen der Laubenvögel erreichen bei der Werbung ihre Ziele, indem sie Stöckchen, Steine, Blüten, Samen und andere glänzend und bunt gefärbte Gegenstände, vorausgesetzt, sie haben bestimmte Farben, in den von ihnen gebauten Lauben zur Schau stellen. Eine Art steckt Zweige um einen Schößling, der dann einen mit Flechten geschmückten Maibaum darstellt. Andere bauen eine überdachte Grotte mit zwei Eingängen, vor denen sie Blüten, Pilze und Beeren, alle säuberlich in einem Häufchen für sich, niederlegen.

Andere Laubenvögel leben weiter südlich in Australien. Der männliche Seidenlau-

Balzende Große Paradiesvögel, Neuguinea

benvogel, leuchtend dunkelblau und in der Größe einer Dohle, baut aus kleinen Zweigen einen Gang, der etwa 30 Zentimeter breit und doppelt so hoch ist wie der Vogel. Gewöhnlich verlaufen diese Anlagen von Norden nach Süden, und am nördlichen sonnigeren Ende legt das Männchen seine Sammlung an. Es können Federn von anderen Vögeln sein, Beeren, ja sogar Plastikstückchen. Das Material spielt keine Rolle – nur die Farbe zählt. Die gesammelten Gegenstände müssen entweder gelbgrün sein oder möglichst einen Stich ins Blaue haben, der zum Glanz seines schimmernden Gefieders paßt. Er sucht diese Gegenstände nicht nur weit und breit und stiehlt sie sogar aus den Sammlungen seiner Nachbarn, sondern zerdrückt sogar manchmal Blaubeeren mit dem Schnabel und verwendet eine Pflanzenfaser, um die Wände seiner Laube mit dem Saft blau anzumalen.

Wenn man einen Seidenlaubenvogel in seine Laube locken will, braucht man bloß einen Gegenstand von ganz anderer Farbe hineinzulegen, z. B. eine weiße Schneckenschale. Dann kommt er gewöhnlich sehr schnell zurück und entfernt empört den ästhetisch anstößigen Gegenstand, nimmt ihn mit dem Schnabel auf und schleudert ihn durch eine Kopfdrehung weg. Sein Weibchen ist wenig auffällig. Wenn es sich auf den Weg macht, die Lauben in ihrem Gebiet zu besichtigen, macht sich jedes Männchen aufgeregt mit seinen Schätzen zu schaffen, ordnet sie, nimmt sie in den Schnabel, als wollte es dem Weibchen zeigen, wie schön sie sind, und dabei stößt es erregte Rufe aus. Wenn es ihm gelingt, das Weibchen in seine Laube zu locken, erfolgt die Paarung in der Nähe oder sogar innerhalb der Wände des Ganges. Das Männchen schlägt dabei manchmal so heftig mit den Flügeln, daß die Laubenwände beschädigt werden.

Die eigentliche Paarungstechnik der Vögel wirkt unbeholfen. Bis auf wenige Ausnahmen hat das Männchen keinen Penis. Etwas wacklig muß es auf den Rücken des Weibchens klettern. Um Halt zu gewinnen, klammert es sich mit dem Schnabel am Kopfgefieder des Weibchens fest, das seinen Schwanz zur Seite dreht, so daß die beiden Kloaken zusammengebracht und das Sperma mit muskulöser Unterstützung durch beide Partner auf das Weibchen übertragen werden kann. Das Verfahren kann kaum als sehr geschickt bezeichnet werden, denn wenn das Weibchen nicht ganz still hält, purzelt das Männchen herunter, und nur allzu oft scheint die Paarung erfolglos zu sein.

Alle Vögel legen Eier. Das ist das einzige charakteristische Erbe ihrer Reptilienvorfahren, das kein Vogel aufgegeben hat. In dieser Beziehung sind die Vögel einzigartig unter den Wirbeltieren. Jede andere Gruppe hat einige Vertreter, denen es vorteilhaft erschien, die Eier im Körper zu behalten und lebende Junge zu gebären – Haie, Guppies und Seepferdchen unter den Fischen, manche Salamander und Beutelfrösche unter den Amphibien, Skinke und Klapperschlangen unter den Reptilien. Aber kein Vogel hat es jemals getan. Vielleicht ist der Grund, daß ein großes Ei im Körper, ganz zu schweigen von einem Gelege, für ein Weibchen zu schwer wäre, um in den zur Entwicklung notwendigen Wochen damit zu fliegen. Daher wird das Ei, sobald es im Körperinneren befruchtet ist, abgelegt.

Aber nun müssen die Vögel dafür büßen, daß sie die für das Fliegen erforderlichen hohen Körpertemperaturen entwickelt haben. Reptilien können ihre Eier in Höhlen oder unter Steinen vergraben und sie dann sich selbst überlassen. Die Eier brauchen wie die ausgewachsenen Tiere nur die normale Wärme der Umgebung zum Überleben und zur Entwicklung. Aber die Embryonen eines Vogels haben die gleiche hohe Körpertemperatur wie die Eltern, und wenn sie stark auskühlen, sterben sie ab.

195

Ein Laubenvogel malt die Wände seiner Laube, Neuguinea

Deshalb müssen Vögel ihre Eier warmhalten, und dies ist eine sehr gefährliche Angelegenheit. Für die meisten von ihnen ist es die einzige Zeit in ihrem Leben, in der sie ihren Feinden nicht dadurch entkommen können, daß sie davonfliegen. Der Eier und der Jungen wegen müssen sie bis zum letztmöglichen Zeitpunkt und manchmal auch darüber hinaus sitzenbleiben. Wenn sie veranlaßt werden, das Nest zu verlassen, sind Eier und Junge gefährdet. Dennoch muß das Nest zugänglich sein, damit sich die Eltern beim Brüten abwechseln und es zur Futtersuche für sich und die Jungen verlassen können.

Einige Vögel nisten an Orten, die für andere Tiere nicht erreichbar sind. Nur ein Vogel kann zu einem Felsenvorsprung an einer senkrechten Meeresklippe gelangen. Aber auch hier droht Gefahr. Das Risiko, daß die Eier herunterrollen, ist bei den meisten Vögeln, die auf Vorsprüngen nisten, dadurch verringert, daß ihre Eier an einem Ende spitz zulaufen, so daß sie, wenn sie ins Rollen kommen, sich nur im Kreis drehen. Aber einige Meeresvögel sind auch Räuber, und sofern die Vogeleltern nicht aufpassen, können Möwen die Eier aufpicken und den Inhalt auffressen.

Regenpfeifer und Vögel, die an sandigen, kiesigen Küsten leben, haben keine andere Wahl, als ihre Eier ins Freie zu legen, da es hier keinen Schutz gibt. Doch die Färbung ihrer Eier läßt sie fast wie Kiesel aussehen, und daher ist die Gefahr, daß ein Räuber sie bemerkt, geringer als die Wahrscheinlichkeit, daß ein anderes Lebewesen sie nicht bemerkt und sie einfach zertritt.

Die meisten Vögel schützen jedoch ihre Eier und ihre Jungen durch Bauten, die sie mühselig errichten. Der Specht erweitert oder höhlt Löcher in Bäumen aus. Der Eisvogel gräbt Löcher in Uferböschungen, wobei er mit leicht geöffnetem Schnabel den Abhang anfliegt und soviel Erde heraushackt, daß er Fuß fassen und richtig weitergraben kann. Die sperlingsgroßen Schneidervögel in Indien nähen lebende Blätter von Bäumen zusammen, indem sie am Rande Löcher hineinstechen und sie mit Pflanzenfasern zusammenknoten. Dadurch entsteht ein eleganter, kaum zu entdeckender Kelch, in dem der Vogel sein flaumiges Nest einrichtet. Webervögel reißen Streifen von Palmwedeln oder anderen Pflanzen ab und weben sie, kopfabwärts hängend, zu einer hohlen Kugel, die zuweilen eine lange, senkrechte Röhre als Eingang hat. Töpfervögel leben in den Pampas Argentiniens und Paraguays, wo Bäume selten und als Wohnungen sehr gesucht sind. So benutzen sie Zaunpfähle und kahle Äste als Standort und bauen sich aus Schlamm ein fast uneinnehmbares Nest von der Größe eines Fußballs, das wie eine Miniaturausgabe der Backöfen aussieht, die sich die einheimische Bevölkerung baut. Der Eingang ist groß genug, daß eine Pfote oder eine Hand hineinlangen kann, aber eine Scheidewand zwischen den beiden inneren Kammern verhindert Plünderungen, weil die Öffnung in dieser Wand gegenüber dem Eingang versetzt ist. Nashornvögel nisten in Baumhöhlen, und das Männchen trifft radikale Maßnahmen, um Angreifer von den Eiern und dem brütenden Weibchen fernzuhalten. Es mauert das Weibchen hinter einer Schlammwand vor dem Eingang zur Höhle ein und läßt nur eine winzige Öffnung in der Mitte frei, durch die es dem lange leidenden Weibchen und den Nestjungen das Futter reicht. Salanganen in Südostasien nisten in Felshöhlen, aber wenn es nicht genügend geeignete Felsvorsprünge gibt, konstruieren sie künstliche Nester aus ihrem klebrigen Speichel, zuweilen mit einigen Federn oder Wurzelstücken vermischt. Das sind jene Nester, aus denen die nach Ansicht der Chinesen köstlichste aller Suppen bereitet wird.

Einige Vögel lassen sich von anderen Tieren, die das gar nicht ahnen, bei der Abwehr von Angreifern helfen. Ein australischer Laubsänger baut sein Nest gewöhnlich neben dem von Hornissen; ein Eisvogel auf Borneo legt seine Eier in die Nester einer besonders aggressiven Bienenart, und viele Papageien bohren sich Löcher in den braunen Nestern von Baumtermiten.

Eine Vogelfamilie hat es auf höchst einfallsreiche Weise verstanden, die riskante Pflicht, während des Brütens auf den Eiern sitzen zu müssen, zu umgehen. Das ostaustralische Thermometerhuhn legt seine Eier in einen großen, vom Männchen erbauten Hügel. Der Kern besteht aus verrottenden Pflanzen, und das Ganze wird mit Sand bedeckt. Die Brutzeit dauert sehr lange und erstreckt sich über fünf Monate. Während der ganzen Zeit muß das Männchen ständig da sein und mit dem Schnabel in den Hügel picken, um die Temperatur zu kontrollieren. Im Frühjahr verrotten die frisch gesammelten Pflanzen, die im Innern liegen, sehr schnell und erzeugen so viel Wärme, daß es für die Eier darin zu warm werden mag. Dann schaufelt das Männchen eifrig von oben Sand ab, damit die Wärme entweichen kann. Im Sommer droht eine andere Gefahr: Die Sonne scheint auf den Hügel und kann ihn überhitzen. Nun muß das Männchen mehr Sand als Schutz auf den Hügel häufen. Im Herbst, wenn der verrottende Kern des Hügels viel von seiner Kraft verloren hat, entfernt das Männchen die obersten Lagen, damit die Sonne das Zentrum erwärmen kann, in dem die Eier liegen, und bedeckt es abends wieder, um die Wärme zu erhalten.

Ein anderes Mitglied dieser Familie, das weiter östlich auf Inseln im Pazifik lebt, hat eine besondere Variante dieses Systems entwickelt. Es vergräbt die Eier in der Asche an den Hängen von Vulkankegeln und läßt die Lava tief darunter die für die Eier notwendige Wärme liefern.

Mehrere Arten, von denen der Kuckuck die berühmteste ist, haben sich um die Gefahren und Mühen der Brutaufzucht ganz und gar gedrückt, indem sie ihre Eier einfach in die Nester anderer Vögel legen, die ihre Jungen dann aufziehen. Um zu verhindern, daß die Pflegeeltern die untergeschobenen Eier hinauswerfen, mußten sie eine Färbung ihrer Eier entwickeln, die denjenigen der Art gleicht, bei der sie schmarotzen. Deshalb beschränkt sich jede Kuckucksart bei der Wahl ihrer Kindermädchen auf bestimmte Vogelarten.

Der Prozeß des Brütens ist keineswegs unkompliziert. Die Tatsache, daß das Gefieder eines Vogels so gut isoliert, bedeutet, daß es auch eine wirksame Wärmedämmschicht zwischen dem Körper und den Eiern darstellt. Viele Vögel entwickeln daher zum Brüten eine besondere Modifikation. Kurz vor Beginn der Brutzeit wird eine Gruppe von Federn auf der Bauchseite gemausert, und die nackte Haut wird durch dichtverzweigte Blutgefäße direkt unter der Oberfläche rosa. Die Eier liegen genau unter dieser Stelle und werden auf diese Weise sehr wirkungsvoll gewärmt. Aber nicht alle Vögel bekommen diesen Brutfleck. Enten und Gänse stellen ihn selbst her, indem sie sich die Brustfedern ausreißen. Der Blaufußtölpel, der leuchtend blaue Füße hat, die bei der Balz eine Rolle spielen, wenn er in unwiderstehlich komischer Weise um seine Partnerin herumstelzt, nutzt sie jetzt als Brutschrank. Er hält die Eier warm, indem er sich daraufstellt.

Schließlich schlüpfen die Jungen und bahnen sich ihren Weg aus der Eischale mit einem kleinen Eizahn auf der Schnabelspitze. Viele von denen, die auf dem Boden nisten, sind beim Schlüpfen mit Daunen bedeckt, die eine vorzügliche Tarnung darstellen. Sobald sie trocken sind, laufen sie vom Nest weg und suchen unter Aufsicht der Mutter

Futter. Nestjunge von Arten, die über dem Boden in geschützten Nestern nisten, sind häufig nackt und hilflos und müssen von den Eltern gefüttert werden.

Nach einigen Tagen erscheinen blutgefüllte Stummel auf der Haut der Jungen, und schließlich sprießen die wichtigen Federn. Junge Adler und Störche können, wenn sie flügge sind, tagelang am Nestrand stehen und mit den Flügeln schlagen. Sie kräftigen ihre Muskulatur und üben die Flugbewegungen. Tölpel machen es auf ihren schmalen Felsvorsprüngen genauso, aber vorsichtshalber zur Felswand gerichtet, für den Fall, daß ihre Bemühungen zu früh erfolgreich sein sollten. Derartige Vorbereitungen sind jedoch die Ausnahme. Die meisten jungen Vögel scheinen die komplexen Flugbewegungen praktisch ohne Übung ausführen zu können. Einige, die in Höhlen aufgewachsen sind, wie die Sturmvögel, vermögen schon beim ersten Ausflug mehrere Kilometer zu fliegen, und fast alle jungen Vögel werden etwa innerhalb eines Tages zu perfekten Fliegern.

Trotz ihrer beispiellosen Geschicklichkeit in der Luft und aller erforderlichen Anpassungen, um diese zu vervollkommnen, scheinen die Vögel erstaunlicherweise das Fliegen aufzugeben, wann immer es möglich ist. Zu den älteren Vogelfossilien, die aus einer Zeit etwa 30 Millionen Jahre nach dem Archaeopteryx stammen, gehörten möwenähnliche Arten, die ausgezeichnete Flieger waren und ein gekieltes Brustbein hatten, aber keinen knöchernen Schwanz. In den wesentlichen Punkten waren sie moderne Vögel. Gleichzeitig mit ihnen lebte indes ein großer Schwimmvogel, der Königs-Zahntaucher, mit einer Standhöhe von einem Meter. Er hatte das Fliegen bereits aufgegeben. Fossilien einer anderen sehr erfolgreichen, nicht fliegenden Gruppe, der Pinguine, stammen ebenfalls aus dieser Zeit.

Die Tendenz, auf der Erde zu bleiben, kann heute noch beobachtet werden. Wenn eine Landvogelart eine Insel besiedelt, die nicht von vierfüßigen Räubern erreicht werden kann, scheint sie sich früher oder später in eine flugunfähige Form umzuwandeln. Die Rallen auf den Inseln des Great Barrier Reef laufen einem vor den Füßen herum wie Haushühner und fliegen nur noch auf, wenn sie ganz besonders gereizt werden. Die Kormorane der Galapagosinseln haben so schmale Flügel, daß sie gar nicht in die Höhe kommen, selbst wenn sie es versuchen. Auf Inseln im Indischen Ozean entwickelten sich große flugunfähige Vögel, die Dronte auf Mauritius und der Einsiedler auf Rodrigues. Es war ihr Pech, daß ihre Inseln nicht für immer von Räubern frei blieben. Vor ein paar Jahrhunderten erschien der Mensch und rottete beide Vogelarten innerhalb kurzer Zeit aus. Auf Neuseeland gab es ebenfalls vor der Ankunft des Menschen keine Räuber, und mehrere Vogelgruppen entwickelten flugunfähige Formen. Die Moas, die größten Vögel, die je existierten, waren über drei Meter groß. Sie wurden von den ersten Menschen ausgerottet. Nur ihre kleinen, zurückgezogen lebenden Verwandten, die Kiwis, sind von der ganzen Gruppe noch erhalten. Es gibt dort auch einen seltsamen, flugunfähigen Papagei, den Kakapo, und eine große flugunfähige Ralle, die Takahe.

Diese Rückkehr zu einem erdgebundenen Leben ist ein Hinweis darauf, wie stark das Fliegen die Energiereserven der Vögel beansprucht und wie groß ihr Nahrungsbedarf infolgedessen ist. Ist ein gefahrloses Leben auf der Erde möglich, dann ist das eine viel einfachere Alternative, die der Vogel wahrnimmt. Es müssen die ständigen Belästigungen durch die Dinosaurierverwandtschaft gewesen sein, die den Archaeopteryx zuerst auf die Bäume trieben, und die Bedrohungen durch jagende Säugetiere, die seither seine Nachkommen veranlaßten, dort zu bleiben.

198

Aber zwischen diesen beiden Perioden gab es ein Interregnum von einigen Millionen Jahren, als die Dinosaurier verschwunden waren und die Säugetiere sich noch nicht zu Formen entwickelt hatten, die mächtig genug waren, um das Land zu beherrschen. Offenbar haben die Vögel sich in jener Zeit sehr bemüht, die Vorherrschaft für sich zu beanspruchen. Vor 65 Millionen Jahren pirschte ein riesiger flugunfähiger Vogel, Diatryma, durch die Ebenen von Wyoming. Er war ein Jäger, größer als ein Mensch, und hatte einen kräftigen, beilförmigen Schnabel, durchaus geeignet, um auch größere Tiere zu töten.

Diatryma verschwand nach einigen Millionen Jahren, aber riesige flugunfähige Vögel sind noch heute an anderen Orten am Leben – Strauße, Nandus und Kasuare. Sie sind keine nahen Verwandten von Diatryma, aber sie haben eine lange Vorfahrenreihe und stammen von Formen ab, die einst flogen. Das kann aus der Tatsache gefolgert werden, daß bei ihnen viele Fluganpassungen erhalten geblieben sind – Luftsäcke im Körper, zahnlose Hornschnäbel und in einigen Fällen teilweise hohle Knochen. Ihre Flügel sind nicht reduzierte Vorderbeine, sondern vereinfachte Gliedmaßen, die einst in der Luft schlugen. Die auf ihnen wachsenden Federn sind in zum Fliegen geeigneter Weise angeordnet. Der Kiel ihres Brustbeins ist allerdings verschwunden, denn er braucht nur noch als Ansatzpunkt für eine schwächliche Muskulatur zu dienen. Da die Federn nicht mehr zum Fliegen gebraucht werden, haben sie ihre Strahlen verloren und sind bloße büschelförmige Anhänge geworden, die beim Imponierverhalten eingesetzt werden.

Die Kasuare insbesondere veranschaulichen uns, wie ungeheuer stark ein Geschöpf wie Diatryma gewesen sein muß. Ihre Federn haben die meisten ihrer Fahnen verloren und sehen eher wie struppiges Haar aus. Ihre Stummelflügel sind mit wenigen gebogenen Federschäften besetzt, die stricknadeldick sind. Auf dem Kopf haben sie einen helmartigen Hornaufsatz, mit dem sie sich den Weg durch die Dschungel Neuseelands bahnen, in denen sie leben. Die nackte Haut an Kopf und Hals ist matt purpur, blau oder gelb und mit scharlachroten Hautlappen behängt. Die Vögel fressen Früchte, verschmähen aber auch kleine Tiere wie Reptilien, Säuger oder nestjunge Vögel nicht. Abgesehen von Giftschlangen sind sie bei weitem die gefährlichsten Geschöpfe auf der Insel. Wenn sie in die Enge getrieben werden, schlagen sie wie wild um sich, und ihre Fußtritte können einem Menschen den Bauch aufschlitzen. Viele Menschen sind schon von ihnen getötet worden.

Kasuare sind einzeln lebende Tiere. Wenn sie durch den Wald streichen, machen sie oft drohende, dumpfdröhnende Geräusche, die weit zu hören sind und kaum wie ein Vogelruf klingen. Wenn man näher kommt, kann man den Umriß eines Tieres erkennen, das so groß wie ein Mensch ist und durch das Unterholz schleicht. Glitzernde Augen spähen durch die Blätter, und plötzlich ergreift das riesige Tier die Flucht und bricht mit roher Gewalt durch Büsche und junge Bäume. Man braucht keinen überzeugenderen Beweis, daß große fleischfressende Vögel, die einmal Blut geleckt haben, sehr gefährliche Tiere sein können, aber letztlich waren Vögel wie Diatryma als Jäger nicht klug genug. Eine Gruppe von Tieren entkam ihnen. Es waren damals kleine, unbedeutende Geschöpfe, aber sie waren sehr aktiv. Wie die Vögel waren sie Warmblüter, doch ihr Wärmeschutz bestand nicht aus Federn, sondern aus Fell: die ersten Säugetiere. Ihre Nachkommen waren es schließlich, die die Erde erbten und dafür sorgten, daß die Vögel mehr oder weniger in der Luft blieben.

9 Der Aufstieg der Säugetiere

Am Ende des 18. Jahrhunderts gelangte das Fell eines erstaunlichen Tieres nach London. Es kam aus der neu gegründeten Kolonie Australien. Das Wesen, von dem das Fell stammte, hatte die Größe eines Hasen, und sein Pelz war dicht und fein wie das eines Otters. Seine Füße trugen Schwimmhäute und Klauen. Es gab nur eine hintere Körperöffnung, die sowohl exkretorische Funktion hatte, als auch Geschlechtsöffnung war, also eine Kloake wie die der Reptilien war. Am seltsamsten aber war der lange flache Schnabel, der an eine Ente erinnerte. Dieses Tier war so bizarr, daß manche Leute in London es für eines jener gefälschten Ungeheuer hielten, die im Fernen Osten aus Teilen verschiedener Tiere zusammengesetzt und dann leichtgläubigen Reisenden als Meerjungfrauen, Seedrachen und andere Wundertiere angedreht wurden. Aber eine sorgfältige Untersuchung des Balges ergab keine Anzeichen für eine Fälschung. Der merkwürdige Schnabel, der so plump an dem bepelzten Kopf saß mit einem manschettenartigen Hautlappen an der Übergangsstelle, gehörte da wirklich hin. Das Tier war, so unglaubwürdig es schien, echt.

Als vollständige Exemplare zur Verfügung standen, zeigte sich, daß der Schnabel nicht hart und vogelähnlich war, wie man zuerst angenommen hatte, als nur ein trockener Balg vorlag. Beim lebenden Tier war der Schnabel biegsam und lederartig, so daß von einer Ähnlichkeit mit einem Vogel nicht mehr gesprochen werden konnte. Das Fell war viel aufschlußreicher. Haare oder Fell sind ein Kennzeichen der Säugetiere, genau wie die Federn bei den Vögeln. Es war nun klar, daß dieses Wundertier ein Mitglied jener großen Gruppe sein mußte, die so verschiedene Wesen wie Spitzmäuse, Löwen, Elefanten und den Menschen umfaßt. Die Funktion der haarigen Bekleidung der Säuger ist die Isolierung des Körpers und die Erhaltung der Körpertemperatur. Daraus folgte, daß das neue Tier auch warmblütig sein mußte. Schließlich besaß es noch ein drittes Charakteristikum der Säugetiere, und zwar die Milchdrüsen.

Die australischen Siedler hatten das Tier als »Wassermolch« bezeichnet, aber die Wissenschaft brauchte einen Namen, der etwas gelehrter klang. Es gab eine ganze Reihe ungewöhnlicher Züge, die für einen treffenden Namen taugten, aber verwendet wurde der recht stumpfsinnige »Platypus«, was lediglich »plattfüßig« bedeutet. Der deutsche Name Schnabeltier ist viel treffender. Bald wurde darauf hingewiesen, daß der Name »Platypus« bereits für einen plattfüßigen Käfer vergeben war, und das Schnabeltier erhielt den Namen Ornithorhynchus – »Vogelschnabel«. Das ist der wissenschaftliche Name, den es heute noch trägt. Für die meisten Leute blieb es jedoch »Platypus« – ein Plattfüßler!

Das Schnabeltier lebte damals und auch heute noch in den Flüssen Ost-Australiens und schwimmt kräftig und geschickt, häufig an der Oberfläche. Es paddelt mit den Vor-

203

derbeinen und steuert mit den Hinterbeinen. Wenn es taucht, verschließt es die Ohren und die kleinen Augen mit muskulösen Hautfalten. Da es auf dem Grunde des Flußbettes nichts sieht, tastet es mit dem Schnabel, der reich an Nervenendigungen und daher sehr empfindlich ist, nach Süßwasserkrebsen, Würmern und anderen kleinen Lebewesen. Das Schnabeltier ist nicht nur ein guter Schwimmer, sondern auch ein kräftiger und fleißiger Gräber, der ausgedehnte Tunnel, manchmal bis zu 18 m lang, in den Flußufern gräbt. Hierzu rollt es die Schwimmhäute der Vorderpfoten in die Innenhand zurück und legt die Krallen für diese Arbeit frei. Das Weibchen baut ein mit Gras und Schilf ausgepolstertes unterirdisches Nest. Aus einem solchen Nest kamen nun weitere sensationelle Nachrichten über dieses Tier. Es wurde behauptet, das Schnabeltier lege Eier.

Viele Zoologen in Europa hielten das für absurd. Kein Säugetier legt Eier. Die in einem Schnabeltiernest gefundenen Eier mußten von einem anderen Tier stammen. Sie wurden als fast kuglig beschrieben, von der Größe einer Murmel und weichschalig – also konnten sie vielleicht von einem Reptil stammen. Aber die Australier beharrten darauf, daß es sich um Schnabeltiereier handele. Fast ein Jahrhundert lang stritten die Naturforscher über diese Frage. Dann wurde 1884 ein Weibchen geschossen, nachdem es gerade ein Ei gelegt hatte. Ein zweites Ei, das kurz vor der Ablage war, wurde in seinem Körper gefunden. Nun konnte es keinen Zweifel mehr geben. Hier war ein Säugetier, das tatsächlich Eier legte.

Aber weitere Überraschungen sollten folgen. Wenn die Jungen nach zehn Tagen aus den Eiern schlüpfen, bleiben sie nicht wie alle jungen Reptilien sich selbst überlassen, um Futter zu suchen. Am Bauch des Weibchens entwickeln sich besondere Drüsen. Sie gleichen im Bau den Schweißdrüsen, die beim Schnabeltier wie bei den meisten Säugetieren in der Haut sitzen, um die Abkühlung des Körpers zu unterstützen, wenn Überhitzung droht. Aber der Schweiß, den diese Drüsen absondern, ist dickflüssig und fettreich – es ist Milch. Sie sickert in das Fell, und die Jungen lecken sie von Haarbüscheln ab. Es gibt keine Zitzen, so daß man beim Schnabeltier nicht von einem echten Gesäuge, das den Säugern den Namen gab, sprechen kann; aber es ist ein Anfang.

Das andere wichtige Säugermerkmal, die Endothermie oder Warmblütigkeit, scheint auch nur unvollkommen entwickelt zu sein. Fast alle Säuger halten eine Körpertemperatur zwischen 36°C und 39°C ein. Die Temperatur des Schnabeltieres beträgt nur 30°C und ist beträchtlichen Schwankungen unterworfen.

Bei noch einem Lebewesen auf der Erde findet sich diese Mischung von primitiven Säuger- und Reptilienmerkmalen, und es stammt ebenfalls aus Australien; es ist der Ameisenigel. Seine Namensgebung spielte sich etwa so ab wie beim Platypus. Die Wissenschaft gab ihm zunächst den Namen Echidna – der Stachlige, aber dieser Name war schon früher einem Fisch verliehen worden. So wurde das Tier in Tachyglossus umgetauft, der Schnellzüngige. Aber wiederum blieb der erste Name haften. Das Tier sieht wie ein großer, flacher Igel aus, dessen Stacheln auf dem Rücken in dunkle Haare eingebettet sind. Es kann sich mit Schwimmbewegungen seiner vier Beine in den Boden eingraben, die so wirkungsvoll und kräftig buddeln, daß der Ameisenigel, wenn der Boden nicht gar zu hart ist, einfach senkrecht nach unten verschwindet und man von ihm nach wenigen Minuten nur noch eine unangreifbare Kuppel von außerordentlich scharfen Stacheln sieht. Das Tier ist aber nicht in erster Linie ein Gräber. Sein Verschwinden ist im allgemeinen eine Verteidigungsmaßnahme. Die meiste Zeit verbringt es entweder schlafend in einem unauffälligen Winkel, oder es watschelt auf der Suche nach

Ameisen und Termiten durch den Busch. Wenn es ein Nest findet, reißt es dieses mit den Krallen seiner Vorderbeine auf und leckt die Insekten mit seiner langen Zunge heraus, die immer wieder aus seiner kleinen Mundspalte am Ende der röhrenförmigen Schnauze hervorschnellt.

Diese lange Schnauze und die Stacheln sind wie der Schnabel des Schnabeltieres spezialisierte Merkmale, die das Tier für eine bestimmte Lebensweise ausrüsten. Sie sind stammesgeschichtliche Neuerwerbungen. Im Grunde ist der Ameisenigel dem Schnabeltier sehr ähnlich. Er hat Haare und eine einzige hintere Körperöffnung, die Kloake; seine Körpertemperatur ist niedrig, und er legt Eier.

Bei der Fortpflanzung unterscheidet er sich in einem Punkt vom Schnabeltier. Das Ameisenigel-Weibchen legt die Eier nicht in ein Nest, sondern behält sie in einer temporären Tasche, die sich an seiner Unterseite entwickelt. Es heißt, das Weibchen krümme sich zusammen, wenn die Eiablage herankommt und lege die Eier direkt in seine Bauchtasche. Damit bekundet es gymnastische Fähigkeiten, die man einem so behäbig plumpen Wesen nicht zugetraut hätte. Die Eischalen sind feucht und kleben an den Haaren in der Tasche. Nach sieben bis zehn Tagen schlüpfen die Jungen. Dicke, gelbliche Milch wird von der Bauchhaut der Mutter abgesondert, und die Jungen lecken sie auf. Sie bleiben sieben Wochen in der Tasche, sind mittlerweile etwa zehn Zentimeter lang geworden, und ihre Stacheln haben begonnen, sich zu entwickeln. Das macht sie vermutlich zu sehr lästigen Bewohnern. Jedenfalls kratzt die Mutter sie nun heraus und legt sie in einen Bau ab. Sie füttert sie noch mehrere Wochen und fordert sie dadurch zum Saugen auf, daß sie die Jungen mit ihrer langen Schnauze neben ihren Körper schiebt und dann einen Katzenbuckel macht, so daß sich ihr Hinterkörper vom Boden löst. Die Jungen heben dann die Köpfe und klammern sich mit ihren kleinen Kiefern an Haarbüscheln fest.

Das einzige Futter, mit dem eine Reptilienmutter ihr Junges versorgt, ist der Dotter in seinem Ei. Aus dieser kleinen gelben Kugel muß das junge Wesen einen Körper aufbauen, der vollkommen und kräftig genug ist, damit es, sobald es die Schale verläßt, völlig selbständig ist. Es muß sich dann seine Nahrung selber besorgen – die fast immer von derselben Art ist wie die, von der es auch später lebt. Das Schnabeltier verwendet eine Methode, die viel mehr Möglichkeiten bietet. Seine Eier haben einen geringen Dottergehalt, aber die ständige Versorgung der Jungen gleich nach dem Schlüpfen mit besonders leicht verdaulicher Nahrung, der Milch, ermöglicht eine längere Entwicklungszeit. Dies ist eine wichtige Veränderung der Brutfürsorge, die auch für weiterentwickelte Formen entscheidend war und letztlich den großen Erfolg der Säugetiergruppe herbeiführte.

Die Körpergestalt von Schnabeltier und Ameisenigel ist zweifellos sehr altertümlich, aber wir haben keine sicheren Beweise, welche fossilen Reptilien ihre Vorfahren waren. Was wir von den vielen, die in Frage kommen, wissen, stützt sich weitgehend auf die Zähne, die zu den widerstandsfähigsten Teilen der Tierkörper gehören und darum häufig als Fossilien erhalten sind. Sie sind sehr aufschlußreich in bezug auf Nahrung und Gewohnheiten der Tiere. Außerdem sind sie sehr charakteristisch für eine Art, und Ähnlichkeiten zwischen Zähnen sind ein Beweis für stammesgeschichtliche Verwandtschaften. Leider verloren Schnabeltier und Ameisenigel ihre Zähne, als sich der eine auf die Futtersuche unter Wasser und der andere auf das Fressen von Ameisen verlegte. Ihre Vorfahren hatten sicher ein Gebiß, denn junge Schnabeltiere bekommen kurz

Ameisenigel, Australien

nach der Geburt drei kleine Zähne, verlieren sie aber nach kurzer Zeit; sie werden dann durch hornige Platten ersetzt. Unter den Fossilien findet sich kein bedeutsamer Hinweis auf ihre Vorfahren. So können wir praktisch nicht feststellen, aus welcher Gruppe fossiler Reptilien diese Geschöpfe hervorgegangen sind. Trotzdem ist die Vermutung begründet, daß die Art der Brutfürsorge, die das Schnabeltier und der Ameisenigel anwenden, von einigen Reptiliengruppen während ihrer Verwandlung in Säugetiere entwickelt worden waren.

Aber welche Reptilien waren das? Wichtige Merkmale der heutigen Säugetiere – Warmblütigkeit und Milchdrüsen – versteinern nicht, Haare selten. Wir können nur folgern, daß es sie gab. Wie wir bereits gesehen haben, entwickelten einige Dinosaurier wie Stegosaurus zweifellos sehr wirksame Methoden, um rasch Sonnenwärme aufzunehmen. Aber sie waren nicht die ersten Reptilien, die das taten. Einer früheren Gruppe, den Pelycosauriern, gelang das auch. Einem von ihnen, Dimetrodon, wuchsen an der Wirbelsäule lange Dornen, die ein Hautsegel trugen. Es muß genauso als Sonnenkollektor gedient haben wie die Platten des Stegosaurus. Aber interessant ist, daß sich die Dynastie des Pelycosaurus zwar weiterentwickelte, der segelähnliche Kamm jedoch verschwand. Es ist äußerst unwahrscheinlich, selbst wenn sich das Klima erwärmt haben sollte, daß der Evolutionsdruck es einem Tier gestattet haben sollte, eine derart wertvolle Methode der Wärmekontrolle aufzugeben, solange sie nicht durch eine wirkungsvollere ersetzt wurde. Darum ist anzunehmen, daß die Pelycosaurier und ihre Nachfolger, die Therapsiden, bis zu einem gewissen Grade endotherm waren. Die Therapsiden waren nur einen Meter lang. Endothermie bedarf besonders bei derart kleinen Tieren einer gewissen Körperisolierung, um wirksam zu sein. Bei einigen Vertretern dieser Gruppe konnten tatsächlich Reste einer Fellbedeckung nachgewiesen werden.

Es gibt noch andere Hinweise, daß die Therapsiden auf dem Wege waren, Säuger zu werden. Die Wärmeerzeugung innerhalb des Körpers nach Art der Warmblütler verbraucht viel Energie und hätte eine Zunahme der täglichen Nahrungsmenge wie auch eine Beschleunigung des Verdauungsvorganges erfordert. Ein Weg, um dies zu erreichen, ist der Ersatz der typischen Reptilienzähne, die sehr einfach und pflockartig sind und wenig mehr als zufassen können, durch spezialisierte Schneide- und Backenzähne, die die Nahrung mechanisch zerkleinern. Das ist genau die Veränderung, die sich bei den Zähnen der Therapsiden feststellen läßt.

Aber angenommen, sie wären warmblütig und auch behaart gewesen, hätte sie das zu Säugern gemacht? Das ist natürlich eine gewissermaßen irreale Frage, denn diese Einteilungen sind Erfindungen des Menschen – nicht der Natur. Praktisch gehen die Ahnenreihen der einzelnen Gruppen unmerklich ineinander über. Die anatomischen Merkmale, die der Mensch als charakteristisch für eine Gruppe auswählt, können sich mit unterschiedlicher Geschwindigkeit verändern, so daß eines sich bereits weiter entwickelt hat, während die übrigen unverändert blieben. Außerdem können Umweltbedingungen, die derartige Veränderungen beeinflussen, ähnliche Reaktionen bei verschiedenen Tiergruppen auslösen. Tatsächlich scheint kein Zweifel zu bestehen, daß die Warmblütigkeit zu verschiedenen Zeiten von mehreren, ganz unterschiedlichen Reptiliengruppen erworben wurde. Es mag daher sein, daß die Reptilienlinie, von der das Schnabeltier und der Ameisenigel abstammen, nicht dieselbe war wie jene, die die anderen Säugetiere entstehen ließ.

Wie immer der Stammbaum genau aussehen mag, zumindest eine Reptiliengruppe vollbrachte vor rund 200 Millionen Jahren den Übergang zum Säugetier. Ein kleines Fossil, 1966 im südlichen Afrika entdeckt, ist das früheste vollständige Exemplar eines Säugetieres, das bisher gefunden wurde. Doch diese Tiere starben wieder aus. Zehn Jahre später entdeckten Berliner Paläontologen in einer portugiesischen Braunkohlengrube, die sie nur aus wissenschaftlichen Gründen abbauten, ein 150 Millionen Jahre altes Fossil. Dieses mausgroße Tier hatte Zähne, die darauf spezialisiert waren, Insekten zu fressen, und Beutelknochen, wie sie bei den heutigen Beuteltieren vorkommen. Seine Jungen mußten sich also in einem Beutel entwickelt haben und wohl dort auch gesäugt worden sein. Damit waren also die ersten Säugetiere erschienen.

Dennoch gingen die nächsten großen Entwicklungen der Landtiere nicht von ihnen aus. Vielmehr begannen die Dinosaurier ihre dramatische Expansion. Obwohl die kleinen Säuger ihnen an Zahl und Größe weit unterlegen waren, überlebten sie dank ihrer Warmblütigkeit, die ihnen ermöglichte, nachts aktiv zu sein, während die großen Reptilien apathisch wurden. Dann müssen sie aus ihren Verstecken herausgekommen sein und Insekten und andere kleine Tiere gejagt haben. So blieb die Lage lange Zeit – 135 Millionen Jahre –, aber schließlich erfüllte sich das Schicksal der Dinosaurier, und als sie dann vor 65 Millionen Jahren verschwanden, waren die kleinen Säuger bereit, die Herrschaft zu übernehmen.

Unter ihnen gab es Tiere, die dem heute in Nord- und Südamerika lebenden Opossum sehr ähnlich waren. Das Virginische Opossum ist ein großes, rattenartiges Tier mit Bart und einem struppigen Fell, Knopfaugen und einem langen nackten Schwanz, den es um einen Ast wickeln und sich wenigstens für kurze Zeit daran aufhängen kann. Es hat ein großes Maul, das es beängstigend weit aufreißt und dabei eine große Zahl kleiner, scharfer Zähne entblößt. Das Opossum ist ein zähes und anpassungsfähiges Tier, das sich in ganz Amerika ausgebreitet hat, von Argentinien im Süden bis nach Kanada im Norden. Dort sind die Temperaturen manchmal so niedrig, daß seine großen, nackten Ohren erfrieren. Plündernd stromert es durch das Land und frißt Früchte, Insekten, Würmer, Frösche, Eidechsen, junge Vögel – kurz alles, was als eßbar anzusehen ist.

Höchst ungewöhnlich an diesem Tier ist auch seine Vermehrung. Das Weibchen hat an der Bauchseite eine weite Tasche, in der es die Jungen aufzieht. Als Pinzon, der Kolumbus auf seinen Entdeckungsreisen begleitet hatte, Anfang des 16. Jahrhunderts das erste Opossum aus Brasilien nach Europa brachte, hatte noch niemand etwas ähnliches gesehen. Der König und die Königin von Spanien steckten nach gutem Zureden die Finger in die Tasche und staunten. Gelehrte gaben der Tasche den Namen Marsupium, Beutel, und so wurde das Opossum das erste in Europa bekannte Beuteltier.

Es bestand kein Zweifel, daß die Jungen in dem Beutel großgezogen wurden, denn man fand sie oft darin – winzige, nackte, rosa Geschöpfe, die mit ihren Mäulern an den Zitzen hingen. Aber wie gelangten sie dorthin? Damals meinten manche – und die Landbevölkerung in Amerika glaubt es immer noch –, die Jungen würden buchstäblich in den Beutel gepustet. Die Opossums paaren sich, so erzählt man sich, durch Nasenreiben. Die Jungen werden in der Nase empfangen, und zur rechten Zeit stecken die Weibchen die Nase in den Beutel, schnauben heftig und blasen die Jungen dort hinein. Das Märchen ist zweifellos darauf zurückzuführen, daß das Opossumweibchen, kurz ehe die Jungen in den Beutel kommen, die Nase hineinsteckt und ihn sorgfältig sauber leckt.

Die Wahrheit ist kaum weniger phantastisch. Wie Ameisenigel und Schnabeltiere haben Opossums eine Kloake mit Schließmuskel, in die After- und Urogenitalöffnung

münden. Die Tiere kopulieren, und das Männchen befruchtet die Eier des Weibchens in dessen Inneren, aber die entstehenden Embryonen haben nur kleine Dottersäcke, die sie versorgen, und nach 12 Tagen und 18 Stunden, der kürzesten Trächtigkeit, die bei Säugern bekannt ist, werden die Jungen hinausbefördert. Es sind blinde rosa Bröckchen, nicht größer als Bienen, die so ungegliedert sind, daß man sie kaum als Säuglinge bezeichnen kann. Das Weibchen kann bis zu zwei Dutzend von ihnen hervorbringen. Wenn sie aus der mütterlichen Kloake herauskommen, hangeln sie sich allein über eine Entfernung von rund acht Zentimetern durch das Fell bis zum Beutel. Es ist die erste und gefährlichste Reise ihres Lebens, und die Hälfte von ihnen mag dabei zugrunde gehen. Wenn sie die Wärme und Geborgenheit des Beutels erreicht haben, schnappt sich jedes eine der 13 Zitzen und beginnt, Milch zu trinken. Haben mehr als 13 die Reise überstanden, müssen die Zuspätkommenden, die keine freie Zitze mehr finden, verhungern und sterben.

Neun oder zehn Wochen später klettern die Jungen aus dem Beutel. Sie sind nun voll entwickelt, haben Mausgröße und klammern sich im Fell der Mutter fest, was eine sehr unsichere Methode zu sein scheint. Eine berühmte Merian-Illustration aus dem frühen 18. Jahrhundert zeigt ein südamerikanisches Opossum, dessen Junge ihre feinen Schwänze um den der Mutter gewickelt haben, den sie hinter sich herzieht. Als diese Darstellung von einem Illustrator nach dem anderen kopiert wurde, verwandelte sich die Körperhaltung, und die Opossummutter hielt nun ihren Schwanz über dem Rücken, und die Jungen hingen säuberlich daran aufgereiht, wie an einer Haltestange in der Straßenbahn. Als Museen ausgestopfte Opossums ausstellen wollten, zog man Bücher zu Rate und arrangierte sie verständlicherweise in dieser reizvollen Haltung, womit die Mär neue Glaubwürdigkeit erhielt. Doch ist das nur eine der Fabeln, die sich um dieses seltsame Tier ranken. Junge Opossums sind bei weitem nicht so friedlich. Sie klettern überall auf ihrer Mutter umher und klammern sich an das lange Fell, manchmal unten, manchmal auf dem Rücken – mit genausoviel Hemmungslosigkeit und Mißachtung der Sicherheit wie herumspringende Kinder auf einem Abenteuerspielplatz. Es dauert drei Monate, bis sie die Mutter verlassen und ein eigenes, selbständiges Leben beginnen.

Die Opossums gehören zu den Beutelratten, von denen es 76 Arten in Amerika gibt. Die kleinste ist mausgroß und hat keinen Beutel. Ihre Jungen, die nicht größer als ein Reiskorn sind, hängen an den Zitzen zwischen den Hinterbeinen der Mutter wie eine kleine Weintraube. Der größte ist der Schwimmbeutler, der etwa einem Otter gleichkommt. Er hat Schwimmhäute an den Füßen und hält sich meistens im Wasser auf. Seine Jungen werden durch einen sorgfältig ausgebildeten Beutel vor dem Ertrinken geschützt. Der Eingang zu diesem Beutel kann durch einen Ringmuskel verschlossen werden wie ein Pompadour durch eine Zugschnur. Die Jungen im Beutel können einige Minuten des Tauchens überstehen und atmen Luft mit einem Kohlendioxidgehalt, die andere Lebewesen umbringen würde.

Die ersten einwandfrei als Beuteltiere identifizierten Fossilien wurden in Südamerika gefunden, und es mag sein, daß die Gruppe dort herstammt. Aber die größte Zahl von Beuteltieren lebt heute nicht in Amerika, sondern in Australien. Wie konnten sie von einem Kontinent zum anderen gelangen?

Um diese Frage zu beantworten, müssen wir zu jener Periode zurückkehren, als die Dinosaurier auf dem Höhepunkt ihrer Vorherrschaft standen. Damals waren die Kontinente der Erde in Kontakt miteinander. Daher sind Fossilien von nahe verwandten

Dinosauriern auf allen heutigen Kontinenten gefunden worden, in Nordamerika wie in Australien, in Europa wie in Afrika. Die frühen säugerähnlichen Reptilien müssen ähnlich weit verbreitet gewesen sein. Aber gegen Ende der Dinosaurierherrschaft zerbrachen die Verbindungen der großen Landmassen – die des nördlichen Superkontinents, der das heutige Europa, Asien und Nordamerika umfaßte, und die des südlichen, der aus Südamerika, Afrika, der Antarktika und Australien bestand. Unter anderem erweiterte sich der Atlantische Ozean gewaltig.

Der hauptsächliche Beweis für diese Gruppierung und die anschließende Spaltung und Verschiebung ist geologischer Art. Er ergibt sich aus Untersuchungen über die Art und Weise, wie die heutigen Kontinente ihrer Form nach zueinander passen, über den Zusammenhang zwischen Gesteinen der gegenüberliegenden Küsten und über die Ausrichtung magnetischer Kristalle im Gestein, die deren Stellung zur Zeit ihrer Bildung anzeigen, aus Altersbestimmung der großen Meeresrücken und der Inseln, aus Bohrungen auf dem Meeresgrund und anderen Untersuchungen.

Die Verbreitung vieler Tiere und Pflanzen liefert erhärtende Beweise. Riesige flugunfähige Vögel sind ein besonders eindeutiger Fall. Wie wir gesehen haben, erscheinen sie frühzeitig in der Geschichte der Vögel. Eine Gruppe, zu der die wilde Diatryma gehörte, entwickelte sich auf dem nördlichen Superkontinent. Sie alle sind heute ausgestorben. Auf dem südlichen Superkontinent erschien eine andere Familie, der es besser erging. Es waren die Flachbrustvögel, der Nandu in Südamerika, der Strauß in Afrika, Emu und Kasuar in Australien und der Kiwi in Neuseeland. Die Verbreitung dieser Vögel war ein großes Rätsel. Sie sind sich so ähnlich, daß sie sehr wahrscheinlich alle von einem einzigen flugunfähigen Vorfahren abstammen. Aber wie vermochten sich Nachkommen, die nicht fliegen konnten, auf diesen weit auseinanderliegenden Erdteilen auszubreiten? Da es einstmals einen südlichen Superkontinent gegeben hat, ist das die Lösung des Rätsels. Die Vögel waren einfach in seine verschiedenen Teile gewandert und dort geblieben, wo sie sich zu den verschiedenen Formen entwickelten, die wir heute kennen, während sich die Landmasse in die einzelnen Kontinente aufteilte.

Auch Flöhe erhärten diese Anschauung. Diese parasitischen Insekten wandern mit den Tieren, auf denen sie leben, entwickeln sich aber leicht zu neuen Arten und suchen sich neue Wirte. Einige Familien sehr charakteristischer Flöhe findet man nur in Australien und Südamerika. Es scheint kaum glaublich, daß sie, hätten ihre Wirte sie durch Europa und Nordamerika, der einzigen alternativen Route, mitgebracht, nicht unterwegs Verwandte bei anderen Pelztieren zurückgelassen hätten.

Es gibt aber auch botanische Beweise. Die Südbuche, ein waldbildender Baum, der mit der europäischen Buche verwandt, aber ganz unterschiedlich ist, gedeiht nur im gemäßigten Klima der Südhalbkugel. Diese Verbreitung ist nun leicht erklärlich.

Die große südliche Landmasse begann sich schließlich aufzulösen. Afrika wurde abgetrennt und driftete nach Norden. Australien und die Antarktika blieben beieinander und waren entweder über eine Landbrücke oder eine Inselkette mit der Südspitze Südamerikas verbunden. Zu dieser Zeit haben sich die Beuteltiere offenbar aus dem frühen Wurzelbereich des Säugers entwickelt. Wenn das in Südamerika geschah, wie einige Beweise es andeuten, dann verbreiteten sie sich von hier aus auf den australisch-antarktischen Bereich.

Mittlerweile entwickelten sich primitive Säugetiere auch auf dem nördlichen Superkontinent. Sie sollten eine andere Ernährungsweise für ihre Jungen entwickeln. Statt sie in einem sehr frühen Entwicklungsstadium in einem äußeren Beutel unterzubringen, behielten sie sie im Inneren des weiblichen Körpers und ernährten sie mit Hilfe einer Plazenta. Diese Methode wollen wir später untersuchen. Im Augenblick genügt die Feststellung, daß es diesen anderen Zweig der Säugetiere gab.

Die südamerikanischen Beuteltiere gediehen prächtig, solange sie den Kontinent für sich allein hatten. Eine große wolfsähnliche Art trat auf, und auch ein leopardenähnlicher Fleischfresser mit säbelartigen Reißzähnen. Aber die Bruchstücke des südlichen Superkontinents drifteten auseinander, und Südamerika verschob sich langsam nordwärts. Zu gegebener Zeit verband es sich bei Panama durch eine Landbrücke mit Nordamerika. Über diese Landbrücke kamen nun die plazentalen Säugetiere, um den Beuteltieren den Besitz Südamerikas streitig zu machen. Im Verlauf dieser Rivalitäten verschwanden viele Beuteltierarten – nur die zähen, anpassungsfähigen Beutelratten blieben übrig. Einige von ihnen wanderten nach Norden und besiedelten Nordamerika, wie das Virginische Opossum auch heute noch.

Die Beuteltiere, die im mittleren Teil des südlichen Superkontinents gelebt hatten, sind zugrunde gegangen. Diese große Landmasse wurde die Antarktika. Sie driftete über den Südpol, wo es so kalt war, daß sie vergletscherte und das Leben zu Lande unerträglich wurde. Die Geschöpfe auf dem dritten Teil des Superkontinents hatten jedoch mehr Glück. Das war Australien. Es driftete nach Nordost in die Weite des Pazifiks und blieb von jedem anderen Kontinent völlig getrennt. So haben sich seine Beuteltiere in den letzten 50 Millionen Jahren isoliert entwickelt.

Während dieser langen Periode spalteten sie sich in eine große Zahl verschiedener Typen, die die vielfältigen Möglichkeiten der Umwelt ausnutzten. Die Überreste einiger Exemplare der spektakulären Arten, die einst existierten, kann man in den Kalksteinhöhlen von Naracoorte, 250 Kilometer südlich von Adelaide, sehen. Diese Höhlen waren lange Zeit wegen der Schönheit ihrer Stalaktitenbildung berühmt. Doch als 1969 ein feiner Luftstrom durch die Felsbrocken am Ende der Hauptkammer strich, kam man auf die Idee, daß dahinter noch bisher unbekannte Kammern liegen könnten. Es wurde ein enger Durchgang ausgeschachtet, der schließlich zu der größten Lagerstätte fossiler Beuteltiere führte, die je gefunden wurde.

Nachdem man eine Stunde auf Händen und Knien gekrabbelt ist, sich durch schmale Felsspalten geschlängelt hat und durch enge gewundene Kamine nach unten geklettert ist, kommt man schließlich zu zwei niedrigen Galerien. Um hineinzugelangen, muß man bäuchlings durch einen engen Tunnel robben. Vor einem liegt nun eine lange Galerie, nicht mehr als einen Meter hoch, an deren Decke Stalaktiten hängen. Die Luft ist so feucht, daß einem der Atem wie ein Dunstschleier vor dem Gesicht hängt, und ein halbes Dutzend Menschen auf einmal könnte diese Galerie in wenigen Minuten mit Nebel erfüllen. Der Boden ist mit weichem roten Schlick bedeckt, der von einem längst versiegten unterirdischen Fluß hier abgelagert wurde. Mit dem Schlamm brachte er Knochen von Beuteltieren mit. Einige stammen von Tieren, die in der oberen Höhle gelebt hatten, andere offenbar von Tieren aus den umgebenden Wäldern, die zufällig in Schlundlöcher am Höhleneingang gestürzt und umgekommen waren. Die Knochen liegen dicht verstreut auf dem Schlamm – Beinknochen, Schulterblätter, Zähne und vor allem Schädel. Alle haben eine schöne, cremeweiße Farbe, als kämen sie gerade aus dem Bleichbad eines Anatomen. Die meisten sind so zerbrechlich, daß sie beim Berühren zerfallen. Sie konnten nur gefahrlos aufgenommen werden, nachdem sie von den

Paläontologen sorgfältig mit Kunststoffschaum und Gips ummantelt worden waren.

Es liegen dort Überreste eines Beuteltiers von der Größe und Gestalt eines Nashorns und eines Känguruhs mit dem Hals einer kleinen Giraffe, das an den Zweigen der Bäume weidete. Über die Lebensweise eines weiteren Tiers wird noch diskutiert. Ursprünglich wurde es für einen Fleischfresser gehalten, da seine Backenzähne zu gewaltigen Schneiden verlängert sind, mit denen es Fleisch und Knochen seiner Beute hätte durchschneiden können. In Anbetracht seiner Größe wurde es Beutellöwe genannt. Inzwischen haben Untersuchungen seiner Vorderbeine gezeigt, daß sie zum Anklammern geeignet waren – er könnte also ein Baumkletterer gewesen sein und seine gefährlich aussehenden Backenzähne nur zum Zerkleinern harter Früchte benutzt haben.

Diese Wesen starben vor rund 40 000 Jahren aus. Was letztlich ihre Ausrottung herbeiführte, ist noch unbekannt. Es mag sein, daß sich Klimaänderungen auf die Tiere auswirkten. Australien driftete, nachdem es sich von der Antarktika gelöst hatte, weiterhin nach Norden. Das tut es tatsächlich auch heute noch und so schnell wie eh und je, nämlich um fünf Zentimeter pro Jahr. Diese Verschiebung brachte eine allmähliche Erwärmung und Austrocknung des Kontinents mit sich.

Natürlich überlebte eine große Anzahl von Beuteltieren. Heute gibt es ein Dutzend große Familien mit fast zweihundert Arten. Viele dieser Wesen zeigen Parallelen zu plazentalen Säugetieren, die sich auf der Nordhalbkugel entwickelt haben. Als Siedler aus Europa nach Australien kamen, gaben sie den Beuteltieren Namen der europäischen Säugetiere, die ihnen am ähnlichsten waren. In den Wäldern des gemäßigten Klimas im Süden fanden die Siedler kleine spitznasige, langschwänzige, pelzige Tiere und nannten sie verständlicherweise Beutelmäuse. Der Name ist eigentlich nicht passend, denn es sind keine Nagetiere, die schüchtern Körner knabbern, sondern wilde Jäger; sie fallen über Insekten her, die ebenso groß sind wie sie, und die sie knirschend zerkauen. Es gibt auch fleischfressende Beuteltiere, die sich an Reptilien und Nestlinge heranmachen und Beutelmarder heißen. Bis vor kurzem gab es auch einen Beutelwolf, der ein guter Jäger war. Er begann, die neu eingeführten Schafe zu fressen, und wurde schließlich von den Farmern ausgerottet. Der letzte identifizierte Beutelwolf wurde 1933 in Nordwesttasmanien gefangen, aber vielleicht haben einige wenige Tiere in abgelegenen Teilen Tasmaniens überlebt.

In zwei Fällen sind die Parallelen zwischen plazentalen Säugetieren und Beuteltieren so stark, daß es fast unmöglich ist, diese Tiere zu unterscheiden, wenn man sie in einem Zoo sieht und sie nicht genau untersuchen kann. Der Kurzkopf-Gleitbeutler ist ein kleines, laub- und blütenfressendes Beuteltier, das auf Eukalyptusbäumen lebt. Es hat einen Hautfallschirm, der seine Vorder- und Hinterbeine miteinander verbindet, und mit dem es von Ast zu Ast segelt. Es sieht fast wie ein nordamerikanisches Gleithörnchen aus. Eine grabende Lebensweise erfordert sowohl bei Beuteltieren wie bei plazentalen Gräbern besondere Einrichtungen, die beide Gruppen entwickelt haben. Die Mulle beider Gruppen, Gold- wie Beutelmulle, haben ein kurzhaariges, seidiges Fell, rückgebildete Augen, kräftige, zum Graben geeignete Vorderbeine und einen stummelförmigen Schwanz. Der weibliche Beutelmull hat zwar einen Beutel, der sich aber zum Glück für die Jungen nach hinten öffnet, so daß beim Graben keine Erde eindringen kann.

Nicht alle Beuteltiere haben so genaue Entsprechungen unter den plazentalen Säugetieren. Der mittelgroße Koala lebt auf Bäumen und frißt Blätter, eine Tätigkeit, die an anderen Orten Affen ausüben. Aber äußerlich ist der Koala kaum affenähnlich zu nennen, und sein langsames und schwerfälliges Wesen hat keinerlei Ähnlichkeit mit dem der intelligenten und schnell reagierenden Affen. Der Ameisenbeutler ist, wie sein Name besagt, ein Ameisenfresser. Er hat die lange klebrige Zunge, die alle Ameisenfresser zum Sammeln ihrer Nahrung brauchen, aber seine Anpassungen sind lange nicht so extrem wie z. B. die des Großen Ameisenbären in Südamerika, der eine gebogene rüsselförmige Schnauze und keine Zähne mehr hat. Die Kiefer des Ameisenbeutlers sind bei weitem nicht so verlängert, und er hat auch noch alle Zähne. Ein Beuteltier, der Honigbeutler, hat überhaupt keine Entsprechung unter den plazentalen Säugetieren. Es ist mausgroß, hat eine spitze Schnauze und eine Zunge mit einer Bürste am Ende wie einige Sittiche, mit der er Pollen und Nektar aus Blüten holt.

Im gemäßigten Klima von Tasmanien lebt in den Wäldern ein anderes ausschließlich australasiatisches Beuteltier, das Boodie oder Lesueur-Bürstenkänguruh. Es gehört zu einer kleinen Gruppe, die den Namen Ratten-Känguruhs führt. Dieses scheue, nächtliche Tier frißt alles, auch Fleisch, und hat ein Paar spitzer Eckzähne, die ihm das erleichtern. Es macht sein Nest in einer Bodenvertiefung und sammelt sein Nistmaterial sehr eifrig und auf raffinierte Weise. Es nimmt mit dem Maul ein wenig Stroh auf, schichtet es auf dem Boden zu einem Bündel und schiebt dieses dann mit den Hinterbeinen nach hinten auf seinen langen Schwanz. Der Schwanz ringelt sich fest um das Stroh, so daß es zusammengepreßt wird, und um das Bündel wegzubringen, hüpft das Bürstenkänguruh. Es benutzt dabei ausschließlich die Hinterbeine, die sehr lange Füße haben. Wenn man ein Tier zeichnen sollte, das der primitive Ahn jenes berühmtesten australischen Tieres, des Riesenkänguruhs, gewesen sein könnte, dann würde es wohl so aussehen wie das scheue, im Wald lebende, allesfressende, hüpfende Boodie.

Die Entwicklung des Känguruh-Clans wurde durch die anhaltende Drift Australiens nach Norden und die daraus folgende Erwärmung und Austrocknung beschleunigt. Der Wald, der große Teile des Landes bedeckt hatte, lichtete sich und wurde durch offeneres Gelände und Grasland ersetzt. Gras ist ein gutes Futter, doch den Wald zu verlassen und ungeschützt zu grasen bedeutet, den Angriffen jagender Tiere ausgesetzt zu sein. So mußte jeder Weidegänger, der die Ebenen besiedeln wollte, flink sein. Die Känguruhs wurden es durch eine stark übertriebene Version der Boodie-Methode. Sie springen – und zwar gewaltig.

Niemand weiß, warum sich Känguruhs dieser Methode bedienen und nicht auf allen Vieren laufen wie praktisch alle in der Ebene lebenden Pflanzenfresser in der ganzen Welt. Vielleicht war die Tendenz zu einer aufrechten Haltung bereits bei ihren Vorfahren wie bei denen der Boodies vorhanden, obwohl die Frage damit nur in ein früheres Stadium zurückverlegt wird. Vielleicht hängt das Springen mit dem Transport gewichtiger Jungen im Beutel zusammen, der sich besonders bei hoher Geschwindigkeit und über Stock und Stein mit aufgerichtetem Oberkörper bequemer durchführen läßt. Was auch der Grund gewesen sein mag, die Känguruhs haben es im Springen zu großer Vollkommenheit gebracht. Ihre Hinterbeine sind ungemein kräftig, der lange muskulöse Schwanz wird steif nach hinten ausgestreckt und wirkt als Gegengewicht. Die Tiere können im Spurt Geschwindigkeiten von 60 km/h erreichen und fast drei Meter hohe Zäune überspringen.

Die zweite Schwierigkeit, mit der sich Grasfresser auseinandersetzen müssen, ist die Abnutzung ihrer Zähne. Gras ist zäh, besonders jenes, das heute in den ausgedörrten

214

Ebenen Zentralaustraliens wächst. Wird es im Maul zu Brei zerkaut, ist das zwar eine wertvolle Hilfe für die Verdauung, nutzt aber die Zähne sehr stark ab. Die Weidegänger in anderen Erdteilen haben Backenzähne mit offenen Wurzeln, die, solange das Tier lebt, nachwachsen und so den Verschleiß ausgleichen. Die Zähne der Känguruhs haben diese Eigenschaft nicht. Ihre Wurzeln sind geschlossen, und deshalb haben sie eine andere Methode des Ersatzes. Auf jeder Seite eines Kiefers stehen 4 Backenzähne. Nur jeweils der vorderste wird benutzt. Ist er bis auf die Wurzel abgekaut, fällt er aus, und der dahinterstehende rückt an seine Stelle. Wenn die Tiere 15 oder 20 Jahre alt sind, machen sie von ihren letzten Backenzähnen Gebrauch. Zu guter Letzt sind auch diese Zähne abgenutzt und fallen aus, und wenn das ehrwürdige Tier bis dahin noch nicht eines anderen Todes gestorben ist, verhungert es schließlich.

Zur Familie der Känguruhs gehören heute mehr als 40 Arten. Die kleineren werden gewöhnlich Wallabies genannt. Das größte ist das Rote Riesenkänguruh, das aufgerichtet größer als ein Mensch und damit das größte aller lebenden Beuteltiere ist. Känguruhs pflanzen sich in sehr ähnlicher Weise fort wie die Opossums. Das Ei, das noch in Überreste einer nur einige Mikrometer dicken Schale gehüllt ist und nur wenig Dotter in sich birgt, steigt vom Ovar (Eierstock) in den Uterus (die Gebärmutter) ab. Dort wird es freiliegend befruchtet und beginnt seine Entwicklung. Handelt es sich dabei um die erste Paarung eines Weibchens, dann bleibt das Ei dort nicht lange. Beim Roten Riesenkänguruh dauert es nur dreiunddreißig Tage bis zur Geburt. Gewöhnlich kommt nur ein Junges auf einmal zur Welt. Es ist ein blindes, nacktes Würmchen von wenigen Zentimetern Länge. Seine Hinterbeine sind nur kleine Knospen. Die Vorderbeine sind besser entwickelt, und mit ihnen krabbelt der Keimling durch den dichten Pelz am Unterkörper der Mutter. Sie selbst scheint das Junge gar nicht zu beachten. Früher nahm man an, sie würde ihm wenigstens dadurch helfen, daß sie ihm durch Lecken ihres Fells einen Weg bahnt, doch heute weiß man, daß sie sich mit dem Lecken lediglich von den Flüssigkeitsresten aus den gesprengten Eihäuten säubert.

Die Reise des Neugeborenen bis zum Beutel dauert etwa drei Minuten. Dort angekommen, hängt es sich an eine der vier Zitzen und beginnt zu saugen. Fast gleichzeitig beginnt auch der Geschlechtszyklus der Mutter von neuem. Ein weiteres Ei steigt in den Uterus ab, und sie wird wieder empfängnisbereit. Sie paart sich, und das Ei wird befruchtet. Doch dann geschieht etwas Ungewöhnliches. Die Entwicklung des Eies wird unterbrochen!

Inzwischen wächst das Beuteljunge prächtig heran. Die Zitze ist lang und hat eine leichte Schwellung am Ende, so daß, wenn unvorsichtig an ihr gezogen wird, das Maul des Beuteljungen einreißen und etwas bluten kann. Doch ist nichts Wahres an der Mär, daß Mutter und Beuteljunges miteinander verschmelzen oder daß die Milch unter Druck in das Junge gepumpt wird.

Nach 190 Tagen ist das Junge groß und selbständig genug, um seinen ersten Ausflug aus dem Beutel zu unternehmen. Von nun an verbringt es immer mehr Zeit in der Außenwelt und verläßt schließlich nach 235 Tagen den Beutel zum letztenmal.

Wenn um diese Zeit Dürre herrscht, wie es in Mittelaustralien so oft geschieht, bleibt das befruchtete Ei im Uterus weiterhin in seinem ruhenden Zustand. Ist jedoch Regen gefallen und genug Weidegras vorhanden, dann beginnt dieses Ei jetzt seine Entwicklung von neuem. Dreiunddreißig Tage später verläßt ein weiteres bohnengroßes Junges die Kloake der Mutter und begibt sich auf den mühsamen und gefährlichen Weg zum

216

Beutel. Das Weibchen paart sich dann sofort wieder. Das Erstgeborene verzichtet jedoch nicht so schnell auf seine Milchversorgung. Regelmäßig kommt es zurück, um aus »seiner« Zitze zu trinken. Aber überdies hat die Milch, mit der es jetzt versorgt wird, eine andere Konsistenz als die zuerst erhaltene. Das Weibchen hat also nun drei Junge zu versorgen: Ein freilebendes Junges, das schon weidet, aber sich zum Säugen einstellt; ein zweites, das winzige Neugeborene, das an der Zitze im Beutel saugt, und ein drittes, das befruchtete, aber noch ruhende Ei, das im Uterus auf die große Stunde wartet.

Es ist eine weitverbreitete Vorstellung, die Beuteltiere seien Geschöpfe von gestern, kaum fortgeschrittener als jene primitiven, eierlegenden Formen wie Schnabeltier und Ameisenigel. Das entspricht keineswegs der Wahrheit. Die Fortpflanzungsmethode der Beuteltiere muß gewiß schon sehr früh in der Entstehungsgeschichte der Säugetiere aufgetreten sein, doch haben die Känguruhs sie wunderbar verfeinert. Kein anderes Lebewesen auf der Erde kann sich mit einem Känguruhweibchen messen, das über einen großen Zeitraum seines Lebens drei Kinder in ganz unterschiedlichen Entwicklungsstadien versorgt.

Der Säugetierkörper ist ein komplizierter Organismus, der lange Zeit zu seiner Entwicklung benötigt. Schon als Embryo ist er warmblütig und hat einen hohen Stoffwechsel. Diese beiden charakteristischen Merkmale erfordern, daß das Junge während seiner Entwicklung mit beträchtlichen Nahrungsmengen versorgt wird. Alle Säugetiere haben Mittel und Wege gefunden, um weit mehr zur Verfügung zu stellen, als je in einem beschalten Ei enthalten sein könnte. Wir wissen nicht, ob die frühen Säugetiere auf dem nördlichen Superkontinent je ein Beuteltierstadium durchlaufen haben. Es könnte sein, daß sie von einem Zweig der säugerähnlichen Reptilien abstammten, der niemals Beutel hatte. Sicherlich ist es höchst unwahrscheinlich, daß ihre Vorfahren diese Methode zu einer solchen Vollkommenheit entwickelten wie die heute lebenden Beuteltiere Australiens. Doch die nördliche Methode der Plazenta bietet auch Vorteile.

Die Plazenta oder der Mutterkuchen ermöglicht den Jungen, sehr lange im Uterus zu bleiben. Sie ist eine flache Scheibe, die sich an der Wand des Uterus bildet und durch die Nabelschnur mit dem Foetus verbunden ist. Die Verbindung mit der Uteruswand ist stark aufgefaltet, so daß die Oberfläche zwischen der Plazenta und dem mütterlichen Gewebe sehr groß ist. Hier findet der Austausch zwischen Mutter und Foetus statt. Blut geht nicht direkt von der Mutter auf die Jungen über, aber Sauerstoff aus der Lunge der Mutter und Nährstoffe aus ihrer Nahrung, die in ihrem Blut gelöst sind, diffundieren durch die Verbindung und gelangen so in das Blut des Kindes. Es gibt auch einen Austausch in der anderen Richtung. Die Ausscheidungsstoffe des Foetus werden vom Blut der Mutter aufgenommen und dann durch ihre Nieren ausgeschieden.

All das bringt große biochemische Komplikationen mit sich. Es gibt aber noch weitere. Zum Fortpflanzungszyklus der Säugetiere gehört die regelmäßige Produktion eines neuen Eies. Das bedeutet für die Beuteltiere keine Schwierigkeit, denn bei allen Arten wird das Junge geboren, ehe es so weit ist, daß das nächste Ei gebildet wird. Der plazentale Foetus bleibt jedoch viel länger im Uterus. Daher scheidet die Plazenta ein Hormon aus, das den mütterlichen Fortpflanzungszyklus solange unterbricht, wie die Plazenta da ist, so daß keine weiteren Eier gebildet werden, die dem Foetus den Platz im Uterus streitig machen könnten.

Es gibt noch ein weiteres Problem. Genetisch ist das Gewebe des Foetus nicht mit dem der Mutter identisch. Es enthält auch Elemente vom Vater. Wenn es nun mit dem

218

Körper der Mutter verbunden wird, besteht die Gefahr einer Immunreaktion und Abstoßung in ähnlicher Weise wie bei einer Organverpflanzung. Wie die Plazenta es verhindert, daß dies geschieht, wissen wir noch nicht in allen Einzelheiten, doch scheint es durch die Produktion anderer hormonartiger Substanzen erreicht zu werden.

Durch diese Mittel und Wege können die Foeten plazentaler Säugetiere notfalls solange im Uterus bleiben, bis sie so weit entwickelt sind, daß sie gleich nach der Geburt voll beweglich sind. Doch auch danach werden sie noch eine Zeitlang mit Milch versorgt, bis sie sich in der großen weiten Welt ihr Futter selbst suchen können.

Die Methode der plazentalen Aufzucht erspart den Jungen die gefährliche Reise außerhalb des mütterlichen Körpers in einem sehr frühen Entwicklungsstadium, die das Junge der Beuteltiere unternehmen muß, und sie ermöglicht der Mutter, alle Bedürfnisse der Nachkommen in der langen Zeit, die sie in ihrem Körper bleiben, zu befriedigen. So können Wale und Robben ihre ungeborenen Jungen bei sich haben, auch wenn sie monatelang in eisigen Meeren schwimmen. Keinem Beuteltier, das luftatmende Junge in seinem Beutel hat, würde das je gelingen. Letztlich sollte sich die Methode der Plazenta-Bildung als einer der Faktoren erweisen, die für den Erfolg der Säugetiere bei der Eroberung der ganzen Welt ausschlaggebend waren.

10 Thema und Variation

Sitzt man ruhig und still in einem Urwald auf Borneo, wird man wahrscheinlich von einem kleinen pelzigen, langschwänzigen Wesen besucht, das auf allen vieren über die Zweige und den Boden huscht und überall neugierig mit seiner spitzen Nase herumstöbert. Es sieht aus wie ein Eichhörnchen und benimmt sich auch so. Ein plötzlicher, unerwarteter Lärm läßt es erstarren, seine glitzernden Knopfaugen weiten sich vor Angst. Genauso plötzlich nimmt es seine hektische Geschäftigkeit wieder auf, wobei sein Schwanz bei jeder Bewegung vor- und zurückwippt. Doch wenn es etwas Freßbares findet und nicht nach Eichhörnchenart mit den Vorderzähnen daran knabbert, sondern das Maul weit öffnet und genüßlich zu kauen beginnt, dann beobachtet man etwas weitaus Ungewöhnlicheres als ein Eichhörnchen, ein Tier von beträchtlicher Bedeutung — ein Tupaja.

Wenn es je ein Lebewesen gegeben hat, das alles und jedes sein konnte, dann ist es dieses. Die Eingeborenen auf Borneo halten es verständlicherweise für eine Art Eichhörnchen und gaben ihm den Namen Tupai, den die Wissenschaft für alle diese Tiere übernommen hat. Die ersten europäischen Wissenschaftler, die ein Exemplar fingen, nannten es Spitzhörnchen, als sie entdeckten, daß ihm die Nagezähne der Nagetiere fehlten und es statt dessen viele kleine spitze Zähne hatte. Andere Leute meinten, Einzelheiten seiner Genitalien wiesen auf eine Verwandtschaft mit den Beuteltieren hin. Vor einem halben Jahrhundert hat ein berühmter Anatom den Aufbau seines Schädels genau untersucht und festgestellt, das Tier habe ein überraschend großes Gehirn. Er behauptete, das Tupaja sei als Vorfahre der Affen und Menschenaffen anzusehen, und so ordnete er es dort ein.

Die Diskussion darüber ist noch nicht beendet. Zur Zeit neigt man dazu, es unter die Spitzmäuse einzuordnen. Doch die Tatsache, daß man Wesenszüge so vieler verschiedener Säugetiergruppen bei ihm finden kann, deutet darauf hin, daß es sehr wohl dem altertümlichen Geschöpf, von dem alle plazentalen Säugetiere abstammen, ähnlich sein könne. Nach den fossilen Skeletten zu urteilen, müssen die ersten Säugetiere, die durch die von den Dinosauriern beherrschten Wälder sausten, so ausgesehen haben — klein, langschwänzig, spitznäsig, dazu vermutlich bepelzt, warmblütig, aktiv und insektenfressend.

Die Herrschaft der Reptilien dauerte lange. Vor etwa 250 Millionen Jahren waren sie an die Macht gekommen. Sie hatten in den Wäldern geweidet. Fleischfresser hatten sich entwickelt und auf die Pflanzenfresser Jagd gemacht. Andere Arten vertilgten Aas. Die Plesiosaurier und die Ichthyosaurier durchkreuzten die Meere und stellten den Fischen nach. Pterosaurier segelten durch die Luft. Dann aber, vor etwa 65 Millionen Jahren, verschwanden alle diese Wesen.

Umseitig: Tupaja, Malaysia

Die Wälder der Erde lagen still da. Kein großes Tier bahnte sich dort krachend den Weg. Doch im Unterholz waren jene tupaja-artigen Säugetiere, die schon dagewesen waren, als die Dinosaurier zuerst erschienen, noch immer auf der Insektenjagd. Die Szene änderte sich in Hunderttausenden von Jahren kaum. Nach menschlichen Maßstäben sind solche Zeiträume eine Ewigkeit. Geologisch gesehen, war es nur ein Augenblick. In der Geschichte der Evolution war es eine Phase voll rascher und verblüffender Erfindungen, denn in dieser Zeit brachten die kleinen Insektenfresser Nachkommen hervor, die alle von den herrschenden Reptilien freigemachten Lebensräume besiedeln konnten und so alle großen Säugetiergruppen begründeten.

Das Tupaja ist nur eines dieser kleinen insektenfressenden Säugetiere, das bis heute überlebt hat. Überall auf der Welt findet man in abseitigen Lebensräumen welche. Viele tragen irreführende Namen, die zeigen, wie rätselhaft den Menschen ihr wahres Wesen war. In Malaysia lebt zusammen mit den Tupajas ein struppiges, reizbares Geschöpf mit einer langen Nase und gesträubten Schnurrhaaren, das kräftig nach verfaultem Knoblauch stinkt und unerklärlicherweise unter dem Namen Großer Haarigel bekannt ist. In Afrika gibt es das größte dieser Tiere, das Otterspitzmaus genannt wird, weil es schwimmt, und außerdem eine ganze Gruppe in Rattengröße, die springen kann, lange elegante Beine und bewegliche dünne Rüssel hat und Rüsselspringer heißt. Auf Kuba gab es ein Tier mit Namen Schlitzrüßler. Aber seit 1909 hat niemand mehr ein lebendes Exemplar gesehen, so daß es inzwischen ausgestorben sein mag. Eine andere Schlitzrüßlerart lebt noch auf der Nachbarinsel Haiti. Und eine ganze Gruppe, manche gestreift und bepelzt, manche mit Stacheln auf dem Rücken, die Tanreks heißt, findet man auf Madagaskar.

Doch nicht alle sind selten und wenig verbreitet. Der in Europa allgemein bekannte Igel ist auch ein primitiver Insektenfresser und unterscheidet sich nicht so sehr von den anderen, wenn wir ihn uns einmal ohne seine Stachelhaut vorstellen. Die Stacheln sind lediglich modifizierte Haare und kaum ein Hinweis auf die wahre Abstammung. Und dann gibt es auch Spitzmäuse. In vielen Teilen der Erde sind sie sehr häufig. Obwohl sie von der Nase bis zur Schwanzspitze nur acht Zentimeter messen, sind sie sehr angriffslustig und attackieren jedes andere kleine Lebewesen, das sie treffen, Artgenossen eingeschlossen. Sie haben einen großen Nahrungsbedarf und verzehren täglich ganze Scharen von Regenwürmern und Insekten. Zu ihnen zählt eines der kleinsten aller Säugetiere, die Zwergspitzmaus, die so winzig ist, daß sie sich durch bleistiftschmale Gänge zwängen kann. Spitzmäuse verständigen sich untereinander durch hohes, schrilles Gequieke. Manche ihrer Töne haben eine so hohe Frequenz, daß menschliche Ohren sie nicht aufnehmen können. Ihr Sehvermögen ist schwach, und einiges spricht dafür, daß sie diesen Ultraschall als eine einfache Form der Echopeilung verwenden.

Mehrere Spitzmausarten sind dazu übergegangen, ihre wirbellose Beute im Wasser zu jagen. In Europa gibt es zwei nahe verwandte Formen, die Desmane, von denen die eine in Rußland lebt, die andere nur in den Pyrenäen. Sie setzen ihre langen, beweglichen Nasen als Schnorchel ein, indem sie sie hochhalten, so daß sie über die Wasseroberfläche hinausragen, während die Desmane eifrig umherschwimmen und nach Nahrung suchen.

Die Insektenfresser haben auch eine Variante hervorgebracht, die ihr Futter ausschließlich unterirdisch sucht – den Maulwurf. Man könnte sich vorstellen, daß ein Fell bei unterirdischer Lebensweise eher hinderlich ist, doch leben viele Maulwurfarten in

Europäischer Maulwurf

gemäßigten Zonen und brauchen den Pelz, um sich warm zu halten. Deshalb ist er sehr kurzhaarig und ohne Strich, so daß die Haare in alle Richtungen zeigen und das Tier in den engen Gängen genausogut vorwärts wie rückwärts laufen kann. Augen sind unter der Erde wenig nütze. Sie sind daher stark rückgebildet. Etwas braucht ein Maulwurf indes, um seine Beute zu finden, und deshalb hat er an jedem Körperende ein Sinnesorgan. Vorn ist das nicht das Augenpaar, sondern die Nase, ein Geruchs- und Tastorgan, das mit vielen Sinneshaaren besetzt ist. Am Hinterende hat der Maulwurf einen kurzen und ebenfalls mit Sinneshaaren besetzten Stummelschwanz, mit dem er feststellen kann, was hinter ihm vorgeht. Der Sternmull in Amerika hat noch eine zusätzliche Struktur, eine elegante Rosette fleischiger Fühler rings um die Nase, die er ausstrecken und einziehen kann. Das mag einfach ein Tastorgan sein oder ein Hilfsmittel, um Veränderungen der chemischen Stoffe in der Luft festzustellen.

Maulwurfgänge sind nicht nur Verkehrswege, sondern auch Fallen für Regenwürmer, Käfer und Insektenlarven. Der Maulwurf ist ständig auf den Beinen und kann so in jedem Teil seiner ausgedehnten Gangsysteme alle drei bis vier Stunden mindestens einmal die Runde machen und täglich eine gewaltige Zahl von Tieren einheimsen und fressen. In den seltenen Fällen, in denen so viele Würmer in die Gänge geraten, daß es sogar den Appetit eines Maulwurfs übersteigt, sammelt er den Überschuß ein, macht jeden Wurm durch einen schnellen Biß bewegungsunfähig und lagert dann alle in seiner Speisekammer ein. In manchen dieser Vorratskammern wurden Tausende von gelähmten Würmern gefunden.

Einige Insektenfresser haben sich frühzeitig darauf spezialisiert, Ameisen und Termiten zu fressen. Das beste Werkzeug dafür ist zweifellos eine lange, klebrige Zunge. Viele Lebewesen, die nicht miteinander verwandt sind, sich aber auf diese Weise ernähren, haben unabhängig voneinander ein solches Organ entwickelt. Der Ameisenbeutler Australiens hat es, ebenso der Ameisenigel. Auch ameisenfressende Vögel wie Spechte und Wendehälse haben eine solche Zunge entwickelt, die in eine besondere Aussparung des Schädels paßt und sich bei einigen Arten um die Augenhöhle zieht. Die außergewöhnlichste Version einer solchen Zunge hat sich jedoch bei den frühen plazentalen Säugetieren entwickelt.

In Afrika und Asien leben sieben verschiedene Arten mittelgroßer Schuppentiere von etwa einem Meter Länge mit kurzen Beinen und langen kräftigen Greifschwänzen. Die größte Art vermag ihre Zunge 40 Zentimeter weit aus dem Maule herauszustrecken. Die Scheide, in die diese Zunge zurückgezogen wird, reicht bis in die Brusthöhle. Das Schuppentier hat alle Zähne verloren, und der Unterkiefer ist zu zwei dünnen Knochenspangen rückgebildet. Die Ameisen und Termiten, die durch den Schleim auf der Zunge gesammelt wurden, werden verschluckt und durch Muskelbewegungen des Magens, der verhornt ist und manchmal Steine enthält, die das Zermahlen unterstützen, zerkleinert.

Zahnlos und langsam, muß sich das Schuppentier auf andere Art schützen. Es hat einen Panzer horniger Schuppen, die sich wie Dachziegel überlappen. Bei der geringsten Gefahr zieht das Tier den Kopf auf den Bauch herunter, rollt sich zu einer Kugel zusammen und ringelt den muskulösen Schwanz herum. Nach meiner Erfahrung gibt es keine Methode, mit der man ein zusammengerolltes Schuppentier zwingen kann, sich aufzuwickeln. Möchte man es gern in voller Gestalt sehen, muß man abwarten, bis es von allein den Kopf herausstreckt.

226

Man könnte meinen, diese Tiere brauchten Schutz nicht nur vor Räubern, sondern auch vor Ameisen und Termiten, von denen sie leben. Denn abgesehen von ein paar spärlichen Haaren ist die Bauchseite nackt und sieht sehr verwundbar aus. Nasenlöcher und Ohren kann das Tier durch besondere Muskeln verschließen, doch außer in diesen überempfindlichen Bereichen scheint es gegen Insektenbisse unempfindlich zu sein. Vielleicht sind sie ihm sogar angenehm, und das aus denselben Gründen wie einem Vogel, der Ameisen geradezu ermutigt, durch sein Gefieder zu krabbeln. Das Schuppentier lüftet manchmal den Panzer und läßt Ameisen zwischen den Schuppen und auf der Haut herumkriechen, um sich von Parasiten zu befreien, die es unmöglich selbst wegkratzen kann. Manche Leute behaupten, es lege seine Schuppen wieder an, solange noch Ameisen darunter sind, und nehme dann ein Bad im Fluß, so daß die Ameisen herausgewaschen werden und die Toilette damit vollendet ist.

Südamerika hat seine eigene Gruppe von Insektenfressern, die sich schon sehr frühzeitig von den übrigen trennte. Ihre Vorfahren gehören zu jenen plazentalen Säugetieren, die vor 63 Millionen Jahren aus dem Norden über Panama einwanderten. Die Landbrücke bestand jedoch zuerst nicht sehr lange. Nach einigen Millionen Jahren wurde sie erneut vom Meer überflutet. So war dieser Kontinent wiederum abgeschnitten, und seine Tierwelt entwickelte sich isoliert. Schließlich kam die Landverbindung wieder zustande, und es gab eine zweite Invasion aus dem Norden, die dazu führte, daß viele der südamerikanischen Tiere ausstarben.

Aber es starben nicht alle. Die am wenigsten spezialisierten Überlebenden sind die Gürteltiere. Wie die Schuppentiere sind sie durch einen Panzer geschützt. Er besteht aus einer breiten Panzerschale über den Schulterblättern, einer zweiten über dem Becken und einer unterschiedlichen Zahl von Halbringen in der Mitte des Rückens, die eine gewisse Beweglichkeit gewährleisten.

Gürteltiere fressen Insekten und andere Wirbellose, aber auch Aas. Ihre Standardmethode der Futtersuche ist das Graben. Alle haben einen ausgezeichneten Geruchssinn. Wenn sie irgendetwas Freßbares im Boden entdecken, beginnen sie wie verrückt zu graben, schleudern die Erde in hohem Bogen hinter sich und drücken dabei die Nase auf den Boden, als hätten sie Angst, die Fährte zu verlieren. Wenn man sie beobachtet, fragt man sich, wie sie überhaupt noch atmen können. Tatsächlich tun sie es nicht. Sie haben die erstaunliche Fähigkeit, bis zu sechs Minuten den Atem anhalten zu können, sogar beim Graben. Diese Eigenschaft macht eine der Geschichten, die sich die Eingeborenen in Paraguay über diese Tiere erzählen, glaubwürdig. Sie behaupten, wenn ein Gürteltier zu einem Fluß kommt, läuft es über das Ufer hinunter ins Wasser, setzt seinen Weg seelenruhig im Flußbett fort und kommt dann auf der anderen Seite tropfnaß heraus, ohne sein Tempo vermindert zu haben.

Es gibt heute etwa 20 Gürteltierarten, früher jedoch viel mehr, und darunter war ein Gigant, dessen einteiliger gewölbter Panzer etwa so groß war wie ein kleines Auto. Ein solcher versteinerter Panzer wurde gefunden, der anscheinend frühen Menschen als eine Art Zelt gedient hatte. Die größte noch lebende Art ist das Riesengürteltier, das Schweinegröße erreicht und in den Wäldern Brasiliens lebt. Wie die ganze Gruppe ist es ein Insektenfresser und vertilgt massenhaft Ameisen. In Paraguay läuft das kleine Kugelgürteltier wie eine aufgezogenes Spielzeugtier einher. Es kann sich zu einer dicht geschlossenen, unangreifbaren Kugel zusammenrollen. In den Pampas Argentiniens leben die Gürtelmäuse, kleine, bepelzte, maulwurfartige Gürteltiere, die selten an die

Erdoberfläche kommen. Alle Gürteltiere haben Zähne. Beim Riesengürteltier sind es etwa 100, fast ein Säugetierrekord, doch sind diese Zähne klein, einfach und pflockartig.

Die stark spezialisierten Ameisenbären Südamerikas haben ebenso wie die afrikanischen Schuppentiere ihre Zähne ganz verloren. Es gibt drei Arten. Der kleinste, der Zwergameisenbär, lebt nur auf Bäumen und ausschließlich von Termiten. Er hat die Größe eines Eichhörnchens, ein weiches, goldenes Fell und gebogene Kiefer, die eine kurze Röhre bilden. Eine größere Ausgabe, der Tamandua, hat Katzengröße, einen Greifschwanz und ein kurzes, borstiges Fell. Auch er bewohnt Bäume, kommt aber oft auf den Boden. In den offenen Savannen, in denen die Termitenhügel so dicht stehen wie Grabsteine auf einem Friedhof, lebt der größte des Trios, der Große Ameisenbär. Er ist etwa zwei Meter lang. Seine Schwanzfahne ist riesig und zerzaust und weht im Winde, wenn das Tier über die Savanne trottet. Seine Vorderbeine sind gekrümmt und die Klauen so lang, daß er sie nach innen einschlagen und auf der Außenkante seiner Füße laufen muß. Mit diesen Klauen kann er einen Termitenhügel aufreißen, als wäre er aus Papier. Seine zahnlosen Kiefer bilden eine Röhre, die länger ist als die Vorderbeine. Beim Fressen schnellt seine Zunge wie eine Peitschenschnur aus dem Maul und wieder zurück und dringt tief in die Gänge der freigelegten Termitenhügel ein.

Alle Ameisenbären bewegen sich sehr langsam. Die Tiere wirken recht schutzlos, weil sie weder Zähne noch Panzer haben. Da sich Zwergameisenbär und Tamandua am liebsten von baumbewohnenden Ameisen und Termiten ernähren, halten sie sich aber gewöhnlich in den Bäumen auf und damit außerhalb der Reichweite der meisten Räuber; und der Große Ameisenbär ist weit weniger harmlos, als er aussieht. Es wird erzählt, man habe einmal die Kadaver eines Jaguars und eines Großen Ameisenbären fest umschlungen in der Savanne gefunden. Der Ameisenbär war von den Zähnen des Jaguars schrecklich zugerichtet, doch seine Klauen waren tief in den Rücken des Jaguars geschlagen, und noch im Tode hatte sich ihr Griff nicht gelockert.

Alle diese Tiere fressen kriechende Insekten. Doch Insekten fliegen auch. Stellt man nachts im Urwald einen weißen Schirm auf und beleuchtet ihn mit einer Quecksilberdampflampe, deren Licht Insekten besonders anlockt, wimmelt der Schirm in wenigen Stunden von einer großen und erstaunlich vielfältigen Zahl von Insekten – riesige Nachtschmetterlinge, die Schuppen von ihren Flügeln verlieren, Gottesanbeterinnen, die das Beinpaar wie zum Gebet erheben, große Springschrecken, Blatthornkäfer und unzählige Mücken und kleine Fliegen, die sich oft in einer so dicken Schicht auf die Lampe setzen, daß sie ihr Licht fast verdunkeln.

Zum ersten Mal stiegen Insekten vor 300 Millionen Jahren in die Luft auf und hatten sie für sich allein, bis etwa 100 Millionen Jahre später fliegende Reptilien wie der Pterosaurier erschienen. Ob die Reptilien auch nachts flogen, wissen wir nicht, doch ist es nicht sehr wahrscheinlich. Die Vögel waren schließlich ihre Nachfolger, doch besteht kein Grund zu der Annahme, daß es früher mehr nächtlich lebende Vögel gegeben habe als heute – also nur wenige. So hätte jedes Tier, das die Technik beherrschte, im Dunkeln zu fliegen, sich ausgiebig an nächtlich lebenden Insekten gütlich tun können. Mit einer weiteren Variation des Insektenfresser-Themas war es dann möglich.

Wir haben eine Vorstellung davon, wie die Säugetiere es fertig gebracht haben mögen, die Luft zu erobern. In Malaysia und auf den Philippinen lebt ein Tier, das so merkwürdig ist, daß die Zoologie ihm eine eigene Ordnung zuerkennen mußte. Es ist

Tamandua, ernährt sich von Ameisen und Termiten, Venezuela

der Riesengleitflieger. Er hat die Größe eines großen Kaninchens, aber sein ganzer Körper ist vom Hals bis zur Schwanzspitze mit einem weich bepelzten, zartgrau und cremefarben getüpfelten Hautmantel bedeckt. Wenn das Tier unter einem Ast hängt oder sich an einen Stamm preßt, macht diese Haut es so gut wie unsichtbar, und wenn es die Beine ausstreckt, wird der Mantel zu einer Gleithaut. In Malaysia wurde ich einmal in einen Wald mitgenommen, in dem viele dieser seltsamen Wesen leben sollten. Ich suchte einen vielversprechend aussehenden Baum mit dem Fernglas ab und inspizierte sorgfältig jeden Buckel am Stamm und an den Ästen. Nachdem ich mich überzeugt hatte, daß da nichts sei, wandte ich mich dem nächsten Baum zu und sah gerade noch, wie sich eine große rechteckige Gestalt vom Stamm löste und leise davonglitt. Ich rannte ihr nach, doch das Tier landete etwa 100 Meter entfernt tief unten an einem Baumstamm, und als ich hinkam, war es schon hoch oben und galoppierte den Stamm hinauf, wobei es beide Vorderbeine zugleich abwechselnd mit den Hinterbeinen benutzte, und sein Umhang schlotterte um es herum wie ein alter Morgenrock.

Zur Gleittechnik der Riesengleitflieger gibt es mehrere Parallelen. Die Gleithörnchenbeutler schweben auf dieselbe Weise durch die Luft. Zwei Hörnchengruppen haben unabhängig voneinander diese Fähigkeit erlangt. Doch der Riesengleitflieger hat die größte und vollständigste Flughaut und erwarb sie schon sehr früh in der Entwicklungsgeschichte der Säuger, denn er ist sicher ein sehr primitiver Angehöriger dieser Klasse und scheint direkt von einem insektenfressenden Vorfahren abzustammen. Nachdem er seine Lebensweise zur Perfektion entwickelt hatte, behielt er sie unangefochten – und unverändert bei. Er kann nicht als Verbindungsglied zu den Fledermäusen angesehen werden, denn sein Körperbau ist in mancherlei Hinsicht grundlegend anders, doch gibt er einen Hinweis auf ein Stadium, das einige frühe Insektenfresser auf dem Wege zum Flatterflug durchlaufen haben mögen, die dann wirklich vollendete Flieger wurden, die Fledermäuse.

Diese Entwicklung spielte sich schon sehr frühzeitig ab, denn es wurden Fossilien voll entwickelter Fledermäuse gefunden, die 50 Millionen Jahre alt sind.

Die Flughaut der Fledermäuse setzt nicht am Handgelenk an wie bei den Riesengleitfliegern, sondern am verlängerten zweiten Finger. Die beiden anderen Finger bilden Streben, die bis zur Hinterkante reichen. Nur der Daumen bleibt frei und ist klein. Er behält auch seinen Nagel, und die Fledermäuse benutzen ihn zur Toilette und zum Herumklettern am Schlafplatz. Auf ihrem Brustbein hat sich ein Kiel entwickelt, der als Ansatzstelle für die Muskeln dient, mit denen die Flügel bewegt werden.

Auch bei den Fledermäusen finden sich viele der Modifikationen, die die Vögel zur Gewichtseinsparung entwickelt haben. Die Schwanzknochen, die die Flughaut stützen, sind strohhalmdünn geworden oder ganz verloren gegangen. Zwar haben sie die Zähne nicht eingebüßt, doch sind die Köpfe kurz und oft stumpfnäsig, um Kopflastigkeit in der Luft zu vermeiden. Sie hatten ein Problem, das bei den Vögeln nicht auftrat. Ihre Säugervorfahren hatten die Technik, die Jungen im Körperinneren mit Hilfe einer Plazenta zu ernähren, perfekt entwickelt. Die Evolutionsuhr läßt sich selten zurückstellen, und so ist keine Fledermaus zum Eierlegen zurückgekehrt. Die weibliche Fledermaus muß also mit der schweren Last ihres sich entwickelnden Foetus fliegen. Daher ist es nicht verwunderlich, daß Fledermaus-Zwillinge eine Rarität sind und in fast allen Fällen in jeder Saison nur ein Junges geboren wird. Das bedeutet wiederum, wenn der Populationsbestand aufrechterhalten werden soll, daß die Weibchen sehr lange fruchtbar sein

Umseitig: Fledermäuse verlassen ihre Höhle, Trinidad

müssen, und tatsächlich haben Fledermäuse eine Lebenserwartung von etwa 20 Jahren.

Heute fliegen alle Fledermäuse nachts und haben es wahrscheinlich immer getan, denn auf den Tag hatten bereits die Vögel Anspruch erhoben. Für den Nachtflug mußten die Fledermäuse ein wirkungsvolles Navigationssystem erfinden. Es basiert auf Ultraschallortung, wie das von Spitzmäusen und wahrscheinlich vielen anderen primitiven Insektenfressern. Die Fledermäuse benutzen sie als Sonar, eine sehr hoch entwickelte Methode der Echopeilung. Im Prinzip ist sie dem Radar ähnlich, nur arbeitet das Radar mit elektromagnetischen, das Sonar hingegen mit Schallwellen. Es sind dies Frequenzen, die weit über dem Hörvermögen des Menschen liegen. Die meisten Töne, die wir hören, haben Frequenzen von einigen 100 Schwingungen pro Sekunde. Eine Fledermaus, die mit Sonar fliegt, verwendet Töne mit 50 000 bis 200 000 Schwingungen pro Sekunde. Sie sendet diese Töne in kurzen Stößen aus, 20- bis 30mal in der Sekunde, und ihr Gehör ist so fein, daß sie aus dem Echo, das diese Signale hervorrufen, nicht nur die Position von Hindernissen in der Umgebung, sondern auch von fliegenden Beutetieren ermittelt.

Die meisten Fledermäuse warten, bis sie das Echo eines Signals empfangen haben, ehe sie das nächste aussenden. Je näher die Fledermaus einem Objekt kommt, um so schneller kommt das Echo zurück; deshalb kann sie die Zahl der von ihr ausgesandten Signale immer mehr steigern, je näher sie der Beute kommt, die sie also immer genauer orten kann, bis sie sie dann zur Strecke bringt.

Der Jagderfolg kann jedoch zu momentaner Blindheit führen, denn mit vollem Maul kann die Fledermaus nicht wie sonst quieken. Einige Arten vermeiden diese Schwierigkeit, indem sie durch die Nase quieken. Sie haben eine Vielzahl von grotesken Nasenauswüchsen entwickelt, die zur Bündelung und Richtung der Töne dienen und wie kleine Megaphone wirken. Die Echos werden mit den Ohren empfangen, die ebenfalls sehr kompliziert und empfindlich sind und in vielen Fällen gedreht werden können, um ein Echo aufzufangen. Das Gesicht vieler Fledermäuse wird also von der Sonarausrüstung beherrscht – komplizierte, durchscheinende Ohren mit knorpligen Rippen und einem Spitzenmuster scharlachroter Blutgefäße; und eine faltige, blättrige, lappige Nase zum Richten der Töne. Die Kombination ist oft grotesker als irgendein Abbild des Teufels in mittelalterlichen Handschriften. Jede Art hat ihre eigene Anordnung entwickelt. Warum? Wahrscheinlich, damit jede ihre eigenen, unverwechselbaren Töne hervorbringen kann. Empfänger, die nur ihr allein angepaßt sind, filtern die Signale anderer Arten aus.

So beschrieben, klingt das System einfach. Es erscheint weniger simpel, wenn man es in Tätigkeit erlebt. In den Gomanton-Höhlen auf Borneo gibt es mehrere Millionen Fledermäuse, die zu acht verschiedenen Arten gehören. Sie leben dort schon so lange, daß ihre Exkremente in einer Höhle eine pyramidenförmige Düne gebildet haben, die sich über den ganzen Höhlenboden erstreckt und sich 30 Meter hoch bis zur Höhlendecke türmt. Um die Fledermäuse zu sehen, sind wir einmal dort hinaufgekraxelt. Die Oberfläche war mit einem wimmelnden, glänzenden Teppich aus Schaben bedeckt, die von dem gewaltig nach Ammoniak stinkenden Guano leben. Ganz oben, dicht an der Höhlendecke, fanden wir die Fledermäuse, die in engen horizontalen Spalten im Felsen schliefen. Als wir den Schein unserer Taschenlampen auf sie richteten, machten sich einige los und flogen dicht an uns vorbei, so daß ihre Flügel unsere Gesichter streiften. Andere blieben hängen, drehten ihre Köpfe angstvoll hin und her und sahen uns mit ih-

236

ren schwarzen Perlaugen an. Weiter hinten konnten wir Tausende und Abertausende sehen, dicht an dicht und einheitlich wie Kornähren in einem Weizenfeld und sich in ihrer Aufregung wiegend, als ob ein Wind über sie hinwegstriche. Plötzlich brachen sie in Panik aus. Verzweifelt entschlossen, aus dem Gefängnis ihres Ganges in die Haupthöhle hinter uns zu entkommen, schossen sie heraus wie ein Sturzbach. Bis wir uns zur Spitze der Guanodüne zurückgezogen hatten, war die Haupthöhle ein Gewirr von fliegenden Fledermäusen. Voll Furcht vor dem ungewohnten Tageslicht draußen und voll Schrecken über unsere Anwesenheit drinnen, flogen sie in einem riesigen wirbelnden Kreis herum und erfüllten die Luft mit den Schlägen ihrer häutigen Schwingen. Die tieferen Töne ihres Quiekens konnten wir als ein kosmisches Rauschen wahrnehmen, doch ihr Sonar war zu hoch für unser Gehör. Die Wärme ihrer Körper machte die Luft, die schon heiß und knapp war, noch stickiger. Ihre Exkremente prasselten auf uns herunter. Es waren sicher mehrere Hunderttausende, die in panischer Angst unter der Decke kreisten, so dicht wie Schneeflocken in einem Schneesturm. Doch wenn sie mit so hoher Geschwindigkeit flogen, mußten sie alle ihr Sonar einsetzen. Warum störten sich ihre Signale nicht gegenseitig und blockierten die Echos? Wie konnten sie so rasch reagieren, daß sie nicht zusammenstießen? An einem Ort wie diesem kommen einem die Probleme der Sonarortung unvorstellbar groß vor.

Wenn es in Gomanton Abend wird, verlassen die Fledermäuse die Höhle, und auf geordneten und begrenzten Wegen unter der Höhlendecke fliegen sie Nase an Schwanz, etwa ein halbes Dutzend nebeneinander, so daß sie ein ununterbrochenes flatterndes Band bilden. In einer Minute kommen Tausende aus einer Ecke der Höhlenmündung heraus, ein Strom schwarzer Körper, der sich über das Blätterdach der Wälder ergießt, um die nächtliche Jagd zu beginnen. Die Guanodüne hinten in der Höhle legt Zeugnis ab von ihrem Erfolg. Eine kleine Überschlagsrechnung ergibt, daß die Fledermauskolonie allnächtlich mehrere Tonnen Mücken und andere kleine Insekten fangen muß.

Einige Insekten haben Systeme entwickelt, um sich vor den Fledermäusen zu schützen. In Amerika gibt es Nachtschmetterlinge, die sich auf die Frequenz des Fledermaus-Sonars einzustellen vermögen. Sobald sie hören, daß sich eine Fledermaus nähert, lassen sie sich zu Boden fallen. Andere Arten machen einen spiralförmigen Sturzflug, dem die Fledermäuse nur schwer folgen können. Wieder andere können das Signal blockieren oder hochfrequente Töne zurücksenden, die den Fledermäusen weismachen, daß diese Beute ungenießbar und zu vermeiden sei.

Nicht alle Fledermäuse fressen Insekten. Einige haben entdeckt, daß Nektar und Pollen sehr nahrhaft sind, und haben ihr Flugvermögen so verbessert, daß sie auf der Stelle in der Luft vor einer Blüte verharren können wie Kolibris und den Nektar sammeln, indem sie lange, dünne Zungen in die Blüten senken. Diese Pflanzen nehmen die Dienste der Fledermäuse als Bestäuber in Anspruch.

Die größten aller Fledermäuse leben von Früchten. Sie werden Flughunde genannt, nicht nur wegen ihrer Größe – einige haben eine Spannweite von anderthalb Metern –, sondern auch wegen ihres rötlichbraunen Fells und ihrer hundeähnlichen Köpfe. Sie haben große Augen, aber kleine Ohren und keinerlei Andeutung einer Blattnase. Offensichtlich fliegen sie nicht mit Hilfe des Sonars. Ob dieser wichtige Unterschied zwischen ihnen und den übrigen insektenjagenden Fledermäusen anzeigt, daß diese beiden Gruppen aus verschiedenen Zweigen primitiver Insektenfresser stammen, ist bisher noch umstritten. Flughunde leben nicht in Höhlen, sondern haben ihre Gemein-schafts-Schlafplätze in Baumwipfeln, wo Zehntausende wie riesige schwarze Früchte hängen und sich, in ihre Flügel gehüllt, lauthals zanken. Gelegentlich streckt einer einen Flügel aus und leckt die elastische Membran sorgfältig, um sie so peinlich sauber und flugbereit zu halten. An heißen Tagen fächeln sie sich mit halbgeöffneten Flügeln Küh-lung zu, so daß die ganze Kolonie zu flimmern scheint. Ein plötzlicher Lärm oder eine Erschütterung des Baumes ruft einen Schwall wütenden Gekreisches hervor, und Hun-derte fliegen auf, kehren aber gleich zurück. Abends brechen sie gruppenweise zur Nahrungssuche auf. Ihre Silhouette sieht gar nicht wie die der Vögel aus, denn ihnen fehlt der abstehende Schwanz, und ihr Flug ist auch ganz anders als das Flattern der in-sektenjagenden Fledermäuse. Ihre mächtigen Flügel schlagen stetig, wenn sie in langen Ketten gleichmäßig und zielstrebig über den Abendhimmel ziehen. Bis zu 70 Kilometer können sie auf der Suche nach Früchten zurücklegen.

Andere Fledermäuse sind Fleischfresser geworden. Einige jagen schlafende Vögel, einige fangen Frösche und kleine Eidechsen, und eine Art soll andere Fledermäuse fres-sen. Eine amerikanische Art kann sogar fischen. In der Dämmerung streift sie über Tei-che, Seen oder sogar das Meer. Die Schwanzmembran der meisten Fledermäuse reicht bis zu den Fußknöcheln. Bei der fischenden Fledermaus sitzt sie viel höher an den Kni-en, so daß die Beine völlig frei sind. Die Fledermaus kann daher die Beine durch das Wasser schleifen lassen und die Flughaut heraushalten, indem sie den Schwanz nach oben kippt. Ihre Zehen sind groß und mit hakenförmigen Krallen bewehrt. Wenn sie ei-nen Fisch aufspießen, befördert die Fledermaus ihn ins Maul und beißt ihn tot.

Die Vampir-Fledermäuse haben sich besonders stark spezialisiert; ihre oberen Schneidezähne sind zu zwei dreieckigen Rasiermessern geworden. Sie setzen sich sacht auf ein schlafendes Säugetier, eine Kuh oder sogar einen Menschen. Ihr Speichel ent-hält eine gerinnungshemmende Substanz, so daß das Blut aus einer Wunde eine Zeit-lang fließt, ehe es gerinnt. Der Vampir hockt sich dann neben sein Opfer und leckt das Blut auf. Sie fliegen mit Sonarortung, und es heißt, das sei der Grund, warum Hunde, die ja auch sehr hohe Frequenzen zu hören vermögen, so selten von Vampir-Fleder-mäusen angefallen werden – sie hören sie kommen.

Insgesamt gibt es nahezu 1000 verschiedene Fledermausarten. Überall auf der Welt außer in den kältesten Gegenden haben sie sich häuslich niedergelassen und Nahrung gefunden. Die Verbindung zwischen ihnen und den Tupajas ist durchaus glaubwürdig, wenn man sie genau betrachtet. Man muß sie zu den erfolgreichsten unter den frühen insektenfressenden Variationen zählen.

Wale und Delphine sind natürlich auch warmblütige, milchproduzierende Säugetie-re, und auch sie haben eine lange Ahnenreihe. Fossilien von ihnen stammen aus der Zeit der großen Aufspaltung und Ausbreitung der Säugetiere vor 50 Millionen Jahren. Aber können so riesige Tiere wirklich von einem so kleinen Lebewesen wie dem Tupaja ab-stammen? Es ist schwer vorstellbar, und doch ist die Logik dieser Schlußfolgerung un-bestreitbar. Ihre Vorfahren müssen zu einer Zeit ins Meer gegangen sein, als die einzi-gen lebenden Säugetiere die kleinen Insektenfresser waren. Ihr Körperbau ist jedoch jetzt dem Schwimmen so stark angepaßt, daß er nicht erkennen läßt, wie dieser Sprung ins Wasser vollzogen wurde. Vielleicht haben die beiden Hauptgruppen der Wale ver-schiedene Vorfahren, und diejenigen mit Zähnen stammen über primitive Fleischfres-ser von den Insektenfressern ab, die Bartenwale dagegen direkt.

Umseitig: Buckelwale

Die Hauptunterschiede zwischen den Walen und den frühen Säugetieren sind den Anpassungen an die schwimmende Lebensweise zuzuschreiben. Die Vorderbeine sind zu Paddeln geworden. Die Hinterbeine sind ganz verloren gegangen, obwohl noch ein paar kleine Knochen tief verborgen im Körper des Wales beweisen, daß seine Vorfahren irgendwann einmal Hinterbeine hatten. Fell, das Kennzeichen der Säugetiere, braucht, um als Isolierschicht zu wirken, Luft, die zwischen den Haaren eingeschlossen ist. Für ein Wesen, das niemals das feste Land betritt, ist es also von geringem Nutzen, und so haben die Wale auch das Fell verloren, obwohl es noch Überreste gibt – ein paar Borsten an der Schnauze, die demonstrieren, daß die Tiere einstmals ein Fell besaßen. Eine Isolierung wird jedoch immer noch gebraucht, und so haben sich die Wale Fett zugelegt, die dicke Speckschicht unter der Haut, die das Entweichen der Körperwärme selbst in den kältesten Meeren verhindert.

Daß Säugetiere Luft zum Atmen brauchen, muß im Wasser als ein wirklicher Nachteil angesehen werden, doch haben die Wale dieses Problem dadurch verringert, daß sie viel gründlicher atmen, als die meisten Landbewohner. Der Mensch erneuert bei einem Atemzuge nur etwa 15% der Luft in seinen Lungen. Der Wal stößt bei einem brausenden, wasserspeienden Ausatmen 90% der verbrauchten Luft aus. Infolgedessen braucht er nur in großen Abständen zu atmen. In seinen Muskeln hat er außerdem in hoher Konzentration eine Substanz, die Myoglobin genannt wird und die ihm die Speicherung von Sauerstoff ermöglicht. Dieser Bestandteil ist es, der dem Walfleisch die charakteristische dunkle Färbung verleiht. Mit Hilfe dieser Mechanismen kann der Finnwal zum Beispiel auf eine Tiefe von 500 Meter tauchen und 40 Minuten lang schwimmen, ohne Luft zu holen.

Eine Gruppe der Wale hat sich auf garnelenartige kleine Krebse, den Krill, als Nahrung spezialisiert, die in riesigen Schwärmen im Meere vorkommen. Statt der für diese Nahrung wertlosen Zähne haben sie Barten, große an den Enden in viele Borsten aufgespaltene Hornplatten, die gleichgerichtet als steifer Vorhang vom Gaumen herabhängen. Mitten in einem Krillschwarm schluckt der Wal ein gewaltiges Maulvoll Wasser, schließt dann die Kiefer halb und stößt das Wasser wieder aus, wobei er die Zunge nach vorn drückt, so daß der Krill zurückbleibt und geschluckt werden kann. Manchmal sammeln sie den Krill, indem sie bloß langsam dort vorbeischwimmen, wo er am dichtesten steht. Sie können aber auch einen weit auseinandergezogenen Schwarm zusammentreiben, indem sie unter ihn hinabtauchen und dann in Spiralen aufschwimmen, wobei sie Luftblasen ausstoßen, so daß der Krill ins Zentrum der Spirale gezogen wird. Dann steigt der Wal selbst mit nach oben gerichtetem Maul im Zentrum auf und sammelt alles mit einem Schluck ein.

Bei dieser Kost haben es die Wale zu immenser Größe gebracht. Der Blauwal, der größte von allen, wird über 30 Meter lang und wiegt soviel wie 25 Elefantenbullen. Es ist eindeutig vorteilhaft für einen Wal, so groß zu sein. Die Bewahrung der Körperwärme ist einfacher, je größer man ist und je kleiner das Verhältnis zwischen Körpervolumen und -oberfläche. Dieses Phänomen hatte sich schon bei den Dinosauriern ausgewirkt, aber ihre Abmessungen waren durch die mechanische Widerstandsfähigkeit der Knochen begrenzt. Bei Überschreiten einer bestimmten Gewichtsgrenze wären ihre Glieder einfach zerbrochen. Die Wale sind da besser dran. Ihre Knochen haben vor allem die Aufgabe, ihnen eine gewisse Steifigkeit zu verleihen. Getragen wird der Körper vom Wasser. Auch erfordert ein Leben, das aus gemächlicher Verfolgung von Krillschwärmen besteht, wenig Behendigkeit. So haben sich die Bartenwale zu den größten aller Lebewesen entwickelt, die je auf dieser Erde gelebt haben, und sind viermal schwerer als die größten bekannten Dinosaurier.

Die Zahnwale leben von einer ganz anderen Beute. Der größte von ihnen, der Pottwal, der Tintenfische frißt, wird nur halb so groß wie ein Blauwal. Die kleineren, Delphine, Schweinswale und Schwertwale, machen auf Fische und Tintenfische Jagd und sind sehr schnelle Schwimmer geworden; einige sollen angeblich mehr als 40 km/h erreichen.

Bei solchen Geschwindigkeiten wird die Navigation außerordentlich wichtig. Den Fischen hilft ihr Seitenlinienorgan, doch die Säugetiere haben das schon früh in ihrer Stammesgeschichte verloren. Statt dessen haben die Zahnwale ein System, das auf Geräuschen beruht, das auch die Spitzmäuse anwenden und das von den Fledermäusen vervollkommnet wurde, das Sonar. Die Delphine erzeugen Ultraschall mit dem Kehlkopf und vielleicht auch mit einem melonenförmigen Organ an der Stirn. Die benutzten Frequenzen liegen bei 200 000 Schwingungen pro Sekunde, sind also denen vergleichbar, die die Fledermäuse verwenden. Mit ihrer Hilfe können sie nicht nur im Wege liegende Hindernisse wahrnehmen, sondern je nach Art des Echos auch die Natur dieser Hindernisse erkennen. Das läßt sich leicht nachweisen, denn Delphine gedeihen gut in Ozeanarien und machen bereitwillig bei Dressuren mit. Delphine können mit verbundenen Augen bestimmte Formen von im Wasser treibenden Ringen erkennen, schwimmen schnell hin und nehmen mit der Schnauze triumphierend einen Ring eben der Form auf, von der sie wissen, daß sie ihnen eine Belohnung einträgt.

Delphine bringen abgesehen von Ultraschall eine Vielzahl von Geräuschen hervor, und es hat beträchtliche Spekulationen darüber gegeben, ob diese Töne eine Sprache darstellen. Einige Wissenschaftler meinten, wenn wir nur klug genug wären, könnten wir verstehen, was sie sagen und sogar komplizierte Botschaften mit ihnen austauschen. Bisher sind etwa 20 verschiedene Laute, die die Delphine von sich geben, identifiziert worden. Einige scheinen dazu zu dienen, eine Schule von Delphinen zusammenzuhalten, die mit hoher Geschwindigkeit schwimmt. Einige sind offenbar Warnrufe und manche Rufzeichen, so daß jedes Tier schon von weitem von anderen erkannt werden kann. Doch bisher konnte noch niemand nachweisen, daß Delphine jemals diese Laute miteinander verbinden und den aus zwei Wörtern bestehenden Satz bilden, der mit Fug und Recht als der Beginn einer echten Sprache angesehen werden kann. Schimpansen tun es, aber Delphine, soweit wir wissen, nicht.

Auch die großen Wale haben Stimmen. Die Buckelwale, eine der Bartenwalarten, sammeln sich in jedem Frühling vor Hawaii zur Paarung und zur Geburt ihrer Jungen. Einige von ihnen singen auch. Ihr Gesang besteht aus einer Folge von Knurren, hohen schrillen Schreien und langgezogenem Grollen. Diese Lieder tragen die Wale stundenlang in ausgedehnten feierlichen Konzerten vor. Sie enthalten feste Tonfolgen, die man als Themen bezeichnet hat. Jedes Thema mag noch und noch wiederholt werden – wie oft es wiederholt wird, ist unterschiedlich, doch die Anordnung der Themen innerhalb eines Liedes ist in einer Saison immer dieselbe. Gewöhnlich dauert ein vollständiger Gesang etwa zehn Minuten, manchmal auch eine halbe Stunde. Wale können ihre Lieder ständig wiederholen und praktisch 24 Stunden lang ununterbrochen singen. Jeder Wal hat einen eigenen, charakteristischen Gesang, aber er setzt sich aus Themen zusammen, die der ganzen Walgemeinschaft vor Hawaii eigen sind.

Die Wale bleiben mehrere Monate in den Gewässern um Hawaii, kalben, paaren sich und singen. Manchmal treiben sie an der Oberfläche. Dann und wann springt einer aus dem Wasser und fällt dann in einer gigantischen Sturzsee und mit Donnergetöse zurück ins Meer. Diese Sprünge wiederholt er immer wieder.

Dann liegen plötzlich, innerhalb weniger Tage, die blauen Buchten und Meerengen um Hawaii verlassen da. Die Wale sind fort. Einige Wochen später tauchen Buckelwale vor Alaska auf. Sehr wahrscheinlich sind es die Tiere von Hawai, doch müssen noch mehr Untersuchungen angestellt werden, ehe man dies mit Sicherheit sagen kann.

Im nächsten Frühjahr sind Buckelwale wieder vor Hawaii und beginnen von neuem zu singen. Aber jetzt haben sie andere Themen in ihrem Repertoire, und viele der früheren sind aufgegeben. Wenn man in das unvergleichlich blaue Wasser taucht und hinschwimmt, kann man, wenn man Glück hat, den Sänger im Wasser unter sich treiben sehen, eine kobaltblaue Gestalt in blaugrünem Wasser. Der Ton geht einem durch und durch und läßt die Luft in den Nebenhöhlen des Kopfes im Einklang mitschwingen, als säße man in der größten Orgelpfeife einer Kathedrale, und jede einzelne Faser des Körpers wird von Tönen durchdrungen.

Wir wissen bisher nicht, warum die Wale singen. Der Mensch kann jeden einzelnen Wal an seinem Gesang erkennen, und wenn wir das können, können die Wale es sicherlich auch. Wasser leitet den Schall besser als Luft, und so mag es sein, daß Teile dieser Gesänge, besonders jene tiefen, vibrierenden Töne von anderen Walen gehört werden, die zehn, 20 oder sogar 30 Seemeilen weit weg sind, und sie über den Aufenthaltsort und das Tun und Treiben der ganzen Walgemeinschaft unterrichten.

Ameisenbären, Fledermäuse, Maulwürfe und Wale – so ungewöhnliche Wege haben die Nachkommen jener frühen Insektenfresser auf der Suche nach wirbellosen Futtertieren eingeschlagen. Doch gab es noch andere Nahrungsquellen, die angezapft werden konnten – die Pflanzen. Einige Tiere entwickelten sich, die Gras fraßen und aus den Wäldern in die offenen Ebenen gingen, um zu weiden. Ihnen folgten die Fleischfresser, und im offenen Gelände entwickelten sich diese beiden voneinander abhängigen Gruppen Seite an Seite. Jeder Fortschritt in der jägerischen Fähigkeit der einen löste Schutzreaktionen der Gejagten aus. Eine weitere Gruppe von Wesen suchte sich Blätter hoch oben in den Baumwipfeln. Jeder dieser Gruppen gebührt ein eigenes Kapitel – der ersten, weil sie so zahlreich ist, der zweiten wegen unserer Egozentrik – denn jene Baumbewohner waren unsere Vorfahren.

11 Jäger und Gejagte

Unsere heutigen Wälder sind im wesentlichen noch ziemlich genauso wie diejenigen, die bald nach dem Erscheinen von Blütenpflanzen vor 50 Millionen Jahren entstanden. Damals gab es wie heute Dschungel in Asien, feuchte Regenwälder in Afrika und Südamerika und kühle, grüne Forste in Europa. Kräuter mit weichen Stengeln und Farne bedeckten den Boden, wo immer genügend Licht war, hochwachsende Bäume streckten ihre Äste aus und bildeten mit ihren Blättern vielschichtige Dächer. Überall sprossen Blätter Sommer für Sommer, Jahrhundert für Jahrhundert boten sie ein sich stets wieder erneuerndes, unerschöpfliches Nahrungsreservoir für jedes Tier, das es sammeln und verdauen konnte.

Die Dinosaurier hatten von Blättern gelebt, hatten junge Bäume in den Eschen-, Ulmen- und Buchenwäldern Nordamerikas zertreten, und waren durch die Palmen und Lianen der Tropen gebrochen. Doch als sie auf so unerklärliche Weise alle verschwanden, senkte sich Stille auf die Wälder der Erde. Unauffällig beanspruchten Insekten nach wie vor ihren Anteil, nagten am Holz und zerschnitten Blätter in kleine Fetzen. Eidechsen zerrten an den Wedeln, und die Vögel, die Geschmack an den neuen Früchten gefunden hatten, waren den Pflanzen gefällig, indem sie ihre Samen verbreiteten. Doch kein großes Tier plünderte so systematisch und gründlich die Blätterspeisekammer, wie es die Dinosaurier getan hatten.

Dieser verhältnismäßige Friede dauerte Tausende von Jahren, aber schließlich begannen die kleinen warmblütigen Pelztiere, die zu Füßen der Dinosaurier herumgerannt waren und auf kleine Wirbellose Jagd gemacht hatten, Geschmack an neuer Nahrung zu finden. Während sich einige darauf konzentrierten, Insekten zu fangen, wandten andere ihre Aufmerksamkeit den Blättern zu.

Pflanzen zu fressen ist keine einfache Sache. Man braucht dazu besondere Fertigkeiten und Werkzeuge wie bei jeder anderen spezialisierten Kost. Vor allem ist Grünfutter nicht sehr nahrhaft. Ein Tier muß große Mengen davon fressen, um die zu seiner Erhaltung notwendigen Kalorien daraus zu gewinnen. Manche ausgesprochenen Pflanzenfresser müssen drei Viertel der Zeit, in der sie nicht schlafen, damit verbringen, unermüdlich Blätter und Zweige zu sammeln und zu kauen. Dieses Verfahren kann indes gefährlich werden, denn es erfordert, daß sich das Tier in freiem Gelände aufhält, wo es Angriffen ausgesetzt ist. Die Gefahr wird auf ein Mindestmaß herabgesetzt, wenn das Tier soviel wie möglich und so schnell wie möglich zusammenrafft und dann damit irgendwohin rennt, wo es in Sicherheit ist. Das ist die Strategie der westafrikanischen Riesenhamsterratten. Sie kommen des Nachts vorsichtig aus ihren Löchern und stopfen sich, wenn sie sich überzeugt haben, daß keine Gefahr droht, wie wild ihre Backentaschen mit allem voll, was nur irgendwie eßbar aussieht. Samen, Nüsse, Früchte, Wurzeln, gelegentlich auch eine Schnecke oder ein Käfer, alles verschwindet darin. Die Taschen sind so groß, daß sie 200 und mehr solcher Brocken aufnehmen können. Wenn beide Seiten gerammelt voll sind und die Ratte kaum noch ihr Maul schließen kann – ihr Gesicht ist dann so verschwollen, als litte sie schwer an Mumps –, dann hastet sie zurück in ihren Bau. Dort unten entleert sie die ganze Sammlung in ihre Speisekammer und beginnt nun auszusortieren, frißt die genießbaren Stücke und legt das, was so vielversprechend aussah, sich jedoch als Enttäuschung herausstellte, wie Holzstückchen oder kleine Kiesel, beiseite.

Pflanzenfresser müssen besonders gute Zähne haben, nicht nur, weil sie sie lange Zeit brauchen, sondern auch, weil das Material, mit dem sie es zu tun haben, oft sehr zäh ist. Mit diesem Problem werden Ratten ebenso wie andere Nagetiere – Eichhörnchen, Mäuse, Biber, Stachelschweine – dadurch fertig, daß ihre vorderen Nagezähne, die Schneidezähne, offene Wurzeln behalten, so daß sie zeitlebens nachwachsen und die Abnutzung wettmachen. Sie werden durch einen ebenso einfachen wie wirkungsvollen Selbst-Schärfungsvorgang gewetzt. Hauptsächlich bestehen die Schneidezähne der Nager aus Dentin, doch ihre Vorderfront ist mit einer dicken und oft lebhaft gefärbten Schmelzschicht bedeckt, die noch härter ist. Die Schneidekante der Zähne erhält dadurch eine Form wie ein Meißel. Da die oberen Schneidezähne über die unteren greifen, wird das Dentin rascher abgenutzt als die vordere Schmelzschneide, die als scharfer Meißel stehenbleibt.

Nachdem die Nahrung gekaut, zermahlen und zu Brei geworden ist, muß sie verdaut werden. Auch das wirft Probleme auf. Zellulose, das Material, aus dem die Zellwände der Pflanzen bestehen, ist eine der widerstandsfähigsten aller organischen Substanzen. Kein von irgendeinem Säugetier hervorgebrachter Verdauungssaft vermag sie anzugreifen. Aber wenn die Nährstoffe im Inneren der Zellen freigesetzt werden sollen, müssen die Zellwände irgendwie aufgespalten werden. Sofern sie nicht zu dick sind, kann das bis zu einem gewissen Grad mechanisch durch Kauen geschehen. Einige Bakterien besitzen jedoch die seltene Fähigkeit, ein Ferment zu erzeugen, das Zellulose abbaut, und so unterhalten Pflanzenfresser Kulturen dieser Bakterien in ihren Mägen. Die Bakterien tun sich an der Zellulose gütlich, und das Innere der Zellen kann dann vom Tiermagen aufgenommen werden. Doch selbst mit Bakterienhilfe kann die richtige Verdauung einer rein vegetarischen Mahlzeit eine lange Zeit erfordern.

Das Kaninchen sorgt auf eine sehr direkte, wenn auch etwas bestürzende Weise für gute Futterverwertung. Nachdem seine Blättermahlzeit von den Schneidezähnen zerkleinert, von den Backenzähnen zermahlen und dann geschluckt worden ist, wird sie im Magen von den Mikroorganismen und den eigenen Verdauungssäften angegriffen. Dann wandert sie abwärts in den Darm, wird zu weichen Kügelchen geformt und ausgeschieden. Das passiert gewöhnlich wenn das Kaninchen in seinem Bau ruht. Sobald die Kügelchen da sind, dreht sich das Kaninchen um – und verspeist sie noch einmal. Wiederum gelangen sie in den Magen, und nun werden auch die letzten Reste von Nährstoffen herausgeholt. Erst nach dieser zweiten Verarbeitung werden sie außerhalb des Baues als die bekannten trockenen Kötel ausgeschieden und nicht mehr beachtet.

Elefanten haben besonders akute Probleme, denn sie fressen außer Blättern noch eine Menge faserige Zweige und anderes holziges Material. Abgesehen von ihren Stoßzähnen haben sie nur Backenzähne, die ein gewaltiges Mahlwerk darstellen. Da sie sich abnutzen, werden sie alle paar Jahre durch neue ersetzt, die hinter ihnen entstehen und dann im Kiefer nach vorn wandern. Die Backenzähne mahlen und zerkleinern mit enormer Kraft, aber weil die Nahrung der Elefanten so holzhaltig ist, bedarf es dennoch einer langen Verdauungszeit, um wirklich alles Verwertbare aus der Nahrung herauszuholen. Der Magen des Elefanten ist jedoch dafür groß genug. Eine Mahlzeit, die der Mensch zu sich nimmt, durchläuft seinen Körper gewöhnlich in 24 Stunden. Ein Elefant braucht dafür zweieinhalb Tage, und während der längsten Zeit schmort die Mahlzeit in den Verdauungssäften und der Bakterienbrühe des Magens. Schon viel früher in der Geschichte der Tierwelt sahen sich einige Dinosaurier, die sich von Farnen und Palmfarnen ernährten, demselben Problem gegenüber, und sie lösten es auf dieselbe Weise – sie wurden zu Riesen.

Selbst nach dieser langwierigen Prozedur enthält der Kot der Elefanten noch eine Menge Zweige, Holzfasern und Samen, die praktisch unberührt geblieben sind. Einige Pflanzen, die seit Jahrtausenden von den Elefanten geplündert werden, haben auf die Behandlung damit reagiert, daß sie ihre Samen mit genügend dicken Schalen umgeben, damit sie der langen Durchtränkung mit Verdauungssäften widerstehen können. Das paradoxe Ergebnis ist, daß diese Samen, sofern die Schale nicht auf dem Weg durch Elefantenkörper ihre Widerstandskraft verloren hat, überhaupt nicht mehr keimen können.

Den vollendetsten und allgemein bekannten Apparat der Verdauung von Zellulose haben nicht nur Antilopen, Hirsche und Büffel, sondern auch unsere Haustiere wie Schafe und Rinder. Mit Hilfe der unteren Schneidezähne scheren sie Gras von ihrer Weide und pressen es gegen die Zunge oder das Zahnfleisch des Oberkiefers, der vorn zahnlos ist. Dann wird es sofort geschluckt und gelangt in den Pansen, eine getrennte Abteilung des Magens, die eine besonders wirksame Bakterienbrühe enthält. Dort wird es einige Stunden lang kräftig hin- und hergerührt und von der muskulösen Wandung zusammengepreßt, während die Bakterien der Zellulose zu Leibe gehen. Schließlich wird der Brei wieder nach oben gewürgt, jeweils ein Maulvoll auf einmal, und überaus gründlich von den Backenzähnen zerkaut – die Kiefer eines Wiederkäuers können sich nicht nur auf und ab, sondern auch vorwärts und seitlich bewegen. Dieses Wiederkäuen kann indes in Muße und gefahrlos geschehen, wenn die Tiere die ungeschützten Weidegründe verlassen haben und sich während der heißen Stunden des Tages im Schatten ausruhen. Schließlich wird das Maulvoll zum zweiten Mal geschluckt. Nun gelangt die Nahrung am Pansen vorbei in den eigentlichen Magen, der absorbierende Wände hat. Jetzt endlich hat das Tier etwas von all seiner Mühe.

Als Nahrung haben Blätter noch einen Mangel. In den gemäßigten Zonen der Erde sind sie viele Monate lang fast gar nicht vorhanden. Die Lebewesen, die auf sie angewiesen sind, müssen daher besondere Vorkehrungen treffen, wenn sich der Winter nähert. Asiatische Schafe verwandeln ihre Nahrung in Fett und lagern es in einem Kissen an der Schwanzwurzel ab. Andere Arten fressen und mästen sich nicht nur, so viel sie können, sondern reduzieren ihren Bedarf in den folgenden Monaten auf ein Minimum, indem sie einen Winterschlaf halten.

Was diese Reaktion auslöst, ist bisher nicht genau festgestellt worden. Gewiß ist es nicht einfach das Sinken der Temperatur, wie man annehmen könnte, denn auch ein Tier, das in einem ständig warmen Raum gehalten wird, verfällt zur gleichen Zeit in den Winterschlaf wie seine Artgenossen draußen in der herbstlichen Kühle. Es kann sein, daß der Reiz von den Fettreserven ausgeht. Wenn sich das Tier mit soviel Fett aufgefüllt hat, wie es nur irgend unterbringen kann, mag es genausogut schlafen wie weiter fressen.

Ein Baumschläfer ist im Herbst oft nahezu kugelförmig. Er sucht sich eine Höhle, blinzelt, zieht den Kopf auf die Brust herunter, schlingt seinen weichen buschigen Schwanz um sich herum und läßt so seine Körperwärme nur langsam entweichen. Sein Herzschlag verlangsamt sich beträchtlich. Seine Atmung wird so flach und spärlich, daß man sie kaum noch wahrnehmen kann. Die Muskeln werden steif, und der ganze Körper fühlt sich kalt wie Stein an. In diesem scheintodähnlichen Zustand ist der Nahrungsbedarf des Körpers so gering, daß der Fettvorrat ausreicht, um die wichtigsten Lebensprozesse monatelang in Gang zu halten. Sehr starke Kälte kann das Tier jedoch aufwekken. Wenn die Gefahr des Erfrierens besteht, dann rührt es sich, beginnt heftig zu zittern und erwärmt sich selbst, indem es Nährstoffe in seinen Muskeln »verbrennt«. Es mag sogar sein, daß es in einer so kritischen Lage einen Teil seiner noch vorhandenen Fettreserven verschwendet und herumläuft, bis die schlimmste Kälte vorbei ist und es wieder weiterschlafen kann. Normalerweise lockt jedoch erst die Wärme des Frühlings Baumschläfer und andere Winterschläfer aus ihren Löchern heraus. Ihr Hunger ist jetzt gewaltig und muß dringend gestillt werden, denn während des Winters können sie bis zur Hälfte ihres Körpergewichts verloren haben. Doch nun ist die Fastenzeit vorbei. Die Blätter sprießen wieder.

Mit Hilfe solcher Methoden lebt eine große Zahl von Tieren von der Pflanzennahrung, die die Wälder der Erde liefern. In den höchsten Wipfeln huschen die Eichhörnchen über die Äste und sammeln Borke, Schößlinge, Eicheln und Weidenkätzchen. Einige Arten haben pelzige Häute zwischen Vorder- und Hinterbeinen entwickelt, so daß sie im Gleitflug von einem Ast zum anderen gelangen können.

Hier oben leben auch die Affen. Viele Arten nehmen alle mögliche Nahrung zu sich – Insekten, Eier, Nestjunge und Früchte –, andere fressen dagegen nur die Blätter bestimmter Bäume und haben besonders komplizierte Mägen, um sie zu verdauen. Das Leben in ihrer gefährlichen Welt hoch droben hat dazu geführt, daß sie alle wunderbar behende geworden sind und bewegliche Greifhände und eine rasche Auffassungsgabe haben. Diese besondere Kombination von Fähigkeiten hat schließlich eine so folgenschwere Entwicklung bewirkt, daß wir den Affen ein eigenes Kapitel widmen müssen. Ihre Art und Weise ist jedoch nicht die einzige, mit der man ein Leben als Blattfresser hoch über der Erde erfolgreich führen kann. Eines der ersten Lebewesen, das sich in Südamerika hoch hinauf in die Bäume begab, war das Faultier, und es fand eine Lösung, die fast das genaue Gegenteil der Lebensweise der Affen ist.

Es gibt zwei Faultierarten, das zweizehige und das dreizehige. Das dreizehige ist das beträchtlich faulere. Es hängt mit dem Kopf nach unten an einem Ast, an dem es sich mit den hakenförmigen Krallen festhält, die es an den langen, knochigen Armen hat. Es frißt die Blätter einer einzigen Pflanze, Cecropia, die zum Glück für das Faultier in großer Menge vorhanden und leicht zu finden ist. Kein Räuber greift das Faultier an – wenige könnten es überhaupt erreichen –, und niemand macht ihm die Cecropia streitig. Von dieser Sicherheit eingelullt, ist es einem Dasein verfallen, das an völlige Apathie grenzt. Achtzehn von vierundzwanzig Stunden des Tages verbringt es in tiefem Schlaf. Auf seine Körperpflege legt es so wenig Wert, daß Grünalgen in seinem rauhen Fell wachsen und ganze Gesellschaften parasitischer Motten in den Tiefen des Felles leben und dort Raupen hervorbringen, die auf den schimmligen Haaren weiden. Die Muskeln des Faultieres sind so verkümmert, daß es auch auf kurzen Strecken keine größere Ge-

248

schwindigkeit als einen Kilometer in der Stunde erreicht, und die schnellste Bewegung, die es ausführen kann, ist ein Schlag mit dem hakenbewehrten Arm. Es ist praktisch stumm und hört so schlecht, daß man ein Gewehr wenige Zentimeter von ihm entfernt abfeuern kann und seine einzige Reaktion darin besteht, daß es sich langsam umdreht und blinzelt. Sein Geruchssinn ist zwar besser als der des Menschen, aber sehr viel schlechter als der der meisten anderen Säugetiere. Und es schläft und frißt ganz allein.

Aber irgendeine Art von sozialen Beziehungen muß es doch haben. Wie findet ein Faultier mit so geblendeten und abgestumpften Sinnen ein anderes, um sich mit ihm zu paaren? Es gibt einen Hinweis darauf. Die Verdauung des Faultiers funktioniert ebenso langsam wie seine übrigen körperlichen Verrichtungen, und es setzt seinen Kot und Urin nur einmal in der Woche ab. Doch erstaunlicherweise steigt es dazu von seinem Baum herab und benutzt gewöhnlich immer wieder denselben Platz auf dem Boden. Es ist der einzige Augenblick in seinem Leben, in dem es wirklicher Gefahr ausgesetzt ist. Ein Jaguar könnte es hier leicht erwischen. Es muß einen wichtigen Grund geben, warum es ein scheinbar so unnötiges Risiko auf sich nimmt. Sein Kot und sein Urin haben einen äußerst scharfen Geruch, und der Geruchssinn ist der einzige unter den Sinnen des Faultieres, der nicht ernstlich getrübt ist. So ist der Misthaufen eines Faultieres der einzige Ort im Wald, den ein anderes Faultier leicht finden kann – natürlich auch der einzige Platz, wo es eine Chance hat, ein anderes Faultier zu treffen – wenigstens ungefähr einmal in der Woche. Vielleicht ist der Misthaufen eines Faultiers auch sein Treffpunkt, und sicherlich gibt es keine andere bequeme Möglichkeit, einen Misthaufen anzulegen, als auf dem Boden. Wir wissen jedoch hierüber nichts Genaues, denn noch hat kein Verhaltensforscher den Mut aufgebracht, die Tage und Nächte einer abstumpfenden Untätigkeit ins Auge zu fassen, die jeder ertragen müßte, der mehr über das Privatleben eines Faultieres herausfinden wollte.

Der Waldboden ist nicht reich an Vegetation. In manchen Gebieten ist der Schatten so tief, daß es dort nichts als einen dicken, weichen Teppich verrottenden Laubes gibt, durch den sich gelegentlich Pilze nach oben bohren. In anderen Bereichen, wo das Blätterdach dünner ist, mag es kleine Büsche, einige bodenbedeckende Pflanzen und ein paar kümmerliche Schößlinge geben. In Afrika und Asien sind derlei Pflanzen das Futter der Miniaturausgaben von Antilopen – der Kantschile und Ducker. Sie haben etwa Hundegröße und sind außerordentlich scheu.

Doch wenn man nach stundenlangem Warten eins dieser Tiere durch den Halbschatten leise auf sich zukommen und genüßlich an einem sorgfältig ausgewählten Blatt knabbern sieht, dann wird einem das Leben im Wald auf eine Weise offenbart, die man nie vergißt. Beide Tiergruppen haben eine lange Ahnenreihe, denn primitive Wiederkäuer, die ihnen sehr ähnlich waren, gab es bereits unter den ersten spezialisierten Pflanzenfressern, die vor 50 Millionen Jahren durch die Wälder streiften.

In Südamerika wird ihre Rolle nicht von Huftieren, sondern von Nagetieren gespielt, dem Paca und dem Agouti. Sie haben die gleiche Größe und Gestalt und ähnlich ungesellige Gewohnheiten. Wenn das überhaupt möglich ist, sind sie höchstens noch ängstlicher und scheuer. Die leiseste Vermutung einer Gefahr, der Hauch einer unbekannten Witterung, und sie erstarren und blicken sich in panischem Schrecken mit großen glänzenden Augen um. Das Knacken eines Zweiges läßt sie dann Hals über Kopf durch den Wald davonstieben.

Um Zweige und Knospen von höheren Büschen und Schößlingen abzufressen, müssen

251

die Tiere größer sein, und so gibt es in jedem Waldgebiet eine Gruppe von Bewohnern in der Größe zwischen Ponies und Pferden, die das tun. Sie sind so heimliche und stille Geschöpfe und so gering an Zahl, daß man sie kaum zu sehen bekommt. In Malaysia und Südamerika sind es die nächtlich lebenden Tapire, in Teilen Südostasiens ist es das Sumatranashorn mit schwach behaarter Haut, das kleinste seiner Art und jetzt bedauerlicherweise sehr selten geworden; und im Kongo das Okapi, ein kurzhalsiger primitiver Vetter der Giraffe, das größte dieser Tiere, doch so scheu, daß es der letzte Großsäuger war, den die Wissenschaft entdeckte. Kein Europäer hat vor Beginn dieses Jahrhunderts ein lebendes Exemplar zu sehen bekommen.

Alle diese auf dem Boden lebenden Waldbewohner, große und kleine, sind einzeln lebende Tiere. Der Grund dafür liegt auf der Hand. Der schattige Waldboden bringt nur selten genug Grün hervor, um in einem Gebiet eine ganze Gruppe von Tieren auf Dauer zu ernähren, und wenn Tiere eine Beziehung zueinander aufrechterhalten wollen, brauchen sie jedenfalls irgendein Verständigungsmittel. Im Wald kann man nicht weit sehen, und Lautsignale würden die Aufmerksamkeit der Räuber erregen. So leben Kantschil, Agouti und Tapir einzeln oder paarweise. Sie behaupten ihr Territorium, das sie mit Kot oder dem Sekret einer Augendrüse markieren, und zu ihrer Verteidigung verlassen sie sich auf das Verbergen. Sie verschwinden im Unterholz des Gebietes, das sie gut kennen, und finden in heimlichen verborgenen Schlupfwinkeln Zuflucht.

Auch die Jäger, die ihnen nachstellen, sind Einzeljäger. Der Jaguar pirscht sich an den Tapir heran, der Leopard stürzt sich auf die Ducker. Ein umherstreifender Bär frißt fast alles, er wird sich bestimmt auch über ein Kantschil hermachen, wenn sich die Gelegenheit bietet. Die kleinsten der Jäger – Genetten, Rohrkatzen, Zibetkatzen und Wiesel – stellen Ratten und Mäusen ebenso wie Vögeln und Reptilien nach.

Von allen Jägern haben sich die Katzen am meisten darauf spezialisiert, Fleisch zu fressen. Ihre Krallen werden dadurch scharf gehalten, daß sie in häutige Scheiden zurückgezogen werden können. Bei der Jagd schlagen sie die Krallen in ihr Opfer und versetzen ihm dann einen durchbohrenden Biß ins Genick, der das Rückenmark durchtrennt und einen raschen Tod herbeiführt.

Der große dolchartige Zahn auf jeder Kieferseite unmittelbar hinter den Schneidezähnen, der für alle Fleischfresser typisch ist, dient dazu, die Haut oder das Fell der Beute aufzureißen. Die gezackten Zähne weiter hinten im Kiefer zerschneiden Knochen. Es sind alle Werkzeuge einer Schlachterei vorhanden. Weder Hunde noch Katzen können richtig kauen. Die meisten verschlingen einfach ganze Brocken. Fleisch ist viel leichter verdaulich als Blätter und Zweige, und der Magen eines Jägers braucht wenig Unterstützung.

Bei diesen einsamen nächtlichen Zweikämpfen aus dem Hinterhalt, wenn die Beute entdeckt ist und ihrer Flucht mit einem Sprung ein Ende bereitet wird, werden die uralten Taktiken befolgt, die bereits in den allerersten Wäldern zwischen Pflanzenfressern und Raubtieren angewandt wurden. Doch vor etwa 25 Millionen Jahren entwickelten sich neue und ganze andere Techniken. Eine Veränderung des Klimas der Erde und ihrer Vegetation lockte diese Kämpfer aus dem Dunkel ins Freie. Die Grassteppen entstanden.

Gras mag man für eine einfache, ja primitive Pflanze halten, kaum mehr als Blätter mit Wurzeln. In Wirklichkeit ist es eine hochspezialisierte Pflanze mit winzigen, unscheinbaren Blüten, die sich nicht auf die Insekten als Pollenüberträger verläßt, son-

252

dern auf den Wind, der frei und ungehindert über die weiten Ebenen bläst, wo das Gras wächst. Es bildet waagerechte Stengel, die dicht an der Erdoberfläche oder direkt darunter verlaufen. Wenn ein Feuer über die Steppe rast und die alten trockenen Blätter verzehrt, fegen die Flammen so schnell darüber hinweg, daß diese Ausläufer und die Wurzelstöcke unbeschädigt bleiben und fast sofort neue Sprosse hervorbringen. Sie können das, weil die Blätter des Grases nicht wie die von Büschen und Bäumen an der Spitze wachsen, sondern an der Basis. Das ist auch von großem Vorteil für die weidenden Tiere, denn es bedeutet, daß Gräser, auch wenn sie abgemäht werden, unbeeinträchtigt weiterwachsen, und bald eine neue Mahlzeit bieten.

Auch für das Gras ist es nützlich, wenn Herden auf ihm weiden, denn die Tiere zertrampeln oder fressen die Sämlinge von Büschen oder Bäumen, die dort Wurzeln schlagen könnten und, falls sie groß werden, dem Gras das Licht nehmen und es schließlich verdrängen würden. Es ist daher wahrscheinlich, daß sich die Ausbreitung weiter Graslandschaften und die Entwicklung der Weidegänger Schritt für Schritt gemeinsam vollzog.

Die Grassteppen zogen nicht nur die Weidegänger an. Da ihnen jede Möglichkeit, sich zu verstecken fehlte, boten sie für die Raubtiere verlockende Ziele, als auch diese auf der Suche nach Beute die Wälder verließen. Nur die größten Pflanzenfresser, Elefanten und Nashörner, hatten nichts zu fürchten. Im Walde hatten sie sich mühelos und leise zwischen den Bäumen bewegen müssen, und das schrieb ihnen eine gewisse Größe vor, doch hier draußen gab es keine solche Beschränkung, und so wurden sie noch größer. Ihre massige Gestalt und die dicke Haut machten sie für jeden Fleischfresser unangreifbar. Doch für die kleineren Lebewesen waren die Grassteppen, soviel Nahrung sie auch boten, voller Gefahren.

Einige suchten Zuflucht in Erdbauten. Graslandschaften sind ein ausgezeichnetes Gelände für Wesen, die mit Vorliebe Gänge graben. Der Boden ist frei von den Knoten und Verflechtungen der Baumwurzeln. Hier können sie ungehindert ausgedehnte Gangsysteme anlegen, und viele Arten haben sich diese Gelegenheit ausgiebig zunutze gemacht.

Ein absonderlicher Nager, der Nacktmull aus Ostafrika, ist ein hochspezialisierter Gräber. Er frißt nicht die Blätter, sondern die Wurzeln der Gräser und dann und wann auch Knollen und Zwiebeln. Nacktmulle leben in Familien zusammen und legen kunstvolle unterirdische Behausungen an, in denen es Schlafräume, Kinderzimmer, Speisekammern und Waschräume gibt. Ihr Leben spielt sich ausschließlich in der warmen, trockenen Erde der afrikanischen Steppen ab, und das hat sie radikal verändert. Sie sind blind und nackt, die wurstförmigen Körper sind mit einer grauen, runzeligen Haut bedeckt, und ihre Erscheinung wird nicht gerade anziehender durch die höchst grotesken Schneidezähne. Sie ragen aus dem Maul hinaus und bilden einen knochigen Halbkreis vor dem Gesicht. Sie dienen ihnen nicht nur zum Fressen, sondern auch als Grabwerkzeuge. Sich durch die Erde nagen zu müssen, kann natürlich ein abscheuliches Geschäft sein, doch die Nacktmulle vermeiden es, das Maul voll Erde zu bekommen, dank einer Technik, die auch andere Gräber verwenden. Sie pressen die Lippen hinter diesen übermäßig vorstehenden Schneidezähnen zusammen und halten so das Maul fest verschlossen, während die Zähne eifrig graben.

Beim Graben arbeiten sie in Teams. Das vorderste Tier nagt mit fieberhafter Hast und wirft die gelockerte Erde hinter sich, dem zweiten Mitglied der Mannschaft genau ins Gesicht. Da es jedoch ohnehin blind ist, scheint es ihm nicht übermäßig viel auszumachen, und es schleudert die Erde einfach zwischen seinen Beinen hindurch nach hinten – dem nächsten in der Reihe ins Gesicht, bis schließlich der letzte in der Schlange die Ladung erhält und sie kraftvoll aus dem Gang hinaus und an die Oberfläche befördert. Ein von Nacktmullen besiedeltes Gebiet ist übersät mit konischen Erdhügeln, die wie Miniaturvulkane aussehen, weil aus Löchern vor ihnen Sandfontänen aufsteigen.

Wenn überhaupt, dann können nur wenige Raubtiere Nacktmulle erbeuten. Nacktmulle können schneller graben als alle Katzen und Hunde und brauchen überhaupt nicht an die Oberfläche zu kommen. Jene Gräber aber, die nicht die Graswurzeln, sondern die Halme fressen, müssen zu irgendeiner Zeit ihre Löcher verlassen, um zu fressen, und dann kann es für sie sehr gefährlich werden. Die nordamerikanischen Prärien werden von kaninchengroßen Nagetieren bewohnt, die Präriehunde heißen. Sie grasen nicht nur überirdisch, sondern auch während des Tages, wenn Coyoten, Rotluchs, Frettchen und Falken herumstreifen, die nur zu gern einen Präriehund fressen würden, wenn es dazu eine Möglichkeit gäbe. Die Präriehunde haben daher Schutzmaßnahmen entwickelt, die auf einer hochorganisierten sozialen Gemeinschaft beruhen.

Sie leben in großen Gesellschaften, die »Dörfer« genannt werden und bis zu 1000 Tiere umfassen können. Jedes Dorf ist in eine Anzahl von kleinen Gemeinschaften unterteilt, zu denen jeweils etwa 30 Tiere gehören, die einander gut kennen. Viele haben miteinander verbundene Bauten. In einer solchen Gemeinschaft haben immer einige Mitglieder Wachdienst. Sie sitzen auf dem Hügel aus ausgeworfener Erde neben dem Eingang zum Bau, von wo aus sie am besten übersehen können, was ringsum passiert. Wenn einer einen Feind erspäht, stößt er ein helles Kläffen aus. Die Warnlaute sind unterschiedlich je nach Art des Raubtieres, so daß alle Tiere nicht nur wissen, daß Gefahr droht, sondern auch welche. Die Rufe werden von anderen Tieren in der Nähe aufgenommen, breiten sich so durch das ganze Dorf aus und alarmieren jedes Tier. Die Bewohner flüchten nicht sofort, sondern beziehen eine strategisch günstige Position in der Nähe ihrer Löcher. Dort stehen sie auf den Hinterbeinen, starren den Eindringling an und beobachten jede seiner Bewegungen. Wenn ein Coyote durch das Dorf trottet, pflanzt sich der Alarm von Gemeinschaft zu Gemeinschaft fort. Überall stößt der Störenfried auf die starrenden Blicke der Bewohner, die ihn aufreizend nahe herankommen lassen, ehe sie sich in ihre Löcher verziehen.

Die sozialen Beziehungen der Präriehunde beschränken sich nicht auf die Verteidigung. Die vor ihren Löchern sitzenden erwachsenen Tiere, bekunden ihr Eigentumsrecht durch eine andere Art von Pfeiftönen, die von einem kleinen Luftsprung begleitet werden. Während der Fortpflanzungszeit bleiben die Mitglieder einer Gemeinschaft ziemlich für sich und verteidigen ihre Grenzen gegen jeden Eindringling. Wenn diese spannungsgeladene Zeit vorüber ist, nehmen sie das Leben wieder leichter. Die Einwohner wandern dann überall im Dorf umher und gehen auch in andere Gemeinschaften. Wenn sich ein Fremder einem Ortsansässigen nähert, tauschen die Tiere zunächst vorsichtig einen sehr zurückhaltenden Kuß aus und inspizieren dann gegenseitig ihre Analdrüsen, um festzustellen, ob sie eigentlich miteinander bekannt sind. Ist das nicht der Fall, trennen sie sich, und der Besucher verschwindet schließlich. Stellen sie aber fest, daß sie Mitglieder derselben Gemeinschaft sind, küssen sie sich mit geöffnetem Maul, putzen sich gegenseitig und ziehen oft gemeinsam los, um Seite an Seite zu grasen.

Die Präriehunde kümmern sich sehr fürsorglich um die Vegetation im Bereich ihres

255

Dorfes. Sie weiden so intensiv, daß viele Pflanzen, die sie bevorzugen, völlig abgefressen werden. Dann begeben sie sich in ein anderes Gebiet ihres Territoriums und lassen die alte Weide für einige Zeit brachliegen, damit sie sich erholt. Sie sind auch wählerisch bei ihrer Pflanzenpflege. Salbei, eine der häufigeren und widerstandsfähigen Pflanzen der Prärie, mögen sie nicht. Schlägt ein Sämling dieser Pflanze in ihrem Gebiet Wurzel oder wächst Salbei in einem neu erschlossenen Gebiet ihres Territoriums, dann ignorieren sie ihn nicht einfach, sondern beseitigen ihn vorsätzlich, damit die Pflanzen, die sie vorziehen, mehr Platz haben.

Weiter südlich, in den Pampas Argentiniens, wird die Rolle der Präriehunde von einem Meerschweinchen in Spanielgröße, dem Viscacha, gespielt. Auch sie leben dicht gedrängt in großen Gemeinschaften, fressen aber nur in der Abenddämmerung und im Morgengrauen. Wie viele andere Tiere, die im Dämmerlicht aktiv sind, haben sie auffällige Erkennungszeichen, breite waagerechte, schwarze und weiße Streifen quer über die Gesichter. Sie bauen Steinhügel über ihren Höhlen. Wenn sie bei ihren Grabarbeiten einen geeigneten Stein finden, schleppen sie ihn mühselig an die Oberfläche und werfen ihn auf den Haufen über der Höhle. Mehr noch: wie ordentliche Bauern lassen sie nichts herumliegen und werfen jeden großen Gegenstand, den sie zufällig auf ihren Weiden finden, auf diesen Haufen. Wer also in der Pampa in der Nähe einer Viscacha-Kolonie etwas verliert, sollte nicht dort danach suchen, wo er es verloren hat, sondern oben auf den Viscacha-Monumenten.

Die Viscacha ist ein weiterer Nachkomme jener großen Schar plazentaler Säugetiere, die von Nordamerika über die Panama-Landbrücke, als sie das erstemal entstand, nach Süden zogen und in Südamerika hängenblieben, als diese Verbindung unterbrochen wurde. So wie die Wälder von Ameisenbären, Gürteltieren und besonderen Affenarten besiedelt wurden, eroberten andere plazentale Säugetiere die Graslandschaften. Einige entwickelten sich zu sehr seltsamen Geschöpfen. Zwei haben wir schon erwähnt – den Großen Ameisenbären und das ausgestorbene gepanzerte, zwei Meter hohe Riesengürteltier. Unter ihnen waren auch viele Gras- und Laubfresser. Das Viscacha ist nicht der einzige Überlebende dieser Gruppe – man findet auch kleine, kaninchenfarbene Meerschweinchen. Doch früher gab es einmal Pflanzenfresser, die sehr groß wurden. Einer sah wie ein Kamel aus und erreichte die Größe eines Elefanten. Ein anderer, ein Verwandter des Faultiers, war mit ca. sieben Meter noch höher, schleppte sich schwerfällig dahin und fraß von Büschen und Bäumen.

Als die Panama-Landbrücke wiederhergestellt war, breiteten sich nordamerikanische Tiere wieder nach Süden aus, und viele dieser bizarren Gestalten verschwanden. Sowohl das Riesenkamel als auch das Riesenfaultier starben aus. Daher war es eine Sensation, als gegen Ende des vorigen Jahrhunderts bekannt wurde, ein deutscher Siedler habe in Patagonien, also am äußersten Zipfel dieses Kontinents, frische Spuren der Riesenfaultiere gefunden. Er hatte eine Höhle auf seiner Estancia untersucht und in ihrem rückwärtigen Teil, hinter einer merkwürdigen Aufreihung von Felsbrocken, die die Höhle zu unterteilen schien, einen Haufen riesiger Knochen, Hautstücke, die mit zottigem braunen Fell bedeckt waren und in die merkwürdige knöcherne Knötchen eingebettet waren, und Klumpen frisch aussehenden Mists gefunden. Ein Stück dieses Fells hängte er auf einen Pfosten, der als Grenzmarkierung dienen sollte, und da fiel es einige Jahre später einem schwedischen Reisenden auf. Schließlich gelangten Probestücke an das Natural History Museum in London, wo sie als Überreste eines Riesenfaultieres be-

Vorhergehende Seiten: Gepard greift Weißschwanzgnus an, Tansania

zeichnet wurden. Sie wirkten noch so frisch, daß manche Wissenschaftler meinten, die Tiere könnten noch am Leben sein. Jene Aufreihung von Felsbrocken sah ganz wie das Fundament einer von Menschen erbauten Mauer aus. Grashalme in den Mistproben hatten glatte Trennstellen, als wären sie abgeschnitten und nicht mit den Wurzeln herausgezogen worden. Vielleicht hatten die Indianer, so wurde vermutet, diese Ungeheuer in die Höhle getrieben und sie dort hinter einer Mauer eingepfercht und mit Ballen von Gras wie halb domestizierte Tiere gefüttert.

Lange Zeit konnten diese romantischen Spekulationen weder bewiesen noch widerlegt werden. Inzwischen haben sie sich leider in Nichts aufgelöst. Wenn man in die Höhle geht, stellt man fest, daß sie weitläufig ist, und jene Aufreihung von Felsbrocken im Hintergrund, die in einer graphischen Darstellung das Fundament einer Mauer zu bilden scheint, wohl nichts anderes ist, als ein eingestürzter Teil der Decke. Die Luft in der Höhle ist sehr trocken und außerordentlich kalt, und das frische Aussehen des Mistes ist auf die Tatsache zurückzuführen, daß er gefriergetrocknet war. Heute wird das öde Land ringsum so viel bereist, daß Tiere, die doppelt so groß sind wie eine Kuh, kaum Aussicht haben, dort unbemerkt herumzuwandern. Dennoch wissen wir jetzt, daß Indianer vor 8 bis 10 000 Jahren in diesen Teil Südamerikas gelangten, und die Datierung der Überreste der Riesenfaultiere ergab, daß diese Tiere noch vor 5000 Jahren am Leben waren. So haben wenigstens einige Menschen diese schlurfenden, erstaunlichen Riesen gesehen.

Zu der Zeit, als sich die Riesenfaultiere im Süden entwickelten, entstand auf der anderen Seite der Meerenge von Panama in den Prärien Nordamerikas eine Gruppe ganz anderer Weidegänger. Ihre Vorfahren waren Waldbewohner, nicht unähnlich den Tapiren, aber nur so groß wie Kantschile. Ihre Backenzähne waren abgerundet und zum Äsen im Wald geeignet. Um ihren Feinden zu entgehen, begannen sie in den Ebenen immer schneller zu laufen. Die ersten Arten hatten vier Zehen an den Vorderfüßen und drei an den hinteren. Je länger Glieder sind, desto besser wirken sie als Hebel und um so schneller können sie zusammen mit kräftiger Muskulatur das Tier voranbringen. Im Lauf der Zeit machten diese Grasfresser ihre Beine länger, indem sie sich vom Boden hoben und auf den Zehenspitzen liefen. Schließlich verschwanden die seitlichen Zehen, und das Tier, ein frühes Pferd von der Größe eines Hundes, lief nun nur noch auf der einzigen verlängerten Mittelzehe. Die Knöchel fanden ihren Platz auf halber Höhe des Beines, die seitlichen Zehen wurden auf innere Reste, die als Tumore bezeichnet wurden, reduziert, und der Nagel verdickte sich zu einem schützenden, stoßabfangenden Huf.

Zugleich mit dieser Umbildung der Gliedmaßen gingen andere einher. Die Gräser wurden immer zäher und schwerer zu kauen. Sie begannen in den Halmen kleine Siliziumkristalle einzulagern, die die Zähne stark abnutzten. So verwandelten die Urpferde ihre gerundeten Backenzähne in immer größere Mahlwerkzeuge mit harten Schmelzfalten. Eine der Schwierigkeiten, die ein Leben als Weidegänger für jedes Tier mit sich bringt, besteht darin, daß es den Kopf so lange Zeit dicht über dem Boden halten muß und daher nicht nach Raubtieren Ausschau halten kann. Je höher die Augen auf dem Kopf sitzen, desto besser. Dieses Bedürfnis und die Notwendigkeit, Platz für die vergrößerten Backenzähne zu schaffen, führte zu einer erheblichen Verlängerung des Schädels. So entwickelten sich die Urpferde zu den Formen, die wir heute kennen. Sie verbreiteten sich über die Prärien Amerikas und schließlich zu einer Zeit, als eine Ver-

Umseitig: Afrikanische Wildhunde, Ostafrika

bindung über die Behringstraße bestand, auch nach Europa. Von da aus gingen sie nach Süden und eroberten die Grassteppen Afrikas. Später starben sie in ihrer ursprünglichen Heimat Amerika aus und tauchten dort erst wieder 300 Jahre im Gefolge der spanischen Conquistadoren auf. In Europa und Afrika entwickelten sie sich als Pferde, Esel und Zebras zu voller Blüte.

Die Zebras teilen sich die großen Grasländer Afrikas mit anderen Weidegängern, die sich zur gleichen Zeit aus anderen Ahnenreihen entwickelt hatten. Es waren dies die Nachkommen der kleinen Waldantilopen, die Kantschilen und Duckern so ähnlich sind. Schon im Wald hatten sie ihre Beine zum Laufen verlängert, wenn auch auf etwas andere Weise als die Pferde, denn sie behielten zwei Zehen auf dem Boden, nicht nur eine. Draußen in der Ebene wurden nun ihre Beine noch länger, und so entwickelten sich die Paarhufer – Antilope, Gazelle und Hirsch. Heute sind sie so erfolgreich, daß sie einige der imposantesten Ansammlungen von Tieren in freier Wildbahn bilden, die man auf der Erde sehen kann.

Wo die Grassteppen in den Busch übergehen und es noch etwas Deckung gibt, sind die Ducker und Windspielantilopen ihren waldbewohnenden Verwandten noch sehr ähnlich geblieben. Sie sind klein, äsen an den Büschen und bewohnen einzeln oder in Paaren ein Gebiet, das sie markieren und verteidigen. Weiter draußen, im offenen Gelände, wo sie sich nicht mehr verstecken können, streben die Antilopen nach Sicherheit in der Masse und finden sich zu großen Herden zusammen. Beim Weiden heben sie in regelmäßigen Abständen den Kopf, um Ausschau zu halten, und wenn so viele scharfe Augen und empfindliche Nüstern auf der Hut sind, ist es für einen Jäger praktisch unmöglich, eine Herde zu überrumpeln. Kommt es doch zu einem Angriff, dann verwirrt ihn die fliehende Herde durch die Vielzahl möglicher Ziele. Aus einer Herde Impalas werden mit einemmal Hunderte von Tieren, die alle in verschiedene Richtungen rennen und mit gewaltigen, drei Meter hohen Sätzen davonspringen.

Eine so große Zahl grasender Tiere nimmt eine Weide stark in Anspruch, und deshalb müssen die Herden regelmäßig über weite Strecken wandern. Gnus können es offenbar spüren, wenn in 50 Kilometer Entfernung ein Regenschauer niedergeht, und sie ziehen dorthin, um sich an dem neu sprießenden Gras gütlich zu tun. Aber dieses Nomadenleben kompliziert die Vorkehrungen für die Fortpflanzung, die im Walde, als es sich nur um ein einziges Paar handelte, so einfach waren. Bei manchen – Impalas, Springböcken und Gazellen – beruhen diese Vorkehrungen immer noch auf dem Territorium. Böcke und Weibchen bilden getrennte Herden. Einige ranghohe Böcke verlassen die Herde der Junggesellen, um eigene Territorien zu gründen. Jeder markiert die Grenzen seines Gebietes, verteidigt es gegen andere Böcke und versucht, Weibchen dorthin zu locken und sich mit ihnen zu paaren. Das ist jedoch ein sehr aufreibendes Geschäft, und die meisten Böcke, die es betreiben, sind nach Ablauf von drei Monaten erschöpft und nicht mehr in Form. Zu guter Letzt müssen sie stärkeren und ausgeruhteren Rivalen das Feld überlassen und zur Herde der Junggesellen zurückkehren.

Die Elenantilopen, die größten Antilopen überhaupt, und die Steppenzebras gehören zu den wenigen, die den Territoriumsanspruch ganz aufgegeben haben. Sie bilden Herden, in denen beide Geschlechter ständig anwesend sind, und die Hengste regeln ihre Rivalitäten, indem sie miteinander kämpfen, wo immer sich die Herde auch befindet.

Um Weidegänger zu fangen, mußten die Raubtiere der Steppe ihre Lauftechnik erheblich verbessern. Sie sind nicht Zehengänger mit verminderter Zehenzahl geworden – vielleicht, weil sie ihre mit Krallen bewehrten Zehen immer als Angriffswaffe brauchten. Sie fanden eine andere Lösung. Sie haben ihre Glieder dadurch wirkungsvoll verlängert, daß sie ihr Rückgrat äußerst biegsam machten. Wenn sie ihre ganze Kraft aufbieten und schnell rennen, strecken sich Vorder- und Hinterbeine unter dem Körper gleichzeitig wie bei einer galoppierenden Antilope. Der Gepard hat einen schlanken, langgestreckten Körper und soll der schnellste Läufer der Erde sein, der im Spurt Geschwindigkeiten von über 110 km/h erreichen kann. Aber diese Methode verbraucht viel Energie. Es bedarf großer Muskelleistungen, um die Wirbelsäule vor- und zurückschnellen zu lassen, und der Gepard kann daher diese Geschwindigkeit nur etwa eine Minute lang beibehalten. Entweder hat er Erfolg und holt seine Beute nach ein paar 100 Metern ein und tötet sie, oder er muß sich erschöpft zurückziehen, während die Antilope mit ihrem kräftigen Rücken und den langen Hebelbeinen davongaloppiert, um einen gefahrloseren Teil der Steppe aufzusuchen.

Nirgends sind Löwen auch nur im entferntesten so schnell wie der Gepard. Ihre Höchstgeschwindigkeit beträgt etwa 80 km/h. Ein Gnu läuft ungefähr genauso schnell und hält es viel länger durch. So mußten die Löwen eine komplizierte Taktik entwickeln. Manchmal verlassen sie sich auf Heimlichkeit, schleichen sich an ihr Opfer heran, den Körper dicht über dem Boden, und nutzen jedes bißchen Deckung aus. Dann und wann jagt ein Löwe für sich. Doch gelegentlich jagen die Angehörigen eines Rudels zusammen – und sie sind die einzigen Katzen, die das tun. Sie gehen in einer Reihe nebeneinander vor. Wenn sie sich einer Gruppe von Beutetieren – Antilopen, Zebras oder Gnus – nähern, laufen die Löwen am Ende der Reihe schneller, so daß sie die Herde umzingeln. Schließlich brechen sie aus der Deckung hervor und treiben die Beute zu den Löwen in der Mitte der Reihe. Diese Taktik führt oft dazu, daß mehrere Löwen des Teams ein Beutetier schlagen, und eine Jagd wurde beobachtet, bei der sieben Gnus erlegt wurden.

Hyänen sind noch langsamer als Löwen. Sie können höchstens 65 km/h erreichen, und infolgedessen müssen ihre Jagdmethoden noch raffinierter sein und sich noch mehr auf Teamwork stützen. Die Weibchen haben ihren eigenen Bau, in dem sie ihre Welpen aufziehen, doch das Rudel arbeitet bei der Abgrenzung und Verteidigung eines Territoriums als Ganzes zusammen. Ihr Vokabular an Rufen und Gesten, mit denen sie sich verständigen, ist sehr reichhaltig. Sie knurren und heulen, grunzen, kläffen und winseln und stimmen manchmal im Chor ein höchst angsterregendes, orgiastisches Gelächter an. Bei den Gesten sind besonders ihre Schwänze sehr beredt. Normalerweise hängen sie herab. Ein aufgerichteter Schwanz läßt Aggression erkennen; über den Rücken gehoben und nach vorn gerichtet soziale Erregung, ein unter den Bauch zwischen die Beine geklemmter Schwanz Angst. Sie jagen in wohlkoordinierten Gruppen und sind dabei so erfolgreich geworden, daß in manchen Teilen der afrikanischen Steppe der größte Teil der Beute von ihnen geschlagen wird und die Löwen sich nur dank ihrer Größe den Weg zu einem Kadaver bahnen – das Verhältnis zwischen diesen beiden Arten ist also das genaue Gegenteil von dem, was man sich im allgemeinen vorstellt.

Die Hyänen jagen gewöhnlich nachts. Manchmal brechen sie in kleinen Gruppen zu zweit oder zu dritt auf, und dann ist ihr Opfer wahrscheinlich ein Gnu. Sie testen die Herden, indem sie sie angreifen, dann werden sie langsamer, um die fliehende Herde genau zu beobachten, als versuchten sie Schwächen bei einzelnen Tieren zu entdecken.

Zuletzt wählen sie offenbar ein Tier aus und beginnen ihm verbissen nachzujagen, galoppieren hinter ihm her und schnappen nach seinen Fersen, bis es schließlich soweit gereizt ist, daß es sich zu seinen Verfolgern umdreht. Wenn es das tut, ist es verloren. Während eine Hyäne es im Auge behält, stürzt sich die andere auf seine Flanke, schlägt ihre Zähne hinein und hält fest. Das Gnu ist nun angeschlagen. Bald ist ihm der Bauch aufgerissen, und es ist tot.

Zebras zu erlegen ist schwieriger. Um sie zu jagen, finden sich die Hyänen zu einer großen Gruppe zusammen. Offenbar sind sie bereits entschlossen, es mit einem Zebra zu versuchen, ehe sie aufbrechen. Sie versammeln sich abends an einem regelmäßig aufgesuchten Treffpunkt, begrüßen einander mit überschwenglicher Fürsorglichkeit, beriechen sich gegenseitig an Mäulern, Hälsen und Köpfen, stehen Kopf an Schwanz und beschnuppern und belecken die Genitalien. Dann bricht das Rudel zur Jagd auf. An der Grenze ihres Territoriums machen sie vielleicht noch einmal Halt und frischen die Duftmarken mit Urin auf. Manchmal bleiben sie stehen und scharen sich, höchst aufgeregt schnüffelnd, an einer Stelle zusammen. Soweit ersichtlich, unterscheidet sich eine solche Stelle in nichts von anderen – wichtig ist dabei nur das, was sie tun, denn das Beschnüffeln bekräftigt noch einmal die Verbundenheit zwischen ihnen. Wenn sie sich zu solchen Gruppen zusammengetan haben, laufen sie an Gnuherden vorbei, ohne Notiz von ihnen zu nehmen. Schließlich sichten sie ein Zebra, und dann beginnt die Jagd.

Zebras leben in Familiengruppen von etwa einem halben Dutzend Tieren, die vom ranghöchsten Hengst angeführt werden. Er ist es, der wahrscheinlich mit einem gellenden Wiehern Alarm schlägt. Wenn die Herde davongaloppiert, bildet er die Nachhut und bleibt zwischen den verfolgenden Hyänen und seinen Stuten und Fohlen. Die Hyänen laufen in einem Halbkreis hinterher. Der Hengst bricht plötzlich seitwärts aus, greift das Rudel mit mächtigen Fußtritten und Bissen an und verfolgt sogar die führende Hyäne, die unter Umständen zurückbleiben und es den anderen überlassen muß, den Wettlauf fortzusetzen.

Schließlich wird aber eine Hyäne des Rudels an dem Hengst vorbeikommen und nach einem Fohlen oder einer Stute zu schnappen beginnen. Während die Jagd erbarmungslos weitergeht, schlägt eine Hyäne schließlich die Zähne in ein Bein, den Bauch oder die Genitalien der Beute, und das Tier wird zu Boden gerissen. Während sich der Rest der verängstigten Zebraherde in Sicherheit bringt, stürzen sich die Hyänen knurrend und kläffend auf das am Boden liegende Zebra und reißen es in Stücke. In einer Viertelstunde ist der ganze Kadaver – Fell, Eingeweide und Knochen, kurz alles außer dem Schädel – verschwunden.

Die Schnelligkeit der Antilopen erforderte also List und Teamwork der Jäger. So reagierten nicht nur Angehörige der Hunde- und Katzenfamilien. Auch andere Tierarten kamen hinaus in die Steppen, um zu jagen. Eine Gruppe von ihnen war besonders langsam und schlecht bewaffnet, so daß Zusammenarbeit und Kommunikation für sie noch wichtiger wurden. Schließlich wurden aus ihr die verschlagensten, geschicktesten und gesprächigsten aller Jäger in den Ebenen. Um ihre Geschichte zu verfolgen, müssen wir in die Wälder zurückkehren, denn von dort stammten sie, und dort hatten sie in den Wipfeln der Bäume nach Früchten und zarten Blättern gestöbert.

12 Das Leben in den Bäumen

Will man auf Bäumen umherklettern, sind zwei Talente dafür äußerst nützlich: die Gabe, Entfernungen abzuschätzen, und die Fähigkeit, sich an den Ästen festzuhalten. Ein Paar nach vorn blickende Augen, die sich beide auf denselben Gegenstand richten können, ermöglicht das erste, und Hände mit Fingern, die zugreifen können, das zweite. Rund 200 heute lebende Arten haben diese beiden charakteristischen Eigenschaften. Zu ihnen gehören Affen, Menschenaffen und wir; etwas selbstgefällig nennen wir die ganze Gruppe Herrentiere oder Primaten.

Zweifellos waren die frühen insektenfressenden, spitzmausähnlichen Säuger, die Ahnen so unterschiedlicher Tiere wie der Fledermäuse, Wale und Ameisenbären, auch die Vorfahren der Primaten. Tatsächlich mag das Tupaja oder Spitzhörnchen, das als annehmbares Modell für derartige Lebewesen dient, mit den Primaten so nahe verwandt sein, daß es hier eingeordnet wird. Es besitzt zwei Eigentümlichkeiten, die für die vergleichenden Anatomen sehr schwer wiegen, wenn sie die Frage der Einordnung erwägen. Seine Augenhöhle ist von einem Knochenring umgeben, und die Zunge hat eine knorpelige Unterzunge. Ob diese Merkmale zusammen mit verschieden anderen, mehr technischen Einzelheiten ausreichen, es als echten Primaten einzustufen, ist eine Frage für Fachleute. Die meisten Autoritäten sind sich jedoch darüber einig, daß der frühe Vorfahre dieser Gruppe ein Wesen gewesen sein muß, das einem Spitzhörnchen sehr ähnlich sah. Aber ein Spitzhörnchen hat noch keines der beiden typischen Merkmale der Primaten. Seine Hände haben zwar lange, voneinander getrennte Finger, aber die Daumen können den Fingern noch nicht gegenübergestellt werden; es hat keine echte Greifhand. Außerdem endet jeder Finger mit einer scharfen Kralle, nicht mit einem flachen, stumpfen Nagel. Seine Augen sind groß und glänzend, aber sie sitzen seitlich an seiner langen Schnauze, so daß sich ihre Gesichtsfelder nur teilweise überlappen. In der Tat klettern diese Tiere auch nicht. Ein oder zwei Spitzhörnchenarten laufen allerdings wie Eichhörnchen über Äste, aber die meisten verbringen ihre Zeit weitgehend auf oder nahe dem Boden der Wälder Südostasiens, wo sie beheimatet sind. Mit einer Ausnahme sind sie alle am Tage aktiv, und wenn man beobachtet, wie sie durch das Unterholz huschen, merkt man sofort, daß sie sich weitgehend von ihrem Geruchssinn leiten lassen. Sie stöbern mit ihren langen Nasen, stecken sie in die Laubschicht und unter Rinde, schnüffeln unter Steinen und in Felsspalten.

Auf dem Geruch basiert auch ihr soziales Leben. Sie markieren ihr Territorium mit kleinen Harntropfen und mit Duft aus Drüsen in der Hals- und Leistengegend. Ihre ihnen so nützliche Nase ist sehr lang und hat ausgedehnte und gut entwickelte Gänge mit Geruchsrezeptoren. Die Nase endet in zwei Nüstern, die wie Anführungszeichen aussehen und wie die Nasenkuppe eines Hundes von nackter feuchter Haut umgeben sind.

Alles in allem kommt es einem zugegebenermaßen auf den ersten Blick sehr unwahrscheinlich vor, daß ein Tupaja mit einem Affen verwandt sein soll. Aber es gibt eine ganze Primatengruppe, die Prosimier oder Halbaffen, die einige seiner Eigentümlichkeiten aufweist, in anderer Beziehung unverkennbar affenähnlich ist und erkennen läßt, wie die Umwandlung erfolgt sein könnte.

Typisch für diese Gruppe ist der Lemur Katta aus Madagaskar. Die Kattas werden manchmal als Katzenmakis bezeichnet, denn sie sind katzengroß, haben einen weichen taubengrauen Pelz, nach vorn gerichtete zitronengelbe Augen und einen langen buschigen Schwanz, mit hübschen schwarz-weißen Ringeln. Einer ihrer häufigsten Rufe erinnert sogar an das Miauen einer Katze. Aber damit endet die Ähnlichkeit. Der Katta ist kein Jäger, sondern wie viele Halbaffen weitgehend Pflanzenfresser. Kattas verbringen viel Zeit in Gruppen auf dem Boden. Ihre Nase ist keineswegs so gut entwickelt wie die der Spitzhörnchen, aber in ihren Proportionen immer noch sehr fuchsähnlich und hat auch eine feuchte Nasenkuppe mit nackter Haut um die Nüstern. Sie haben drei Arten von Duftdrüsen, ein Paar an der Innenseite des Unterarmes, das sich durch hornige Sporne öffnet, ein weiteres am Brustkorb nahe den Achselhöhlen und eine dritte Art rings um die Genitalien. Mit diesen erzeugen die Männchen und in geringerem Maße auch die Weibchen einen Schwall von Signalen. Wenn ein Trupp lärmend durch den Wald zieht und ein Tier zu einem einzelnen jungen Baum kommt, schnuppert es sehr sorgfältig, zweifellos um herauszufinden, welches Tier vorher hier war; dann stützt es seine Hände auf den Boden, richtet das Hinterteil möglichst hoch auf und streicht mit den Genitalien mehrmals über die Rinde. Oft kommt gleich danach ein anderes Individuum vorbei und wiederholt den Vorgang. Die Männchen packen auch mit beiden Händen ein Bäumchen und schwingen dabei die Schultern, so daß sie sich hin- und herdrehen. Die Sporne der Unterarme schlagen an die Rinde und machen tiefe Kratzer, die dann mit ihrem Moschusduft durchtränkt sind.

Der männliche Katta benutzt den Duft nicht nur zur Markierung, sondern auch als Angriffswaffe. Wenn er sich auf den Kampf mit einem Rivalen vorbereitet, verschränkt er mehrmals die Arme und streicht mit den Unterarmen über die Achselhöhlendrüsen. Dann zieht er den Schwanz zwischen den Hinterbeinen nach vorn bis zur Brust und dann mehrmals zwischen den Unterarmspornen hindurch, so daß er duftgeschwängert ist. So gewappnet, stehen sich die Rivalen mit hoch erhobenem Hinterteil auf allen vieren gegenüber und schlagen ihre hübschen Schwänze mit den sich sträubenden Haaren über den Rücken, so daß der Duft nach vorn gefächelt wird. Trupps, die sich an den Grenzen ihrer Territorien treffen, können auf diese Weise eine Stunde miteinander kämpfen, wobei sie hin und her hüpfen und springen, schrill schreien, das Maul aufreißen und aufgeregt kleine Bäume mit ihren Armspornen markieren.

Die Kattas verbringen aber auch viel Zeit auf Bäumen. Hier benehmen sie sich viel affenartiger, und ihre Primateneigentümlichkeiten beweisen ihre Nützlichkeit. Da die Augen an der Vorderseite des Kopfes sitzen, können sie binokular sehen. Ihre Hände mit den beweglichen Fingern und den gegenständigen Daumen ergreifen Äste, und die Finger enden nicht in Krallen, sondern in kurzen Nägeln, die beim Greifen nicht im geringsten stören. Die Tiere sind geschickt genug, um damit Früchte und Blätter von Zweigen zu pflücken. Obwohl der Katta recht groß ist, kann er gefahrlos von einem Baum zum anderen springen.

Die Fähigkeit zum Greifen wird von den jungen Lemuren gut genutzt. Spitzhörn-

chenbabies werden in einem Nest auf dem Boden abgelegt, ihre Mutter besucht sie vielleicht nur jeden zweiten Tag, um keine Aufmerksamkeit auf das Junge zu lenken. Das Lemurenbaby kann sich jedoch im Fell der Mutter anklammern und tut das schon gleich nach der Geburt. So begleitet es sie, wo immer sie hingeht, und genießt ständig elterlichen Schutz. Die Kattas haben ein, manchmal auch zwei Junge gleichzeitig. Die Mütter sitzen oft in Gruppen zusammen, geben sich der Fellpflege hin und ruhen sich auf dem Waldboden aus. Die Jungen krabbeln vergnügt von einer Mutter zur anderen. Zuweilen klammern sich drei bis vier Junge an eine besonders sanftmütige Mutter, während sich ein anderes Weibchen hinüberbeugt und alle zärtlich leckt.

Die Glieder der Kattas haben alle Greifhände und sind gleichlang, so daß sie, wenn sie auf dem Boden oder über einen Ast laufen, es auf allen vieren tun. Es gibt jedoch über 20 verschiedene Lemurenarten auf Madagaskar, und die meisten verbringen fast die ganze Zeit auf den Bäumen. Die Sifakas, hübsche Tiere mit reinweißem Fell und etwas größer als ein Katta, sind besonders gute Springer. Ihre Beine sind beträchtlich länger als die Arme und ermöglichen ihnen, über vier bis fünf Meter von einem Baum zum anderen zu springen. Der Preis, den ein Sifaka für diese spektakuläre Leistung zahlen muß, ist, daß er nicht auf allen vieren laufen kann. In den seltenen Fällen, wenn er auf die Erde kommt, bleibt ihm in Anbetracht der kurzen Arme nichts anderes übrig, als aufrecht zu stehen und mit beiden Füßen zugleich zu springen, wie er es auch tut, wenn er von Baum zu Baum springt.

Sifakas haben Duftdrüsen unter dem Kinn und markieren ihr Territorium dadurch, daß sie sich an einem senkrechten Ast reiben und dann die Wirkung durch einige Harntropfen verstärken, wobei sie mit den Hüften wackeln und sich langsam auf den Ast hinaufziehen.

Der ausgeprägteste Baumbewohner unter den Lemuren, der kaum jemals auf den Boden kommt, ist der Indri, ein naher Verwandter des Sifakas. Er ist der größte aller heutigen Lemuren mit einer Kopf-Rumpflänge von fast einem Meter. Er ist auffällig schwarz-weiß gezeichnet, und sein Schwanz ist zu einem kleinen Stummel reduziert, der in seinem Fell verborgen ist. Seine Beine sind im Verhältnis noch länger als die des Sifaka, die großen Zehen sind von den übrigen weit getrennt und ungefähr doppelt so lang, so daß jeder Fuß an einen großen Greifzirkel erinnert, mit dem das Tier sogar dicke Stämme umfassen kann. Er ist der prachtvollste Springer von allen, erhebt sich durch eine plötzliche Streckung der Hinterbeine und fliegt mit aufgerichtetem Rumpf in hohem Bogen durch die Luft; das kann er ununterbrochen fortsetzen, so daß es aussieht, als hüpfte er von Stamm zu Stamm durch den Wald.

Indris markieren die Bäume auch mit Duft, aber in viel geringerem Maße als die Kattas; anscheinend spielt der Geruch in ihrem Leben keine so große Rolle. Statt dessen machen sie das Eigentumsrecht an ihrem Territorium auf andere Art geltend. Sie singen. Jeden Morgen und jeden Abend erfüllt eine Familie ihr Waldstück mit einem unirdisch klagenden Gesang. Jedes Tier fällt ein und holt Luft, wenn es ihm paßt, so daß der Klang minutenlang ununterbrochen anhält. Wenn sie erschreckt werden, heben sie die Köpfe und stoßen einen anderen Heulton aus, der weit durch den Wald schallt.

Daß sich die Indris des Gesanges bedienen, um den Anspruch auf ihr Baum-Territorium geltend zu machen, scheint eine geeignete Methode zu sein, aber sie hat einen Nachteil. Sie ist außerordentlich leichtsinnig. Jedem Raubtier wird damit die Anwesenheit und Position einer Beute verraten. Aber oben im Geäst macht sich der Indri dar-

Sifakas, Madagaskar

über keine Sorgen. Für jeden wirklichen Feind ist er dort unerreichbar, und so kann er ungestraft singen.

Obwohl Katta, Sifaka, Indri und viele andere Lemuren auf Madagaskar am Tage aktiv sind, haben ihre Augen hinter der Retina eine reflektierende Schicht, die die Sehkraft bei sehr trübem Licht erhöht. Das ist eine Eigentümlichkeit von Tieren, die nachts aktiv sind und ein Beweis, daß auch die Lemuren bis vor kurzem zu ihnen gehörten. Viele ihrer Verwandten auf Madagaskar leben noch nächtlich.

Die etwa kaninchengroßen Halbmakis leben in Baumhöhlen. Tagsüber sitzen sie neben dem Eingang und starren kurzsichtig um sich. Bei Einbruch der Dunkelheit werden sie etwas lebhafter und klettern in einem komischen Zeitlupentempo umher, aus dem sie sich offenbar nicht einmal in höchster Not aufraffen können. Der kleinste Lemur ist der Mausmaki, der auf den dünnsten Zweigen herumhüpft. Der Indri hat ein nahe verwandtes nächtliches Gegenstück, den Wollmaki oder Avahi, der ihm äußerlich und der Größe nach sehr ähnlich ist, nur ist sein Fell grau und wollig und nicht schwarz-weiß. Der sonderbarste und am höchsten spezialisierte ist das Aye-Aye. Es hat die Größe eines Otters, ein schwarzes zottiges Fell, einen buschigen Schwanz und große häutige Ohren. Ein Finger jeder Hand ist enorm verlängert und scheint verdorrt, so daß er zu einer gelenkigen knöchernen Sonde wurde. Mit diesem Finger holt das Aye-Aye Käferlarven, seine hauptsächliche Nahrung, aus morschem Holz.

Vor 50 Millionen Jahren gab es nicht nur auf Madagaskar Lemuren und andere Halbaffen, sondern auch in Europa und Nordamerika. Vor rund 40 Millionen Jahren, als die Straße von Moçambique entstand, und Madagaskar vom afrikanischen Kontinent getrennt wurde, entwickelten sich fortschrittlichere Primaten, die auch auf Bäumen lebten und sich von Früchten und Laub ernährten und so direkte Konkurrenten der Lemuren waren. Sie gelangten jedoch niemals nach Madagaskar. Geschützt durch den Graben des Indischen Ozeans, lebten die Lemuren dort weiterhin unangefochten und brachten die vielfältigen Formen hervor, die es heute noch gibt, und außerdem viele unlängst ausgestorbene Arten, von denen eine Schimpansengröße hatte und die wir nur durch ihre Fossilien kennen. Anderorts unterlagen sie zumeist im Wettbewerb den Affen – aber nicht ganz –, denn alle heute lebenden Affen mit der einzigen Ausnahme des südamerikanischen Nachtaffen sind nur am Tage aktiv. Jene Halbaffen, die nächtlich lebten, brauchten sich einer direkten Konfrontation nicht zu stellen, und einige von ihnen überlebten.

In Afrika gibt es verschiedene Arten von Buschbabies, die den Mausmakis sehr ähnlich sind, und auch Pottos und den gewandteren Bärenmaki. Die beiden letzteren entsprechen den Halbmakis und bewegen sich wie sie mit bedächtiger Behutsamkeit. In Asien leben zwei mittelgroße nächtliche Halbaffen, spindeldürre Wesen, die Schlankloris aus Ceylon, und die viel größeren und molligeren Plumploris. Obwohl alle diese Tiere sehr große Augen haben, markieren sie ihre Bäume immer noch mit Duft und benutzen sie dann nachts als Wegweiser. Zur Markierung nehmen sie Harn, aber da diese Tiere alle relativ klein sind und mehr zwischen Zweigen als auf Baumstämmen leben, ist die Anbringung gar nicht einfach. Ein Harnstrahl könnte leicht die beabsichtigte Stelle verfehlen, einen anderen Zweig besprühen oder sich einfach nutzlos auf den Boden ergießen. So harnen sie auf Hände und Füße, reiben sie gegeneinander und hinterlassen überall in ihrem Territorium scharf riechende Handabdrücke.

Ein weiterer Halbaffe lebt in den Wäldern Südostasiens, der Koboldmaki. Er hat die

Größe und das Aussehen eines kleinen Buschbabys, einen fast nackten Schwanz mit einem Haarbüschel am Ende, verlängerte Sprungbeine und langfingrige Greifhände. Aber ein flüchtiger Blick auf sein Gesicht genügt, um den Unterschied gegenüber dem Buschbaby zu erkennen. Er hat riesige, funkelnde Augen. Auf die Körpergröße bezogen, sind sie 150mal größer als die unseren. Nach diesem Maßstab sind sie tatsächlich die größten Augen, die ein Tier jemals besaß. Sie treten aus ihren Höhlen hervor und sind darin starr, so daß das kleine Wesen nicht wie wir zur Seite blicken oder aus dem Augenwinkel beobachten kann. Statt dessen muß es, wenn es etwas auf einer Seite sehen will, den ganzen Kopf drehen. Dieses Manöver führt es mit derselben verwirrenden Leichtigkeit wie eine Eule und auch aus demselben Grund aus; so ist sein Kopf um 180° gedreht, wenn es nach hinten über die Schulter sieht.

In Borneo glauben die Eingeborenen, der Koboldmaki könne mit dem Kopf einen vollständigen Kreis beschreiben, und schließen daraus, die Verbindung zwischen Kopf und Körper sei weniger fest als bei anderen Tieren. Als einst eifrige Kopfjäger glaubten sie, wenn sie einen Koboldmaki im Wald sahen, es sei ein Zeichen dafür, daß bald ein Kopf fallen würde – ein gutes Omen, wenn man sich gerade auf der Kopfjagd befand, aber kein so gutes, wenn man vorgehabt hatte, friedlich in seinem Langhaus zu bleiben.

Außer diesen riesigen Augen hat der Koboldmaki papierdünne Ohren wie eine Fledermaus, die gedreht und gekrümmt werden können, um ein bestimmtes Geräusch zu orten. Mit diesen beiden hochentwickelten Sinnesorganen jagt er in der Nacht Insekten, kleine Reptilien und sogar eben flügge gewordene Vögel. Er ruht, gewöhnlich mit aufgerichtetem Rumpf, an einen senkrechten Zweig geklammert. Ein Käfer, der unbeholfen durch das Laub am Boden krabbelt, erregt rasch seine Aufmerksamkeit. Der Kopf dreht sich plötzlich und beugt sich nach unten. Die beweglichen Ohren krümmen sich nach vorn. Der Käfer tappt blindlings weiter. Dann springt der Koboldmaki mit einem Satz hinunter, packt den Käfer mit beiden Händen, verspeist ihn mit höchstem Behagen und schließt beim Kauen genüßlich die Augen. Sein Territorium markiert er mit Harn, aber wenn man ihn bei der Jagd beobachtet hat, möchte man fast glauben, der Gesichtssinn sei für ihn genauso wichtig wie der Geruchssinn. Ein Blick auf seine Nase bestätigt dies nicht nur, sondern zeigt auch, daß sich dieses Tier von allen anderen Halbaffen unterscheidet. Zum einen sind die Augen so groß, daß an der Vorderseite des Schädels wenig Platz für die Nase bleibt, und die inneren Nasengänge sind im Vergleich etwa zu einem Buschbaby stark reduziert. Die Nasenlöcher sind nicht kommaförmig und auch nicht von nackter feuchter Haut umgeben wie die Nasen der Lemuren und anderer Halbaffen. In diesem Punkt ähnelt der Koboldmaki den Affen und Menschenaffen, und es ist nicht ohne Reiz, sich vorzustellen, daß er eine Urform verkörpert, von der alle höheren Primaten abstammen. Tatsächlich wurde das früher angenommen. Heute ist man der Meinung, dieses kleine Tier sei ein so spezialisierter Springer und nächtlicher Jäger, daß es kaum ein direkter Vorfahre der Affen sein könne. Dennoch wird es als ein naher Verwandter jener frühen Primaten angesehen, die vor 50 Millionen Jahren überall auf der Welt verbreitet waren, die meisten Halbaffen verdrängten und schließlich die Alte und die Neue Welt mit Affen bevölkerten.

Die Affen unterscheiden sich deutlich von allen Halbaffen, mit Ausnahme des Koboldmakis, dadurch, daß sie ihre Welt nicht durch den Geruchssinn, sondern durch die Sehkraft beherrschen. Natürlich ist es für Tiere jeder Größe, die auf Bäumen leben und gelegentlich zwischen ihnen hin- und herspringen, sehr wichtig, daß sie sehen können,

275

wohin sie springen. Das Tageslicht sagt ihnen daher mehr zu als die Dunkelheit, und alle Affen mit Ausnahme des Nachtaffen sind zu dieser Zeit aktiv. Ihr Sehvermögen ist besser als das der Halbaffen. Sie können nicht nur gut sehen, sondern ihre Farbwahrnehmung ist auch erheblich verbessert. Dank der Genauigkeit ihrer Sehkraft können sie schon von weitem den Reifegrad von Früchten und die Frische von Blättern beurteilen. Sie können erkennen, ob sich andere Lebewesen auf den Bäumen aufhalten, die in einer einfarbigen Welt vielleicht unsichtbar wären. Und sie können Farben für die Kommunikation untereinander einsetzen: Weil sie Farben so gut sehen, wurden die Affen die am lebhaftesten gefärbten Säuger.

In Afrika leben die Brazza-Meerkatze, die einen weißen Bart, eine blaue Brille, eine orangefarbene Stirn und eine schwarze Kappe hat, der Mandrill mit einem scharlachroten und blauen Gesicht und die Grüne Meerkatze, deren Männchen verblüffend blaue Genitalien haben. Die Goldstumpfnase aus China hat ein grünschwarzes Kleid mit einer metallisch-goldenen Unterseite und goldenes Kopfhaar. In den Wäldern des Amazonas lebt der Uakari; er hat ein nacktes, scharlachrotes Gesicht. Sie alle gehören zu den am auffälligsten kostümierten Affen, aber eine große Zahl anderer Arten hat ebenfalls ein farbiges Fell und eine farbige Haut. Mit diesem Schmuck werben und drohen sie, verkünden ihre Art und geben ihr Geschlecht zu erkennen.

Auch Laute verwenden sie in ähnlich übertriebener Weise, denn hoch oben in den Bäumen, wenn sie akrobatisch durch das Geäst springen, sind sie außer Reichweite für jedes Raubtier, abgesehen vielleicht von einem Adler, und brauchen keine Hemmungen zu haben, ihre Anwesenheit zu verraten. Die Brüllaffen in Südamerika sitzen morgens und abends beisammen und singen im Chor. Ihr Kehlkopf ist außerordentlich groß, und ihre Kehlen schwellen zu aufgeblähten Resonanzkörpern an. Der Chorgesang ist viele Kilometer weit zu hören und soll der größte Lärm sein, den irgendein Tier erzeugen kann. Alle Affen haben ein vielfältiges Repertoire an Tönen. Einen stummen Affen gibt es nicht.

Die Affen, die nach Südamerika gelangten und dort abgeschnitten wurden, als die Landbrücke von Panama im Meer versank, haben sich auf ihre eigene Weise entwickelt. Daß sie alle einen gemeinsamen Ursprung haben, wird aus einer Reihe gemeinsamer anatomischer Merkmale gefolgert, darunter ein deutlich sichtbares Charakteristikum: die Nasenbreite. Alle südamerikanischen Affen haben flache Nasen mit weitauseinanderstehenden Nasenlöchern, die sich seitlich öffnen – Breitnasen, während die Affen sonst überall auf der Welt schmale Nasen mit nach vorn oder nach unten weisenden Nasenöffnungen haben – Schmalnasen.

Eine südamerikanische Gruppe, die Marmosetten und die Tamarins, verwenden bei ihrer Kommunikation noch weitgehend Duft, obwohl sie am Tage aktiv sind. Die Männchen nagen die Rinde eines Astes ab und tränken sie mit Harn. Aber sie haben auch sehr schönen Schmuck – Bärte, Ohrbüschel und perückenähnliche Kämme – den sie bei sozialen Begegnungen stolz zur Schau stellen, und sie drohen einander mit hohen schnatternden Lauten. Die Aufzucht ihrer Jungen wirkt ebenso wie die Duftmarkierung primitiv und erinnert an die Lemuren. Die Jungen gehen bereitwillig von einem Erwachsenen zum anderen und scharen sich häufig um einen besonders langmütigen und geduldigen Vater.

Die Marmosetten sind die kleinsten aller echten Affen und scheinen sich von der Affenlebensweise ab- und einem Dasein zugewandt zu haben, das eher einem Eichhörn-

chen als einem Primaten angemessen ist. Sie fressen Nüsse, fangen Insekten und lecken Saft von Rinden, die sie mit ihren nach vorn gerichteten Schneidezähnen zernagen. Das Zwergseidenäffchen hat eine Körperlänge von nur zehn Zentimetern. Da sie so klein sind, laufen sie lieber an Ästen entlang, als zwischen ihnen herumzuklettern, und halten sich mit ihren Krallen an der Rinde fest. Das könnte auch ein direktes Erbe ihrer primitiven insektenfressenden Vorfahren sein, aber es scheint eine Neuerwerbung zu sein, denn die Marmosetten-Embryonen entwickeln an den Fingern zunächst Affennägel, die sich erst in einem späteren Entwicklungsstadium zu Krallen umbilden.

Die Marmosetten sind jedoch eine Ausnahme. Die meisten Affen sind sehr viel größer als sie. In der Tat legen die Primaten während ihrer ganzen Evolution die Tendenz an den Tag, größer zu werden. Es ist nicht leicht zu verstehen, warum dies so ist – vielleicht weil bei Auseinandersetzungen zwischen rivalisierenden Männchen das größere, stärkere und schnellere Männchen bessere Siegesaussichten hat und so die Tendenz, größer zu werden, an seine Nachkommen weitergibt. Aber ein höheres Gewicht stellt größere Anforderungen an die Greifhände, und die südamerikanischen Affen haben eine einzigartige Methode entwickelt, sie zu unterstützen. Sie haben ihren Schwanz in ein fünftes Greiforgan verwandelt. Er ist mit speziellen Muskeln ausgestattet, so daß er sich ringeln und etwas umschlingen kann, und außerdem hat er an der Innenseite die Haare verloren und eine wulstige Haut wie an den Fingern bekommen. Der Schwanz ist so kräftig, daß sich ein Klammeraffe daran aufhängen kann, während er mit beiden Händen Früchte sammelt.

Afrikanische Affen haben ihren Schwanz niemals auf diese Weise entwickelt. Sie benutzen ihn für andere Zwecke. Wenn sie auf Ästen entlanglaufen, halten sie ihn horizontal ausgestreckt, um das Gleichgewicht zu bewahren. Beim Springen schwingen sie ihn so, daß er eine aerodynamische Funktion erfüllt und dem Tier hilft, seine Flugbahn zu ändern, so daß es bis zu einem gewissen Grade den Landepunkt ansteuern kann. Trotzdem ist es schwer vorstellbar, daß für die afrikanischen Affen der Schwanz so nützlich ist wie für ihre südamerikanischen Vettern der Greifschwanz. Als die afrikanischen Affen an Größe zunahmen, und das Leben auf den Bäumen immer mühsamer und unsicherer wurde, begannen sie vielleicht deshalb mehr Zeit auf dem Boden zu verbringen, weil sie keinen Greifschwanz entwickelten. Es ist jedenfalls eine Tatsache, daß es in der Neuen Welt keine Affen gibt, die auf dem Boden leben, während es in der Alten Welt deren viele sind.

Unten auf dem Boden scheint der Affenschwanz weniger Wert zu haben. Der Schwanz der Paviane hängt von der halben Schwanzlänge an schlaff herunter, fast als wäre er gebrochen. Die Schwänze ihrer nahen Verwandten, des Drills und Mandrills, sind zu kleinen Stummeln reduziert. Das gleiche gilt für die Makaken.

Der Makak ist einer der erfolgreichsten und vielseitigsten aller Primaten. Wollte man einen Affen herausfinden, der klug, anpassungsfähig, zäh und in der Lage ist, unter extremen Bedingungen zu überleben, und der es mit jedermann aufnimmt, würde der Makak spielend gewinnen. Es gibt über 60 verschiedene Arten und Unterarten, die sich auf die halbe Welt verteilen und nur am einen Ende ihres Bereichs vom Atlantik, am anderen vom Pazifik aufgehalten wurden. Eine Gruppe lebt auf Gibraltar, die einzigen nicht-menschlichen Primaten, die frei in Europa leben. Zugegeben, es ist fraglich, wie frei sie sind. In den letzten 200 Jahren hat die dortige britische Garnison jedesmal Affen aus Afrika importiert, wenn sich die Zahl der Tiere verringerte. Sie waren bereits dort,

278

ehe die Briten kamen, schon zur römischen Zeit, und offenbar wurden sie sogar damals von den Menschen als Haustiere über die Meerenge gebracht. Dennoch verdient der Makak Hochachtung, daß er es auf die eine oder andere Weise geschafft hat, so lange auf dem Felsen Gibraltar zu überleben. Eine Gruppe anderer Makaken, die Rhesusaffen, gehört zu den häufigsten Affen in Indien, die oft im Bereich von Tempeln leben, wo sie als heilig gelten. Noch weiter östlich hat sich eine Art zu einem geschickten Schwimmer entwickelt, der in den Mangrovensümpfen umherpaddelt und nach Krebsen und anderen Krustentieren taucht. In Malaysia werden Schweinsaffen dafür abgerichtet, auf Palmen zu klettern und Kokosnüsse für ihre menschlichen Herren zu pflücken. Der am nördlichsten lebende aller Affen ist ein Makak in Japan, der dort ein langes struppiges Fell entwickelt hat, um sich vor den Unbilden des kalten Winters zu schützen.

Fast alle Makaken verbringen ein gut Teil ihrer Zeit auf dem Boden. Ihre Hände und Augen, die sich als Reaktion auf ein Leben in den Bäumen vervollkommnet haben, machen sie von vornherein für ein Leben auf dem Boden geeignet. Außerdem kommt ihnen eine dritte natürliche Gabe zugute, die bisher noch nicht erwähnt wurde – ein vergrößertes und komplexeres Gehirn.

Dies war die notwendige Begleiterscheinung der beiden anderen Entwicklungen. Die getrennte Greiffähigkeit der Finger erforderte zusätzliche Steuerungsmechanismen. Die Kombination der Bilder zweier Augen, zu einem räumlichen Bild geformt, erforderte integrierende Schaltsysteme. Wenn Affen ihre Finger zum Greifen und Untersuchen kleiner Gegenstände benutzen sollten, mußte eine ganz genaue Koordination zwischen Hand und Augen gegeben sein, und das erforderte Verbindungen zwischen den beiden Steuerungsbereichen im Gehirn. Nur ein Teil des Gehirns wird weniger gebraucht – derjenige, der für den Geruchssinn zuständig ist. Vergleicht man ein Affengehirn mit dem eines Lemuren, wird deutlich, daß dieser Teil, die Riechlappen, in der Größe stark reduziert ist und durch eine starke Ausdehnung der Großhirnrinde verdrängt wird, dem Teil des Gehirns, der unter anderem mit dem Lernvermögen zu tun hat.

Die japanischen Makaken liefern einen faszinierenden Beweis für die Lernfähigkeit der Affen. Mehrere Gruppen von ihnen wurden von japanischen Wissenschaftlern beobachtet. Eine lebte in den Bergen Nordjapans, wo im Winter hoher Schnee liegt. Den Forschern fiel auf, daß die Affen ihren Bereich auf einen Teil des Waldes ausdehnten, den keiner von ihnen zuvor erkundet hatte. Dort gab es einige heiße vulkanische Quellen. Die Affen untersuchten sie und stellten fest, daß man in warmem Wasser herrlich baden kann. Ein paar versuchten es, und bald verbreitete sich diese Verhaltensweise. Jetzt nehmen dort alle Affen jeden Winter heiße Bäder. Die Neugier, die zu dieser Entdeckung führte, und die Anpassungsfähigkeit, die den Tieren ermöglichte, die neue Betätigung in ihr normales Verhalten einzubauen, sind typisch für den Unternehmungsgeist der Makaken.

Eine andere Gruppe zeigte das auf noch dramatischere Weise. Sie leben auf der kleinen Insel Koshima vor dem südlichen Honshu, die von der Hauptinsel durch einen schmalen, aber turbulenten Gezeitenstrom getrennt ist, so daß die Gemeinschaft weitgehend abgetrennt ist. 1952 begann eine Gruppe von Wissenschaftlern, sie zu studieren. Zuerst waren die Tiere wild und scheu. Um sie ins Freie zu locken, fütterten die Wissenschaftler sie mit Süßkartoffeln. 1953 nahm ein junges dreieinhalb Jahre altes Weibchen, das die Forscher sehr gut kannten und Imo genannt hatten, eine Süßkartoffel, wie sie es zuvor schon viele hundertmal getan hatte. Wie gewöhnlich war die Kartoffel mit Erde und Sand bedeckt, aber Imo ging aus irgendeinem Grunde mit ihr zum Teich, tauchte sie in das Wasser und rieb den Schmutz mit der Hand ab. Inwieweit dieses Vorgehen die Folge von logischem Denken war, läßt sich nicht sagen, aber nachdem Imo es einmal getan hatte, wurde es tatsächlich eine Verhaltensweise.

Einen Monat danach begann einer ihrer Gefährten, es ihr gleichzutun. Vier Monate danach machte es auch ihre Mutter. Die Verhaltensweise verbreitete sich unter den Mitgliedern der Gruppe. Einige begannen dann, nicht Süßwasser aus Teichen, sondern Salzwasser zu benutzen. Vielleicht sagte ihnen der salzige Geschmack mehr zu. Heute ist das Waschen der Süßkartoffeln im Salzwasser eine allgemeine Verhaltensweise. Die einzigen Individuen, die es nicht mehr lernten, waren jene, die bereits alt waren, als Imo ihr erstes Experiment machte. Sie waren zu festgelegt auf ihre Gewohnheiten, um sich zu ändern.

Aber Imo war mit ihren Neuerungen noch nicht am Ende. Die Wissenschaftler warfen auch regelmäßig ungeschälten Reis auf den Strand und traten ihn auf dem Sand fest, weil sie annahmen, die Affen würden so lange brauchen, um ihn aufzusammeln, daß sie viel Zeit hätten, sie zu beobachten. Sie hatten die Rechnung ohne Imo gemacht. Sie grapschte Händevoll Reis und Sand, trabte zu einem Tümpel und warf alles in das Wasser. Der Sand sank auf den Grund, die Körner trieben an der Oberfläche, und sie fischte sie mit der Hand heraus. Wiederum verbreitete sich eine Verhaltensweise, und bald taten es alle. Das Vermögen und die Bereitschaft von den Gefährten zu lernen, hat zur Folge, daß eine Gemeinschaft entsteht, die gemeinsame Fähigkeiten und Kenntnisse hat und auch gemeinsame Verfahrensweisen – kurz gesagt, es entsteht eine Kultur. Dieser Begriff wird gewöhnlich auf menschliche Gesellschaften angewandt, aber hier bei den Makaken von Koshima können wir sehen, wie dieses Phänomen in einer einfachen Form beginnt.

Die Fütterung der Koshima-Makaken hat noch zu einer weiteren Entwicklung geführt. Sie sind robuste, aggressive kleine Wesen mit kräftigen Zähnen und scheuen sich nicht, sie auch gegen ihresgleichen einzusetzen. Jetzt sind sie mit Menschen so vertraut, daß sie keine Angst mehr vor ihnen haben. Wenn ein Mensch mit einem Sack Süßkartoffeln kommt, haben sie keine Hemmungen, sich etwas davon zu holen. Es ist nicht gerade zweckmäßig, die Kartoffeln einzeln auszuteilen, deshalb schütten die Forscher den Sack einfach auf dem Strand aus und ziehen sich zurück. Die Makaken fallen über den Haufen her, schnappen sich mit einer Hand eine Kartoffel, stopfen eine zweite in den Mund und rennen auf drei Beinen humpelnd weg. Ein paar machen es aber gescheiter. Sie sammeln mehrere Kartoffeln, drücken sie mit beiden Armen an die Brust, stellen sich auf die Hinterbeine und bringen es fertig, aufrecht über den Strand zu einem geschützten Platz zwischen den Felsen zu rennen. Wenn der tägliche Sack Süßkartoffeln viele Generationen lang ein ständiger Bestandteil ihres Lebens wäre, würde sich herausstellen, daß den Löwenanteil des Futters diejenigen erhalten, die genetisch mit der erforderlichen Balance und Beinlänge ausgestattet sind, um diesen Trick mit Leichtigkeit ausführen zu können. Sie wären dann besser ernährt und würden in der Gruppe dominieren. Sie würden sich in der Gruppe weiter verbreiten. So könnten im Lauf von ein paar tausend Jahren die Makaken in zunehmendem Maße zweibeinig werden. Eine derartige Veränderung vollzog sich in Afrika. Um zu erkennen, wie es dazu kam, müssen wir einige 30 Millionen Jahre zurückgehen.

282

Japanmakak mit Jungem, Körner und Sand trennend, Koshima

Damals nahm bei einer Gruppe niederer Primaten die Körpergröße zu. Dadurch änderte sich die Art und Weise, wie sie sich auf den Bäumen bewegten. Statt oben auf einem Ast zu balancieren und an ihm entlangzulaufen, begannen sie, sich darunter entlangzuschwingen. Erfolgreiches Schwingen bringt körperliche Veränderungen mit sich. Die Arme werden länger, denn je länger sie sind, desto weiter können sie reichen. Der Schwanz kann beim Balancieren keine Rolle mehr spielen, und so verschwindet er, und Muskulatur und Skelett verändern sich, um den Körper zu stützen, der nicht mehr unter einer horizontalen Wirbelsäule hängt, sondern an einer senkrechten wie an einem Träger festgeschnallt ist. Diese Veränderungen erzielten die ersten Menschenaffen.

Heute leben noch vier Typen: der Organ-Utan und der Gibbon in Asien, der Gorilla und der Schimpanse in Afrika.

Der große rothaarige Orang Utan von Borneo und Sumatra ist der schwerste existierende Baumbewohner. Ein stehendes Männchen ist über eineinhalb Meter groß, seine Arme haben eine Spannweite von zweieinhalb Metern und er wiegt 100 Kilogramm. Die Finger an allen vier Gliedern können kräftig zugreifen, so daß das Tier am besten als vierhändig bezeichnet wird. Die Bänder seiner Hüftgelenke sind so lang und locker, daß besonders ein junger Orang seine Beine in einem Winkel abspreizen kann, daß es menschlichen Augen so vorkommt, als müsse es unglaublich weh tun. Sie sind eindeutig für das Baumleben bestens geeignet.

Gleichzeitig scheint aber ihre Größe ein gewisses Handikap zu sein. Unter ihrem Gewicht brechen die Äste. Häufig können sie eine Frucht nicht erreichen, die ihnen schmeckt, weil sie weit draußen an einem Zweig hängt, der sie nicht mehr tragen würde. Die Bewegung von Baum zu Baum kann auch Probleme aufwerfen. Es ist nicht schwierig, wenn sich kräftige Äste verschiedener Bäume überlappen, aber das ist nicht immer der Fall. Der Orang löst dieses Problem, indem er sich entweder reckt, bis er einen starken Ast packen kann, oder an dem Baum, auf dem er steht, rüttelt, bis dieser sich so weit neigt, daß er hinüberklettern kann.

So einfallsreich diese Techniken sein mögen, sie können kaum als bequem oder schnell bezeichnet werden. Manchmal wird ein altes Männchen so groß, daß es das ganze Verfahren offenbar zu anstrengend findet und jedesmal, wenn es eine gewisse Entfernung zurücklegen möchte, herunterkommt und über den Waldboden stapft. Offenbar ist die Lebensweise auf den Bäumen für den Orang auch mit Gefahren verbunden. Eine Untersuchung der Skelette von Erwachsenen hatte das betrübliche Ergebnis, daß sich 34 % zu irgendeinem Zeitpunkt die Knochen gebrochen hatten.

Wenn die Männchen alt werden, entwickeln sich bei ihnen immense Taschen, die von ihren Kehlen wie gewaltige Doppelkinne herabhängen; das ist aber nicht einfach Fett, sondern es sind echte Taschen, die mit Luft gefüllt werden können. Sie reichen über die Brust bis zu den Achselhöhlen. Zwar mögen sie von Orang-Vorfahren als Resonator benutzt worden sein, um wie die Brüllaffen ihre Stimme zu verstärken, aber der moderne Orang singt nicht. Sein eindrucksvollster Laut ist sein »Langruf«, eine lange Folge des Seufzens und Stöhnens, die zwei oder drei Minuten anhält. Um sie hervorzubringen, füllt er seinen Kehlsack teilweise mit Luft, und der Ruf endet mit einer Reihe kurzer gurgelnder Seufzer, wenn sich die Tasche leert. Aber er stößt diesen Ruf nur selten aus, und seine Lautgebung besteht hauptsächlich aus Grunzen, Heulen, Quieken, schweren Seufzern und einem Sauggeräusch, das er mit den Lippen erzeugt. Es ist ein sehr vielseitiges, aber auch sehr leises Repertoire, das nur aus nächster Nähe zu hören

Orang-Utan mit Jungem, Borneo

ist. Das Tier ist meistens allein und macht während dieser Monologe den Eindruck eines Eremiten, der geistesabwesend vor sich hin murmelt. Die Männchen nehmen dieses einsame Leben auf, sobald sie ihre Mütter verlassen, und ziehen allein durch die Gegend, fressen für sich und trachten nur nach Gesellschaft, wenn sie kurz mit einem Weibchen zur Paarung zusammenkommen.

Die weiblichen Orangs sind ungefähr halb so groß wie die Männchen, aber sie leben ebenfalls allein und werden, wenn sie durch den Wald wandern, nur von ihren Jungen begleitet. Diese Vorliebe für Einsamkeit mag mit ihrer Größe zusammenhängen. Orangs fressen Früchte, und da sie so groß sind, müssen sie täglich eine erhebliche Menge suchen, um sich ausreichend zu ernähren. Fruchttragende Bäume sind im Wald selten und unterschiedlich weit voneinander entfernt. Einige tragen nur alle 25 Jahre einmal Früchte, andere fast ununterbrochen ein Jahrhundert lang, aber jeweils nur an einem Ast. Wieder andere haben kein besonderes Schema und werden von Veränderungen des Wetters beeinflußt, z. B. einem plötzlichen Temperaturabfall vor einem schweren Gewitter. Selbst wenn die Bäume Früchte tragen, bleiben sie nur eine Woche an den Bäumen hängen und sind genießbar, ehe sie überreif werden, abfallen oder von anderen gestohlen werden. Deshalb müssen die Orangs lange Reisen machen und ständig suchen und finden es vielleicht nützlicher, ihre Entdeckungen für sich zu behalten.

Die Gibbons, die ebenfalls Früchte fressen und in zwei Gattungen und mehreren Arten verbreitet sind, machten eine andere Entwicklung durch. Die zunehmende Größe mag der Auslöser gewesen sein, der die Affen veranlaßte, von Ast zu Ast zu schwingen. Aber die Gibbonvorfahren nutzten diese neue Bewegungsart dadurch voll aus, daß sie wieder kleiner wurden. Zu guter Letzt wurden sie zu perfekteren Akrobaten als jeder balancierende, über Zweige turnende kleinere Affe. Ein Gibbon, der sich in den Baumwipfeln tummelt, bietet einen so herrlichen Anblick, wie man ihn in einem tropischen Wald nur haben kann. Mit einer geschmeidigen Anmut, die atemberaubend ist, wirbelt er neun bis zehn Meter weit durch die Luft, packt einen einzelnen Ast und schwingt sich zu einem weiteren verblüffenden Flug auf. Die Arme, die ihm das ermöglichen, sind genauso lang wie die Beine und der Rumpf zusammen. Tatsächlich sind sie so lang, daß er sie in den seltenen Fällen, wenn er auf den Boden herunterkommt, nicht als Stützen oder Krücken gebrauchen kann, sondern sie über dem Kopf halten muß, damit sie nicht im Wege sind. Seine bewegliche Primatengreifhand ist ebenfalls auf Kosten ihrer Fingerfertigkeit spezialisiert. Ein Schwingen mit Gibbon-Geschwindigkeit erfordert, daß die Hände als Haken benutzt werden, die sich schnell an einem Ast festhalten können, ihn aber auch gleich wieder loslassen müssen. Die Daumen stören dabei, deshalb sind sie zum Handgelenk gewandert und wurden in der Größe stark reduziert. Infolgedessen kann der Gibbon mit dem Daumen und den übrigen Fingern keine kleinen Gegenstände vom Boden aufheben, sondern muß sie mit der hohlen Hand aufnehmen.

Da Gibbons klein sind, gibt es gewöhnlich genügend Früchte auf einem Baum, um mehrere von ihnen zu sättigen. Deshalb ist es zweckmäßig für sie, gemeinsam zu wandern, und sie leben in festverbundenen Familien. Bis zu vier Nachkommen unterschiedlichen Alters begleiten ein Paar, und jeden Morgen singt die Familie im Chor. Das Männchen beginnt mit ein oder zwei isolierten, zögernden Schreien, die anderen fallen ein, die Gruppe bringt einen ekstatischen Gesang hervor, und schließlich übernimmt die Mutter die Führung mit einem ansteigenden Geschmetter, das immer schneller und

immer höher wird, bis zu einem hohen Triller von einer Reinheit, die kein menschlicher Sopran übertreffen könnte. Die Parallelen mit den madagassischen Indris sind offensichtlich. Wegen ihrer unterschiedlichen Stammesgeschichte benutzt aber das eine Tier die Vorderbeine als Hauptantrieb, das andere die Hinterbeine. So hat der tropische Regenwald in verschiedenen Teilen der Welt Lebewesen hervorgebracht, die einander bemerkenswert ähnlich sind – Familien singender, vegetarischer Sportler.

Die zwei afrikanischen Menschenaffen sind im Gegensatz zu ihren asiatischen Verwandten in ihrer Lebensweise dem Boden weit mehr angepaßt. Die Gorillas leben in Zentralafrika, eine Form in den Wäldern des Kongobeckens, eine weitere, etwas größere, in den kühlen, feuchten, moosigen Wäldern, die die Hänge der Vulkane an der Grenze von Ruanda und Zaire bedecken. Junge Gorillas klettern oft auf Bäume, aber sie tun das sehr behutsam und ohne das würdevolle Selbstvertrauen der Orangs. Der Gorillafuß kann nicht auf dieselbe Weise greifen wie der des Orangs, und so müssen die Arme das Emporziehen des Körpers im wesentlichen bewirken. Wenn Gorillas auf den Boden kommen, tun sie es mit den Füßen voran, lassen sich an den Armen herunter, schlittern manchmal nach unten und bremsen mit den Beinen, indem sie die Fußsohlen flach gegen den Stamm pressen, wobei Moos, Borke und Schlingpflanzen um sie herumstieben.

Die großen ausgewachsenen Männchen sind so riesig – sie wiegen bis zu 275 Kilogramm –, daß nur die stärksten Bäume sie tragen können. Sie klettern selten und haben auch nicht viel Anlaß dazu, denn obwohl ihre Zähne und ihr Verdauungskanal erkennen lassen, daß sie einst wie die Orangs vor allem Früchte fraßen, ernähren sie sich heute hauptsächlich von Pflanzen, allen möglichen Kräutern und Stauden, die ohne Klettern erreichbar sind. Gewöhnlich schlafen sie auch auf dem Boden und machen sich ein Bett zwischen den niedergewalzten Pflanzen, von denen sie gefressen haben.

Sie leben in Familiengruppen mit etwa einem Dutzend Mitgliedern. Jede wird von einem silber-rückigen Patriarchen geführt, der von mehreren erwachsenen Weibchen begleitet wird. Sie grasen friedlich, reißen große Händevoll Stengel ab mit langsamen Bewegungen ihrer riesigen Hände, räkeln sich zwischen den Kräutern und treiben zuweilen gegenseitig Fellpflege. Meistens sitzen sie schweigend da. Gelegentlich tauschen sie leise Grunz- oder Gurgellaute aus, und wenn sich ein Individuum entfernt, gibt es von Zeit zu Zeit einen kleinen bellenden Laut von sich, damit die übrigen wissen, wo es sich aufhält.

Während die Erwachsenen dösen, spielen die Jungen, ringen miteinander, richten sich gelegentlich auf die Hinterbeine auf und schlagen einen schnellen Trommelwirbel auf der Brust und üben so die Gesten der Erwachsenen, die sie beim Imponierverhalten zeigen.

Der silber-rückige Gorilla führt und beschützt seine Gruppe. Wird er durch Eindringlinge erschreckt und wütend, mag er herausfordernd brüllen und sogar angreifen. Ein Schlag seiner Faust kann einem Menschen die Knochen zerschmettern. Wird er von einem jüngeren Rivalen gereizt, der vielleicht versucht, ein Weibchen seiner Gruppe wegzulocken, wird er sogar kämpfen. Aber meistens verbringt er seine Tage still und friedlich.

Mehrere Gorillagruppen sind viele Jahre hindurch beobachtet worden, und dank der Geduld und des Verständnisses der Wissenschaftler akzeptieren sie jetzt auch andere Menschen, vorausgesetzt, sie sind richtig vorgestellt worden und benehmen sich richtig.

288

Einer Gorillafamilie zu begegnen und sich zu ihr setzen zu dürfen, ist ein bewegendes Erlebnis. Sie sind uns in so mancher Hinsicht ähnlich. Ihr Sehvermögen, Gehör und Geruchssinn gleichen weitgehend den unseren, so daß sie die Welt ziemlich genauso wahrnehmen wie wir. Wie wir leben sie weitgehend in ständigen Familiengruppen. Ihre Lebenserwartung ist ungefähr dieselbe wie unsere, und sie gehen etwa im selben Alter von der Kindheit zur Reife und von der Reife zum Alter über. Wir haben sogar dieselbe Art von Gebärdensprache, worauf man sehr achten muß, wenn man mit ihnen zusammen ist. Anstarren ist unhöflich, oder, weniger menschbezogen ausgedrückt, bedrohlich, eine Herausforderung, die zur Vergeltung auffordert. Ein gesenkter Kopf und niedergeschlagene Augen drücken Unterwerfung und Freundlichkeit aus.

Das sanfte Wesen des Gorillas hängt mit seiner Nahrung zusammen und mit dem, was er tun muß, um sie zu erlangen. Er lebt ausschließlich von Pflanzen, die in unendlicher Menge und leicht erreichbar wachsen. Da er so groß und stark ist, hat er keine echten Feinde und braucht nicht unbedingt körperlich oder geistig besonders wendig zu sein.

Der andere afrikanische Menschenaffe, der Schimpanse, hat eine völlig andere Kost – und ein anderes Temperament. Während der Gorilla vielleicht zwei Dutzend verschiedene Frucht- und Blattsorten frißt, sind es beim Schimpansen etwa 200, und dazu kommen noch Termiten, Ameisen, Honig, Vögel, Vogeleier und sogar Säugetiere, zum Beispiel kleinere Affen. Um sich so zu ernähren, muß er flink und außerdem wißbegierig sein.

Mehrere Schimpansengruppen, die in den Wäldern am Ostufer des Tanganjika-Sees leben, werden von einer japanischen Forschergruppe beobachtet und sind jetzt so an die Gegenwart von Menschen gewöhnt, daß man stundenlang unter ihnen sitzen kann.

Die Größe ihrer Gruppen schwankt, aber sie sind sehr viel größer als die der Gorillas und können bis zu 50 Mitglieder haben.

Schimpansen sind geschickte Kletterer, die auf Bäumen schlafen und fressen, aber gewöhnlich herumwandern und auf dem Boden ruhen, sogar in dichten Wäldern. Dort gehen sie auf allen vieren, die Hände stützen sich mit den Fingerknöcheln auf, und die langen, steif durchgedrückten Arme halten die Schultern hoch. Auch wenn sich die Gruppe ruhig und behaglich auf dem Boden niedergelassen hat, herrscht ständig Aktivität. Die Jungen jagen sich gegenseitig auf die Bäume und spielen Fangen und Versteck, einer übt Bettenbauen und biegt in einer Baumkrone Äste zusammen, um eine Plattform herzustellen, aber er wird genug davon haben, bevor sie fertig ist, herunterkommen und irgend etwas anderes anfangen.

Die geschlechtlichen Beziehungen zwischen einzelnen Tieren sind variabel. Manche Männchen und manche Weibchen sind monogam. Andere Männchen paaren sich mit vielen Weibchen, und auch die Weibchen paaren sich oft mit vielen Männchen, wenn ihr Hinterteil rosa-rot anschwillt und sie empfängnisbereit sind. Die Bindung zwischen den Jungen und ihrer Mutter ist sehr eng. Unmittelbar nach der Geburt klammert sich das Baby mit seinen winzigen Fäusten im Fell der Mutter fest, obwohl es zuerst noch nicht kräftig genug ist, sich hier lange ohne mütterliche Unterstützung zu halten. Es bleibt dicht bei der Mutter und reitet wie ein Jockey auf dem Rücken der Mutter, wenn die Gruppe wandert, bis es etwa fünf Jahre alt ist. Diese Abhängigkeit, die durch die Greifhände des Babies ermöglicht wird, wirkt sich stark auf die Schimpansen-Gesellschaft aus, denn dabei lernen die Jungen eine Menge von ihrer Mutter, sie kann sie im Auge behalten, während sie groß werden, sie überwachen und vor Gefahren bewahren und an

291

ihrem eigenen Beispiel zeigen, wie man sich in der Gemeinschaft zu benehmen hat.

In einer ruhenden Gruppe ist ein ständiges Wechselspiel zwischen den einzelnen Individuen im Gange. Neuankömmlinge begrüßen einander, indem sie den Rücken der ausgestreckten Hand anbieten, der beschnüffelt und mit den Lippen berührt wird. Ältere Männchen, grauhaarig und kahlköpfig, mit leuchtenden Augen und runzligen Gesichtern, sitzen häufig etwas abseits von dem allgemeinen Trubel. Sie können gut und gerne 40 Jahre alt sein und lassen oft heftigen Jähzorn erkennen. Sie werden besonders respektvoll behandelt, die Weibchen stürzen auf sie zu, schmatzen mit den Lippen und schreien überschwenglich. Alle Gruppenmitglieder, ob jung oder alt, sind stundenlang mit gegenseitiger Körperpflege beschäftigt, durchsuchen das schwarze, rauhe Haar sorgfältig und kratzen die Haut mit den Fingernägeln, um einen Parasiten oder eine Schuppe zu entfernen. So erpicht sind sie darauf, einander gegenseitig diese Gefälligkeit zu erweisen, und finden es so vergnüglich, daß sich manchmal eine Kette von fünf bis sechs Tieren bildet, die ganz vertieft darin sind, sich gegenseitig zu lausen. Das ist zu einer echten sozialen Aktivität und einer Geste der Freundschaft geworden.

Auf die eine oder andere Weise erforscht die Gruppe alles in ihrer Umgebung. Ein auffällig riechender Baumstamm wird sorgfältig beschnuppert und mit dem Finger befühlt. Ein Blatt mag abgepflückt und ganz genau mit der Unterlippe erforscht werden, dann wird es feierlich zu einer genauso sorgfältigen Prüfung an andere weitergegeben und schließlich weggeworfen. Die Gruppe besucht einen Termitenhügel. Auf dem Wege dorthin bricht ein Tier einen Zweig ab, stutzt ihn auf eine bestimmte Größe und entfernt die Blätter. Wenn es zum Hügel kommt, steckt es den Zweig in einen der Eingänge. Wenn es ihn wieder herauszieht, hängen Termitensoldaten daran, die ihn mit den Kiefern gepackt haben, um ihr Nest vor dieser Störung zu schützen. Der Schimpanse fährt mit den Lippen über den Zweig, nimmt die Insekten ab und verspeist sie mit Behagen. Schimpansen benutzen nicht nur Werkzeuge, sie stellen sie auch her.

Der von den frühen Primaten vor so langer Zeit getane Schritt vom Dasein eines auf dem Boden lebenden, geruchsbestimmten und oft nächtlichen Tiers zu einem Leben in den Bäumen führte zur Entwicklung von Greifhänden, langen Armen, räumlichem und Farbensehen und vergrößertem Gehirn. Dank dieser Fähigkeiten haben Affen und Menschenaffen mit ihrem Leben auf den Bäumen großen Erfolg gehabt. Aber diejenigen Menschenaffen, die später wieder auf den Boden zurückkehrten, stellten fest, daß ihre für das Leben auf den Bäumen entwickelten Fähigkeiten ihnen nun hier neue Möglichkeiten erschlossen. Sie führten zu weiteren Veränderungen. Das vergrößerte Gehirn bewirkte eine erhöhte Lernfähigkeit und den Beginn einer Gruppenkultur. Die greiffähige Hand und die koordinierten Augen machten den Gebrauch und die Herstellung von Werkzeugen möglich. Die Primaten, die diese Fähigkeiten heute anwenden, wiederholen jedoch im wesentlichen einen Prozeß, den ein anderer Zweig ihrer Familie bereits vor 20 Millionen Jahren begann, kurz nachdem die ersten Menschenaffen-Vorfahren in Afrika erschienen. Dieser Zweig war es, der schließlich aufrecht ging und seine Fähigkeiten so weit entwickelte, daß er die Welt in einer Weise beherrschte und ausbeutete wie kein Tier je zuvor.

13 Der Mensch

Homo sapiens wurde plötzlich das zahlreichste aller großen Tiere. Vor 10 000 Jahren gab es etwa zehn Millionen Menschen auf der Erde. Sie waren erfinderisch, mitteilsam und wendig, unterlagen als Art aber offenbar denselben Gesetzen und Beschränkungen, die die Anzahl der übrigen Tiere bestimmten. Dann begannen sie sich vor etwa 4000 Jahren mit einemmal rasch zu vermehren. Vor 2000 Jahren war ihre Zahl auf 300 Millionen angewachsen, und vor 1000 Jahren begann die Art die Erde zu überfluten. Heute gibt es mehr als vier Milliarden. Wenn der Trend anhält, werden es um die Jahrhundertwende über sechs Milliarden sein. Diese außergewöhnlichen Wesen haben sich in beispielloser Weise in alle Winkel der Erde ausgebreitet. Sie leben auf dem Eis der Pole und im tropischen Urwald am Äquator. Sie haben die höchsten Berge erstiegen, wo der Sauerstoff bedrückend knapp ist, und sind mit Spezialanzügen getaucht und auf dem Meeresgrund spazieren gegangen. Einige haben den Planeten sogar ganz verlassen und den Mond besucht.

Wie konnte das geschehen? Welche Kräfte errang der Mensch plötzlich, die ihn zur erfolgreichsten aller Arten machten? Die Geschichte begann vor fünf Millionen Jahren in den Steppen Afrikas. Die gras- und buschbedeckte Landschaft sah damals fast so wie heute aus. Einige Tiere, die dort lebten, waren Riesenausgaben der heutigen – ein Schwein, so groß wie ein Rind, mit Hauern, die einen Meter lang waren, ein gewaltiger Büffel und ein Elefant, der um ein Drittel größer war als diejenigen, die es jetzt dort gibt. Andere glichen jetzt lebenden Arten – Zebras, Nashörnern, und Giraffen. Es gab auch affenartige Wesen in Schimpansengröße. Sie waren Abkömmlinge eines waldbewohnenden Menschenaffen, der vor zehn Millionen Jahren nicht nur in Afrika, sondern auch in Europa und Asien weitverbreitet war. Die ersten Fossilien des steppenbewohnenden Affen wurden in Südafrika entdeckt, und daher wurde er Australopithecus, Süd-Affe, genannt. Inzwischen fand man noch mehrere Arten in Afrika, und es wird eifrig daran gearbeitet, ihre stammesgeschichtlichen Beziehungen zu klären. Jedesmal, wenn ein weiteres fossiles Beweisstück ausgegraben wird, beginnen von neuem heftige Debatten, denn alle Forscher sind sich darüber einig, daß sich unter diesen Wesen die direkten Vorfahren des modernen Menschen befinden. Als Gruppe werden sie als Affenmenschen oder auch als Vormenschen bezeichnet.

Es gab nicht viele, und ihre fossilen Knochen sind selten, doch sind genug gefunden worden, um eine recht gute Vorstellung davon zu vermitteln, wie sie aussahen. Ihre Hände und Füße ähnelten denen ihrer baumbewohnenden Vorfahren und konnten gut greifen, denn sie hatten Nägel an Fingern und Zehen, keine Krallen. Ihre Glieder waren nicht besonders gut zum Laufen geeignet. Auch ihre Schädel lassen ihre Vergangenheit als Baumbewohner deutlich erkennen. Die Augen waren, wie man aus den Augenhöhlen schließen kann, sehr gut entwickelt. Gutes Sehvermögen war für diese Tiere wie für alle Affen sehr wichtig. Dagegen muß ihr Geruchssinn relativ schwach gewesen sein, denn die Schädel haben kurze Nasenhöhlen. Die Zähne sind klein und abgerundet und nicht gut geeignet, Gras zu zermahlen oder faserige Zweige in Brei zu verwandeln. Auch die Knochenscheren der Fleischfresser fehlen bei ihnen. Womit ernährten sich dann diese Wesen draußen in der Steppe? Sie können Wurzeln ausgegraben und Beeren, Nüsse und Früchte gesammelt haben, aber trotz ihrer anatomischen Unzulänglichkeiten wurden sie auch Jäger.

Die Gestalt ihrer Hüftknochen zeigt, daß sie gleich, als sie die Steppe besiedelten, aufrecht zu stehen begannen. Schon bei den baumbewohnenden Primaten bestand die Tendenz zu einem senkrechten Rumpf, und sie benutzten ihre Hände, um Blätter und Früchte zu pflücken. Viele von ihnen konnten auch kurze Zeit aufrecht auf den Hinterbeinen stehen, wenn sie auf den Erdboden herabkamen. Für ein Leben in der Steppe muß jedoch eine ständige aufrechte Körperhaltung sehr nützlich gewesen sein. Die Affenmenschen waren im Vergleich zu den Räubern der Steppe klein, wehrlos und langsam; deshalb muß eine rechtzeitige Warnung vor sich nähernden Feinden von größter Bedeutung gewesen sein, und die Fähigkeit, aufrecht zu stehen und in die Runde zu blicken, mag über Leben oder Tod entschieden haben. Auch für die Jagd muß sie sehr wertvoll gewesen sein. Alle Räuber der Steppe – Löwen, Wildhunde, Hyänen – unterrichten sich weitgehend durch die Witterung. Sie haben ihre Nasen am Boden. Aber für die Affenmenschen war, wie schon während ihres Lebens in den Bäumen, das Sehvermögen der wichtigste Sinn. Es ist vorteilhafter, den Kopf oben zu haben und in die Ferne zu blicken, als an einem Büschel staubigen Grases zu schnüffeln. Die Husarenaffen, die fast ihr ganzes Leben in der Steppe verbringen, haben sich diese Taktik ebenfalls zu eigen gemacht und stellen sich auf die Hinterbeine, wenn sie beunruhigt sind.

Die aufrechte Haltung ist gewiß nicht geeignet, um große Geschwindigkeiten zu erreichen. Die auf allen vieren laufenden Affen können doppelt so schnell laufen wie ein trainierter menschlicher Läufer. Aber die Zweibeinigkeit brachte einen weiteren Vorteil mit sich. Die Affenmenschen hatten Hände, die genau und kräftig greifen konnten, und die von ihren Vorfahren als Reaktion auf die Anforderungen des Lebens in den Bäumen entwickelt worden waren. Wenn sie aufrecht standen, hatten sie die Hände jeder Zeit zur Verfügung, um die fehlenden Zähne und Klauen wettzumachen. Wurden diese Wesen von Feinden bedroht, konnten sie sich verteidigen, indem sie Steine schleuderten und Knüppel schwangen. Wenn sie einen Kadaver fanden, konnten sie ihn nicht wie ein Löwe mit den Zähnen zerreißen, aber sie konnten ihn aufschneiden und dazu einen scharfkantigen Stein benutzen, den sie in der Hand hielten. Sie konnten sogar einen Stein nehmen, ihn gegen einen anderen schlagen und damit formen. Steine, die so zerschlagen wurden, zeigen charakteristische Abschläge, die ganz anders sind als natürlich entstandene Bruchstellen von Steinen, sei es durch Wasser- oder Frosteinwirkung. Viele derartige Stücke wurden zusammen mit Skeletten der Affenmenschen gefunden. Diese Wesen waren Werkzeugmacher geworden. So erhoben die Affenmenschen Anspruch auf einen ständigen Platz für sich in der Tierwelt der Steppe.

Dieser Zustand hielt sehr lange Zeit an, wahrscheinlich drei Millionen Jahre. Langsam, von einer Generation zur anderen, paßten sich die Körper eines Zweiges der Affenmenschen besser an das Leben in der Ebene an. Ihre Füße wurden für das Laufen geeigneter, verloren ihr Greifvermögen und gewannen eine leichte Wölbung. Die Hüften veränderten sich, das Gelenk verschob sich zum Zentrum des Beckens, um den aufrechten Rumpf besser auszubalancieren, und das Becken selbst wurde schüsselförmiger und breiter, um Ansatzstellen für die starken Muskeln zu bieten, die zwischen Becken und Wirbelsäule benötigt wurden, um den Körper in seiner neuen senkrechten Lage zu halten. Die Wirbelsäule entwickelte eine leichte Krümmung, so daß das Gewicht des oberen Teils des Körpers besser zentriert wurde. Am wichtigsten war jedoch die Veränderung des Schädels. Die Kiefer wurden kleiner, die Stirn stärker gewölbt. Das Gehirn der ersten Affenmenschen war etwa so groß gewesen wie das eines Gorillas, ca. 500 Kubikzentimeter. Nun wurde es doppelt so groß. Die Körperlänge dieses Wesens betrug jetzt eineinhalb Meter. Die Wissenschaft hat ihm einen Namen gegeben, der seine neue Haltung und Größe widerspiegelte – Homo erectus, aufrechter Mensch.

Er war ein viel begabterer Werkzeugmacher als seine Vorgänger. Einige der Steine, die er behauen hat, waren sorgfältig geformt mit einem zugespitzten Ende und einer scharfen Kante auf jeder Seite und von einer Größe, daß sie gut in der Hand lagen. Beweise für eine seiner erfolgreichen Jagden wurden in Olorgesailie im Südwesten Kenias ausgegraben. In einem kleinen Bereich liegen dort Skelette einer heute ausgestorbenen Riesenpavianart.

Mindestens 50 erwachsene und ein Dutzend Jungtiere scheinen hier abgeschlachtet worden zu sein. Zwischen ihren Überresten lagen Hunderte von zurechtgeschlagenen Steinen und mehrere tausend unbearbeitete Steine. Alle bestehen aus einem Gestein, das im Umkreis von 30 Kilometer nicht vorkommt. Das läßt mehrere Schlußfolgerungen zu. Die Art und Weise, wie die Steine zurechtgeschlagen und geformt wurden, weist darauf hin, daß die Jäger erectus-Frühmenschen waren. Die Tatsache, daß die Steine aus einer weitab gelegenen Fundstelle stammen, zeigt, daß die Jagd geplant war und sich die Jäger schon lange, ehe sie die Beute fanden, damit bewaffnet hatten. Paviane, auch die heute noch lebenden kleineren Arten, sind mit ihrem mächtigen, reißzahnbewehrten Kiefern gefährliche Gegner. Die große Zahl der in Olorgesailie getöteten Paviane läßt den Schluß zu, daß solche Jagden regelmäßige Team-Unternehmen waren, die eine beträchtliche Geschicklichkeit erforderten. Homo erectus war mittlerweile ein wirklich gewaltiger Jäger geworden.

Verfügte er über etwas, das wir als Sprache bezeichnen würden, um seine Pläne zu besprechen und solche Überfälle auszuführen? Man hat versucht, aus Schädel und Halswirbeln auf den Aufbau der Weichteile der Kehle zu schließen, und nimmt jetzt an, daß er zwar viel differenziertere Töne als das Grunzen und Schreien der heutigen Menschenaffen hervorbringen konnte, aber seine Sprache, wenn man sie überhaupt so nennen kann, wahrscheinlich schwerfällig und unbeholfen war.

Indes verfügte er über ein anderes Verständigungsmittel – Gesten –, und wir können einige kühne Mutmaßungen darüber anstellen, wie sie waren und was sie bedeuteten. Menschen haben mehr einzelne Muskeln im Gesicht als jedes andere Tier. Sie ermöglichen es, die verschiedenen Teile – Lippen, Wangen, Stirn, Augenbrauen – auf eine sehr viel mannigfaltigere Weise als jedes andere Lebewesen zu bewegen. Daher besteht wenig Zweifel, daß das Gesicht das Zentrum der Gestensprache der Frühmenschen war.

Eine der wichtigsten Informationen, die es übermittelt, ist die Identität. Wir halten es für selbstverständlich, daß unsere Gesichter unterschiedlich sind, doch ist das bei Tieren ein sehr unübliches Merkmal. Wenn Individuen in einem organisierten Team zusammenarbeiten sollen, bei dem jeder seine besonderen Pflichten hat, ist es für die Beteilig-

Umseitig: Biami benennt Flüsse, Sepik-Fluß, Neuguinea

ten wichtig, die einen von den anderen unterscheiden zu können. Viele soziale Tiere wie Wölfe und Hyänen erkennen sich am Geruch. Der Geruchssinn des Menschen war jedoch viel weniger ausgeprägt als ihr Sehvermögen, und so bekundeten sie ihre Identität nicht durch wohlriechende Drüsensekrete, sondern durch ihre Gesichtsform.

Da die Gesichtszüge außerordentlich beweglich sind, geben sie auch Auskunft über Stimmungen und Absichten. Es fällt uns nicht schwer, den Ausdruck von Freude und Begeisterung, von Zorn, Ekel und Belustigung zu verstehen. Aber abgesehen von solchen Gefühlsbekundungen senden wir mit unserem Gesicht auch präzise Botschaften aus – der Übereinstimmung und Meinungsverschiedenheit, des Entgegenkommens und der Verwarnung. Sind die Gesten, deren wir uns heute bedienen, beliebige, die wir von unseren Eltern erlernt haben und die auch die Gesten der übrigen Gesellschaft sind, bloß weil wir alle derselben sozialen Umwelt angehören? Oder sind sie tief in unserem Innern verankert und ein Erbteil unserer prähistorischen Vergangenheit? Einige Gesten, etwa beim Zählen oder Schimpfen, variieren von Gesellschaft zu Gesellschaft und sind eindeutig gelernt. Aber andere scheinen allgemeiner und fest verwurzelt zu sein. Hat z. B. der Affenmensch zustimmend mit dem Kopf genickt oder ihn mißbilligend geschüttelt, wie wir es tun? Anhaltspunkte für die Beantwortung dieser Fragen könnten die Gesten liefern, deren sich Menschen einer anderen Gesellschaft bedienen, die keinerlei Kontakt mit der unsrigen haben.

Neuguinea ist einer der letzten Orte auf dieser Welt, wo derartige Menschen noch zu finden sind. Selbst dort kann nur von sehr wenigen angenommen werden, daß sie allen Einflüssen der Westeuropäer entgangen sind, denn fast die ganze Insel ist schon entdeckt. Aber ein kleiner Landstrich in den bewaldeten Bergen am Oberlauf des Flusses Sepik war vor zehn Jahren noch von keinem Fremden betreten worden. Ein Pilot, der diese Gegend überflog, die man für unbewohnt gehalten hatte, bemerkte auf Lichtungen einige Hütten. Die australischen Behörden, denen die Insel damals unterstand, beschlossen herauszufinden, wer diese unbekannten Menschen seien. Unter der Leitung eines Beamten wurde ein Spähtrupp entsandt, und ich konnte mich ihm anschließen. Etwa 100 Männer aus den Dörfern am Fluß wurden als Träger für die Vorräte und Zelte rekrutiert. Im letzten Dorf an einem der Nebenflüsse erzählten uns die Bewohner, es sei ihnen bekannt, daß Menschen in den Bergen wohnen, aber sie hätten sie nie getroffen, wüßten auch nicht, welche Sprache sie sprechen oder wie sie sich selbst nennen. Die Leute am Fluß bezeichneten sie als Biami.

Nachdem wir zwei Wochen lang durch das Gebirge marschiert waren, vom täglichen Regen durchnäßt und nur von dem lebend, was wir an Nahrung bei uns hatten, fanden wir Fußspuren. Zwei Menschen waren vor uns und gingen schnell. Wir folgten ihnen. Wenn wir morgens das Lager abbrachen, fanden wir ihre Fährten nahe bei uns im Wald, aber wir verloren die Spur. Nach drei Wochen hatten wir fast die Hoffnung aufgegeben, Fühlung mit ihnen aufzunehmen. Doch als wir eines Morgens aufwachten, standen sieben Männer wenige Meter von unserem Zelt entfernt im Busch. Sie waren sehr klein und nackt bis auf einen Lendenschurz. Ein Mann trug eine gewebte Tasche voller Wurzeln und Früchte.

Als wir aus unseren Zelten krabbelten, blieben sie stehen. Es war ein Zeichen großen Vertrauens, und wir bemühten uns, so schnell und so überzeugend wie möglich zu zeigen, daß unsere Absichten freundschaftlich seien. Die Leute vom Fluß sprachen mit ihnen, aber die Biami verstanden nichts. Wir mußten uns ausschließlich auf diejenigen

Gesten verlassen, die ihnen und uns vertraut waren, und es stellte sich heraus, daß es viele waren.

Wir lächelten, und die Biami erwiderten es. Diese Geste erscheint sonderbar als Hinweis auf Freundschaft, denn sie lenkt die Aufmerksamkeit auf die Zähne, die einzige natürliche Waffe, die der Mensch besitzt. Aber der wesentliche Faktor sind dabei nicht die Zähne, sondern die Bewegung der Lippen. Bei anderen Primaten ist es eine Geste der Beschwichtigung. Ein junger Schimpanse z. B. zeigt dadurch einem Ranghöheren, daß er dessen Autorität nicht in Frage stellen wolle. Beim Menschen ist diese Geste durch das Hochziehen der Mundwinkel leicht abgewandelt worden, und sie soll Entgegenkommen und Freude ausdrücken. Wir können sicher sein, daß dieser Ausdruck nicht ganz und gar von den Eltern erlernt ist, sondern zu unserem ererbten Repertoire gehört, denn selbst taub und blind geborene Säuglinge lächeln, wenn sie zum Füttern aufgenommen werden.

Wir waren bestrebt, unsere Beziehung zu den Biami auszubauen. Wir hatten alles mögliche für sie mitgebracht – Perlen, Salz, Messer, Stoffe – aber es hätte zu herablassend und gönnerhaft ausgesehen, sie einfach als Geschenke zu verteilen. Wir deuteten auf ihre Tasche und zogen die Augenbrauen fragend hoch. Die Biami verstanden es sofort und holten Wasserbrotwurzeln und ein paar grüne Bananen heraus. Wir begannen zu handeln. Wir zeigten auf einen Gegenstand, hoben die Finger, um Zahlen anzudeuten, nickten zustimmend – all diese Gesten waren eindeutig. Wir alle machten viel Gebrauch von unseren Augenbrauen. Sie sind der beweglichste Teil unseres Gesichtes. Vielleicht sind sie nützlich, damit uns der Schweiß nicht in die Augen rinnt, aber das erklärt ihre große Beweglichkeit nicht. Ihre Hauptfunktion muß sicherlich sein, Signale zu geben. Die Biami runzelten die Augenbrauen, um ihr Mißfallen zu bekunden. War es von einem Kopfschütteln begleitet, machten sie eindeutig klar, daß sie die von uns angebotenen Perlen nicht haben wollten. Durch das Hochziehen der Augenbrauen beim Betrachten unserer Messer gaben sie ihrer Verwunderung Ausdruck. Als ich den Blick eines Mannes auffing, der zaudernd auf einer Seite der Gruppe stand, einen Moment die Augenbrauen hob und gleichzeitig den Kopf leicht zurückwarf, macht der Biami-Mann das gleiche. Diese Geste schien Anerkennung und erfreute Billigung der Anwesenheit des anderen auszudrücken.

Dieses Augenbrauenzucken wird überall auf der Welt angewandt. Es wirkt genausogut auf einem Markt auf den Fiji-Inseln wie in einem japanischen Geschäft, bei Indianern im brasilianischen Urwald oder in einem englischen Pub. Seine genaue Bedeutung mag von Ort zu Ort unterschiedlich sein, aber daß solche Signale so weit verbreitet sind und von so weit voneinander getrennten Gruppen benutzt werden, läßt deutlich erkennen, daß sie zum gemeinsamen Erbe der Menschheit gehören. Sie mögen schon vom Affenmenschen angewandt worden sein, als er seine Jagdzüge plante, Freunde begrüßte, beim Erlegen der Beute mitwirkte und sie zur Freude seiner Frau und Kinder heimbrachte.

Dank diesem verbesserten Kommunikationsvermögen und seiner Geschicklichkeit bei der Werkzeugherstellung wurde der Affenmensch immer erfolgreicher. Er nahm an Zahl zu und begann sich auszubreiten. Aus dem südöstlichen Afrika wanderte er in das Niltal und nordwärts an die östlichen Ufer des Mittelmeeres. Im Fernen Osten wurden Überbleibsel von ihm in Java und China gefunden. Ob er von Afrika nach Asien einwanderte oder ob diese Menschen Nachkommen eines asiatischen Affenmenschen waren, ist eine Frage, für deren Beantwortung wir noch nicht genügend Beweise haben. Einige der afrikanischen Gruppen erreichten Europa. Sie benutzten die Landbrücke, die früher Tunesien, Sizilien und Italien verband. Andere zogen ostwärts um das Mittelmeer herum und durch den Balkan weiter nach Norden.

Vor rund einer Million Jahren gab es in Europa eine ganze Menge Affenmenschen. Aber vor rund 600000 Jahren veränderte sich das Klima. Es wurde sehr kalt. Dieser Wechsel vollzog sich allmählich und keinesfalls stetig und gleichmäßig. Es gab lange Perioden, in denen sich das Wetter besserte und die von Norden vorrückenden Kontinentalgletscher innehielten und sich vorübergehend zurückzogen. Aber der allgemeine Trend war eine Abkühlung. Da so viel Wasser in den Gletschern eingefroren war, senkte sich der Meeresspiegel, und es entstanden weitere Landbrücken, so daß sich der Mensch zu guter Letzt über die Behringstraße nach Nord- und Südamerika und über die Inselketten von Indonesien nach Neuguinea und Australien ausbreiten konnte.

In Europa muß der Affenmensch sehr unter der zunehmenden Kälte gelitten haben. Er hatte sich in den warmen Ebenen Afrikas entwickelt und war nicht durch ein dickes Fell geschützt wie die Säuger, die schon länger in diesen kühleren Gegenden gelebt hatten. Zweifellos hatten sich unter diesen Umständen viele Tiere in wärmere Gebiete zurückgezogen oder waren einfach ausgestorben. Der Mensch mit geschickter Hand und erfindungsreichem Geist tat weder das eine noch das andere. Er machte Jagd auf Pelztiere, zog den erlegten Tieren das Fell ab und benutzte es selbst. Und er fand Unterschlupf in Höhlen. Viele seiner Wohnstätten wurden in Südfrankreich und Spanien entdeckt. In den großen Kalksteintälern Mittelfrankreichs wie der Dordogne und in den Vorbergen der Pyrenäen sind die Felsen von Höhlen durchlöchert, und fast jede weist Anzeichen vorzeitlicher Besiedlung auf. Dank den Gegenständen, die in diesen Höhlen gefunden wurden, wissen wir viel über diese Menschen. Sie verwendeten Knochennadeln und Sehnen zum Nähen ihrer Kleidung aus Häuten und Fellen. Sie fischten mit sorgfältig geschnitzten vielhakigen Knochenharpunen und jagten in den Wäldern mit Speeren, die Steinschneiden als Spitzen hatten. Geschwärzte Steine zeigen, daß sie über Feuer verfügten, und sie müssen es wie einen Schatz gehütet haben, denn es spendete ihnen im Winter die dringend benötigte Wärme und ermöglichte ihnen, Fleisch zu kochen, das sie mit ihren kleinen Zähnen sonst nicht kauen konnten. Ihre Zähne waren sogar noch kleiner geworden als die ihrer Vorfahren, aber ihre Hirnschale hatte sich gestreckt und war nun so groß wie die unsere. Nach Ausgüssen zu urteilen, die von der Innenseite des Schädels genommen wurden, war der Teil des Gehirns, der die Sprache steuert, voll entwickelt. So kann man mit Fug und Recht annehmen, daß diese Menschen nun eine flüssige und komplexe Sprache hatten. Was allein die Skelette betrifft, so besteht zwischen einem Menschen, der vor 35000 Jahren in den Höhlen Frankreichs lebte, und uns kein wesentlicher Unterschied. Die Anthropologen haben daher diesen Menschen denselben Namen gegeben, den sie etwas anmaßend, für alle modernen Menschen verwenden: Homo sapiens – der kluge Mensch.

Der Unterschied zwischen dem Leben eines in Felle gehüllten Jägers, der seine Höhle mit dem Speer über der Schulter verläßt, um ein Mammut zu jagen, und dem eines elegant gekleideten Managers, der eine Autostraße in New York, London oder Tokio entlangfährt, um nachzusehen, was sein Computer ausgedruckt hat, ist nicht auf weitere Entwicklungen des Körpers oder des Gehirns in der langen Periode, die zwischen ihnen liegt, zurückzuführen, sondern auf einen völlig neuen Evolutionsfaktor.

Altsteinzeitliche Höhlenzeichnung, Niaux, Frankreich

Der Mensch

Der Mensch hat sich mehrere Fähigkeiten beigelegt, um sich von allen anderen Tieren zu unterscheiden. Früher dachten wir, wir wären die einzigen Wesen, die Werkzeuge herstellen und benutzen. Jetzt wissen wir, daß dem nicht so ist: Schimpansen tun es und auch Finken auf den Galapagos-Inseln, die lange Dornen abschneiden, zurechtstutzen und als Nadeln benutzen, um Larven aus Löchern im Holz herauszuholen. Selbst unsere komplexe gesprochene Sprache kommt uns gar nicht mehr so besonders vor, je mehr wir über die Kommunikationsmittel wissen, die von Delphinen und Schimpansen angewandt werden. Aber wir sind die einzigen Wesen, die gegenständliche Bilder malen können, und dieses Talent führte zu den Entwicklungen, die letztlich das Leben der Menschheit veränderten.

Das erste Aufblühen dieses Talents ist in den vorgeschichtlichen Höhlen zu sehen. Die Menschen, die dort lebten, wagten sich tief in die schwarzen Höhlen hinein, und fanden ihren Weg im schwach flackernden Licht ihrer mit tierischem Fett gefüllten Steinlampen. Dort, in den hintersten Teilen der Höhlen malten sie ihre Bilder an die Wand. Als Farben verwendeten sie rote, braune und gelbe Schattierungen aus gebranntem Ocker und anderen farbigen Erden und für Schwarz Knochen- oder Holzkohle. Als Pinsel benutzten sie am Ende aufgerauhte Stöcke oder die Finger und manchmal bliesen sie auch Farbe an die Felswand, wahrscheinlich mit dem Mund. Zuweilen sind die Zeichnungen mit Flintspitzen eingeritzt, und es gibt auch Steinreliefs und Tonplastiken. Dargestellt wurden fast immer die von ihnen gejagten Tiere – Mammut, Hirsch, Pferd, Bison und Rhinozeros. Oft sind sie übermalt worden. Landschaften gibt es nicht, und nur sehr selten Menschengestalten. In ein oder zwei Höhlen hinterließen die Menschen ein erinnerungsträchtiges Symbol ihrer Anwesenheit: das Abbild ihrer Hände, das sie durch Überblasen mit Farbe herstellten, so daß deren Umriß auf dem Felsen abgezeichnet ist. Hinter den Tierbildern finden sich einzelne abstrakte Zeichnungen – parallele Linien, Quadrate, Gitter, Reihen von Punkten und Kurven, von denen manche Leute behaupten, sie stellten weibliche Genitalien dar, und Winkel, die Pfeile sein könnten. Das sind die am wenigsten spektakulären Zeichnungen, aber die bedeutsamsten für das, was kommen sollte.

Noch heute wissen wir nicht, warum diese Menschen malten. Vielleicht gehörten die Zeichnungen zu einem religiösen Ritual. Wenn die Winkel rings um einen großen Bullen Pfeile darstellten, könnten sie gezeichnet worden sein, um Jagdglück zu bringen. Wenn die Kühe mit angeschwollenen Seiten dargestellt wurden, damit sie trächtig aussehen, gehörten sie vielleicht zu einem Fruchtbarkeitsritual, damit sich die Herde vermehre. Vielleicht spielten die Bilder auch eine weniger komplizierte Rolle, und die Menschen malten nur, weil es ihnen Freude machte. Vielleicht sollte man gar nicht nach einer allgemeingültigen Erklärung suchen. Von den ältesten der vorgeschichtlichen Zeichnungen nimmt man an, daß sie vor rund 30 000 Jahren gemalt wurden und die jüngsten vor 10 000 Jahren. Der Zeitraum zwischen diesen beiden Daten ist ungefähr sechsmal so lang wie die gesamte Geschichte der abendländischen Zivilisation. So besteht ebensowenig Grund zu der Annahme, daß all diesen Zeichnungen dieselben Motive zugrunde lagen, wie zu unterstellen, daß Hintergrundmusik, die ein modernes Hotel berieselt, dieselbe Rolle spielt wie ein Gregorianischer Gesang. Aber ob sie nun für die Götter gedacht waren, für die Initiationsriten der Jugend oder für kunstverständige Mitglieder der Gemeinschaft, Kommunikationen waren sie zweifellos. Und ihre Aussagekraft haben sie bis heute behalten. Auch wenn uns ihre genaue Bedeutung rätselhaft

Walbiri-Männer mit steinernen Reliquien vor Felsmalerei

ist, sind wir doch stark beeindruckt von dem Empfindungsvermögen dieser Künstler und von der ästhetischen Sensibilität, mit der sie die typischen Konturen eines Mammut, die erhobenen Köpfe eines Rudels geweihtragender Hirsche und die massige Gestalt eines Bison wiedergaben.

In anderen Gebieten der Erde läßt sich noch feststellen, welche Zwecke Jäger mit Felsmalereien verfolgen können. In Australien malen die Ureinwohner immer noch Zeichnungen auf Felsen, die den prähistorischen Malereien in Europa sehr ähnlich sind. Sie werden auf Klippen oder in Felsunterkünften gemalt, oft an sehr schwer zugänglichen Stellen. Sie werden mit mineralischem Ocker ausgeführt und immer eine Zeichnung über die andere gemalt; darunter befinden sich abstrakte, geometrische Muster und Handumrisse; und sehr oft stellen sie die Tiere dar, die den Ureinwohnern als Nahrung dienen.

Einige dieser Zeichnungen werden immer wieder erneuert – denn die Leute glauben, solange das Bild der Tiere an der Felswand frisch ist, werden sie auch im umgebenden Busch gedeihen. An anderen Orten malen die Menschen zum Zeichen der Gottesverehrung. Die Walbiri aus der zentralen Wüste glauben, die Welt sei von einer großen Geisterschlange erschaffen, der »Regenbogenschlange«, deren vielfarbiger Schweif nach Gewittern am Himmel erscheint. Die alten Männer sagen, sie lebe in einer Höhle unter einer langen Sandsteinklippe im Herzen des Stammesgebietes. Aber kein Mensch hat die Schlange selbst jemals gesehen, obwohl sie manchmal Spuren im Sand hinterlasse. Vor vielen Generationen malten die Menschen das Bild des Schlangengottes auf den Felsen, eine riesige wellenförmige Linie in weißer Farbe mit rotem Rand. Hufeisenförmige Zeichen daneben, ähnlich den geometrischen prähistorischen Zeichnungen, stellen Menschen dar, die von der Schlange abstammen. Daneben sind auf der Klippe weitere Symbole, parallele Linien und konzentrische Kreise, Punkte und Winkel, die die Fußabdrücke tierischer Vorfahren, Rautenschlangen und Speere darstellen.

Diese Zeichnungen sind von vielen Generationen immer wieder erneuert worden. Daß sie es tun, ist an sich ein Gottesdienst, eine Kommunikation mit dem Schlangengott. Die alten Walbiri-Männer gingen hier regelmäßig hin, um die alten Mythen aufzusagen und über ihre Bedeutung zu meditieren. Schlangenreliquien, runde Steine mit eingeritzten abstrakten Symbolen, wurden in Felsspalten aufbewahrt. Die alten Männer nahmen sie ehrfürchtig heraus, rieben sie mit rotem Ocker und Känguruh-Fett ein und sangen. Junge Männer wurden hierher zur Initiation unter dem Bild der Schlange mitgenommen, um über die Bedeutung der Symbole aufgeklärt zu werden und die Neuinszenierung der Legenden durch Geste und Gesang mitzuerleben.

Es besteht kein Grund zu der Annahme, daß die Aborigines mit den prähistorischen Höhlenbewohnern in Frankreich näher verwandt wären als wir, aber ihre Lebensweise ist derjenigen der Steinzeitmenschen noch sehr ähnlich. Viele Tausende von Jahren hat Homo sapiens überall auf der Welt ein solches Leben geführt, hat Tiere gejagt und Früchte, Samen und Wurzeln gesammelt. Ein solches Leben ist hart und gefährlich. Männer, Frauen und Kinder sind der erbarmungslosen Auslese durch eine feindliche Umwelt ausgesetzt. Die Langsamen und Unvorsichtigen werden von Raubtieren getötet, die Schwachen mögen verhungern und die Alten die Drangsal einer Dürre nicht überleben. Diejenigen, die durch den Zufall einer genetischen Veränderung körperlich den Verhältnissen besser angepaßt waren, waren im Vorteil. Sie überlebten und pflanzten sich fort und gaben diesen Vorteil an ihre Kinder weiter.

So reagierten die Körper der Menschen auf die Prägung durch ihre Umwelt und machten die allerletzten physischen Veränderungen durch, die in ihre Gene eingebaut werden sollten. Jene, die in den Tropen lebten, wie die australischen Ureinwohner und die Afrikaner, hatten dunkle Haut. Dunkle Haut ist ein wirkungsvoller Schutz gegen zu starke, schädliche Sonnenbestrahlung. Viele Menschen, die in einer solchen Umgebung in Afrika, Indien und Australien leben, haben noch ein weiteres gemeinsames Merkmal – magere, schlanke Körper. Diese Körperform ist auch eine Reaktion auf die heiße trockene Umgebung. Sie bietet im Verhältnis zum Körpergewicht eine große Hautoberfläche, einen größeren Bereich, damit Wind und der verdunstende Schweiß den Körper kühlen können.

In kalten Regionen ist die Lage umgekehrt. Die Sonnenstrahlen sind in mäßigen Mengen für die Gesundheit wichtig. Die Eskimos, die innerhalb des Polarkreises leben, haben eine hellgetönte Haut, und ihre Statur ist das Gegenteil der hoch aufgeschossenen tropischen Wüstenbewohner. Sie sind klein und von untersetzter Gestalt mit einem niedrigen Verhältnis der Oberfläche zum Körpergewicht, welche am besten die Wärme erhält.

Da derartige Merkmale durch die natürliche Selektion in den Genen fixiert wurden, bleiben sie Generation um Generation bei den Individuen erhalten, wo immer sie auch leben, bis Prozesse wie jene, die sie entstehen ließen, im Laufe von vielen 1000 Jahren neue Veränderungen hervorrufen.

Gesellschaften, die von der Jagd und vom Sammeln leben, gibt es auch heute noch. Die australischen Ureinwohner und die afrikanischen Buschmänner leben in Wüsten. Andere Gruppen finden alles, was sie brauchen, in den Regenwäldern Zentralafrikas und Malaysias. Sie alle leben im Einklang mit ihrer Umwelt, verändern sie überhaupt nicht und kommen mit dem aus, was sie liefert. Nirgends sind sie besonders zahlreich. Ihre Lebenserwartung ist niedrig, ihre Geburtenziffer und die Überlebensrate der Kinder werden durch Nahrungsknappheit und die Gefahren ihres Lebens gedrosselt. So war die Lage des Menschen während fast seiner ganzen Existenz. Sie ist der Lebensweise des Affenmenschen vor über einer Million Jahren sehr ähnlich. Und noch 990 000 Jahre danach führten er und sein Nachkomme, der Homo sapiens, dieses Leben. Soweit wir es beurteilen können, nahm die Zahl der Menschen während dieser Zeit in jedem Jahrhundert nur um ein Zehntel eines Prozents zu.

Dann begann sich das vor 8000 Jahren mit dramatischer Geschwindigkeit zu ändern. In Gebieten außerhalb der Wüsten und Wälder begann die menschliche Bevölkerung zuzunehmen. Der Auslöser könnte ein Wildgras gewesen sein, das damals wie heute auf den sandigen Hügeln und in den fruchtbaren Deltagebieten des Mittleren Ostens wuchs. Es trägt zahlreiche, nahrhafte Samen, die leicht gepflückt und enthülst werden konnten. Zweifellos hatte der Mensch, wenn er jagte, sie gesammelt und gegessen, wann immer er auf sie stieß. Aber sein Schicksal veränderte sich, als er erkannte, daß er sich nicht auf den Zufall, ob er die Wildpflanze finden würde, zu verlassen brauchte. Wenn er nicht alle Samen, die er gesammelt hatte, verzehrte, sondern sie an einem geeigneten Platz wieder aussäte, brauchte er nicht mehr im nächsten Sommer auf der Suche nach der Pflanze umherzuwandern. Er konnte sich neben seinem Stückchen Acker niederlassen und warten, bis das Korn sproß, konnte mit Sammeln aufhören und Bauer werden. Er konnte sich feste Hütten bauen und in Dörfern leben. So gründete er die ersten Städte.

Uruk in Syrien wurde in dem damals sumpfigen, verschilften Delta von Euphrat und Tigris erbaut. Heute ist dort Wüste. Es war eine aus vielen Teilen bestehende Stadt. Ringsum pflanzten die Einwohner Kornfelder und hielten Ziegen- und Schafherden. Sie stellten Töpferwaren her, von denen noch Bruchstücke überall verstreut liegen. Im Zentrum der Stadt errichteten sie einen künstlichen Hügel aus gebrannten Schlammziegeln, die durch Lagen von geflochtenem Schilf zusammengehalten wurden. Die seßhafte Lebensweise der Bürger von Uruk ermöglichte ihnen einen weiteren Fortschritt in der Kommunikationstechnik des Menschen. Wer ständig wandert, muß sein Hab und Gut auf ein Minimum beschränken. Wer in Häusern lebt, kann alle möglichen Dinge anhäufen. In den Ruinen eines Hauses in Uruk wurde eine kleine, mit Einkerbungen bedeckte Tontafel gefunden. Sie ist das älteste bekannte Schriftstück. Niemand weiß bis jetzt genau, was die Zeichen bedeuten. Es scheint eine Aufstellung von Lebensmittelvorräten zu sein. Die Form der Zeichen beruht offenbar auf dem Aussehen der Gegenstände, die sie darstellen, aber eine naturalistische Darstellung ist nicht versucht worden, eher eine schematische, die aber von denjenigen, für die sie bestimmt war, verstanden worden sein muß.

Als das Täfelchen gebrannt wurde, gaben die Menschen der Evolution eine neue Richtung. Jetzt konnte ein Individuum anderen Informationen zukommen lassen, ohne selbst anwesend zu sein, ja, ohne überhaupt am Leben zu sein. Menschen an anderen Orten und ungeborene Generationen konnten etwas über seine Erfolge und Mißerfolge, seine Erkenntnisse und Geniestreiche erfahren. Wenn sie Lust hatten, konnten sie haufenweise langweilige Tatsachen durchackern und ein wichtiges Körnchen herausholen, das Einsicht vermitteln könnte.

Im Niltal, in den Urwäldern Mittelamerikas und in den Ebenen Chinas machten andere Gesellschaften ähnliche Erfindungen. Die schematischen Darstellungen von Gegenständen wurden vereinfacht und erhielten neue Bedeutungen. Wurden sie nur dem Klang nach verwendet, konnten sie Laute darstellen.

Am östlichen Ende des Mittelmeeres entwickelten die Menschen daraus ein umfassendes System, in dem sie jeden Laut, den sie aussprachen, in Formen darstellen konnten, die sie in Stein schnitten, in Ton ritzten oder auf Papier zeichneten.

Die Revolution, die durch die Teilnahme an Erfahrungen anderer und die Verbreitung von Wissen hervorgerufen wurde, hatte begonnen. Die Chinesen gaben vor 1000 Jahren einen weiteren Anstoß, indem sie Mittel und Wege fanden, diese Zeichen in großer Zahl zu reproduzieren. Unabhängig davon, wenn auch viel später, entdeckte Gutenberg in Europa die Technik des Druckens mit beweglichen Lettern. Heute kann man unsere Bibliotheken, die Nachfahren jener Tontäfelchen, als riesige kommunale Gehirne ansehen, die mehr im Gedächtnis behalten als irgendein menschliches Gehirn.

Das Leben begann vor dreieinhalb Milliarden Jahren, als ein Molekül im Urmeer auftauchte, das durch seine Form Instruktionen für den Aufbau einer weiteren Generation von Molekülen übermitteln konnte. Im Laufe der Evolution nahmen diese Moleküle enorm an Größe und Komplexität zu und wurden Chromosomen, die die gesamte, für die Entwicklung eines ganzen Organismus erforderliche Information überbrachten. Als die Tiere sich weiterentwickelten, ergänzten sie das, was sie ihren Nachkommen körperlich vererbten, dadurch, daß sie sie unterrichteten. Aber als der Mensch vor ein paar tausend Jahren begann, sinnlich wahrnehmbare Gegenstände zu verwenden, um ungeborenen Generationen Erfahrungen zu übermitteln, wurde eine neue und unerhört wichtige Schwelle überschritten. Seine Bildsymbole, seine Schrift, seine Bücher, Mikrofilme und Computer-Lochstreifen können als außerkörperliche DNS angesehen werden, als Beigaben zu unserem genetischen Erbe, die bei der Bestimmung unserer Verhaltensweise ebenso wichtig und einflußreich sind wie jene, die die Gestalt unseres Körpers bestimmen. Es war dieses gesammelte Wissen, das uns schließlich ermöglichte, Mittel und Wege zu ersinnen, um den Zwängen der Umwelt zu entgehen. Unser Wissen von landwirtschaftlichen Methoden und mechanischen Geräten, von Medizin und Technik, von Mathematik und Raumfahrt, beruhen allle auf gespeicherten Erfahrungen. Abgeschnitten von unseren Bibliotheken und allem, was sie repräsentieren, und auf eine wüste Insel verschlagen, wären wir alle rasch wieder gezwungen, das Leben eines Jägers und Sammlers zu führen.

Die Leidenschaft des Menschen, sich mitzuteilen und Mitteilungen zu erhalten, scheint für den Erfolg dieser Art ebenso wichtig gewesen zu sein wie die Flosse für den Fisch und die Feder für den Vogel. Wir beschränken uns nicht auf unseren Bekanntenkreis oder auch nur unsere eigene Generation. Die Archäologen bemühen sich, die Tontäfelchen, die mit gewissenhafter Sorgfalt in Uruk und an anderen Fundorten geborgen wurden, zu entziffern und hoffen, daß die Bürger jener Zeit eine bedeutsamere Nachricht als den prahlerischen Stammbaum eines Häuptlings oder eine Wäscheliste hinterlassen haben. In unseren Städten sorgen Würdenträger dafür, daß Botschaften an künftige Generationen in Stahlzylindern eingemauert werden, die so widerstandsfähig sind, daß sie sogar eine nukleare Katastrophe überstehen könnten. Und die Wissenschaftler, die überzeugt sind, die vollendetste Sprache des Menschen sei die Mathematik, wählen eine universelle Wahrheit aus, von der sie annehmen, sie werde in alle Ewigkeit anerkannt sein – eine Formel für die Wellenlänge des Lichtes – und strahlen sie in andere Galaxien der Milchstraße aus, um zu verkünden, daß hier auf der Erde, nach einer Evolution von drei Milliarden Jahren, ein Wesen erschienen ist, das zum erstenmal seine eigene Methode ersonnen hat, um Erfahrungen zu sammeln und an andere Generationen weiterzugeben.

Dieses letzte Kapitel war nur einer Art gewidmet, uns selbst. Das könnte den Eindruck erweckt haben, als wäre der Mensch der größte Erfolg der Evolution, als hätten all diese Millionen Jahre der Entwicklung keinen anderen Zweck gehabt, als ihn auf die Welt zu bringen. Es gibt keinerlei wissenschaftlichen Beweis, der diese Ansicht rechtfertigte, und auch keinen Grund, anzunehmen, daß wir uns hier länger halten werden als die Dinosaurier. Die Evolutionsprozesse bei Pflanzen und Vögeln, Insekten und Säugern gehen weiter. So ist es mehr als wahrscheinlich, daß es, wenn die Menschen von der Erde verschwinden sollten, aus welchen Gründen auch immer, irgendwo ein bescheidenes, unauffälliges Lebewesen gibt, das sich zu einer neuen Form entwickelt und unseren Platz einnimmt.

Zu bestreiten, daß wir im Reich der Natur eine Sonderstellung einnehmen, könnte in den Augen der Ewigkeit geziemend bescheiden aussehen; es könnte aber auch als Ausrede dienen, um uns vor unserer Verantwortung zu drücken. Tatsächlich hat keine Art jemals alles auf der Welt, ob lebend oder tot, so ganz und gar beherrscht wie wir heute. Das erlegt uns, ob es uns gefällt oder nicht, eine entsetzliche Verantwortung auf. In unseren Händen liegt jetzt nicht nur unsere eigene Zukunft, sondern die aller anderen Lebewesen, mit denen wir die Erde teilen.

Angehörige des Wildbeuterstamms der Puna, Borneo

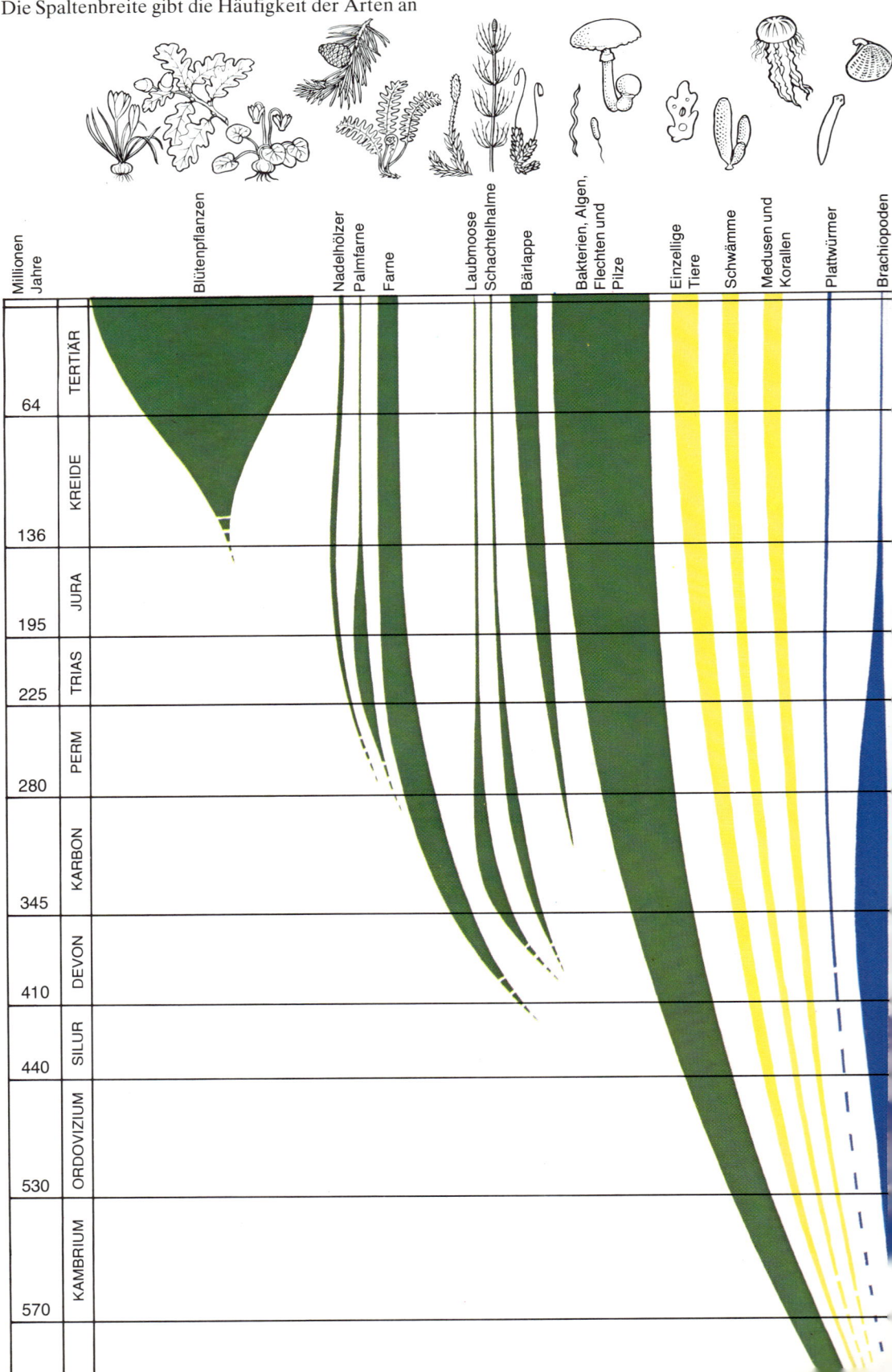

Vereinfachter Stammbaum

Die Spaltenbreite gibt die Häufigkeit der Arten an

Millionen Jahre		Blütenpflanzen	Nadelhölzer Palmfarne	Farne	Laubmoose Schachtelhalme	Bärlappe	Bakterien, Algen, Flechten und Pilze	Einzellige Tiere	Schwämme	Medusen und Korallen	Plattwürmer	Brachiopoden
64	TERTIÄR											
136	KREIDE											
195	JURA											
225	TRIAS											
280	PERM											
345	KARBON											
410	DEVON											
440	SILUR											
530	ORDOVIZIUM											
570	KAMBRIUM											

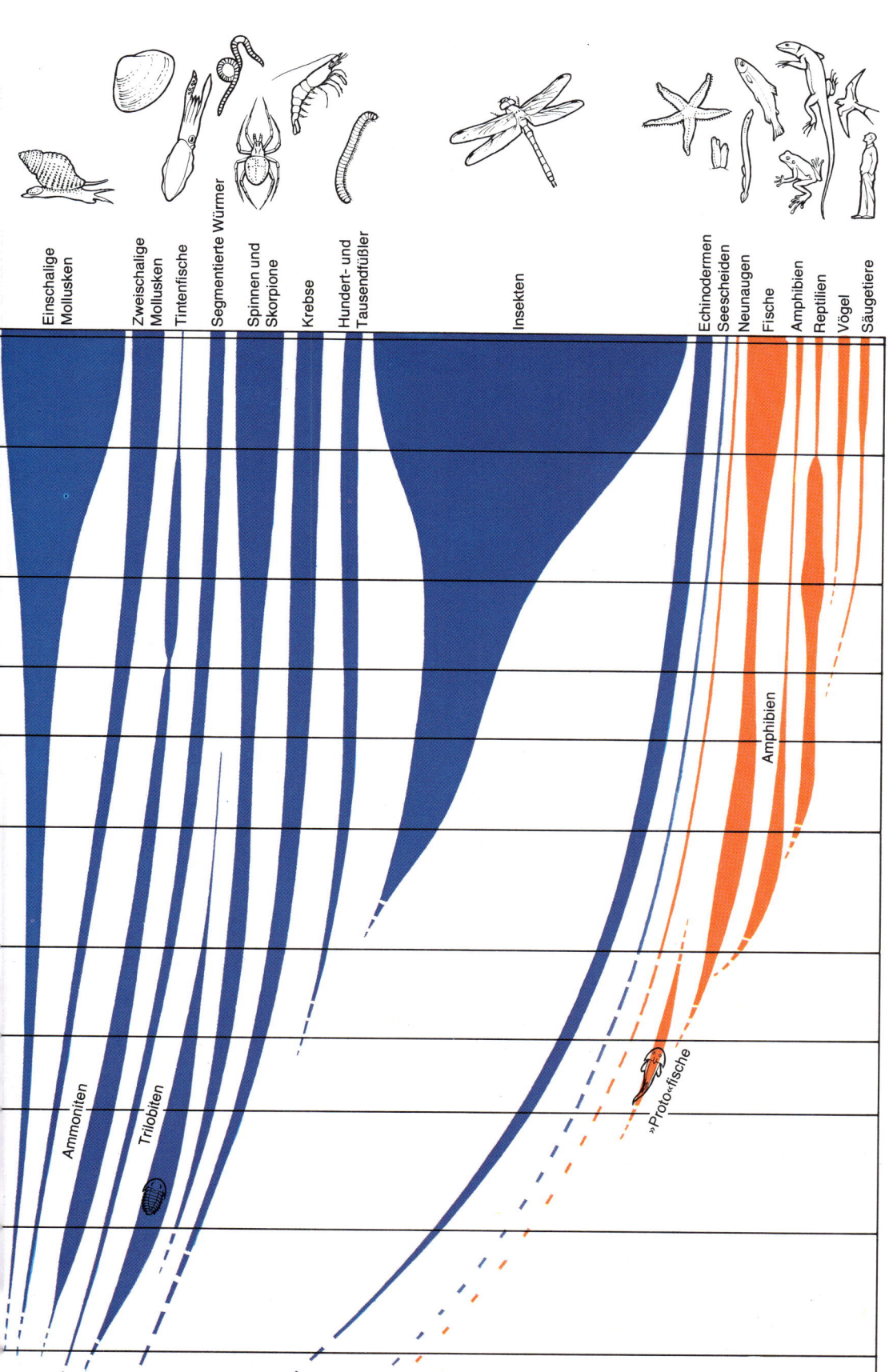

Einschalige Mollusken
Zweischalige Mollusken
Tintenfische
Segmentierte Würmer
Spinnen und Skorpione
Krebse
Hundert- und Tausendfüßler
Insekten
Echinodermen
Seescheiden
Neunaugen
Fische
Amphibien
Reptilien
Vögel
Säugetiere

Ammoniten
Trilobiten
Amphibien
»Proto«-fische

Danksagung

Dieses Buch wurde zur gleichen Zeit geschrieben, als die Filmaufnahmen für eine Fernsehserie über denselben Themenkreis entstanden. Alle, die an diesen Filmen mitarbeiteten, trugen bewußt oder unbewußt zu diesem Buch bei. Ihnen allen möchte ich ohne Ausnahme herzlich danken. Dabei stehe ich in der besonderen Schuld von Maurice Fisher, Paul Morris und Lyndon Bird, die bei dem überwiegenden Teil der Außenaufnahmen meine Mitarbeiter waren. Jeder einzelnen Filmfolge und damit auch dem Inhalt jedes Kapitels galt die besondere Sorge eines der drei Produzenten: Cristopher Parsons, Richard Brock und John Sparks. Die intensiven kritischen Gespräche mit ihnen haben mich bereichert.

Einzelne Kapitel wurden von Robert Attenborough, Dr. Brian Gardiner, Miss A. G. C. Grandison, Dr. P. H. Greenwood, Dr. L. Harrison Matthews und Dr. Vernon Reynolds gelesen. Ich bin ihnen sehr dankbar, daß sie mich auf etliche Fehler hingewiesen haben.

Schließlich wurde uns während unserer Reisen die uneingeschränkte und großzügige Unterstützung vieler Forscher zuteil. Sie führten uns an Plätze und verhalfen uns zu Einblicken in das Leben der Tiere, die sich nur dem eröffnen, der sich geduldig und lange Zeit darum bemüht. So halfen uns: in Afrika Peter Britton, Dian Fossey, Ian Redmond und Shigao Uehara; in Australien Terry Dawson, Graham George, Dione Gilmour, Richard Jenkins, Peter Kupke, Frank Mugford, Phil Playford, Peter O'Reilly und Rod Wells; in Kanada David Sergeant; auf den Fidji-Inseln Ian Brown; in Japan Mrs. Ito; in Malaysia Ken Scriven; in Panama Ira Rubinoff; in den USA Don Beckmann, Bill Breed, Sylvia Earle, Carl Schuster, Steve Smith und Warren Zeiller.

Photonachweis

Bildredaktion: Naomi Narod

Seite 10 David Attenborough; 12 Udo Hirsch/Bruce Coleman Ltd; 16–17 R. Everts/ZEFA; 21 David Attenborough; 23 oben David Attenborough; unten David Attenborough; 25 Oxford Scientific Films; 27 Manfred Kage/Bruce Coleman Ltd; 28 Oxford Scientific Films; 30–31 Nicholas De Vore 111/Bruce Coleman Ltd; 33 David Attenborough; 37 R. Levi-Setti; 38 Walter Deas/Seaphot; 41 Isobel Bennett; 43 Oxford Scientific Films; 45 Carl Roessler/Oxford Scientific Films/Animals Animals; 46 P. Laboute/Jacana; 48 Peter David/Seaphot; 51 Bill Wood/Bruce Coleman Ltd; 52 (a–e) Smithsonian Institution. Photo Nos: (a) 18Fs (b) 52Fs (c) 37 Fs (d) 29 Fs (e) 17 Fs (f) Maurice Fisher; 56–57 David Attenborough; 59 David Attenborough; 60 David Attenborough; 63 Hermann Eisenbeiss; 64 Jane Burton/Bruce Coleman Ltd; 66–67 Jeff Foot/Bruce Coleman Ltd; 68 Jane Burton/Bruce Coleman Ltd; 71 Ed Ross; 73 David Hughes/Bruce Coleman Ltd; 75 Heather Angel; 77 Ed Ross; 78 Heather Angel; 81 Stephen Dalton/Bruce Coleman Ltd; 83 Heather Angel; 85 Hermann Eisenbeiss; 89 Ed Ross; 90 Eric Crichton/Bruce Coleman Ltd; 93 Hermann Eisenbeiss; 95 Hermann Eisenbeiss; 98 Simon Trevor/Bruce Coleman Ltd; 101 Glenn Prestwich; 102 O. S. F./Bruce Coleman Ltd; 105 F. A. O. Photo; 109 Dick Clarke/Seaphot; 110 Heather Angel; 113 Trustees of the British Museum (Natural History); 114 Neville Coleman/Bruce Coleman Ltd; 116–117 Ben Cropp; 119 Ed Ross; 121 Jane Mackinnon/Seaphot; 123 Peter David/Seaphot; 124 Christian Petron/Seaphot; 129 David Attenborough; 133 Jane Burton/Bruce Coleman Ltd; 135 Peter Scoones; 136 Heather Angel; 141 Carl Gans; 143 David Attenborough; 144 M. J. Coe/Oxford Scientific Films; 148 Densey Clyne; 150 David Attenborough; 155 David Attenborough; 158–159 Johnathan Blair/Susan Griggs Agency; 161 Rajesh Bedi; 163 David Hughes /Bruce Coleman Ltd; 165 Jane Burton/Bruce Coleman Ltd; 166 Carol Hughes /Bruce Coleman Ltd; 168–169 Fred Graham/Auman Photo Studio; 172 Courtesy of the Museum für Naturkunde, Berlin, DDR; 175 Allan Root/Tierbilder Okapia; 176 F. Allan/Oxford Scientific Films/Animals Animals; 180–181 Eugen Schuhmacher, München–Grünwald; 182 Jane Burton/Bruce Coleman Ltd; 185 Stephen Dalton /Bruce Coleman Ltd; 186 Rajesh Bedi; 189 Varin/Visage, Jacana; 190 Yves Kerban /Jacana; 193 Gunter Konrad; 194 Bill Peckover; 199 Stephen J. Krasemann/Bruce Coleman Ltd; 201 P. Morris/Ardea; 202 Jean-Paul Ferrero; 206 Oxford Scientific Films; 209 Harold Schultz/Bruce Coleman Ltd; 215 Oxford Scientific Films; 217 Ederic Slater/CSIRO; 219 J. P. Ferrero/Ardea; 222–223 C. B. Frith/Bruce Coleman Ltd; 225 Hans Reinhard/Bruce Coleman Ltd; 227 John Gerard/Jacana; 230–231 Ed

Register

Der wissenschaftliche Name eines Tieres ist in Klammern hinzugefügt, wenn er sich von dem der Umgangssprache stark unterscheidet. Fettgedruckte Ziffern verweisen auf Abbildungen.